作者简介

邹兵建

男,1986年生,江西余干人,北京大学法学博士,南开大学法学院副教授,博士生导师,南开大学百名青年学科带头人,天津市131创新型人才培养工程第二层次人选,兼任中国犯罪学学会理事、教育部刑法课程虚拟教研室秘书处成员、天津市法学会刑法学分会秘书长,研究方向为中国刑法学、比较刑法学,主要研究主题包括刑法因果关系、法教义学与社科法学之争、正当防卫、影响力案件等,在《中外法学》《法学家》《法学》《环球法律评论》《法律科学》《清华法学》《法商研究》《法学评论》《政治与法律》等期刊发表论文30余篇,主持国家社科基金项目1项、省部级项目4项,荣获第三届全国刑法学优秀博士学位论文一等奖、北京大学优秀博士学位论文奖等奖励。

谨以此书献给敬爱的张文老师

南开大学中外文明交叉科学中心
资助出版

Understanding Criminal Law Dogmatics
through Cases

刑法教义学的案例进路

邹兵建 / 著

北京大学出版社
PEKING UNIVERSITY PRESS

图书在版编目（CIP）数据

刑法教义学的案例进路／邹兵建著. —北京：北京大学出版社，2024.1
ISBN 978-7-301-34730-0

Ⅰ.①刑… Ⅱ.①邹… Ⅲ.①刑法—研究—中国 Ⅳ.①D924.04

中国国家版本馆 CIP 数据核字（2024）第 003055 号

书　　　名	刑法教义学的案例进路 XINGFA JIAOYIXUE DE ANLI JINLU
著作责任者	邹兵建
责 任 编 辑	孙　辉　方尔埼
标 准 书 号	ISBN 978-7-301-34730-0
出 版 发 行	北京大学出版社
地　　　址	北京市海淀区成府路 205 号　100871
网　　　址	http://www.pup.cn　http://www.yandayuanzhao.com
电 子 邮 箱	编辑部 yandayuanzhao@pup.cn　总编室 zpup@pup.cn
新 浪 微 博	@北京大学出版社　@北大出版社燕大元照法律图书
电　　　话	邮购部 010-62752015　发行部 010-62750672 编辑部 010-62117788
印 刷 者	涿州市星河印刷有限公司
经 销 者	新华书店
	650 毫米×980 毫米　16 开本　23.5 印张　379 千字 2024 年 1 月第 1 版　2024 年 3 月第 2 次印刷
定　　　价	89.00 元

未经许可，不得以任何方式复制或抄袭本书之部分或全部内容。
版权所有，侵权必究
举报电话：010-62752024　电子邮箱：fd@pup.cn
图书如有印装质量问题，请与出版部联系，电话：010-62756370

序

案例类作品在整个法律图书市场中占有一席之地,同时也是读者喜闻乐见的一种法律图书类型。邹兵建的《刑法教义学的案例进路》一书采用刑法教义学的方法对十个刑事案例①进行学术探究,在案例类作品中独具一格,因而值得向读者推荐。

目前我国法律图书市场中的案例类作品可以分为不同层次,归纳起来可分为以下三种类型。一是以案说法。以案说法属于较低层次的案例类作品,具有普法的性质,即通过一个或数个典型案例说明某个法律规定的含义。因为法律规定具有抽象性,一般公众理解起来有一定难度。但案例是具体的,而且案情具有生动直观的特点。因此,借助于个别案件可以将复杂难懂的法律规定以一种通俗易懂的方式呈现给读者,由此起到普法的作用。以案说法的案件类作品面对的是一般公众,它并不是一种理论读物,可以归属于普法类作品。二是案例分析。案例分析是以疑难案件的定性为内容的理论论述,其功能在于解决疑难案件的法律适用问题。疑难案件,也称为难办案件,它在法律适用上具有一定的疑难性。因而需要借助于刑法理论对疑难问题进行分析,从而为司法机关正确办理疑难案件提供理论根据。因此,案例分析的主要讨论对象是案情,并且站在办案人的角度厘清案情,提出对疑难案件定罪量刑的分析意见。三是案例研究。案例研究在理论层次上要高于案例分析,它采用某种理论分析工具,对案件所涉及的理论问题进行深入考察,揭示这些案件所折射的法律问题和社会问题,从而为此后办理同类案件提供理论指导。显然,案例研究并不局限于一个具体案件的处理,而是着眼于司法规则的提炼和学术观点的检验,因而具有较高的学术性。以上三种案例类作品也正好

---

① 本书第一章论述的江歌案是一个附属于故意杀人案的民事侵权案,虽然该案本身不是刑事案件,但也与刑事案件具有不可分割的联系。

对应了法律发展的不同阶段。在法律颁布初期，需要普及法律知识，在这个时期，以案说法类案例作品具有一定的社会效应，因而此种案例书籍大行其道。此后，随着法律实施，司法实践中出现了某些疑难案件，案例分析的书籍正好满足了为司法机关办理疑难案件提供理论根据的需求，因而案例分析的书籍具有较大的需求量。只有在法治发展到较高的程度，法学理论达到较高的学术水准，案例研究的作品才能进入法律学术市场，与其他理论型法律图书一起提升一个国家的法学学术水平。

邹兵建的《刑法教义学的案例进路》一书，从书名就可以看出，是采用刑法教义学的方法对案例进行研究的著作，因而虽有案例研究之名，事实上则是以案例为线索写成的刑法教义学的理论著作，可以归之于案例研究的作品类型。在本书中，邹兵建选取了近些年来在社会上具有影响力的案件，由此展开刑法教义学的考察。在本书导言中，邹兵建认为，收入本书的案件都可以归入疑难案件的范畴。更为准确地说，它们都属于弱意义上的疑难案件。具体来说，这些案件可以分为两个类别：第一类是热点案件，包括江歌案、唐山烧烤店打人案、阿里女员工被性侵案、余金平案、赵春华案、李昌奎案；第二类是指导案例，包括最高人民法院、最高人民检察院颁布的臧进泉案、杨延虎案、施某某案。上述两类案件都具有广泛的社会影响力，曾经引起社会公众的关注，或者对刑法适用具有重要指导意义。邹兵建在本书的案例研究中采用了刑法教义学的方法，因而具有较强的学术性与理论性，在很大程度上区别于其他类型的案例类作品，这是值得嘉许的。

刑法教义学是近些年来我国出现的刑法知识形态，从内容上来看，刑法教义学具有相对于法律文本的抽象性和理论性，因而接受起来具有一定的难度。当然，德日学者在阐述刑法教义学原理的时候，也都引述了某些案例，这些案例除了癖马案，大多是所谓的教学案例。例如德国学者罗克辛在《德国刑法学总论》中引述的雷劈案、失火案、山羊毛案等，日本学者大塚仁在《刑法概说（总论）》中引述的血友案等。这些案例虽然有其出处，但在引用的时候被学者改写了案情，是专门为教学需要而编撰的案例，因而被称为教学案例。教学案例具有案情简洁、问题清晰的特征，对于论证刑法教义学中的某个理论问题具有较强的说服力，因而在刑法体系书中被广泛采用。当然，这些教学案例的功能在于论证某个刑法教义学原理，因而具有以案说理的性质。就此而言，教学案例难以独立成为学术研究的对象。

在本书中，邹兵建采用的是真实案例，并且这些案例大多有司法判决，这就为这些案例的理论研究提供了丰富的素材。例如本书第七章论述的于欢案，以辱母情节引起公众关注。于欢案激活了我国刑法中的正当防卫制度，对于此后处理正当防卫和防卫过当案件起到示范作用。于欢案的一审判决否定本案存在防卫前提，因而判处被告人于欢无期徒刑。二审判决认定本案属于防卫过当，判处被告人于欢有期徒刑五年。本案的两审判决结果相差悬殊，为探讨正当防卫制度在我国的适用提供了极佳的素材。在本案的研究中，邹兵建围绕于欢的防卫行为是否明显超过必要限度问题展开刑法教义学的论述。邹兵建指出："'明显超过必要限度'是指防卫人实际实施的防卫行为的强度明显超过最低强度的有效防卫行为的强度。其中，'明显超过'是指在给不法侵害人的人身安全造成的危险程度上，前者比后者至少高出一个档次；并且，在判断前者是否超过后者的过程中，存疑有利于防卫人。"在此，邹兵建对超过必要限度的判断标准，以及存疑有利于防卫人的判断原则的论述，已经超出了于欢案的范围，对于正确认定正当防卫的必要限度具有重要参考价值。基于对必要限度的理论考察，邹兵建对于欢案的防卫过当判决提出了质疑，认为于欢的防卫行为虽然足以制止故意伤害，但是不足以制止非法拘禁，因而在整体的意义上，于欢的防卫行为的强度没有达到足以制止不法侵害的程度。既然于欢的防卫行为不足以制止不法侵害，其强度当然就不可能超过最低强度的有效防卫行为。由此可见，于欢的防卫行为没有超过必要限度，更遑论明显超过必要限度。本书的这一结论显然不赞同于欢案的二审判决结果，因而本案的研究超越于欢案的局囿，上升到了正当防卫制度的刑法教义学研究的程度，这是值得肯定的。

值得注意的是，邹兵建将本书的案例研究区分为两种类型，即针对案例的研究和关于案例的研究。其中，针对案例的研究与具体案件的关系较为紧密，通常会结合具体案件的司法文书展开分析，具有很强的个案研究色彩。关于案例的研究与具体案件的关系较为疏离，具体案件的作用通常仅体现为在文章的开端引出有待阐释的大前提，以及在文章的结尾作为研究结论的适用对象。

针对案例的研究属于个案性的刑法教义学研究，因而案例是论述的主线，并且也是最终的归宿。针对案例的研究虽然是以个案为中心展开的，但它不同于案例分析的主要特征就在于作者采用了刑法教义学原理作为分析工具，因而它不是一种就案论案式的论述，而是以刑法教义学为分析方法的深入探究。例如本书第五章论述的赵春华案,涉及刑法教义学的数个知识点,例如枪支的认定、持有的判断、违法性认识、期待可能性等。而且,在讨论赵春华案的时候,邹兵建还突破个案,收集了包括赵春华案在内的23个非法持有枪支案的样本,在类案的层面对非法持有枪支案进行考察,由此把握非法持有枪支案的共同特征,以此为突破口揭示非法持有枪支罪的立法缺陷和司法偏差。因此,针对案例的研究无论是在法律层面(立法与司法)还是在学理层面,都具有不可或缺的现实意义与理论价值。

关于案例的研究是以案例为线索的刑法教义学研究,此类研究其实是在案例研究的名义下展开的刑法教义学研究,其旨趣完全不同于针对案例的研究。在本书中,关于案例的研究集中在指导案例的研究性论述中。我国的指导案例相当于其他国家的判例,从指导案例中提炼出来的裁判要点或者指导意见,实际上就是一种对于处理同类案件具有一定拘束力的司法规则。因此,在指导案例中,案件本身只是一种载体,重点在于司法规则。这些司法规则确立以后,需要对其进行刑法教义学的研究。由于这种研究是通过案例达成的,因而可以归之于案例研究的范畴。例如,本书第八章论述的臧进泉案(最高人民法院指导案例27号),涉及的是诈骗罪中的处分意思问题。处分意思关系到诈骗罪和盗窃罪的区分,它本身就是刑法教义学中的一个争议问题。臧进泉案的裁判要点指出:"行为人利用信息网络,诱骗他人点击虚假链接而实际通过预先植入的计算机程序窃取财物构成犯罪的,以盗窃罪定罪处罚;虚构可供交易的商品或者服务,欺骗他人点击付款链接而骗取财物构成犯罪的,以诈骗罪定罪处罚。"根据这一裁判要点,我国刑法中的诈骗罪采用处分意思必要说,如果行为人没有处分意思就应当认定为盗窃罪而非诈骗罪。对此,邹兵建结合本案的裁判理由作了深入的解读。从某种意义上说,这部分内容其实是一篇探讨诈骗罪的处分意思的论文,只不过问题是从臧进泉案引出的,并且本案的裁判理由对处分意思必要说的判断标准作了进一步的论证,由此而为邹兵建对处分意思的刑法教义学论述提供了案例素材,使得这部分内容具有较强的学术性和实践性。

本书中的案例研究主要采用刑法教义学的研究方法,但个别章节采用了社科法学的研究方法。此外,本书的内容除涉及刑法适用问题以外,还涉及证据问题、程序问题,以及刑民交叉问题,这对邹兵建来说是一种考验。应该说,在本书中邹兵建对相关案例的精准把握和流畅论述都给我留下了深刻印象。虽然本书是一部以案例研究为内容的作品，但其理论水平已经超越了大部分学术专著。本书的部分内容此前在微信公众号中流传过，当时就令我十分惊艳。现在这些案例研究的文章经过整合，以著作的形式正式出版与读者见面，我十分期待本书能够给读者带来美好的阅读体验。

是为序。

陈兴良[*]
谨识于三亚领海寓所
2023年2月7日

---

[*] 北京大学博雅讲席教授、博士生导师。

目　录

导　言 ··· 1

第一章　江歌案：侵害生命权的法律责任 ·················· 9
第一节　问题的提出 ··· 9
第二节　对"劝阻报警"的分析 ···································· 16
第三节　对"未告知恐吓信息"的分析 ························ 20
第四节　对"入室后锁门"的分析 ································ 26
第五节　对"先行入室"和"未出门救助"的分析 ········ 43
第六节　结　论 ··· 49

第二章　唐山烧烤店打人案：在公共场所暴打他人的罪与罚 ··· 51
第一节　问题的提出 ··· 51
第二节　对一审判决结果的解读 ··································· 52
第三节　罪数、竞合与法定刑的选择 ··························· 55
第四节　两种可能的解释方案 ······································· 58

第三章　阿里女员工被性侵案：强制猥亵罪的处罚边界 ······ 64
第一节　问题的提出 ··· 64
第二节　对"没有强制说"的分析 ································ 67
第三节　对"显著轻微说"的分析 ································ 70
第四节　同意的效力与强制猥亵的故意 ······················· 79
第五节　启示与教训 ··· 85

第四章　余金平案：交通肇事罪中的逃逸问题 ············ 87
第一节　逃逸的分类 ··· 89
第二节　刑法逃逸的成立前提 ······································· 91
第三节　刑法逃逸的本质 ··· 97

第四节　刑法逃逸的客观要件 …………………… 101
　　第五节　刑法逃逸的主观要件 …………………… 107
　　第六节　对余金平案的评析 ……………………… 114

第五章　赵春华案：非法持有枪支罪的司法偏差与立法缺陷 …………………………………………… 124
　　第一节　问题的提出 ……………………………… 124
　　第二节　定罪问题上的司法偏差 ………………… 126
　　第三节　量刑问题上的司法偏差 ………………… 142
　　第四节　立法缺陷及其修正 ……………………… 146
　　第五节　对《"两高"批复》的评析 ……………… 154

第六章　李昌奎案：死刑适用的两种方案 …………… 159
　　第一节　李昌奎案始末 …………………………… 159
　　第二节　学界观点述评 …………………………… 162
　　第三节　公共政策与个体正义的博弈 …………… 172
　　第四节　对"杀人偿命"观念的反思 …………… 182

第七章　于欢案：防卫过当中的"明显超过必要限度" … 186
　　第一节　问题的提出 ……………………………… 186
　　第二节　"明显超过必要限度"的规范地位 …… 191
　　第三节　"明显超过必要限度"的规范内涵 …… 198
　　第四节　"明显超过必要限度"的判断视角 …… 206
　　第五节　对于欢案的评析 ………………………… 210
　　第六节　对《正当防卫指导意见》的评析 ……… 217

第八章　臧进泉案：诈骗罪中处分行为的体系位置与内容构成 ………………………………………… 222
　　第一节　问题的提出 ……………………………… 222
　　第二节　财产处分行为的体系位置 ……………… 226
　　第三节　财产处分意识的必要性 ………………… 231
　　第四节　财产处分意识的程度要求 ……………… 240
　　第五节　对臧进泉案的评析 ……………………… 249

第九章　杨延虎案:贪污罪中的"利用职务上的便利" ………… 251
　第一节　问题的提出 ……………………………………… 251
　第二节　立法沿革与体系对照 …………………………… 254
　第三节　司法解释与学理讨论 …………………………… 259
　第四节　贪污罪中"利用职务上的便利"的实质内涵……… 265
　第五节　对杨延虎案的评析 ……………………………… 271

第十章　施某某案:聚众斗殴案的三维解读 …………………… 277
　第一节　问题的提出 ……………………………………… 277
　第二节　聚众斗殴罪:情节犯？动机犯？ ……………… 283
　第三节　酌定不起诉制度:困境与出路 ………………… 287
　第四节　刑事政策与刑法体系:分离抑或融合 ………… 303

附录　网络时代的热点案件与刑法研究 ……………………… 309

参考文献 ………………………………………………………… 335

后　记 …………………………………………………………… 355

导　言

自陈兴良教授于 2005 年首次在国内学界公开倡导采用刑法教义学的研究方法以来，①经过近二十年的蓬勃发展，我国刑法教义学无论是在知识层面还是在方法层面都已取得长足的进步。时至今日，刑法教义学早已成为我国刑法学研究的基本范式和主流形态。但与此同时，我国学界对刑法教义学的批评质疑之声一直存在，不绝于耳。总体上看，批评刑法教义学的声音主要来自两个不同的学者群体：一是社科法学者，二是刑法学界内部主张维护我国传统刑法学知识体系的学者。前者的批评构成了我国刑法教义学的"外患"，而后者的质疑构成了我国刑法教义学的"内忧"。不过，这两个学者群体并没有形成针对刑法教义学的"反对者联盟"。实际上，他们对刑法教义学的看法相去甚远，他们批评刑法教义学的目的也各不相同。在社科法学者眼里，刑法教义学是一副保守陈旧、封闭僵化的形象；而在传统刑法学的支持者看来，刑法教义学意味着推倒重来、革故鼎新。社科法学者批评刑法教义学，意在争夺法学研究范式的话语权；而刑法学界内部的批评者反对刑法教义学，旨在维护我国传统刑法学的知识体系。尽管存在上述重大差异，但社科法学者与传统刑法学的支持者在一个具体问题上达成了高度共识——他们都认为刑法教义学沉迷于抽象的概念游戏，缺乏实践功能，最多只能解决常规案件，而无力解决司法实践中的疑难案件。②

这当然是对刑法教义学的严重误读。从发生学的角度看，刑法教义学是实践理性的产物，而非形式理性的产物。③ 指导司法实践是刑法教义学与生俱来的功能预设。无论是常规案件还是疑难案件，都离不开刑法教义学的指导。批评者之所以误以为刑法教义学无力解决疑难案件，是

---

① 参见陈兴良：《刑法教义学方法论》，载《法学研究》2005 年第 2 期。
② 参见苏力：《法条主义、民意与难办案件》，载《中外法学》2009 年第 1 期；齐文远：《中国刑法学该转向教义主义还是实践主义》，载《法学研究》2011 年第 6 期。
③ 参见邹兵建：《法教义学释疑——以刑法教义学为重点》，载《刑事法评论》2019 年第 1 期。

因为他们用静止的眼光看待刑法教义学和疑难案件。① 虽然疑难案件与常规案件的区分长期存在,但某个案件到底是疑难案件还是常规案件,却只是在刑法教义学发展到某个特定阶段的阶段性结论,而非永久性结论。在刑法教义学未能对某个案件提供妥当的解决方案,或者虽然为某个案件提供了若干解决方案但学界在应采用何种方案的问题上存在严重分歧时,这个案件就属于疑难案件。如果有必要,可以将上述两种情况下的疑难案件分别称为"强意义上的疑难案件"和"弱意义上的疑难案件"。而在刑法教义学为某个案件提供了一个明确、妥当并且为学界普遍接受的解决方案时,这个案件就属于常规案件。刑法教义学的发展方向,就是通过不断完善刑法学教义,将一个又一个疑难案件转化为常规案件。反过来说,疑难案件是引领推动刑法教义学与时俱进、吐故纳新的"源头活水"。

不过,"是骡子是马",还需"拉出来遛遛"。如果仅仅是从理论上阐释清楚了刑法教义学的实践功能,却不能在真实案件中尤其是真实的疑难案件中展现这种功能,终究难以令人信服。所以,在我国刑法教义学蓬勃发展但仍面临质疑这一现实语境下,对疑难案件展开刑法教义学研究,具有必要性和紧迫性。它不仅有助于检验既有刑法学教义的妥当性并促进其完善,而且还有助于向批评者充分展示刑法教义学的实践功能,澄清相关误解,从而使刑法教义学得到更多学者的认同。

如果观察的视野不局限于刑法学界,而是扩展至刑事法律界乃至整个社会,那么疑难案件的刑法教义学研究便会彰显出更多的价值。当前我国刑法理论界和司法实务界存在较多隔阂,法律人共同体并未真正形成。造成这种局面的原因是复杂多样的,其中一个重要原因是,刑法学者与司法实务人员所关心的话题不尽相同。但可以肯定,疑难案件属于两个群体共同关心的话题。因此,疑难案件研究可以促进刑法理论界与司法实务界的良性互动,甚至可以为法律人共同体的建构提供一个很好的切入点。另外,进入网络时代后,疑难案件很容易成为全民关注的热点案件。对热点案件的研究成果,尤其是在网络上发表的热点案件研究成果,能够在一定程度上起到向普通国民普法释法的作用。

在上述问题意识的指引下,本书对十个案件展开了较为细致的研究。这些案件都可以归入疑难案件的范畴。更为准确地说,它们都属于弱意

---

① 参见车浩:《理解当代中国刑法教义学》,载《中外法学》2017年第6期。

义上的疑难案件。① 这些案件可以分为两个类别。一是我国近几年发生的热点案件,包括江歌案、唐山烧烤店打人案、阿里女员工被性侵案、余金平案、赵春华案、李昌奎案;二是"两高"发布的指导案例,包括臧进泉案、杨延虎案、施某某案。这两个类别不是互斥的关系,二者存在交叉重合的部分。于欢案便位于它们交叉重合之处。本书采用的主要是刑法教义学的研究方法,但也有一个例外——第六章采用了社科法学的研究方法。这一点例外应该还不至于使本书的书名变得名不副实。或许它还能向社科法学者表明,法教义学与社科法学并不是"你死我活"的敌对关系,即便是主攻法教义学的部门法学者,也完全可以在合适的研究主题中选择采用社科法学的研究方法。

  本书共有十章内容。第一章同时从刑法和侵权法两个角度对江歌案中刘暖曦的法律责任作了考察。在刘暖曦的多个行为中,最有可能引起刑事责任和侵权责任的,是其入室后锁门的行为。这一行为恶化了江歌的法益状态,在行为形式上属于作为而非不作为。这一行为具备故意杀人罪的构成要件该当性和违法性,但是因成立阻却责任的紧急避险而欠缺有责性。在侵犯人身权益或财产权益且既遂的场合,如果一个行为具备某个罪名的构成要件该当性和违法性但是欠缺有责性,那么可以肯定,该行为一定会构成侵权。所以,刘暖曦入室后锁门的行为构成侵权。而且,在侵害江歌的生命权这一点上,刘暖曦与陈世峰构成共同侵权,需要承担连带责任而非按份责任。无论是在刑法上还是在侵权法上,作为义务的设定都不能以行为人冒着生命危险为代价。所以,刘暖曦先行入室的行为和未出门救助的行为不会构成不作为的犯罪或侵权。

  第二章讨论了唐山烧烤店打人案中打人者该当何罪以及应被判处何种刑罚。一般认为,该案中的打人者构成故意伤害罪与寻衅滋事罪的想象竞合。在受伤最重的被害人只受轻伤的情况下,对打人者应以寻衅滋事罪论处,判处五年以下有期徒刑。问题在于,虽然该案中的被害人实际受伤程度并不严重,但该案的犯罪情节极为恶劣,即便对打人者顶格判处五年有期徒刑,也很难说罚当其罪。为了实现该案的罪刑均衡,本书提出了两种解释方案:一是将该案解释为故意重伤的未遂,二是对该案适用《刑法》第292条规定的聚众斗殴罪。两种方案殊途同归,都会得出对打

---

① 时至今日,像德国"癖马案"那样的强意义上的疑难案件,已经非常罕见了。这也从侧面反映出,当前的刑法教义学已经构建了一个较为成熟的知识体系。

人者最高可以判处十年有期徒刑的结论。

第三章分析了阿里女员工被性侵案中王某文为何无罪却又构成行政违法。有人提出,王某文之所以不构成强制猥亵罪,是因为其猥亵行为没有强制性。也有人认为,王某文无罪是因为其猥亵行为的情节显著轻微,危害不大。但是在本书看来,这两种观点都难以成立,甚至还会有很强的误导性。由司法机关处理本案的结论倒推,结合一些由公开报道获得的案件细节信息来判断,在案发当时,处于醉酒状态的周某应当是表现出了一定的主动性。亦即,王某文对周某实施的有性意涵的行为,实际上得到了她的同意。但是,由于周某当时已处于因醉酒而神志不清的状态,其同意没有刑法上的效力。所以,王某文的行为仍然违背了周某的真实意志,在客观上属于强制猥亵行为。不过,由于误以为自己的行为得到了周某的同意,王某文欠缺强制猥亵罪的犯罪故意。正是因此,王某文不构成强制猥亵罪,但是违反了《治安管理处罚法》第44条,需要受到治安管理处罚。这个案件还给我们一个启示:司法机关应当珍视民众对热点刑事案件的关注,做好以案释法的工作,不仅要做到案结事了,而且还应争取做到案结法明。

第四章以余金平案为线索对交通肇事罪中的逃逸问题作了研究。交通肇事逃逸可以分为刑法逃逸和行政法逃逸,刑法逃逸又可以进一步分为入罪逃逸和加重逃逸。处理交通肇事逃逸案件的一个重要任务,就是严格区分刑法逃逸和行政法逃逸,避免将行政法逃逸升格认定为刑法逃逸。刑法逃逸以行为人的行为成立交通肇事罪为前提。为此,刑法逃逸要求行为人具有"两次违规性",并且要求其在事故发生前的违规行为与事故的发生具有刑法因果关系。刑法逃逸的本质是逃避法律责任,而非逃避救助义务。刑法逃逸的客观要件是,行为人在发生重大交通事故后逃跑。其中的"逃跑"是一个规范性概念,而非事实性的空间概念。刑法逃逸只有成立与否的问题,而没有未遂与中止的问题。刑法逃逸的主观要件是,行为人明知自己造成了重大交通事故,并且具有逃避法律责任的目的。从余金平案中可以提炼出一条能够快速指导司法实践的判断规则:行为人在知道自己造成了交通事故,但不确定自己是否撞了人或者完全没有考虑自己是否撞了人的情况下,没有下车检查而是直接驾车离开,就足以说明其有逃逸故意。

第五章一方面对赵春华案的司法偏差作了解释论研究,另一方面对非法持有枪支罪的立法缺陷作了立法论研究。本书认为,赵春华之所以不构成非法持有枪支罪,是因为其欠缺犯罪故意,而不是因为其欠缺社会危害性、违法犯罪目的、非法性、违法性认识等其他要素。我国非法持有枪支罪的立法缺陷,并不是由公安部枪支认定标准的门槛太低造成的,而是由非法持有枪支罪的空白罪状造成的。具体而言,《刑法》第128条第1款中的"枪支管理规定"为公安部的枪支认定标准进入刑事审判领域提供了法律依据。为此,应当将空白罪状中的"枪支管理规定"修改为"枪支管理法律"。这种修法方案既可以防止赵春华案的再次发生,还能够将我国目前对枪支的单一刑法规制体系转变为刑法和行政法的二元规制体系。值得注意的是,在赵春华案引发广泛批评后,最高人民法院与最高人民检察院于2018年3月8日联合发布了《关于涉以压缩气体为动力的枪支、气枪铅弹刑事案件定罪量刑问题的批复》。该批复试图通过破除唯数量论来化解涉及枪支弹药罪名的司法适用困境。但是在本书看来,该批复适用面过窄,而且其破除唯数量论的方式过于简单粗暴。更为重要的是,该批复在没有对刑法枪支认定标准作任何调整的情况下,试图通过破除唯数量论来化解相关罪名的司法困境,其实质是用量刑上的优惠去弥补定罪上的理亏。这与其说是一种解决问题的方案,不如说是一种掩盖问题的方案。

第六章通过考察李昌奎案二审改判死缓而再审又改回死刑立即执行的司法过程,发现我国司法实践中存在两种不同的死刑适用方案。李昌奎案的二审改判引发了社会公众与云南省高级人民法院在是否判处李昌奎死刑立即执行这一问题上的尖锐对立。这种对立根源于两种不同的死刑适用方案之间的冲突。从公共政策的立场出发,为了严格控制死刑立即执行的适用数量,最高人民法院在决定是否核准死刑立即执行的判决时,一般采用"选拔性测试"的死刑适用方案。而从个体正义的立场出发,社会公众在判断被告人是否应当被判处死刑立即执行时,自发地采用一种"标准性测试"的死刑适用方案。依照"选拔性测试"的方案,具有多个从宽情节的李昌奎案不可能排在前列,因而难以被核准死刑立即执行;依照"标准性测试"的方案,犯罪情节比药家鑫更为恶劣的李昌奎应当被判处死刑立即执行。对于没有引发舆论关注的命案,司法机关通常采用"选拔性测试"的死刑适用方案;而对于引发了舆论关注的命案,司法机关通常采用"标准性测试"的死刑适用方案,其标准就是"杀人偿命"。由此在我国司法实践中引发了"命案被告人见光死"的现象。这一现象的实质是命案的同案不同判,值得认真反思。

第七章以于欢案(最高人民法院指导案例93号)为线索对防卫过当中的"明显超过必要限度"的规范地位、规范内涵、判断视角作了研究。关于"明显超过必要限度"的规范地位，理论上存在单一条件说和双重条件说之争。从逻辑基础、法理依据和司法效果三个角度展开分析，应当反对单一条件说，支持双重条件说。关于"明显超过必要限度"的规范内涵，理论上既有的必需说、基本适应说和折衷说混淆了研究对象，并且滞后于刑事立法的发展。应当将"明显超过必要限度"拆成"必要限度"和"明显超过"分别加以理解。其中，"必要限度"是指最低强度的有效防卫行为的强度；"明显超过"是指防卫行为给不法侵害人造成的危险比最低强度的有效防卫行为给不法侵害人造成的危险至少高出一个档次，并且，在判断防卫行为是否超过必要限度时，存疑有利于防卫人。关于"明显超过必要限度"的判断视角，应当采用情境论的立场，以防卫人的实际能力作为能力标准，并且以防卫人在行为时实际获取的信息以及当时本来应当能够获取的信息作为事实依据。按照上述判断标准，于欢的防卫行为虽然造成了重大损害，但是没有"明显超过必要限度"，因而不构成防卫过当。值得注意的是，2020年8月28日，最高人民法院、最高人民检察院、公安部联合发布《关于依法适用正当防卫制度的指导意见》。该指导意见对防卫过当的成立条件作了详细规定。本书认为，这些规定的内容既有值得肯定之处，也有值得商榷的地方。

第八章以臧进泉案(最高人民法院指导案例27号)为线索对诈骗罪中财产处分行为的体系位置和内容构成作了分析。在诈骗罪的构成要件中，存在两种不同的财产处分行为，分别是作为欺骗内容的财产处分行为和作为欺骗效果的财产处分行为。前者是诈骗罪行为要素的关键内容，后者属于诈骗罪的结果要素。无论是从财产处分行为的本体构造来看，还是从诈骗罪的自我损害性特征来看，抑或从合理区分诈骗罪与盗窃罪的功能设定来看，都应当坚持处分意识必要说。处分意识必要说的立论基础是引起占有转移的行为即为财产处分行为，但是这个命题不能成立。关于财产处分意识的程度要求，学界存在全面认识说、质量区分说、观察可能性说、极端缓和说等多种观点，但是这些观点均有不足。为此，本书提出了"覆盖范围说"。该说的主要内容为，要肯定受骗人对某个财产有财产处分意识，需且仅需满足以下两个条件：其一，受骗人实施了财产处分行为；其二，该财产位于受骗人的财产处分行为的覆盖范围之内。根据覆盖范围说，金某在臧进泉的诱导下点击显示交易金额为1元实际植入了支付305000元的虚假链接的行为属于财产处分行为,因而臧进泉向金某发送虚假链接并诱导其点击该虚假链接的行为构成诈骗罪。

第九章以杨延虎案(最高人民法院指导案例11号)为线索对贪污罪中的"利用职务上的便利"作了研究。作为贪污罪构成要件中体现违反了职务廉洁性法益的行为要素,贪污罪中的"利用职务上的便利"的涵义在理论上存在一定的争议。理论通说及司法解释尝试从形式上对"利用职务上的便利"中的"职务"作一个界定,没有从实质上把握其本质内涵,因而未能提供一个明确而又合理的判断标准。本书认为,贪污罪中的"利用职务上的便利"的实质内涵是,行为人在非法占有公共财物之前,要么基于其职务而合法地占有了该公共财物,要么基于其职务和特定事实的发生而享有在价值金额上与其后来所占有的公共财物相对应的债权请求权。基于这个理解,可以对学界以往的一些争论点作出清晰判断。指导案例11号将"利用职务上有隶属关系的其他国家工作人员的职务便利"纳入贪污罪中的"利用职务上的便利"之中。但无论是从规范根据来看,还是从法理依据来看,抑或从司法实践的效果来看,指导案例11号的这一主张都不能得到支持。

第十章依次从实体罪名、诉讼程序以及刑法和刑事政策的关系三个维度对施某某案(最高人民检察院第一批指导性案例——检例第1号)作了较为全面的分析。在实体罪名维度,讨论了该案所涉及的聚众斗殴罪的构成要件,着重分析了该罪是否为情节犯或动机犯,并得出了全部否定的结论。在诉讼程序维度,考察了该案所涉及的酌定不起诉制度,揭示了该制度所存在的法律性质之困和适用条件之困,并主张引进阶层犯罪论体系以化解这两个困境。在刑法和刑事政策的关系维度,梳理了三种刑法与刑事政策的关系模式,并倡导我国的刑法与刑事政策从分离走向融合。

以上对十个疑难案件的研究结论分别作了介绍。此外,超越具体的个案,疑难案件研究还有一些共性之处值得总结。对疑难案件展开刑法教义学研究,归根到底是在处理作为大前提的刑法规范与作为小前提的案件事实之间的关系问题。在三段论的思维框架下,根据研究重点的不同,可以将刑法教义学的案例研究分为两种不同的类型。第一类研究聚焦于三段论中的涵摄过程,这类研究与具体案件的关系较为紧密,通常会结合具体案件的司法文书展开分析,具有很强的个案研究色彩。第二类研究侧重对三段论中的大前提作规范阐释,这类研究与具体案件的关系较为疏离,具体案件的作用通常仅体现为在文章的开端引出有待阐释的大前提,以及在文章的结尾作为研究结论的适用对象。不妨将第一类案例研究称为"针对案例的研究",将第二类案例研究称为"关于案例的研究"。这两类案例研究在本书中均有体现。具体而言,前三章和第五章是较为典型的"针对案例的研究",而第四章和后四章是较为典型的"关于案例的研究"。通常认为,"关于案例的研究"较之于"针对案例的研究"更有难度,也更具理论含量和学术价值。但这种看法未必公允。至少在本书看来,这两类案例研究有各自不同的难点,也有各自不同的价值,没有绝对的高下之分。

除了规范与事实这一对范畴,刑法教义学的案例研究还会涉及逻辑与经验的问题。形式逻辑是建构刑法教义学大厦的基石,其重要性不容置疑。而经验判断在刑法教义学的案例研究中同样非常重要,尽管其重要性长期被低估。刑法教义学的案例研究,尤其是前述"针对案例的研究",究其实质,是以逻辑分析的外衣包裹经验判断的内核。例如,在江歌案中,刘暖曦的法律责任问题涉及刑法和侵权法中的多个理论点。但真正能够决定研究者对这个问题给出何种答案的,不是他们如何理解刑法和侵权法上的相关理论点,而是他们如何看待这样一个问题——刘暖曦在收到陈世峰的恐吓信息后,尤其是在自己已先行入室而江歌还身处门外的那一刻,能否预见到陈世峰会杀害江歌?显然,这个问题只关乎经验判断,不涉及形式逻辑。"法律的生命不在于逻辑而在于经验"——霍姆斯的这句传世名言,置于刑法教义学的规范研究之中,或许有夸张之嫌;置于刑法教义学的案例研究之中,可谓至当之论。针对同一个疑难案件,不同的人很容易得出截然不同的结论。其原因固然有可能是他们在逻辑分析上存在分歧,但更大的可能性还在于,他们作出了不同的经验判断。逻辑分析有既定的规则,有明确的对错之分,因而存在一方说服另一方的可能性。而经验判断却只能诉诸研究者的主观确信,没有明确的判断标准,任何一方都很难说服持不同见解的另一方。更为重要的是,与普通国民相比,刑法学者和司法实务人员虽然在逻辑分析上有一定的专业优势,但是在经验判断上并没有过人之处。所以,一篇看上去非常精致的案例研究文章,完全有可能因为建立在错误的经验判断的基础上而失去价值,相反还会产生误导他人的负面效果。这一点应当引起所有案例研究者的警惕。也是在认识到这一点之后,笔者一方面对本书中案例研究结论的正确性仍抱有信心,另一方面也对其他的不同观点持开放的态度。

第一章　江歌案：侵害生命权的法律责任

第一节　问题的提出

江歌被杀案(以下简称"江歌案")是2016年发生在日本的一起故意杀人案件。本案的基本案情为：

2015年间，江歌(1992年3月25日出生，系江秋莲的独生女儿)在日本留学期间与刘暖曦相识，二人系同乡，逐渐成为好友。2016年4月，刘暖曦在日本大东文化大学读书期间，与同在该校学习的中国留学生陈世峰相识并确定恋爱关系。2016年6月，刘暖曦搬入陈世峰租住的公寓一同居住。2016年7月起，刘暖曦与陈世峰多次因琐事发生争执，陈世峰曾在夜间将刘暖曦赶出住所，刘暖曦向江歌求助，江歌让刘暖曦在其租住的公寓内暂住。后刘暖曦与陈世峰和好并回到陈世峰的住所同住。2016年8月25日晚至次日凌晨，刘暖曦与陈世峰再次发生激烈争执，刘暖曦提出分手，陈世峰拒绝并以自杀相威胁，还拿走刘暖曦的手机，意图进行控制。期间刘暖曦再次向江歌求助，江歌同意她到自己的住所同住。自2016年9月2日起，刘暖曦搬进江歌的住所。2016年9月15日、10月12日，陈世峰两次对刘暖曦进行跟踪纠缠并寻求复合，均遭到拒绝。

2016年11月2日15时许，陈世峰找到刘暖曦与江歌同住的公寓，上门进行纠缠滋扰。刘暖曦未打开房门，通过微信向已外出的江歌求助。江歌提议报警，刘暖曦以合住公寓违反当地法律、不想把事情闹大为由加以劝阻，并请求江歌回来帮助解围。当日16时许，江歌返回公寓并将陈世峰劝离，随即江歌返回学校上课，刘暖曦去往餐馆打工。陈世峰在途中继续跟踪刘暖曦，并向刘暖曦发送恐吓信息，称要将刘暖曦的不雅照片和视频发给其父母。刘暖曦到达打工的餐馆后,为摆脱陈世峰的纠缠,求助一名同事充当男友,再次向陈世峰坚决表示拒绝复合,陈世峰愤而离开,随后又向刘暖曦发送多条纠缠信息,并两次声称"我会不顾一切"。期间,刘暖曦未将陈世峰纠缠恐吓的相关情况告知江歌。

2016年11月2日19时许,陈世峰返回住处,随身携带了一把长约9.3厘米的水果刀,准备了用于替换的衣服,并到附近超市购买了一瓶威士忌酒,随后赶到江歌租住的公寓楼内,在二楼与三楼的楼梯转角处饮酒并等候。当日23时许,江歌联系刘暖曦询问陈世峰是否仍在跟踪。刘暖曦回复称,没看见陈世峰,但感觉害怕,要求江歌在附近的地铁站出口等候并陪她一起返回公寓。11月3日0时许,二人在地铁站出口会合并一同步行返回公寓,二人前后进入公寓二楼过道,事先埋伏在楼上的陈世峰携刀冲至二楼,与走在后面的江歌遭遇并发生争执。走在前面的刘暖曦打开房门,先行入室并将门锁闭。陈世峰在公寓门外,手持水果刀捅刺江歌颈部十余刀,随后逃离现场。刘暖曦在屋内两次拨打报警电话。第一次报警录音记录显示,刘暖曦向门外喊"把门锁了,你(注:指陈世峰)不要闹了",随后录音中出现了女性(注:指江歌)的惨叫声,刘暖曦向警方称"姐姐(注:指江歌)倒下了,快点"。第二次报警录音记录显示,刘暖曦向警方称"姐姐危险"不久警方到达现场处置,后救护车到场将江歌送往医院救治。江歌因左颈总动脉损伤失血过多,经抢救无效死亡。①

本案之所以能引起我国舆论的关注,不仅因为这起杀人案发生在三名中国留学生之间,而且因为本案在案情上有不寻常之处——陈世峰原本想杀害的是自己的前女友刘暖曦(原名刘鑫),但最终杀害的却是江歌。江歌原本与陈世峰并无任何瓜葛,她之所以成为陈世峰的迁怒对象,是因为她在自己的好友刘暖曦因与陈世峰分手而陷入困境之际,向刘暖曦提供了帮助,让刘暖曦住进自己租住的公寓中,并且帮刘暖曦摆脱陈世峰的纠缠。作为情感纠葛当事人和被帮助者的刘暖曦安然无恙,而作为局外

---

① 参见山东省青岛市城阳区人民法院一审民事判决书(2019)鲁0214民初9592号。

人和助人者的江歌却被残忍杀害,这一结果让很多人感到不平。更令人寒心乃至愤怒的是,江歌的遇害与刘暖曦在案发当时的行为直接相关。面对酒后持刀堵在公寓过道上的陈世峰,刘暖曦先行入室后立即将房门锁闭,全然不顾被堵在门外的江歌,导致江歌被陈世峰杀害。所以,在本案发生后,刘暖曦受到的社会谴责甚至比陈世峰受到的谴责还要多,尽管后者才是直接杀人者。

在这起案件中,陈世峰的法律责任是非常明确的。但刘暖曦是否需要承担法律责任以及需要承担何种法律责任,就不那么容易判断了。2017年12月20日,日本东京地方裁判所对本案作出一审宣判,判决被告人陈世峰构成胁迫罪和故意杀人罪,判处有期徒刑20年。① 但日本司法机关并未追究刘暖曦的法律责任。此后,刘暖曦与江歌的母亲江秋莲因江歌死亡原因等事项产生争执。甚至,刘暖曦在节日期间有意向江秋莲发送"阖家团圆""新年快乐"等信息,并通过网络发表刺激性言语,导致双方关系恶化。2020年5月,江秋莲一纸诉状将刘暖曦起诉到山东省青岛市城阳区人民法院,意图追究其侵权责任。2022年1月10日,青岛市城阳区人民法院作出一审宣判,判决刘暖曦对江歌的死亡结果承担侵权责任,需向江秋莲赔偿经济损失49.6万元,另外还需向江秋莲赔偿精神损害抚慰金20万元。② 刘暖曦对一审判决结果表示不服,提起上诉。2022年12月30日,山东省青岛市中级人民法院对本案作出二审宣判,判决驳回上诉,维持原判。③

本案一审宣判后,杨立新教授、孙宪忠教授、金可可教授、贺剑教授四位著名民法学者对该判决作了或简约或详细的精彩点评。④ 四位教授都

---

① 参见《"江歌案"日本刑事判决回顾》,载微信公众号"刑事法判解",发布日期:2022年1月17日。
② 参见山东省青岛市城阳区人民法院一审民事判决书(2019)鲁0214民初9592号。
③ 参见山东省青岛市中级人民法院二审民事判决书(2022)鲁02民终1497号。
④ 参见杨立新:《江歌索赔案的侵权法规则适用》,载微信公众号"中国法律评论",发布日期:2022年1月12日;杨立新:《江歌案的定性、请求权基础和法律适用》,载微信公众号"教授加",发布日期:2022年1月14日;杨立新:《如何确定江歌案不同侵权人的损害赔偿责任》,载微信公众号"教授加",发布日期:2022年1月17日;孙宪忠:《对江歌案的评析》,载微信公众号"法学学术前沿",发布日期:2022年1月12日;金可可:《江秋莲诉刘暖曦生命权侵害纠纷案若干法律问题简析》,载微信公众号"华政民商",发布日期:2022年1月13日;贺剑:《忘恩负义,不应只是道德评价》,载微信公众号"中国法律评论",发布日期:2022年1月16日。除了这四位民法学者外,法理学专业的桑本谦教授也对本案作了点评。参见桑本谦:《法律上的冗余:也谈江歌索赔案》,载微信公众号"雅理读书",发布日期:2022年1月14日。后来,金可可教授和桑本谦教授同时将他们对本案的评论意见发表在《探索与争鸣》杂志上。(转下页)

认同或基本认同该判决的结果,但在不同程度上对判决书的说理论证提出了一些异议。笔者认真拜读了这些点评,深受启发,获益匪浅,但也有一些不同的看法。笔者的专业是刑法学,对侵权法了解不多。不过,侵权法与刑法本来就有着非常密切的关联。本案不仅是一个侵权法案件,同时也是一个刑法案件。本案要回答的问题是,一个人在面临生命危险时能否通过牺牲他人的方式来保全自己。这个以往在理论上被反复讨论,但是在现实生活中却很少发生的问题,最早是在 1884 年由英国的"理查德·帕克案"①提出来的。在这个意义上可以说,本案是中国版本的"理查德·帕克案"。运用刑法学和侵权法学的双重视角对本案展开法教义学研究,不仅有助于准确把握刘暖曦的法律责任,而且可以以本案为契机检验相关法教义学理论的妥当性,另外还可以借此窥视刑法与侵权法在责任成立条件上的异同,促进刑法学与侵权法学的交流与对话,因而具有超越具体个案的重要意义。

一、既有讨论存在的问题

笔者认为,判决书的结论不够准确,说理论证存在疑问,而四位民法教授对这个案件的评论也存在值得商榷的地方。具体而言,判决书和目前的讨论主要存在以下四个问题。

第一,将多个不同的行为混在一起综合评价。在本案中,刘暖曦实施了多个行为,其中有的属于作为,有的属于不作为。判决书和目前的讨论将这些行为混在一起作综合评价,这种做法很容易得出错误结论。其一,作为侵权和不作为侵权的成立标准是不一样的。将作为与不作为混在一

(接上页)参见金可可、谈天:《从"江歌案"看〈民法典〉的司法适用及其争议——兼与本案相关论点商榷》,载《探索与争鸣》2022 年第 4 期;桑本谦:《"过错冗余"与"有难同当"——以"江歌案"一审判决为例》,载《探索与争鸣》2022 年第 4 期。

① "理查德·帕克案"又被称为"女王诉达德利及斯蒂芬斯案"(Regina v. Dudley and Stephens)。本案的案情为:1884 年 5 月 19 日,一艘载有四人的游船"木犀草号"由英国驶向澳大利亚。7 月 5 日,游船因意外遭遇风浪而下沉,四人逃到游船的救生筏上等待救援。由于缺少食物和淡水,在海上漂泊了近二十天后,四人生命危在旦夕。第 21 天即 7 月 25 日,为了维持其余三人的生命,船长汤姆·达德利(Tom Dudley)和大副埃德温·斯蒂芬斯(Edwin Stephens)杀害了当时已陷入昏迷状态的船员理查德·帕克(Richard Parker),并与未参与杀人过程的另一名船员埃德蒙·布鲁克斯(Edmund Brooks)一起以帕克的尸体和血液充饥。三天后,他们被一艘德国帆船救起。英国皇家法院的王座法庭认定两位被告人构成谋杀罪并判处死刑。后经英国女王维多利亚赦免,改为六个月监禁。对本案的详细介绍和研究,参见[英]A. W. 布莱恩·辛普森:《同类相食与普通法——"木犀草号"悲剧性的最后一次航程及其所引发的奇特法律程序》,韩阳译,商务印书馆 2012 年版。

起评价,无法准确适用各自的成立标准。同理,不同行为涉及的侵权类型可能是不一样的,不宜混为一谈。其二,即便多个行为在行为形式和侵权类型上完全一致,也不应将它们混在一起综合评价,否则很容易将多个原本欠缺不同要件的行为综合评价为满足所有要件,就好比将多副残缺的扑克牌拼凑成一副完整的扑克牌。其三,判断行为人是否构成侵权,有时与行为人的认知状况密切相关。而在不同的时点上,行为人的认知状况会有所不同。将不同的行为混在一起评价,往往会以行为人在后面的认知状况作为判断的素材,从而得出对行为人不利的结论。

第二,误将作为当成不作为。在刘暖曦的多个行为中,最有可能引起法律责任的,无疑是"入室后锁门"的行为。判决书和多位参与讨论的学者基于不同的理由认为这一行为构成过错侵权。[1] 也有个别学者否认这一行为构成过错侵权。[2] 这些观点虽然在具体内容上有所不同甚至截然相反,但在一个前提判断上保持了高度一致,即一致认为"入室后锁门"属于不作为。可是,对于为何"入室后锁门"属于不作为,判决书和学者们没有作任何分析。而恰恰是在这个问题上,判决书和目前的讨论犯了一个根本性的错误。"入室后锁门"应当是作为,而非不作为。如果将"入室后锁门"视为不作为,那么实际上就将其置换成了刘暖曦不顾江歌的安危而直接逃跑的行为(这才是典型的不作为)。而在本案的情境下,单纯逃跑的行为实际上很难引起法律责任。这或许能够解释,为什么判决书和目前的讨论一方面认为刘暖曦应当承担侵权责任,另一方面却又无法为这个结论提供具有充足说服力的论证理由。

第三,混淆了事后视角和事前视角。判决书、孙宪忠教授、金可可教授都认为,刘暖曦劝阻江歌报警、未向江歌告知陈世峰向其发送的恐吓信息,违反了特定的作为义务。言下之意,既然刘暖曦知道陈世峰有行凶杀人的危险,就应当第一时间报警,并向江歌提示危险的存在。这种论证显然是用事后视角替代了事前视角。桑本谦教授也指出了这一点。[3] 道理很简单,陈世峰行凶杀人的危险,不仅指向江歌,而且也指向或者说主要

---

[1] 判决书认为,这个行为违反了安全保障义务;杨立新教授认为,这个行为违反了救助义务;金可可教授认为,这个行为违反了共同抵御风险的义务。

[2] 贺剑教授否认这一行为构成过错侵权,其理由是,刘暖曦在当时的情境下不负有打开门与江歌共同抵御陈世峰的作为义务。

[3] 参见桑本谦:《法律上的冗余:也谈江歌索赔案》,载微信公众号"雅理读书",发布日期:2022年1月14日。

指向刘暖曦。在这种背景下,刘暖曦劝阻报警,恰恰说明她没有预料到陈世峰会行凶杀人。

第四,仅从侵权法的角度讨论本案,忽略了从刑法的角度讨论本案。在侵犯公民个人的人身权益或财产权益且既遂的场合,侵权与犯罪在外延上是包含与被包含的关系。肯定了刘暖曦构成侵权,还不足以径行否定她的刑事责任。如果说刘暖曦构成且仅构成侵权这一结论是妥当的,那么为了论证这个结论,侵权法的视角要回答,刘暖曦为什么构成侵权;而刑法的视角要回答,刘暖曦为什么不构成犯罪。甚至可以认为,只有正确地回答了刘暖曦为什么不构成犯罪,才能准确地回答她为什么构成侵权。以三阶层犯罪论体系作为叙事背景,可以发现,绝大多数不构成犯罪的侵权案件从一开始就不符合任何罪名的构成要件;但是,也有少数不构成犯罪的侵权案件符合某个罪名的构成要件而欠缺违法性,或者同时具备某个罪名的构成要件该当性和违法性而欠缺有责性。本案就属于后一类案件,这正是本案不同于一般的侵权案件的根源所在。不对本案展开刑法学分析,便很难发现本案在法教义学上的特殊性。

二、案件事实与理论体系

按照本案判决书所认定的案件事实,刘暖曦的以下六个行为可能构成犯罪或侵权。行为①:2016 年 11 月 2 日 15 时许,陈世峰找到刘暖曦与江歌同住的公寓,上门纠缠滋扰。江歌提议报警,刘暖曦以合住公寓违反当地法律、不想把事情闹大为由加以劝阻(以下简称"劝阻报警")。行为②:同日 16 时许,刘暖曦回到平时打工所在的餐馆后,为了向尾随而来的陈世峰表明拒绝复合的坚决态度,找了一名同事冒充自己的男友。陈世峰见状愤而离开,随后又向刘暖曦发送多条纠缠信息,并两次声称"我会不顾一切"。其间,刘暖曦未将陈世峰向其发送纠缠恐吓信息的相关情况告知江歌(以下简称"未告知恐吓信息")。行为③:次日零时许,刘暖曦与江歌在地铁站出口会合,一同步行返回公寓。二人前后进入公寓二楼过道,事先埋伏在楼上的陈世峰携水果刀冲至二楼,与走在后面的江歌遭遇并发生争执。走在前面的刘暖曦打开房门,先行入室(以下简称"先行入室")。行为④:刘暖曦入室后,立即将房门锁闭。陈世峰在公寓门外,捅刺江歌颈部十余刀,随后逃离现场(以下简称"入室后锁门")。行为⑤:锁门后,刘暖曦除报警外,未出门对江歌予以救助(以下简称"未出门救助")。行为⑥:此后,刘暖曦与江秋莲因江歌死亡原因产生争议,刘暖曦在节日期间有意向江秋莲发送"阖家团圆""新年快乐"等信息,并通过网络发表刺激性言语(以下简称"发表刺激性言论")。

其中,前五个行为是刘暖曦对江歌实施的,第六个行为是刘暖曦对江秋莲实施的。第六个行为显然不构成犯罪,最多只构成侵权。而且,如果说这个行为构成侵权,实际上也要以前五个行为中的某个或某些行为构成犯罪或侵权为前提。如果不满足这个前提,单独评价发表刺激性言论这一行为,恐怕很难认为其达到了构成侵权的程度。所以,本案的分析重点应是前五个行为。相应地,本文以这五个行为作为分析对象。

分析案件需要理论体系作为指引。然而,无论是在犯罪论体系上,还是在侵权行为构成要件体系上,[1]我国学界都存在一定的甚至是较为激烈的争议。在这里,笔者无法对不同理论体系的优劣进行比较——这显然超出了本文的写作范围,但还是需要对本文所采用的理论体系作一个交代。在犯罪论体系上,笔者选择采用三阶层犯罪论体系。这个体系由构成要件该当性、违法性和有责性三个阶层构成。当然,三阶层犯罪论体系历经变迁,存在多种不同的版本。[2] 笔者选择的是其中的二元的行为无价值论的版本。在这个体系中,构成要件阶层由客观构成要件和主观构成要件两部分组成。客观构成要件包括实行行为、结果、因果关系与客观归责等要素,主观构成要件指故意和过失。违法性阶层包括法定的违法阻却事由(正当防卫、紧急避险)和超法规的违法阻却事由(被害人同意、推定的被害人同意、义务冲突,等等)。有责性阶层包括责任前提(刑事责任能力)和责任阻却事由(违法性认识错误、阻却责任的紧急避险、欠缺期待可能性)。[3] 为了与刑法学的分析形成更好的对照与衔接,在侵权行为构成要件体系上,笔者选择采用三阶层侵权行为构成要件体系。这个体系由事实要件、违法性、有责性三部分组成。其中,事实要件阶层由加害行为、权益侵害、因果关系三个要素组成;违法性阶层讨论违法阻却事由(正

---

[1] 需要注意,侵权法学上的"构成要件"与刑法学上的"构成要件"不是同一个概念,前者是指侵权责任成立条件的总和,相当于刑法学上的"犯罪构成"。

[2] 对不同版本的三阶层犯罪论体系的完整论述,参见林东茂:《刑法综览》(修订5版),中国人民大学出版社2009年版,第32—45页。

[3] 这个体系是德国刑法教科书中的"标准体系"。参见[德]埃里克·希尔根多夫:《德国刑法学:从传统到现代》,江溯、黄笑岩等译,北京大学出版社2015年版,第182—183页。

当防卫、紧急避险等);有责性阶层判断故意和过失。① 下面便以三阶层犯罪论体系和三阶层侵权行为构成要件体系为指引,以上文梳理的五个行为为线索,分析刘暖曦的刑事责任与侵权责任。

第二节 对"劝阻报警"的分析

刘暖曦劝阻报警的行为是否构成犯罪或侵权?回答这个问题之前,首先需要明确劝阻报警是作为还是不作为。因为,作为与不作为承担法律责任的条件是不同的。关于作为与不作为的区分标准,理论上存在多种观点。② 其中,影响力最大的两种学说,当属法律规范说和法益状态说。法律规范说认为,作为违反的是禁止规范,属于不应为而为之;不作为违反的是命令规范,属于应为而不为。③ 法律规范说对于理解作为犯与不作为犯的本质有重要的意义,但是它难以承担区分作为与不作为的任务。因为,行为人违反的到底是禁止规范还是命令规范,与判断的视角密切相关。而如何确定判断视角,本身又缺乏一个明确的标准。④ 法益状态说主张从行为人的行为给法益带来的影响角度区分作为与不作为。如果行为人的行为恶化了法益的状态,那么该行为便属于作为;如果行为人的行为仅仅是没有改善法益的状态,那么该行为便属于不作为。⑤ 应当说,法益状态说把握了问题的实质,值得采用。⑥ 那么,刘暖曦劝阻报警的行为是否恶化了江歌的法益状态?回答这个问题时,需要将江歌提议报警这一点纳入江歌原本所处的法益状态之中。如果刘暖曦没有对江歌的报警提议进行劝阻,江歌提议报警后付诸实践,那么江歌便有可能得以避免后来在公寓过道被陈世峰杀害。可见,刘暖曦劝阻报警的行为增加了江歌面临的危险,恶化了江歌的法益状态。因此,劝阻报警在行为形式上属于作

---

① 参见王泽鉴:《侵权行为》(第三版),北京大学出版社 2016 年版,第 2—4 页;程啸:《侵权责任法》(第三版),法律出版社 2021 年版,第 214 页。
② 参见刘士心:《不纯正不作为犯研究》,人民出版社 2008 年版,第 12—38 页。
③ 参见许成磊:《不纯正不作为犯理论》,人民出版社 2009 年版,第 49 页。
④ 例如,行为人超速驾驶撞伤行人,如果从不得超速驾驶的角度来看,行为人违反的是禁止规范;但是,如果从行为人在车辆速度即将超过交通规则所允许的峰值时应当降速而没有降速的角度看,行为人违反的是命令规范。
⑤ 参见李金明:《不真正不作为犯研究》,中国人民公安大学出版社 2008 年版,第 34—35 页。
⑥ 参见陈兴良:《教义刑法学》(第三版),中国人民大学出版社 2017 年版,第 247—248 页。

为。为了论述方便,下文将刘暖曦劝阻报警的时点称为"时点Ⅰ"。

一、刑事责任的分析

劝阻报警的行为之所以会成为一个在刑法上值得认真对待的行为,是因为从直观上看,它引发了江歌的死亡结果。所以,这里需要讨论的罪名,是故意杀人罪和过失致人死亡罪。按照三阶层犯罪论体系,讨论一个行为是否构成故意杀人罪,首先需要判断该行为是否属于故意杀人罪的实行行为。故意杀人罪的实行行为是指在行为时具有致人死亡的高度紧迫危险的行为。① 劝阻报警的行为在行为时显然不具备致人死亡的高度紧迫的危险,因而不属于故意杀人罪的实行行为。所以,劝阻报警的行为不能构成故意杀人罪。在过失犯的问题上,学界存在旧过失论、新过失论、新新过失论之争。② 不同学说所构建的过失犯的成立体系差异较大。不过,新新过失论目前对学界和实务界的影响较小,真正有影响力的争论主要还是在旧过失论与新过失论之间展开。而无论是旧过失论还是新过失论,都赞同结果预见可能性是过失犯成立条件中的一个关键要素。所以,判断劝阻报警的行为能否构成过失致人死亡罪,必须回答的一个关键问题是,在时点Ⅰ,江歌死亡的结果有无预见可能性?答案应当是否定的。在时点Ⅰ之前,陈世峰仅实施过几次纠缠滋扰的行为,而且纠缠滋扰的对象是刘暖曦而非江歌。在这个事实背景下,无论是刘暖曦本人,还是假设站在她位置上的社会一般人,在当时都不可能预见到江歌的死亡结果。既然如此,劝阻报警的行为也无法构成过失致人死亡罪。

二、侵权责任的分析

分析劝阻报警是否构成作为的侵权,首先需要判断,劝阻报警是否属于侵权法意义上的加害行为。判断一个行为的性质,离不开这个行为所处的情境。在没有危险的情况下,劝阻报警当然不可能引起任何法律责任。但是,在面临重大危险因而确实有必要报警的情况下,劝阻报警便有可能构成侵权法上的加害行为。当然,是否面临重大危险,不能以事后的视角进行判断,而只能以行为时的视角进行判断。所以,在本案中,判断劝阻报警的行为是否属于加害行为,其实就是要问,在时点Ⅰ,刘暖曦是

---

① 参见张明楷:《刑法学(下)》(第六版),法律出版社2021年版,第1108—1109页。
② 参见[日]前田雅英:《刑法总论讲义(第6版)》,曾文科译,北京大学出版社2017年版,第178—184页。

否预见到或应当预见到陈世峰有行凶杀人的危险。①

判决书认为,刘暖曦已经预见到了陈世峰有行凶杀人的危险。其理由是:"刘暖曦对侵害危险具有更为清晰的认知。刘暖曦与陈世峰本系恋爱关系,对陈世峰的性格行为特点应有所了解,对其滋扰行为的危险性应有所认知和预判。陈世峰持续实施跟踪、纠缠、恐吓行为,行为危险性逐步升级,在事发当晚刘暖曦也向江歌发送信息称感到害怕,要求江歌在地铁出口等候并陪她一同返回公寓,说明刘暖曦在此时已经意识到自身安全受到严重威胁,对侵害危险有所预知。"②

诚然,刘暖曦在当天晚上感到害怕。问题是,她害怕的内容是什么?是害怕陈世峰行凶杀人,还是害怕他继续纠缠?从本案的案情来看,答案应该是后者。需要注意的是,在理解本案的案情时,不能被本案的结果误导了。一方面,不能据此认为,陈世峰行凶杀人的危险仅指向江歌。事实上,这个危险同样指向或者说主要指向刘暖曦。另一方面,也不能据此认为,刘暖曦有能力和意愿操纵陈世峰的行凶杀人的危险,以邻为壑,将危险引向江歌。笔者注意到,孙宪忠教授在对本案的评论中指出:"刘某某在躲避其男友的过程中,把江歌推出来作为自己的挡箭牌,这样引导着刘某某的男友产生了江歌妨害其恋爱的仇恨,因此最终杀害了江歌。"③简言之,在刘暖曦的故意操纵下,陈世峰对江歌怀恨在心,并基于这种仇恨杀害了江歌。应当说,对本案的案情作这种理解,是没有事实依据的。如果这种理解可以成立,那么可以肯定,刘暖曦构成故意杀人罪的教唆犯或间接正犯,当然也就不再需要讨论她是否构成侵权的问题。

事实胜于雄辩。刘暖曦是否预见到了陈世峰有行凶杀人的危险,完全可以从她当时的言行举止中反映出来。对于具有正常心智的人(刘暖曦显然属于这个群体中的一员)而言,如果预见到了自己面临着被杀害的

---

① 需要注意,这与上文讨论的能否预见江歌的死亡结果不是一回事。即便预见到了陈世峰有行凶杀人的危险,也未必能预见到江歌的死亡结果。

② 参见山东省青岛市城阳区人民法院一审民事判决书(2019)鲁 0214 民初 9592 号。严格来说,判决书的这一段内容旨在说明,刘暖曦在收到陈世峰发送的恐吓信息后预见到了陈世峰有行凶杀人的危险,而非说明,刘暖曦在时点 I 预见到了陈世峰有行凶杀人的危险。鉴于在从时点 I 至收到陈世峰恐吓信息时的这个时间段里,刘、陈二人还有一些互动,即便刘暖曦真的在后一个时点上预见到了致命的危险,也不能说明她在时点 I 上预见到了致命的危险。不过,在笔者看来,即便是在后一个时点上,刘暖曦也没有预见到致命的危险,更遑论其在时点 I 时。

③ 孙宪忠:《对江歌案的评析》,载微信公众号"法学学术前沿",发布日期:2022 年 1 月 12 日。

紧迫危险,除非有极为特殊且重大的理由(例如自己是逃犯),只要时间来得及,一定会选择报警。而在本案中,在江歌提议报警时,刘暖曦以"合租公寓违反当地法律、不想把事情闹大"为由进行了劝阻。这充分说明,刘暖曦根本没有意识到陈世峰有行凶杀人的危险,而只不过是预料他会继续纠缠滋扰,并且将此事视为一件在后果的严重性上低于被警察查出违法合租公寓的小事。

明确了刘暖曦在时点Ⅰ没有预见陈世峰有行凶杀人的危险,问题没有结束,还要继续追问,她在当时是否应当预见这种危险,即刘暖曦在当时有没有义务预见到陈世峰有行凶杀人的危险?① 如果答案是肯定的,仍然有可能将劝阻报警评价为一种加害行为;只有答案是否定的,才能彻底将其排除在加害行为的范围之外。这背后的道理是,一个人对风险的认知会在很大程度上影响其行为自由的范围,因而法律要求其在认知风险时保持足够的积极与谨慎。否则,人们出于扩大行为自由的本能,没有动力去积极预判风险,甚至会有意屏蔽重要的风险信号。进而,他们在这种认知状态下实施的行为,很有可能会给他人乃至整个社会带来灾难性的后果。

在法教义学上,某个人在行为时是否有义务预见某事的判断,通常会被转化为社会一般人在行为时能否预见某事的判断。这种转化的本质是从事实中推导出规范,因而它在法哲学上能否站得住脚,可能还有待进一步的检验。这里遵循习惯,采用这种转化。所以,现在的问题是,社会一般人如果掌握了刘暖曦所掌握的所有信息,在时点Ⅰ能否预见到陈世峰有行凶杀人的危险?从判决书所披露的刘、陈二人的交往经历来看,答案应当是否定的。

首先,尽管刘、陈二人多次因琐事发生争执,甚至发生过激烈的争执,但没有证据表明陈世峰有暴力倾向。其次,陈世峰曾为避免与刘暖曦分手而以自杀相威胁。这可能算一个较为极端的事件。但陈世峰此举的目的,在于唤起对方的同情与怜悯,而非伤害或恐吓对方。一般而言,以自杀相威胁,是弱者采用的策略。这表明,在与刘暖曦相处的过程中,陈世

---

① "应当预见"是一个常见但又很容易引起歧义的法律术语。它至少包含以下两种不同的含义:一是表示对事实的推测或推定,即推测或推定某人很有可能预见到了某事;二是表示对义务的设定,即表示某人有义务预见到某事。上述设问中的"应当预见",采用的是第二种含义。相关研究参见袁国何:《论刑法中"应当知道"的教义学意涵》,载《北方法学》2015年第3期。

峰很有可能处于弱势地位。况且,陈世峰的自杀威胁并没有付诸实践。这反而在一定程度上减弱了陈世峰后面提出的其他威胁的可信度。再次,在刘暖曦搬进江歌的住所后,陈世峰先后三次对刘暖曦进行跟踪纠缠,寻求复合,每次纠缠间隔二十余日。① 所以,在陈世峰于案发前一日(即11月2日)实施第三次纠缠时,刘暖曦完全有理由相信,这次纠缠会与前两次一样不了了之。哪怕陈世峰后面还会继续纠缠,至少也能够间隔一段时间。最后,在陈世峰实施第三次纠缠时,江歌应刘暖曦的请求返回公寓,成功将陈世峰劝离。这说明,至少在当时,陈世峰仍然有接受理性沟通的可能性。综合这些分析,应当认为,即便是社会一般人也同样无法预见到陈世峰有行凶杀人的危险。既然刘暖曦不仅在事实层面上没有预见到陈世峰有行凶杀人的危险,而且在规范层面上也没有义务预见到这种危险,她劝阻报警的行为当然也就不属于侵权法上的加害行为。

为了全面揭示本案所涉及的问题点,这里需要特别指出,即便刘暖曦预见到了陈世峰有行凶杀人的危险,她劝阻报警的行为能否构成侵权,仍然要打上一个问号。因为,刘暖曦劝阻报警,并没有剥夺江歌自行报警的可能性。如果江歌坚持认为有必要报警,鉴于陈世峰上门纠缠滋扰的地点是她所租的公寓,她完全有理由以当事人的名义报警。而且,当时刘、江二人分处两地(刘在公寓,江在学校),如果江歌自行报警,刘暖曦根本无法制止。在这种背景下,江歌没有报警,说明她听从了刘暖曦的劝阻,放弃了报警的想法。换言之,不报警是刘、江二人共同决定的。而且,在作出这个决定时,二人在对危险的认知上没有明显差异,刘暖曦并没有基于对危险的优势认知而建立起对江歌的支配关系。因此,二人都需要自行承担不报警所自然引发的风险,②而不能以其中某个人劝阻报警或没有报警为由,要求其为另一个人实际承受的危险负责。

第三节 对"未告知恐吓信息"的分析

刘暖曦未向江歌告知陈世峰已向其发送恐吓信息(两次声称"我会不顾一切"),是否构成犯罪或侵权?可以肯定,未告知恐吓信息在行为形式上属于不作为。判断未告知恐吓信息是否构成不作为的犯罪或侵权,首

---

① 这三次跟踪纠缠的日期分别是2016年9月15日、10月12日、11月2日。
② 当然,这个结论是以刘、江二人后面未实施其他能够引起法律责任的行为为前提的。

先需要回答,在刑法上和在侵权法上,刘暖曦是否有向江歌如实告知恐吓信息的作为义务。从目前的讨论来看,这个问题存在较大的争议。① 为了论述方便,下文将刘暖曦收到陈世峰"我会不顾一切"的恐吓信息的时点称为"时点Ⅱ"。

一、刑事责任的分析

未告知恐吓信息涉嫌构成不作为的故意杀人罪和过失致人死亡罪。不作为犯的客观构成要件由以下五部分组成:(1)行为人有作为义务;(2)行为人违反了作为义务;(3)发生了法益损害结果;(4)行为人对作为义务的违反与法益损害结果之间具有刑法因果关系;(5)如果是不纯正不作为犯,还要求行为人的不作为与作为具有等置性。② 无论是讨论未告知恐吓信息是否构成故意杀人罪,还是讨论它是否构成过失致人死亡罪,都需要首先讨论作为义务。而且,作为义务的有无并不受主观罪过形式的影响。所以,这里暂不区分故意杀人罪与过失致人死亡罪,一并讨论作为义务的有无问题。如果答案是否定的,就可以直接排除该行为的刑事责任;如果答案是肯定的,再结合具体罪名展开分析。

在刑法理论上,"作为义务"和"保证人地位"通常被视为同一个概念。但实际上,二者还是存在一定的差异。作为义务可以分为抽象的作为义务和具体的作为义务,而保证人地位其实就是抽象的作为义务。在理论逻辑上,只有先肯定了保证人地位(抽象的作为义务),才能进一步判断有无具体的作为义务。

关于保证人地位的来源,刑法学界存在形式作为义务论与实质作为义务论之争。形式作为义务论认为,刑法上的作为义务有四个来源,分别是:(1)法律的规定;(2)职务或业务的要求;(3)法律行为(主要指合同);(4)先行行为。③ 前三种来源显然在本案中无迹可寻。需要考虑的是,刘暖曦之前的行为是否属于先行行为?关于先行行为的成立范围,学界还存在激烈的争论。④ 不过可以肯定,刑法上的先行行为必须是行为人之前

---

① 在侵权法层面,判决书和金可可教授认为刘暖曦有向江歌如实告知恐吓信息的作为义务,而杨立新教授和贺剑教授对此持怀疑态度。
② Vgl. Wessels/Beulke/Satzger, Strafrecht AT, 43. Aufl., 2013, §16 Rn. 730.
③ 参见高铭暄、马克昌主编:《刑法学》(第十版),北京大学出版社、高等教育出版社2022年版,第64—66页。
④ 对这一问题的深入研究,请参见张明楷:《不作为犯中的先前行为》,载《法学研究》2011年第6期。

实施的、使得被害人的法益陷入紧迫危险的行为。在收到恐吓信息而未告知之前,刘暖曦实施过的与江歌有关的行为客观上导致江歌被卷入了刘、陈二人的冲突之中,①但是并没有直接造成江歌陷入紧迫危险的状态。事实上,在刘暖曦收到恐吓信息而未告知时,江歌正在学校上课,处于相对安全的状态。所以,不能将刘暖曦之前的行为认定为先行行为。

实质作为义务论认为,保证人地位的产生有两种途径。一是基于对危险源的支配而产生的监督义务,具体包括:(1)在自己控制领域内对危险物品的管理义务;(2)对与自己有特定关系的第三人(被监护人、下属)的危险行为加以监督的义务;(3)由自己的先行行为引发的结果防止义务。二是基于与法益主体的特殊关系而产生的保护义务,具体包括:(1)从家庭关系中产生的保护义务;(2)从紧密的生活共同体或危险共同体中产生的保护义务;(3)基于对保护功能的接管而产生的保护义务;(4)基于组织地位与职责而产生的保护义务。② 本案的危险源即陈世峰并非刘暖曦的监护对象,而且,上文已析,刘暖曦此前的行为也不属于先行行为。所以,刘暖曦不可能通过第一种途径获得保证人地位。刘暖曦与江歌并非家人关系,而且,刘暖曦没有特殊的组织地位与职责。所以,这里需要考虑的仅仅是第二种途径中的生活共同体、危险共同体及保护功能的接管。

生活共同体是指数人稳定地生活在一起而自然形成的共同体。它是由家庭关系衍生出来的一种身份关系。不过,并非所有的生活共同体都足以产生刑法上的保证人地位,其中只有类似家庭关系的紧密的生活共同体(主要指类似婚姻的未婚同居关系)才能产生刑法上的保证人地位。③ 刘暖曦与江歌系朋友关系,且二人住在一起长达两个多月,可以认为,她们组成了一个临时的生活共同体。但是,这个生活共同体是松散的、临时的,远远达不到足以产生刑法上的保证人地位的紧密程度。危险共同体是指数人在共同从事某项高度危险的活动(例如登山、潜水、探险等)的过程中为了共同抵御典型的危险而结成的相互信赖对方会救助自己的共同体。刘、江二人并没有从事某项高度危险的活动。而且,二人合住在一起也并非为了共同抵御某种危险。所以,她们没有组成危险共同体。

---

① 这些行为包括:(1)向江歌求助从而得以在后者租住的公寓内暂住;(2)在陈世峰上门滋扰时向江歌求助,请她回来帮忙解围;(3)劝阻了江歌提出的报警建议。
② Vgl. Claus Roxin, Strafrecht AT, Band. II, 4. Aufl., 2003, § 32 Rn. 33ff.
③ Vgl. Wessels/Beulke/Satzger, Strafrecht AT, 43. Aufl., 2013, § 16 Rn. 719.

基于对保护功能的接管而产生保证人地位,既包括形式作为义务论所强调的因法律行为(合同)而产生保证人地位的情形(例如保姆对于小孩的保证人地位、游泳教练对于学员的保证人地位),也包括双方没有合同约定的情形。例如,某甲将因重伤而倒在路边的某乙接到家中加以照料,某甲便会由于对保护功能的接管而获得对某乙的保证人地位。对保护功能的接管之所以能够产生刑法上的保证人地位,是因为它会使得被保护者产生对行为人的依赖关系,而这种依赖关系会限制或者排除被保护者通过其他途径获得保护的可能性。① 在本案中,刘暖曦没有接管对江歌的保护功能,江歌也没有产生对刘暖曦的依赖。

综上所析,无论是按照形式作为义务论,还是按照实质作为义务论,都会认为,在时点Ⅱ,刘暖曦对江歌没有刑法上的保证人地位。相应地,刘暖曦不会因为没有向江歌告知收到恐吓信息而构成不作为犯罪。

二、侵权责任的分析

侵权法论著在讨论不作为侵权时很少使用"保证人地位"一词,但是笔者认为,使用"保证人地位"一词并将其与具体的作为义务区分开来,对于侵权法同样有积极的意义。关于侵权法上保证人地位的来源,学界存在多种看法。杨立新教授认为,侵权法上的作为义务是法律义务,特定的法律义务来源主要有三种:(1)法律的直接规定;(2)职务或义务的要求;(3)行为人的先行行为(以下简称"三来源说")。② 程啸教授认为,侵权法上的作为义务有以下五种类型:(1)基于特定关系而产生的作为义务,这里的特定关系具体包括婚姻家庭关系和(债权债务关系)当事人之间的信任关系;(2)基于特定职业而产生的法定作为义务;(3)先行行为引发的作为义务;(4)安全保障义务;(5)基于诚信原则产生的义务(以下简称"五来源说")。③ 实际上,"五来源说"中的前三个来源与"三来源说"基本一致,只是归纳的角度有所不同,两种观点的不同主要体现在后两个来源上。

---

① Vgl. Claus Roxin, Strafrecht AT, Band.Ⅱ, 4. Aufl., 2003, § 32 Rn. 55.
② 参见杨立新:《侵权责任法》(第四版),法律出版社2021年版,第58页。不难发现,"三来源说"与刑法学上的形式作为义务论高度相似。只不过,它将法律行为(合同)排除了出去。这种排除当然是有必要的,因为,由合同产生的民事作为义务属于合同法的领域,而不属于侵权法领域。
③ 参见程啸:《侵权责任法》(第三版),法律出版社2021年版,第220—222页。

按照"三来源说",刘暖曦显然没有侵权法上的保证人地位(上文已经分析了刘暖曦之前的行为不属于先行行为)。按照"五来源说",刘暖曦有无侵权法上的保证人地位,取决于她能否基于安全保障义务或诚信原则而取得侵权法上的保证人地位。关于安全保障义务,我国《民法典》第1198条已作了明确规定。① 将其纳入侵权法上的作为义务的范围之中,当无疑问。判决书认为,刘暖曦对江歌负有安全保障义务。但是,根据《民法典》的规定,安全保障义务的主体是经营场所、公共场所的经营者、管理者和群众性活动的组织者。② 刘暖曦显然不属于安全保障义务的主体。剩下的问题是,诚信原则能否引起侵权法上的保证人地位,以及刘暖曦能否基于诚信原则而取得侵权法上的保证人地位?

这个问题的疑难之处在于,一方面,侵权法上的作为义务理应比刑法上的作为义务更宽泛一些,一旦要在刑法的作为义务之外拓宽作为义务的范围,就不能局限于传统的法律义务,而势必要从道德义务中寻找来源;另一方面,法律又必须与道德保持一定的距离,不能将道德义务与法律义务完全混为一谈。所以,即便认为诚信原则能够引起侵权法上的作为义务,也必须对其作出严格的限制。关键的问题在于,从哪个角度对其作出限制?笔者认为,作为义务的范围划定,应当体现经济学中的成本收益的思考。即在某种情形下,对行为人赋予作为义务,从整体上来看,所带来的收益与所需付出的成本相比,孰高孰低?如果收益比成本高,就应当将该情形纳入可以引起作为义务的情形之中;反之,如果收益比成本低,就应当将其排除在可以引起作为义务的情形之外。

基于这个思路,应当认为,以下三个因素会影响侵权法上的作为义务的设定:(1)行为人与被害人的关系:二人的关系越紧密,作为义务给行为人造成的负担就越轻;二人的关系越疏远,作为义务给行为人造成的负担就越重。(2)作为义务的内容:作为义务越难履行,其给行为人造成的负担就越重;反之,作为义务越容易履行,其给行为人造成的负担就越轻。

---

① 我国《民法典》第1198条规定:"(第1款)宾馆、商场、银行、车站、机场、体育场馆、娱乐场所等经营场所、公共场所的经营者、管理者或者群众性活动的组织者,未尽到安全保障义务,造成他人损害的,应当承担侵权责任。(第2款)因第三人的行为造成他人损害的,由第三人承担侵权责任;经营者、管理者或者组织者未尽到安全保障义务的,承担相应的补充责任。经营者、管理者或者组织者承担补充责任后,可以向第三人追偿。"

② 参见王利明:《侵权责任法》(第二版),中国人民大学出版社2021年版,第206—208页。

(3)需要被救助者所陷入的危险程度:需要被救助(帮助)者所陷入的危险程度越重,意味着设定作为义务将获得的收益越大;反之,需要被救助(帮助)者所陷入的危险程度越轻,意味着设定作为义务将获得的收益越小。

在本案中,刘暖曦与江歌是朋友关系,且二人住在一起,已组成一个生活共同体(成本低);如果赋予刘暖曦以保证人地位,她被要求做的不过是向江歌如实告知陈世峰已发送恐吓信息一事,并非难事(成本低);如果她这样做了,江歌有可能得以避免陷入被杀害的危险之中(收益高)。基于此,笔者认为,在时点Ⅱ,刘暖曦对江歌负有侵权法上的保证人地位。

肯定了刘暖曦在时点Ⅱ具有侵权法上的保证人地位(抽象的作为义务),需要接着分析,她在彼时有无具体的作为义务。无论是在刑法上还是在侵权法上,保证人地位(抽象的作为义务)转化成具体的作为义务,都需要满足一些具体的条件。其中之一便是,法益处于危险状态,并且行为人知道或者应当知道这一点。① 所以,在本案中,要肯定刘暖曦在时点Ⅱ有向江歌告知恐吓信息的义务,需要满足的一个必要条件是,在时点Ⅱ,江歌已处于或即将处于危险的境地,并且,刘暖曦在彼时知道或应当知道这一点。在时点Ⅱ,江歌正在学校上课,处于安全状态。不过,考虑到江歌当天晚上回公寓时与陈世峰发生争执并被其杀害,说江歌在时点Ⅱ即将处于危险的境地,也基本属实。现在的问题是,刘暖曦在时点Ⅱ是否知道或应当知道江歌即将处于危险的境地?换言之,刘暖曦在时点Ⅱ是否知道或应当知道陈世峰有行凶杀人的危险?

上文在分析"劝阻报警"行为时已明确指出,无论是在时点Ⅰ,还是在时点Ⅱ,刘暖曦都没有预见到陈世峰有行凶杀人的危险。所以现在只需要分析,在时点Ⅱ,刘暖曦是否应当预见到陈世峰有行凶杀人的危险?这个问题可以转化为,社会一般人在时点Ⅱ能否预见到陈世峰有行凶杀人的危险?上文已析,在时点Ⅰ,社会一般人无法预见到陈世峰有行凶杀人的危险。不过,在时点Ⅰ至时点Ⅱ之间,刘暖曦与陈世峰又进行了一些互动。所以这里需要分析,这些互动所包含的信息能否使得陈世峰行凶杀人的危险具有预见可能性。

在从时点Ⅰ到时点Ⅱ的时间段里,刘暖曦先后两次收到了陈世峰向其发送的恐吓信息。第一次是,在刘暖曦返回打工餐馆的途中,陈世峰跟

---

① 例如,保姆将小孩带到河边玩耍,保姆当然对小孩有保证人地位。但如果小孩一直很安全,这种保证人地位就不会转化为具体的作为义务。而如果小孩落水了,那么这种保证人地位就会转化为跳入河中救小孩的义务(当然还需要满足其他的一些条件)。

踪刘暖曦并向其发送恐吓信息,声称要将她的不雅照片和视频发给她的父母。第二次是,在刘暖曦找了一名同事冒充男友后,陈世峰愤而离开,随后又向其发送多条纠缠信息,并两次声称"我会不顾一切"。第一次恐吓信息只涉及对隐私的威胁,而不涉及对安全的威胁,显然不足以使人预见到致命的危险。可能存在一定疑问的是,第二次恐吓信息"我会不顾一切"能否使人预见到致命的危险?笔者认为,答案同样是否定的。

首先,"我会不顾一切"这句话在内容上含混不清,不够明确。不顾一切的目的是什么?是报复刘暖曦,还是挽回刘暖曦?与之相关的,不顾一切的手段是什么?是行凶杀人,还是采取其他的措施(例如此前的以发送不雅照片与视频相威胁)?这些内容都是不确定的。从生活经验来看,内容含混的威胁,效果不如内容明确的威胁。其次,理解一句话,要结合这句话所处的语境。陈世峰向刘暖曦发送的恐吓信息"我会不顾一切",是夹杂在多条纠缠信息里的。这很容易让人以为,陈世峰的最终目的是挽回刘暖曦,并且,为了实现这个目的,他对刘暖曦采取既吓(发送恐吓信息)又哄(发送其他纠缠信息)的策略。这种语境下的恐吓信息,通常不能当真。最后,在刘、陈二人的交往经历中,陈世峰此前已对刘暖曦实施过两次威胁。第一次是为拒绝分手而以自杀相威胁,第二次是声称将刘暖曦的不雅照片和视频发给她父母。从事后的结果来看,这两次威胁都没有付诸实践。这难免会在一定程度上降低陈世峰这次威胁的可信度。可以说,这是一个"狼自己多次喊狼来了"的故事。据此,笔者认为,即便将刘暖曦替换成社会一般人,在时点Ⅱ也无法预见到陈世峰有行凶杀人的危险。

总之,在时点Ⅱ,刘暖曦没有预见也无法预见陈世峰有行凶杀人的危险。因此,尽管她在彼时对江歌有侵权法上的保证人地位,但是这种保证人地位无法转化为具体的作为义务。因此,刘暖曦没有向江歌告知恐吓信息不会构成不作为的侵权。

第四节 对"入室后锁门"的分析

从事实的维度看,刘暖曦"先行入室并立即锁门"是一个一气呵成的动作,持续的时间很短。但是从规范的维度看,"先行入室并立即锁门"实际上包括"先行入室"和"入室后锁门"两个行为。"先行入室"意味着刘暖曦不顾江歌的安全独自逃跑,在行为形式上属于不作为;而"入室后锁门",按照笔者的看法,在行为形式上属于作为。另外,在"入室后锁门"

之后，刘暖曦还有一个"未出门救助"的行为，这个行为显然是不作为。为了论述方便，避免重复，笔者把"先行入室"放到下一节，与同样是不作为的"未出门救助"一起做分析。这里先分析"入室后锁门"的行为。

按照法益状态说，"入室后锁门"到底是作为还是不作为，取决于它是否恶化了江歌的法益状态。"入室后锁门"意味着刘暖曦关闭了江歌最重要的逃生通道。从事实层面看，如果刘暖曦入室后没有立即锁门，江歌完全有可能紧随其后进入室内。从规范层面看，刘暖曦进入并锁门的是江歌租住的公寓房间，江歌完全有权利进入这个房间。所以，在判断"入室后锁门"的行为有无恶化江歌的法益状态时，需要将"原本可以入室"这一点纳入江歌原本所处的法益状态之中。由此可以肯定，刘暖曦入室后锁门的行为恶化了江歌的法益状态。因此，刘暖曦入室后锁门的行为属于作为。①

需注意的是，"入室后锁门"对江歌的负面影响，可能并不只是关闭最重要的逃生通道这一点。根据判决书的披露，第一次报警录音显示，刘暖曦向门外喊"把门锁了，你（注：指陈世峰）不要闹了"，随后录音中出现了女性（注：指江歌）的惨叫声，刘暖曦向警方称"姐姐（注：指江歌）倒下了，快点"。这里有一个关键的问题，陈世峰是从什么时候开始用刀捅刺江歌的？判决书没有正面交代这个问题（录音中出现了江歌的惨叫声，但不知道这是不是江歌的第一声惨叫）。但可以对其作一个推断，推断的主要依据就是刘暖曦对门外的陈世峰称"把门锁了，你不要闹了"。

其一，这句话说明，当时陈世峰想进入室内，可能他有喊门、敲门、推门甚至是撞门的举动。由此说明，当时陈世峰的注意力主要放在刘暖曦的身上，他想与刘暖曦进行直接的、正面的互动（甚至包括杀害刘暖曦）。换言之，虽然陈世峰在当时已经与江歌发生了争执，甚至有可能已经发生了一些肢体上的冲突，但他并没有将太多的注意力放在江歌身上，江歌并不是他的首要目标。其二，这句话在语气上是比较轻松的。这很有可能是刘暖曦的一种策略。她想安抚陈世峰，不敢把话说得太重，怕激怒对方。不能由此推断，刘暖曦认为陈世峰没有危险，否则她没有必要在江歌

---

① 不过需要注意，不能据此认为，只要是关门未让被害人进入，就一定属于作为。假设这样一个场景：为躲避甲的杀害，乙跑向邻居丙家，想进门躲避，丙为避免麻烦而将原本开着的门关闭，将乙挡在门外，随后乙被甲杀害。在这种假设的场景中，如果不考虑乙被追杀这一特殊情况，丙完全有权利将乙挡在门外，所以不能将"原本可以进入丙家"这一点纳入乙原本所处的法益状态之中。就此而言，丙的行为并没有恶化乙的法益状态，而仅仅是没有改善乙的法益状态而已，因而在行为形式上属于不作为。

尚未入室的情况下锁门并报警。不过,如果陈世峰当时已经用刀捅刺了江歌,江歌必然会发出惨叫声。从常理来看,听到惨叫声后的刘暖曦应该会非常害怕,不至于还能说出"你不要闹了"这种语气轻松的话。

基于以上两点,可以推断出,在刘暖曦对陈世峰称"把门锁了,你不要闹了"之前,陈世峰尚未用刀捅刺江歌。换言之,陈世峰是在得知刘暖曦已锁门之后,才开始用刀捅刺江歌的。请注意,这个陈述句不仅包含了一种时间上的先后关系,而且还可能包含了一种心理上的因果关系——陈世峰原本是来找刘暖曦的,但当他发现刘暖曦已经入室并锁门,因而他无法与刘暖曦进行直接的、正面的互动时,他便转而将愤怒的情绪发泄到掩护刘暖曦进入室内的江歌身上,用刀捅刺江歌。如果这个推断可以成立,那么,刘暖曦入室后锁门的行为,不仅为陈世峰捅刺江歌提供了外在的条件,还为陈世峰捅刺江歌提供了内在的诱因。

以上分析当然只是笔者的推断。在没有证据支撑的情况下,这个推断不能作为认定刘暖曦法律责任的依据。但这个推断仍然是有意义的,它揭示了一种案情发展的可能逻辑。另外,即便这个推断不成立,仅凭入室后锁门关闭了江歌最重要的逃生通道这一点,也足以肯定,入室后锁门的行为恶化了江歌的法益状态,在行为形式上属于作为而非不作为。

一、刑事责任的分析

刘暖曦入室后锁门的行为引起了江歌的死亡结果,涉嫌构成故意杀人罪或过失致人死亡罪。从理论逻辑上说,应当先分析该行为是否构成故意杀人罪,如果答案是否定的,再分析该行为是否构成过失致人死亡罪。不过,就本案而言,前一个问题较为复杂,后一个问题相对简单一些。为了论述方便,这里先简要分析一下入室后锁门的行为是否会构成过失致人死亡罪。在刑法教义学上,一个行为构成过失致人死亡罪,存在两种情况。第一种情况是,在构成要件阶层,行为人对法益损害结果的发生持过失心态。第二种情况是,在构成要件阶层,行为人对法益损害结果的发生持故意心态,但是在违法性阶层,行为人对正当化事由的事实前提产生了认识错误(假想防卫或假想避险)。[①] 在本案中,刘暖曦在入室后锁门

---

① 理论上普遍认为,假想防卫和假想避险不构成故意犯罪;如果行为人对于误以为存在防卫起因或避险起因存在过失,则构成过失犯罪;如果行为人对于误以为存在防卫起因或避险起因没有过失,则属于意外事件,不构成犯罪。参见周光权:《刑法总论》(第四版),中国人民大学出版社 2021 年版,第 208—209 页。

时,明知自己的行为有可能会引起江歌的死亡结果,仍然放任这一结果的发生,在构成要件阶层对法益损害结果持故意的心态。在违法性阶层,本案不属于假想防卫和假想避险的情形,因而无法通过对正当化事由事实前提的认识错误这一途径构成过失致人死亡罪。因此,刘暖曦入室后锁门的行为不会构成过失致人死亡罪。下面按照三阶层犯罪论体系,详细讨论该行为是否构成故意杀人罪。

(一)构成要件阶层

在这一阶层,需要分析实行行为、因果关系与客观归责、故意这三个要素。

1. 实行行为

入室后锁门的行为是否属于故意杀人罪的实行行为,要看它是否包含了致人死亡的高度紧迫危险。通常情况下,锁门行为不具有任何危险。但是,判断一个行为的性质,需要结合该行为所处的具体情境。在本案中,陈世峰酒后持刀,具有高度的人身危险性。在这种情境下,刘暖曦入室后锁门,将江歌挡在门外,使其无处躲藏,陷入了高度且紧迫的危险之中。因此,刘暖曦入室后锁门的行为符合故意杀人罪实行行为的成立条件。

对于这个结论,可能存在以下三个质疑。第一个可能的质疑是,陈世峰的行为毫无疑问是故意杀人罪的实行行为,既然如此,怎么又能说刘暖曦入室后锁门的行为是故意杀人罪的实行行为呢?需要注意,这里其实有两个不同的案件。一是陈世峰故意杀人案,在这个案件中,杀人行为是由陈世峰实施的,刘暖曦入室后锁门的行为构成了陈世峰杀人的背景。另一个是刘暖曦故意杀人案,在这个案件中,杀人行为是刘暖曦实施的,陈世峰持刀捅刺江歌的行为构成了刘暖曦杀人的背景。所以,陈世峰的行为是故意杀人罪的实行行为,与刘暖曦入室后锁门的行为是故意杀人罪的实行行为,并不矛盾。

第二个可能的质疑是,假设这样一个案例,甲、乙二人合谋杀害丙,其中甲负责持刀追赶并杀害丙,乙负责关闭丙的逃生通道(以下简称"合谋杀人案")。在这个案例中,乙关闭逃生通道的行为显然不属于故意杀人罪的实行行为,而只不过是故意杀人罪的帮助行为。而在本案中,刘暖曦的行为也是关闭逃生通道,为何就会成为故意杀人罪的实行行为呢?实际上,这个问题与上一个问题在本质上是一回事。在"合谋杀人案"中,甲、乙二人构成共同犯罪,甲持刀杀人的行为,与乙关闭逃生通道的行为,处于同一个平面上。在这两个行为中,只有危险性最高的行为即甲持刀杀人的行为可以构成故意杀人罪的实行行为。而在本案中,陈世峰杀害江歌的行为,与刘暖曦入室后锁门的行为,并不在同一个平面上(不构成共同犯罪),它们互为背景。

第三个可能的质疑是,刘暖曦在入室后锁门时,并不清楚陈世峰是否会杀害江歌,更无法对陈世峰是否杀害江歌进行支配,所以其入室后锁门的行为不属于故意杀人罪的实行行为。诚然,刘暖曦在入室后锁门时,并不确定陈世峰是否真的会杀害江歌。但是,在当时的情境下,无论是从刘暖曦自己的视角来看,还是从社会一般人的视角来看,陈世峰杀害江歌的可能性是非常高的。而入室后锁门的行为使得江歌无处躲藏,完全暴露在这种危险之下。对于故意杀人罪的实行行为而言,这就够了。成立故意杀人罪的实行行为,不需要对具体的因果流程有百分之百的支配。例如,甲在乙的水杯中投入毒药,乙喝下杯中之水后中毒身亡。实际上,在甲投完毒后,乙是否会喝、什么时候喝杯中之水,对此甲无法确定更无法支配。但是这一点并不妨碍其投毒行为构成故意杀人罪的实行行为。

2. 因果关系与客观归责

接着分析因果关系与客观归责。判断事实因果关系,需要运用条件说。条件说认为,对于结果的发生不可或缺的条件就是原因。按照条件说,因果关系的判断公式为:如果没有行为人的行为,相同的结果不会发生,那么行为与结果之间便有因果关系;反之,如果没有行为人的行为,相同的结果仍然会发生,那么行为与结果之间便欠缺因果关系。需要注意的是,这里的"相同结果"是指具体层面的相同结果,而非抽象层面的相同结果。[1] 例如,甲在身患绝症的乙临终之时朝其开枪射击,乙中弹身亡。事后查明,即便没有甲持枪射击的行为,乙也会很快死于绝症(以下简称"枪击案")。死于枪击和死于绝症在抽象层面是同一种结果(都是死亡),但是在具体层面是两种不同的结果。在本案中,没有甲的枪击行为,乙就不会中弹身亡,所以甲的行为与乙的死亡结果之间具有因果关系。如果把条件公式中的"相同结果"理解为抽象层面的相同结果,没有甲的枪击行为,乙仍然会死,那么便不得不认为,甲的枪击行为与乙的死亡结果之间欠缺因果关系。这显然是有问题的。

---

[1] 参见邹兵建:《条件说的厘清与辩驳》,载《法学家》2017年第1期。

那么,在本案中,刘暖曦入室后锁门的行为与江歌的死亡结果之间有没有因果关系呢?如果刘暖曦没有锁门,本案的结果会呈现出多种可能性:陈世峰有可能会同时杀害刘、江二人,有可能只杀害刘暖曦一人,有可能不杀人,当然,也有可能仍然只杀害江歌一人(尽管这种可能性极低)。在前三种情况下,当然可以说,如果没有刘暖曦入室后锁门的行为,结果会截然不同。问题是,无法排除陈世峰仍然只杀害江歌一人这种结果发生的可能性。这似乎意味着,刘暖曦入室后锁门的行为与江歌的死亡结果之间没有"若无前者,则无后者"的关系。但是,上文已述,条件公式中的"相同结果"不是指抽象层面的相同结果,而是指具体层面的相同结果。即便刘暖曦没有锁门而陈世峰仍然只杀害江歌一人,也可以肯定,这种情境下的江歌的死亡结果,与在真实案件中的江歌的死亡结果,在死亡的时间、地点上会不一样。也就是说,在具体层面,这是两种不同的死亡结果。由此可以肯定,刘暖曦入室锁门的行为与江歌的死亡结果符合"若无前者,则无后者"的关系,因而二者之间存在事实上的因果关系。

接下来需要分析刘暖曦入室后锁门的行为与江歌的死亡结果之间是否存在法律因果关系,即从规范的角度判断,能否将江歌的死亡结果归责于刘暖曦入室后锁门的行为。这个判断需要运用客观归责理论。就本案而言,在结果归责判断的过程中,需要考虑的问题主要是结果回避可能性的问题。

刑法理论上普遍赞同,在行为人违反刑法规范的行为引起了法益损害结果的情况下,如果即便行为人完全遵守了刑法规范,相同的法益损害结果仍然一定会发生,那就说明,该结果欠缺回避可能性,进而意味着,在这个案件中,刑法规范不具有防止结果发生的效力。为此,不能将该结果归责于行为人违反刑法规范的行为。① 需要注意的是,这里所说的"相同结果"是指抽象层面的相同结果。例如,卡车司机在驾驶卡车超越一辆自行车时违反了至少保持1.5米距离的规则,不慎将骑车人轧死。事后查明,由于骑车人当时处于醉酒状态,晃动得厉害,即便司机在超车时保持了1.5米的距离,也仍然会将骑车人轧死(以下简称"违规超车案")。在本案中,即便卡车司机在超车时完全遵守了刑法规范,骑车人仍然会被轧死,结果欠缺回避可能性。因此,不能将骑车人的死亡结果归责于卡车司

---

① 参见车浩:《假定因果关系、结果避免可能性与客观归责》,载《法学研究》2009年第5期。

机。这就是合义务替代行为意义上的结果回避可能性理论(以下简称为"结果回避可能性理论")。①

问题是,如果即便行为人完全遵守了刑法规范,相同的法益损害结果有可能发生也有可能不发生,此时能否将结果归责于行为人违反刑法规范的行为? 对此,刑法理论上存在较为激烈的争论。其中,影响力最大的两种学说,当属可避免性理论与风险升高理论。可避免性理论认为,如果即便行为人完全遵守了刑法规范,相同的法益损害结果仍然有可能发生,就不能将该结果归责于行为人的行为。② 风险升高理论则认为,在即便行为人完全遵守了刑法规范,相同的法益损害结果仍然有可能发生的情况下,需要将行为人违反刑法规范时结果发生的可能性与行为人遵守刑法规范时结果发生的可能性进行比较,如果前者的可能性更高,说明违反刑法规范的行为提高了结果发生的风险,此时仍然需要将法益损害结果归责于行为人违反刑法规范的行为。③

在本案中,如果刘暖曦没有锁门,结果会呈现出多种可能性,其中一种可能的结果是陈世峰仍然只杀害了江歌一人(虽然这种可能性很低)。由于结果回避可能性理论中的"相同结果"是指抽象层面的相同结果,由此可以认为,如果刘暖曦完全遵守了刑法规范(即没有锁门),相同的结果(只有江歌一人被杀害)有可能发生,也有可能不发生。由此似乎可以认为,能否将江歌死亡的结果归责于刘暖曦入室后锁门的行为,取决于判断者在可避免性理论与风险升高理论之争中选择采用何种立场:如果采用可避免性理论,就需要排除结果归责;相反,如果采用风险升高理论,由于刘暖曦入室锁门的行为明显升高了只有江歌一人被杀害这个结果发生的可能性,便需要将该结果归责于刘暖曦的行为。

不过,笔者对结果回避可能性理论的理解与通说观点不一样。按照笔者的理解,本案不需要进入可避免性理论与风险升高理论之争。上文已述,通说观点认为,在欠缺结果回避可能性的案件中,之所以不能将结果归责于行为人,是因为在该案中,刑法规范不具有防止结果发生的效

---

① 需要说明的是,刑法学中的结果回避可能性存在多种不同的类型,合义务替代行为意义上的结果回避可能性只是其中的一种类型。

② 至于为什么在这种情况下不能将结果归责于行为人,可避免性理论内部存在多种不同的观点。对这一问题的深入研究,参见蔡仙:《过失犯中的结果避免可能性研究》,法律出版社 2020 年版,第 127—176 页。

③ Vgl. Claus Roxin/Luís Greco, Strafrecht AT, Band. I, 5. Aufl., 2020, §11 Rn. 88ff.

力。可是,包括刑法规范在内的所有法律规范都是立法者在总结日常经验的基础上作出的一般性规定,其是否有效并不直接体现在它能否在具体案件中避免结果的发生。如果说欠缺结果回避可能性就说明刑法规范是无效的,因而不得对结果进行归责,那么,在上文所举的"枪击案"中,由于乙的死亡结果没有回避可能性(即便甲不开枪射击,乙也会死于绝症),就不得不认为,"不得故意杀人"的刑法规范在该案中是无效的,因而不能将乙中弹身亡的结果归责于甲开枪射击的行为。这显然是荒谬的。退一步而言,如果认为欠缺结果回避可能性意味着刑法规范是无效的,那么也应当直接否定行为人的行为不法(违反了无效规范的行为显然不具有行为无价值),而不应先肯定其行为不法再否定其结果不法。

由"违规超车案"和"枪击案"可知,欠缺结果回避可能性只能在部分案件而非全部案件中排除结果归责。换言之,结果回避可能性理论只能适用于部分案件而非全部案件。在此需要追问,它适用于哪些案件?笔者认为,它只适用于行为人的行为同时包含法所容许的风险和法所禁止的风险,并且两部分风险交织在一起,因而无法正面判断结果实现的是哪部分风险的案件。① 在这些案件中,按照结果回避可能性理论,如果即便行为人完全遵守了刑法规范,相同的法益损害结果仍然一定会发生,说明结果实现的是法所容许的风险,而不是法所不容许的风险,因而不能将结果归责于行为人违反刑法规范的行为。刘暖曦入室后锁门的行为只包含法所禁止的风险,而不包含法所容许的风险,不属于结果回避可能性理论的适用范围。所以,不能以欠缺结果回避可能性为由排除对江歌死亡结果的归责。

综上所析,刘暖曦入室后锁门的行为与江歌的死亡结果具有事实因果关系,而且符合结果归责的条件,应当将江歌的死亡结果归责于刘暖曦入室后锁门的行为。

3. 故意

故意是指明知自己的行为会发生危害社会的结果而希望或者放任这种结果发生的主观心态。故意分为直接故意和间接故意。直接故意包括两种情形:一是明知某个行为必然会导致某个危害结果的发生,仍然去实施这个行为;二是明知某个行为可能会导致某个危害结果的发生,通过实

---

① 参见邹兵建:《过失犯中结果回避可能性的混淆与辨异》,载《中外法学》2021年第4期。

施这个行为,积极追求该危害结果的发生。间接故意是指放任危害结果的发生。在本案中,从行为时看,锁门的行为并不必然导致江歌被陈世峰杀害。而且,刘暖曦也没有积极追求江歌的死亡结果。所以,刘暖曦对江歌的死亡结果没有直接故意。剩下的问题是,她对江歌的死亡结果有没有间接故意?换言之,她有没有放任这个结果的发生?

或许有人会说,刘暖曦与江歌系朋友关系,刘暖曦不太可能对江歌的死亡结果无动于衷。即便抛开二人的友谊不论,仅从尽量规避法律责任的角度看,刘暖曦作为一个理性人,也应该是希望江歌的死亡结果不会发生,而不是放任这个结果发生。因此,不能将刘暖曦的主观心态认定为间接故意。笔者不同意这种看法。这里涉及如何理解间接故意中的"放任"。放任的本质是,在某个行为很有可能导致某个结果发生的情况下,行为人为了追求某个目的,不惜以该结果的发生为代价去实施该行为。[①] 在本案中,刘暖曦明知入室锁门的行为很有可能导致江歌被陈世峰杀害,在这种背景下,她为了保全自己的性命,选择入室后立即锁门,实际上是不惜以发生江歌死亡的结果为代价去保全自己。所以,不管在心理事实层面,刘暖曦对江歌的死亡结果持何种心态(这可能是很复杂的),在规范层面可以肯定,刘暖曦放任了江歌的死亡结果。因此,刘暖曦对江歌的死亡结果具有间接故意。

综上所析,刘暖曦入室后锁门的行为,具有故意杀人罪的构成要件该当性。

(二)违法性阶层

一个行为具有构成要件该当性,原则上就具有违法性,除非其有违法阻却事由。所以,在违法性阶层无须正面判断一个行为有无违法性,而只需要从反面判断该行为有无违法阻却事由。刘暖曦入室后锁门,是一种为了保全自己而不惜将他人置于险境的行为,在行为外观上很像紧急避险。所以这里需要讨论这个行为是否成立紧急避险。

我国《刑法》第 21 条规定:"(第 1 款)为了使国家、公共利益、本人或者他人的人身、财产和其他权利免受正在发生的危险,不得已采取的紧急避险行为,造成损害的,不负刑事责任。(第 2 款)紧急避险超过必要限度造成不应有的损害的,应当负刑事责任,但是应当减轻或者免除处罚。

---

① 参见马克昌主编:《犯罪通论》(第三版),武汉大学出版社 1999 年版,第 339 页。

(第3款)第一款中关于避免本人危险的规定,不适用于职务上、业务上负有特定责任的人。"根据这一规定,理论上一般认为,紧急避险的成立条件包括:避险起因(客观上存在针对合法权益的现实危险)、避险时间(危险正在发生)、避险限制(不得已)、避险对象(针对较小的合法权益)、避险意识(避险认识和避险目的)、避险限度(不能超过必要限度造成不应有的损害)、避险禁止(不适用于职务上、业务上负有特定责任的人)。[①] 可以肯定,入室后锁门的行为符合避险起因、避险时间、避险意识、避险禁止这四个条件。它能否成立紧急避险,关键要看是否同时满足避险限制、避险对象和避险限度这三个条件。

首先来看避险限制。刘暖曦入室后锁门的行为是否符合"不得已"的要求?可以肯定,入室后锁门并不是唯一可能的自救措施,[②]但是其他自救措施的效果显然不如直接锁上室门。也就是说,在当时的情境下,对于刘暖曦而言,入室后锁门无疑是最为有效的自救措施。问题是,刘暖曦是否有必要入室后立即锁门?之所以要讨论这个问题,是因为存在这种可能性——刘暖曦入室后没有立即锁门,而是等江歌入室后再锁门,将陈世峰挡在门外。如此一来,就能同时保护刘、江二人的安全。但是需要看到,这种处理方式伴随着一种危险——即陈世峰与江歌同时入室甚至先于江歌入室。如果这种危险变为现实,锁门就没有任何意义了。所以,这里需要从事实层面上查明,在当时的情境下,刘暖曦有没有机会在江歌入室后、陈世峰入室前锁门?遗憾的是,本案判决书没有提及这个问题。为了对案件进行更为全面的讨论,在此有必要针对这个问题假设出两种不同的案情。第一种情况:刘暖曦刚入室时,江歌比陈世峰离室门更近,而且江、陈二人有一定的距离,足以确保刘暖曦来得及在江歌入室后将陈世峰锁在门外(以下简称"情况Ⅰ")。第二种情况:刘暖曦刚入室时,江歌已经与陈世峰纠缠在一起,江歌无法摆脱陈世峰而先行入室,如果要等江歌入室,便无法将陈世峰锁在门外(以下简称"情况Ⅱ")。显然,在情况Ⅰ中,刘暖曦入室后立即锁门的行为不符合"不得已"的要求;而在情况Ⅱ中,该行为符合"不得已"的要求。

需要说明的是,情况Ⅰ与情况Ⅱ在法律后果上的差异,绝不仅仅体现

[①] 参见高铭暄、马克昌主编:《刑法学》(第十版),北京大学出版社、高等教育出版社2022年版,第136—139页。

[②] 如果刘暖曦入室后没有锁门,她完全有机会采取其他的自救措施。例如,躲进卫生间并关门,或者在室内找一个防身的工具,准备与陈世峰正面对抗,等等。

在是否满足"不得已"的要求。在情况Ⅰ中,刘暖曦入室后立即锁门的行为不仅不符合紧急避险的成立条件,而且也没有其他的违法阻却事由或责任阻却事由,因而构成故意杀人罪。而在情况Ⅱ中,下文将析,刘暖曦入室后立即锁门的行为是否成立紧急避险,可能有一定的争议。即便认为它不成立紧急避险,也可以在有责性阶层为它找到责任阻却事由,因而不构成犯罪。由此可见,对于本案而言,"在当时的情境下,刘暖曦有没有机会在江歌入室后、陈世峰入室前锁门"是一个极为关键的问题。这个问题的答案会直接决定刘暖曦罪与非罪的命运。但是在这个关键问题上,案件事实是不清楚的。为此,按照罪疑有利于被告人的原则,只能以情况Ⅱ作为认定刘暖曦刑事责任的事实依据,从而不得不认为,其入室后立即锁门的行为符合"不得已"的要求。

接着来看避险对象。在本案中,被牺牲的是江歌的生命法益。那么,刑法是否允许将他人的生命法益作为避险对象?① 通说观点认为,人只能是目的而不能是手段,因而不能为了挽救一个或多个人的生命而牺牲无辜第三人的生命。② 按照这个通说观点,不能将江歌的生命法益作为避险对象。所以,刘暖曦入室后锁门的行为不能成立阻却违法的紧急避险。不过,也有个别学者认为,在几种极为特殊的情境下,挽救一个或多个人的生命而牺牲一个第三人的生命,可以成立阻却违法的紧急避险。例如,张明楷教授认为,下列情形可以成立阻却违法的紧急避险:(1)被牺牲者同意牺牲自己以保护他人生命时,对之实施紧急避险的;(2)被牺牲者已被特定化,即使不对之实施紧急避险也会立即牺牲时,对之实施紧急避险的;(3)被牺牲者客观上不可能行使自主决定权,尤其是不可能行使防卫权时,对之实施紧急避险的;(4)被牺牲者死亡的危险性大于其他人,如果不实施紧急避险,被牺牲者首先牺牲时,对之实施紧急避险的;(5)被牺牲者成为导致他人死亡的危险源时,对之实施紧急避险的;(6)为了保护多数人的生命而牺牲少数有过错地使自己的生命处于危险状态的人。③ 显然,本案并不属于上述情形中的任何一种。所以,即便按照作为少数说的张明楷教授的上述观点,也同样会认为,刘暖曦入室后锁门的行为不符合

---

① 需要注意,这里所说的紧急避险,仅指阻却违法的紧急避险,不包括下文将讨论的阻却责任的紧急避险。
② 参见周光权:《刑法总论》(第四版),中国人民大学出版社 2021 年版,第 226—228 页;付立庆:《刑法总论》,法律出版社 2020 年版,第 180—181 页。
③ 参见张明楷:《刑法学(上)》(第六版),法律出版社 2021 年版,第 294 页。

避险对象的要求,无法成立阻却违法的紧急避险。

(三)有责性阶层

有责性阶层的任务是,在已经确认了行为人实施了不法行为之后,判断行为人是否要为其实施的不法行为负责任。该阶层由责任前提和责任阻却事由两部分组成,责任前提主要是指刑事责任能力(年龄、生理和精神状况)。如果一个行为人实施了不法行为且该行为人具有刑事责任能力,其原则上就具备有责性,除非其有责任阻却事由。

在经典的三阶层犯罪论体系中,责任阻却事由包括违法性认识错误和欠缺期待可能性。不过,后来在期待可能性理论的指导下,《德国刑法典》明确规定了阻却责任的紧急避险(1871年《德国刑法典》第52条和第54a条、现行《德国刑法典》第35条)。在这个背景下,现在德国刑法学界普遍认为,由于欠缺期待可能性的判断高度不确定,不能将其直接作为一个责任阻却事由,否则将会引起法律的不安定。① 不过,我国刑法学和德国刑法学处于不同的发展阶段。对于当前的中国刑法学而言,期待可能性理论仍然是一个值得借鉴的刑法理论。与此同时,德国刑法规定的阻却责任的紧急避险也对我国刑法学产生了一定的影响。有学者甚至尝试将我国《刑法》第21条解释成既规定了阻却违法的紧急避险也规定了阻却责任的紧急避险。② 如此一来,阻却责任的紧急避险就成了我国刑法学中的法定的责任阻却事由。但是,这一解释多少有些牵强。不过,即便认为阻却责任的紧急避险不是我国法定的责任阻却事由,将其作为一种超法规的责任阻却事由引入我国刑法学之中,有积极的意义,而且没有理论障碍。③ 由此可以认为,在我国刑法学之中,存在三种超法规的责任阻却事由,即违法性认识错误、阻却责任的紧急避险和欠缺期待可能性。本案显然不涉及违法性认识错误的问题,只需要考虑后两个责任阻却事由。而且,阻却责任的紧急避险在成立条件上要比欠缺期待可能性更为明确,所以,应当优先考虑适用阻却责任的紧急避险。

《德国刑法典》第35条第1款规定:"为使自己、亲属或其他与自己关系密切者的生命、身体或自由免受正在发生的危险,不得已而采取的违法

---

① Vgl. Wessels/Beulke/Satzger, Strafrecht AT, 43. Aufl., 2013, §10 Rn. 451.
② 参见张明楷:《刑法学(上)》(第六版),法律出版社2021年版,第288页。
③ 当然,这是以三阶层犯罪论体系为论述背景的。在四要件犯罪构成体系之中,阻却责任的紧急避险恐怕没有容身之所。

行为不负刑事责任。在因行为人自己引起危险或处在特定的法律关系中而须容忍该危险的限度内,不适用该规定;但是,如果行为人不顾及某一特定的法律关系也必须容忍该危险,则可依第49条第1款减轻处罚。"将阻却责任的紧急避险与阻却违法的紧急避险(《德国刑法典》第34条、我国《刑法》第21条)进行比较,不难发现,二者的相同点在于,都要求只能在不得已的情况下才能实施避险行为;二者的不同之处在于,相对于阻却违法的紧急避险,阻却责任的紧急避险放宽了对利益权衡的要求(不要求保护的法益明显大于牺牲的法益,只要二者不是严重不成比例即可),但是在法益的种类(仅限于生命、身体和自由)和保护的对象(自己、亲属或其他与自己关系密切者)上限缩了范围。

　　上文已析,在情况Ⅱ中,刘暖曦入室后立即锁门的行为符合"不得已"的要求;该行为保护了刘暖曦的生命法益,而且保护的法益与牺牲的法益(江歌的生命法益)没有严重地不成比例,符合阻却责任的紧急避险对法益种类、保护对象和利益权衡的要求。由此可见,刘暖曦入室后锁门的行为符合成立阻却责任的紧急避险的积极条件。不过需要注意的是,《德国刑法典》第35条规定了排除适用阻却责任的紧急避险的几种例外情形,其中之一是"行为人自己引起危险"。这一规定显然有一般预防的考虑。因为,如果一个人可以随意地引起危险并通过转移危险避免自己受到损害,而且不用为此承担刑事责任,那么无疑是在放纵甚至是鼓励国民制造对社会无益的危险。那么,本案是否属于"行为人自己引起危险"的情形?更为确切地说,陈世峰行凶杀人的危险,是否属于刘暖曦引起的危险?表面上看,如果刘暖曦不向陈世峰提出分手,或者至少没有找人冒充自己的男友,陈世峰应该不会产生行凶杀人的想法。就此而言,陈世峰行凶杀人似乎是刘暖曦引起的危险。但是,对于《德国刑法典》第35条中的"行为人自己引起危险"而言,仅仅肯定了行为人先前的行为举止与危险之间存在事实因果关系,是不够的。否则,一个衣着暴露而面临被强奸危险的女子便无法实施阻却责任的紧急避险,只要强奸犯承认,他的犯意是因该女子的衣着暴露而引起的。这显然是荒谬的。理论上一般认为,成立《德国刑法典》第35条中的"行为人自己引起危险",不仅要求行为人先前的行为举止与危险之间存在事实因果关系,而且还要求该行为举止违反了客观注意义务。[①] 换言之,行为人先前的行为举止至少是一个过失行为。刘

[①] Vgl. Wessels/Beulke/Satzger, Strafrecht AT, 43. Aufl., 2013, §10 Rn. 441.

暖曦先前的行为举止，包括向陈世峰提出分手、找人冒充自己的男友等，并没有违反任何客观注意义务，不属于过失行为。因此，本案不属于"行为人自己引起危险"的情形。所以，刘暖曦入室后锁门的行为符合阻却责任的紧急避险的成立条件，因而欠缺有责性。

综上所析，刘暖曦入室后锁门的行为具有故意杀人罪的构成要件该当性和违法性，但是欠缺有责性，因而不构成故意杀人罪。另外，上文已分析，该行为不构成过失致人死亡罪。由此可以得出结论，刘暖曦入室后锁门的行为无罪。

二、侵权责任的分析

那么，刘暖曦入室后锁门的行为是否构成侵权？本案不涉及特殊侵权的问题，因而只需要讨论其是否构成一般侵权。这个问题可以从三阶层犯罪论体系与三阶层侵权行为构成要件体系的对比中找到答案。按照三阶层侵权行为构成要件体系，一般侵权的构成要件体系由事实要件、违法性、有责性三个阶层组成。这个体系与三阶层犯罪论体系在内容上有一定的相似性。所以，上文按照三阶层犯罪论体系对入室后锁门行为是否构成犯罪的分析，对于分析该行为是否构成侵权，同样有重要的参考价值。上文已析，入室后锁门之所以不构成故意杀人罪，是因为它欠缺有责性。而一般侵权的构成要件体系同样包含了有责性阶层。或许有人会据此认为，入室后锁门的行为同样会因为欠缺有责性而不构成一般侵权。这种观点只看到了问题的表象，没有把握问题的实质。

一般侵权的构成要件体系同样包含了有责性阶层，但是需要注意，这里的有责性阶层只讨论故意和过失的问题。而在本文所采用的（二元的行为无价值论的）三阶层犯罪论体系中，有责性阶层是指责任前提与责任阻却事由，而不包括故意和过失（它们位于构成要件阶层）。由此可以清晰看出，一般侵权的构成要件体系没有免责事由——它既不用考虑责任前提（责任能力）的问题，也不用考虑责任阻却事由的问题。这种差异的背后，隐藏着深刻的道理。刑法处理的是国家与国民的关系，二者显然处于不同的地位。而且，刑事责任是所有法律责任中最为严厉的责任形式。所以，在确认行为人实施了刑法意义上的不法行为之后，代表国家的刑法还需要进一步考行为人有无免责事由。侵权法处理的是平等主体（自然人、法人、非法人组织）之间的关系，而且侵权责任远比刑事责任要轻缓得多。所以，在确认了行为人有过错地实施了侵权法意义上的不法行为并造成了一定的损害结果之后,就需要让其承担侵权责任,而无须再额外考虑免责事由的问题,否则便会造成对加害人与受害人的不平等对待。

除了有责性阶层外,两种体系在前两个阶层上会呈现出何种对比关系,也值得认真讨论。没有疑问的是,在分析同一个行为的刑事责任和侵权责任时,刑法中的构成要件阶层的成立门槛会明显高于侵权法上的事实要件阶层。而违法性阶层的对比则稍微复杂一些。法秩序统一原理决定了,如果一个行为在民法或行政法上是合法的,那么它在刑法上也一定是合法的。对于这一点,理论上没有任何争议。但是,如果一个行为在民法或行政法上是被禁止的,而它又符合某个罪名的构成要件,是否意味着它一定具有刑法上的违法性(即欠缺刑法上的违法阻却事由)?对此,理论上存在一定的争议。通说观点持肯定答案,但是也有学者持相反的观点。① 如果持肯定答案,那就意味着,两种体系在违法性阶层的判断是完全一致的;如果持否定答案,那就意味着,刑法中的违法性阶层的成立门槛要高于侵权法上的违法性阶层。由此可见,无论持何种观点,都会一致赞同,刑法中的违法性阶层的成立门槛不低于侵权法上的违法性阶层。

综上所析,犯罪论体系与侵权行为构成要件体系的差异体现为:前者第一个阶层的成立门槛明显高于后者;前者第二个阶层的成立门槛不低于后者;前者有免责事由而后者无免责事由。由此可以得出一个一般性的结论:在侵犯人身权益或财产权益且既遂的场合,如果一个行为具备某个罪名的构成要件该当性和违法性但是欠缺有责性,那么可以肯定,该行为一定会构成侵权。② 在本案中,刘暖曦入室后锁门的行为,正是一个具备故意杀人罪的构成要件该当性和违法性但是欠缺有责性的行为。因此,该行为构成对生命权的侵害,刘暖曦需要为此承担侵权责任(《民法典》第1002条、第1165条)。

值得注意的是,陈世峰显然也构成了对江歌生命权的侵害,需要承担侵权责任。由此带来的一个问题是,刘暖曦与陈世峰是否构成共同侵权?这个问题直接关系到,刘暖曦需要对江歌的死亡结果承担的侵权责任,到底是连带责任还是按份责任。《民法典》第1168条规定:"二人以上共同实施侵权行为,造成他人损害的,应当承担连带责任。"关键的问题是,如

---

① Vgl. Claus Roxin/Luís Greco, Strafrecht AT, Band. I, 5. Aufl., 2020, § 14 Rn. 33.
② 不过,在侵犯人身权益或财产权益且既遂的场合,如果一个行为具备某个罪名的构成要件该当性但是欠缺违法性,其是否会构成侵权,不能一概而论,需要具体分析。

何理解其中的"共同实施侵权行为"？对此，民法学界存在主观说（意思联络说、共同过错说）、客观说与折中说之争。通说观点认为，"共同实施侵权行为"包含三层含义：(1)共同故意（不需要以意思联络为必要）；(2)共同过失；(3)故意行为与过失行为相结合。① 可见，通说观点采用的是非常缓和的主观说。显然，对主观层面的要求越高，共同侵权的成立门槛就越高；反之，对主观层面的要求越低，共同侵权的成立门槛就越低。就此而言，刘暖曦与陈世峰是否构成共同侵权，取决于司法者在共同侵权的成立条件问题上采用何种学说。

那么，到底应当按照何种标准来判断共同侵权的成立与否呢？笔者认为，回答这个问题，需要运用反对解释的方法。与共同侵权相对应，《民法典》还规定了分别侵权。《民法典》第1171条规定："二人以上分别实施侵权行为造成同一损害，每个人的侵权行为都足以造成全部损害的，行为人承担连带责任。"《民法典》第1172条规定："二人以上分别实施侵权行为造成同一损害，能够确定责任大小的，各自承担相应的责任；难以确定责任大小的，平均承担责任。"不难发现，前一个条文实际上是对择一因果关系案件的规定，后一个条文实际上是对累积因果关系案件的规定。而无论是择一因果关系案件，还是累积因果关系案件，都有一个特征——行为人相互不知道对方行为的存在。另外，尽管《民法典》没有规定，但理论上没有任何争议的是，如果二人以上分别实施侵权行为没有造成同一损害结果，而是各自造成不同的损害结果，也属于分别侵权。也就是说，分别侵权包含两种情形：一是两个以上的侵权行为各自造成不同的损害结果；二是两个以上的侵权行为共同造成了一个损害结果，但是行为人相互不知道对方行为的存在。既然如此，运用反对解释的方法，应当认为，《民法典》第1168条规定的共同侵权，就需要且仅需要同时满足：(1)在客观层面，两个以上的侵权行为共同造成了一个损害结果；(2)在主观层面，行为人互相知道（或能预见到）对方行为的存在。在本案中，刘暖曦入室后锁门的行为与陈世峰杀人的行为共同造成了江歌的死亡结果；并且，刘暖曦在入室后锁门时能够预见到陈世峰很有可能会杀害江歌，而陈世峰在杀害江歌时也已经知道刘暖曦已锁门，刘、陈二人相互知道对方行为的存在。所以，刘暖曦与陈世峰构成共同侵权。相应地，刘暖曦需要对江

---

① 参见黄薇主编：《中华人民共和国民法典释义（下）》，法律出版社2020年版，第2246页；最高人民法院民法典贯彻实施工作领导小组主编：《中华人民共和国民法典侵权责任编理解与适用》，人民法院出版社2020年版，第54页。

歌的死亡结果承担连带责任。

笔者注意到,杨立新教授认为刘暖曦与陈世峰不构成共同侵权。他指出:"共同侵权行为的构成,须数个行为人具备主观关联共同即共同故意,或者客观关联共同,最主要的要求是共同侵权行为的每一个行为人对损害的发生都具有直接原因,而非间接原因,都是作为行为而非不作为。即使共同危险行为,每一个危险行为人的行为也须与损害的发生具有可能的直接原因,只是不能确定是哪一个行为人的行为所致而已。江歌案的两个行为人不具有这样的要件,既不是主观关联共同,也不是客观关联共同,不构成共同侵权行为,也不构成共同危险行为,不能承担连带责任。"①

由这段论述可知,杨立新教授认为,两个侵权行为只要在主观层面和客观层面中的任何一个层面具有关联共同,就可以构成共同侵权。应当说,他所认可的共同侵权的成立门槛是很低的。尽管如此,他认为刘暖曦不能与陈世峰构成共同侵权,其理由是,刘暖曦的行为不是造成江歌死亡结果的直接原因。可是,要求"共同侵权行为的每一个行为人对损害的发生都具有直接原因",是不合理的。将共同侵权与共同犯罪进行对比,可以清晰地看出这一点。无论是在主观层面还是在客观层面,共同犯罪的成立门槛显然要高于(至少不低于)共同侵权。而共同犯罪并不要求每个共犯人的行为都是导致结果发生的直接原因。既然如此,没有理由要求共同侵权中每一个行为人的行为都是导致结果发生的直接原因。实际上,杨立新教授所说的"共同侵权行为的每一个行为人对损害的发生都具有直接原因",毋宁说是指在共同侵权中,每一个行为人的行为都处于同一个因果流程之中,共同导致了结果的发生。而理论上普遍认为,作为与不作为不可能位于同一个因果流程之中。也就是说,杨立新教授之所以认为刘暖曦与陈世峰不构成共同侵权,归根到底是因为,在他看来,陈世峰的行为形式是作为,而刘暖曦的行为形式是不作为,两个行为不在同一个因果流程之中。笔者赞同共同侵权要求多个侵权行为位于同一个因果流程之中,也赞同作为与不作为不在一个因果流程之中。但是,上文已析,刘暖曦入室后锁门的行为属于作为而非不作为。而且,刘暖曦入室后锁门的行为与陈世峰持刀杀人的行为位于同一个因果流程之中,共同导

---

① 杨立新:《如何确定江歌案不同侵权人的损害赔偿责任》,载微信公众号"教授加",发布日期:2022年1月17日。

致了江歌的死亡结果。所以,按照杨立新教授所认可的共同侵权的成立标准,也应当认为,刘暖曦入室后锁门的行为与陈世峰持刀杀人的行为构成共同侵权。

第五节 对"先行入室"和"未出门救助"的分析

在行为形式上,先行入室和未出门救助都属于不作为。而且,二者间隔的时间很短(中间只间隔了入室后锁门的行为)。所以,笔者把这两个行为放在同一节分析。下面依次分析这两个行为是否构成不作为犯罪或侵权。

一、刑事责任的分析

"先行入室"和"未出门救助"是否构成不作为犯罪,关键在于,在当时的情境下,刘暖曦有无刑法上的作为义务。回答这个问题,需要分为两步。第一步,判断刘暖曦是否有刑法上的保证人地位(抽象的作为义务)。如果答案是否定的,直接否定其构成不作为犯罪;如果答案是肯定的,则需要继续第二步,判断刘暖曦有无具体的作为义务。

(一)先行入室行为

上文已述,关于刑法上的保证人地位,学界存在形式作为义务论与实质作为义务论之争。鉴于这两种理论学说所划定的保证人地位的来源范围不尽相同,这里需要对这两种学说都加以考虑。在形式作为义务论的四个来源中,唯一有可能使刘暖曦在其先行入室时(即江歌与陈世峰发生争执时)对江歌有保证人地位的,是先行行为。而在刘暖曦先行入室之前的多个行为中,最有可能成为先行行为的,无疑是刘暖曦在2016年11月2日23时许要求江歌在附近的地铁站出口等候并陪她一起返回公寓的行为(以下简称"要求伴行行为")。表面上看,正是这个要求伴行行为,导致江歌在与刘暖曦一同返回公寓时与陈世峰发生争执,进而被后者杀害。由此似乎可以认为,要求伴行行为是一个先行行为,它使刘暖曦在江歌与陈世峰发生争执时对江歌有保证人地位。笔者不同意这种看法。

这里需要思考,江歌为什么会与陈世峰发生争执?不难推测,江歌并非因自己的原因与陈世峰发生争执(当天下午江歌还成功将陈世峰劝离公寓),而是因刘暖曦的原因与陈世峰发生争执。也就是说,江歌应该是故意与陈世峰发生争执,想借此拖住陈世峰,为刘暖曦争取时间,掩护她入室。如果江歌没有这样做,而只是单纯地陪同刘暖曦返回公寓,以陈世峰当时的想法与状态,他肯定是直奔刘暖曦而去,不会与江歌作过多纠缠。就此而言,如果说与陈世峰发生争执使江歌陷入一定程度的险境,那么她陷入险境的状态并不是刘暖曦之前的要求伴行行为直接导致的,而是江歌主动为之的,其目的是保护刘暖曦。换言之,江歌并不是被动地陷入危险,而是主动地承担危险。既然如此,刘暖曦之前的要求伴行行为就不能成为先行行为。可见,按照形式作为义务论,在刘暖曦先行入室时(即江歌与陈世峰发生争执时),刘暖曦对江歌没有保证人地位。

实质作为义务论认为,保证人地位的产生有两种途径:一种是基于对危险源的支配而产生的监督义务;二是基于与法益主体的特殊关系而产生的保护义务。上文已析,本案的危险源是陈世峰,刘暖曦没有支配陈世峰;并且,刘、江二人虽然组成了一个临时的、松散的生活共同体,但是这个生活共同体远远达不到足以产生刑法上保证人地位的紧密程度。由此可以认为,按照实质作为义务论,在刘暖曦先行入室时(即江歌与陈世峰发生争执时),刘暖曦对江歌没有保证人地位。

不过,现阶段的实质作为义务论的内容是否足够周全,仍然可以打上一个问号。上文已析,江歌是为了保护刘暖曦主动与陈世峰发生争执,进而将自己置于危险的境地。由此带来的一个问题是,被救助者对救助者有无保证人地位?在不同的时空条件下,被救助者对此前救助过他的人没有刑法上的保证人地位。例如,甲意外落水,路人乙见状跳入水中将甲救起。次日,乙意外落水,路过的甲见状无动于衷,未采取任何救助措施,最后乙被水淹死。在本案中,甲不会构成不作为的故意杀人。这是法律(至少是刑法)不同于道德之处。而在同一个时空条件下,被救助者惊魂甫定,自顾不暇,通常没有能力反过来救助对他施救的人。但是,这一点并不是绝对的。被救助者没有能力实施高难度的救助行为,并不意味着他没有能力实施一些简单的救助行为。例如,甲意外落水,路人乙见状跳入水中将甲救起,但自己因体力不支而爬不上岸。此时,甲已经完全清醒,明明可以在岸边伸手或找一根棍子将乙牵住,同时呼救喊人帮忙,可是他却无动于衷,眼睁睁地看着乙被水淹死。在这种情况下,甲当然会构成不作为的故意杀人。由此可以肯定,在同一时空条件下,被救助者对救助者有刑法上的保证人地位。在本案中,江歌为了保护刘暖曦而主动与陈世峰发生争执并因此陷入险境,属于救助者,而刘暖曦则属于被救助者。应当认为,在当时的时空条件下,刘暖曦对江歌有刑法上的保证人地位。

接下来需要分析的是,在当时的情境下,刘暖曦的保证人地位能否转化为具体的作为义务。可以肯定,刘暖曦的保证人地位可以转化为一些难度很低的作为义务(例如报警的义务)。但这里关注的是,刘暖曦的保证人地位能否转化为留下来与江歌共同抵抗陈世峰的作为义务。

理论上一般认为,保证人地位(抽象的作为义务)转化为具体的作为义务,需要同时满足以下三个条件。第一,法益处于危险状态,即德国学者所说的"存在构成要件该当的状况"。例如,父母对自己的小孩有保证人地位,但只有当小孩生病或受伤时,这种保证人地位才会转化成送小孩去医院救治的义务。第二,行为人有作为的可能性。这同时包含以下两个方面的内容:(1)行为人有作为的能力和条件。例如,保姆对于小孩有保证人地位,在小孩落水时,保姆通常有义务跳入河中救人。但是,如果河水很深而保姆却不会游泳,保姆就没有跳入河中救人的义务(但其有通过其他方式救人的义务,例如第一时间喊人帮忙)。(2)除特定职业或职务的人员(例如警察、消防员、医生)外,救助行为不能给行为人带来过高的危险。法不强人所难,当然也就不能要求普通国民冒着生命危险去履行作为义务。这是期待可能性理论在不作为犯中的体现。例如,一个小孩被困在熊熊燃烧的大楼中,其父母没有义务冲进大楼救小孩(但在通常情况下,消防员有义务冲进大楼救小孩。当然,即便是消防员救人,也要权衡救援的危险程度和成功救援的可能性,不能让消防员做无谓的牺牲。只不过,他们所应承受的危险程度远超过普通国民)。第三,作为的有效性。站在行为时看(而不是事后看),行为人的作为有可能(不要求一定)改变结果,避免法益损害结果的发生,或者减轻法益损害的程度。简言之,从行为时看,结果具有避免可能性(请注意,它不同于事后判断的结果避免可能性)。例如,通常情况下,父母有义务将生病的孩子送到医院救治。这隐含了一个假设前提,医院能治好孩子的病。如果经医院仔细检查,发现孩子已经身患绝症,父母就没有义务继续将小孩送往医院救治。

在本案中,当江歌与陈世峰发生争执时,江歌已经处于危险境地,满足"法益处于危险状态"的条件。但是,如果刘暖曦留下来与江歌一同抵抗陈世峰,她必然与江歌一样面临被陈世峰杀害的高度危险。这种危险超出了普通国民所应承受的范围,因而会排除作为的可能性。法不强人所难,刑法不可能逼着刘暖曦去送死。所以,在江歌与陈世峰发生争执时,刘暖曦对江歌的保证人地位无法转化为留下来与江歌一起抵抗陈世峰的义务。因此,刘暖曦先行入室的行为不构成不作为犯罪。

(二)未出门救助

如果刘暖曦入室后没有锁门,那么她未出门救助行为实际上是其先行入室行为的自然延续,可以将它们视为一个整体行为。但是,刘暖曦入室后锁门了,这样一来,未出门救助行为与先行入室行为便被入室后锁门行为中断了。因此,在分析了先行入室行为之后,还需要分析未出门救助的行为。

首先来看刘暖曦在未出门救助时对江歌有无刑法上的保证人地位。上文已析,作为被救助者的刘暖曦对于作为救助者的江歌有刑法上的保证人地位。这一结论同样适用于刘暖曦未出门救助时。此外还需要注意的是,刘暖曦入室后锁门的行为增加了江歌面临的危险,这一行为属于先行行为。这个先行行为也足以确保刘暖曦对江歌有刑法上的保证人地位。关键的问题仍然在于,刘暖曦对江歌的保证人地位,能否转化为出门救助的具体作为义务?在回答这个问题之前,需要注意,未出门救助的行为,实际上包含了前后两个阶段:一是在陈世峰持刀捅刺江歌时,刘暖曦未出门救助江歌(以下简称"第一阶段");二是在陈世峰逃离后,刘暖曦未出门救助江歌(以下简称"第二阶段")。这两个阶段涉及的问题点不完全相同,需要分别讨论。

在第一阶段,如果刘暖曦出门救人,她必然与江歌一样面临被陈世峰杀害的高度危险。这种危险超出了普通国民所应承受的范围,因而会排除作为的可能性。在这一点上,第一阶段的未出门救助行为与先行入室行为,情况完全相同。在第二阶段,在行为当时,站在刘暖曦的视角看,陈世峰是否真的离开了现场,是不确定的(不能用事后判断代替事前判断)。从生活经验来看,完全存在这种可能性——陈世峰躲在一个角落,佯装逃离了现场,诱骗刘暖曦出门,待其出门后对其加以杀害。这也是为什么接到报警电话的警察要求刘暖曦不要开门(这是刘暖曦辩解的一个理由,尽管判决书未对它加以确认,但它的可信度很高)。所以,在这一阶段,刘暖曦同样欠缺作为(出门救助)的可能性。另外还需要注意的是,刘暖曦并不是没有救助江歌。她第一时间打电话报警,向警察告知江歌受伤的情况,并让警察叫救护车。这些行为都是救助措施,而且是最为有效的救助措施。如果刘暖曦没有报警也没有叫救护车,而是放任江歌死亡,那就违反了作为义务,有可能构成不作为的故意杀人罪(但还需要考虑结果避免可能性的问题)。不过,一般而言,刑法对救助义务的要求,也就仅限于此了。例如,在交通肇事的场合,肇事者只要打了电话报警或叫了救护车,就会被认为已经履行了救助义务。在陈世峰逃离现场后,考虑到刘暖曦已经采取了最为有效的救助措施,她有无出门对江歌实施其他救助(例如帮其包扎伤口),其实对结果的影响不大。由此可见,在第二阶段,刘暖曦不仅欠缺作为(出门救助)的可能性,其有无作为(出门救助)的有效性也存在疑问。综上所析,无论是在第一阶段,还是在第二阶段,刘暖曦都没有作为(出门救助)的义务。既然如此,她未出门救助的行为不会构成不作为犯罪。

二、侵权责任的分析

先行入室的行为和未出门救助的行为是否构成不作为的侵权,同样要先判断有无保证人地位,再判断有无具体的作为义务。上文已析,侵权法上的保证人地位范围,与刑法上的保证人地位范围,是包含与被包含的关系。也就是说,只要肯定了行为人具有刑法上的保证人地位,就足以肯定其具有侵权法上的保证人地位。上文已分析,无论是在先行入室时,还是在未出门救助时,刘暖曦都对江歌有刑法上的保证人地位。既然如此,可以肯定,在实施这两个行为时,刘暖曦对江歌也有侵权法上的保证人地位。关键的问题仍然在于,这种侵权法上的保证人地位,能否转化为侵权法上的具体的作为义务。笔者认为,答案是否定的。

上文在论证刘暖曦没有出门救助江歌的义务时,使用了"法不强人所难"这一法律格言。请注意,这句格言中的"法",并不是特指刑法,而是泛指所有的法律,当然包括侵权法。另外,法律给国民设定一定的作为义务,并对没有履行这一义务的人施加惩罚,其根本目的是督促国民去积极履行这个作为义务,而不是惩罚本身。惩罚从来都不可能是目的,充其量只不过是一个手段。如果某个作为义务的内容决定了国民几乎不可能去履行它,法律仍然强行为国民设定该作为义务,并惩罚没有履行这一义务的人,便会使得惩罚失灵且没有任何意义,从而损害法律自身的权威。更何况,在纯粹依靠法律威吓推动作为义务之履行的背景下,法律惩罚措施的严厉程度可能是国民最为关心的一个问题。而刑罚的严厉性显然要远远高于侵权责任。在刑法都无法逼着国民冒着生命危险去履行救助义务的情况下,侵权法当然也无能为力。

为了论证刘暖曦有出门救助江歌的作为义务,金可可教授指出:"本案中,刘暖曦关闭房门,不予协助,虽避免自身健康、生命权受侵害的紧迫危险,但江歌因此面临的也是健康、生命权受侵害的同等紧迫危险,二者所涉权益类型及危险程度并无不同,刘暖曦因协助而可能遭受的不利或危险,不能说远大于江歌可能遭受的不利或危险,故其上述行为具有违法性。易言之,为避免自身生命危险,而令他人遭受同等生命危险,行为即具违法性。"①

这段论述将刘暖曦未出门救助的情形类比成一个人为了保全自己的性命而杀害另一个人的情形。这个类比论证看似很有道理,实际上极具误导性。其一,这段论述没有区分作为和不作为,将二者混为一谈。作为犯罪(侵权)的本质是禁止国民去伤害他人,这是一个很低的要求;而不作为犯罪(侵权)的本质是命令国民去救助他人,这是一个很高的要求。所以,无论是刑法还是侵权法,都以惩罚作为为原则,以惩罚不作为为例外。相应地,作为犯罪(侵权)的成立门槛要远低于不作为犯罪(侵权)的成立门槛。在刑法上,在自己的性命与他人的性命无法共存这一极端情况下,为了保全自己的性命而不得不去杀害他人,至少具有故意杀人罪的构成要件该当性和违法性,至于其是否具备有责性因而成立故意杀人罪,则取决于司法者在有责性阶层是否承认阻却责任的紧急避险或欠缺期待可能性等责任阻却事由。与之形成鲜明对比的是,为了避免自己遭受死亡的危险而拒绝救助濒于死亡的他人,连故意杀人罪的构成要件都不具备,没有任何刑法风险。笔者相信,这个例子所体现的作为与不作为之间的深刻差异,在侵权法上同样存在。

其二,这段论述隐含了一个假设的前提,即如果刘暖曦出门救助江歌,便能够或者很有希望救下江歌。但实际上,这种假设没有任何事实依据。从日常生活经验来看,考虑到女性与男性(哪怕是两名女子与一名男子)在力量对比上存在天然的劣势,加之陈世峰当时已处于酒后持刀的高度危险状态,即便刘暖曦出门与江歌一起对抗陈世峰,恐怕也难以避免江歌被杀的结果,很有可能还要额外搭上刘暖曦自己的一条性命。在这个

---

① 金可可:《江秋莲诉刘暖曦生命权侵害纠纷案若干法律问题简析》,载微信公众号"华政民商",发布日期:2022年1月13日。

意义上,侵权法若要求刘暖曦出门救助江歌,几乎等同于逼着她去送死,难言妥当。

综上所析,在先行入室和未出门救助时,刘暖曦对江歌有侵权法上的保证人地位,但是没有具体的作为义务,因而这两个行为不会构成不作为侵权。

第六节 结 论

劝阻报警在行为形式上属于作为。这一行为不具备致人死亡的高度紧迫的危险,因而不构成故意杀人罪。在这一时点,江歌的死亡结果没有预见可能性,因而这一行为不构成过失致人死亡罪。在劝阻报警时,刘暖曦不仅在事实层面没有预见到陈世峰有行凶杀人的危险,而且在规范层面也没有义务预见到这种危险,因而她劝阻报警的行为不属于侵权法上的加害行为,不构成侵权。

未告知恐吓信息在行为形式上属于不作为。无论是按照形式作为义务论,还是按照实质作为义务论,都会认为,在收到陈世峰发送的恐吓信息时,刘暖曦对江歌没有刑法上的保证人地位。因此,未告知恐吓信息的行为不会构成不作为犯罪。在这一时点,刘暖曦对江歌有侵权法上的保证人地位。但是,由于她没有预见也无法预见陈世峰有行凶杀人的危险,这种保证人地位无法转化为具体的作为义务。因此,未告知恐吓信息的行为不会构成不作为侵权。

入室后锁门在行为形式上属于作为。在陈世峰酒后持刀、具有高度的人身危险性的情境下,刘暖曦入室后锁门的行为具有致江歌死亡的高度且紧迫的危险,属于故意杀人罪的实行行为。这一行为与江歌的死亡结果存在事实上的因果关系。入室后锁门的行为只包含法所禁止的风险,而不包含法所容许的风险,不属于结果回避可能性理论的适用范围,因而不能以结果欠缺回避可能性为由排除结果归责。刘暖曦不惜以发生江歌死亡的结果为代价去保全自己,对江歌的死亡结果持放任态度,在罪过形式上属于间接故意。因此,入室后锁门的行为具备故意杀人罪的构成要件该当性。在违法性阶层,需要考虑这一行为能否成立阻却违法的紧急避险。在判断这一行为是否符合"不得已"的要求时,案件事实不清楚。为此,只能在两种可能的情况中,选择有利于刘暖曦的情况作为认定其刑事责任的事实依据,从而不得不认为,其入室后锁门的行为符合"不得已"的要求。通说观点认为,不能以他人的生命法益作为避险对象。即便少数说承认可以以他人的生命法益作为避险对象,但也对此提出了非常严格的限制。本案并不符合这些限制条件。所以,无论是按照通说观点还是按照少数说,都会认为,入室后锁门的行为不符合阻却违法的紧急避险的成立条件。因此,这一行为具有违法性。在有责性阶层,需要考虑这一行为是否成立阻却责任的紧急避险。入室后锁门的行为符合阻却责任的紧急避险对法益种类、保护对象、利益权衡的要求,成立阻却责任的紧急避险。因此,刘暖曦入室后锁门的行为具备故意杀人罪的构成要件该当性和违法性,但是欠缺有责性,因而不构成故意杀人罪。

比较三阶层犯罪论体系与三阶层侵权行为构成要件体系的异同,可以得出一个一般性的结论:在侵犯人身权益或财产权益且既遂的场合,如果行为人的行为具备了某个罪名的构成要件该当性和违法性,但是欠缺有责性,可以肯定,该行为构成侵权。刘暖曦入室后锁门的行为完全符合上述条件,因而构成侵权,侵害了江歌的生命权。并且,按照《民法典》第1168条的规定,刘暖曦与陈世峰构成共同侵权。相应地,刘暖曦需要对江歌的死亡结果承担连带责任。

先行入室和未出门救助在行为形式上都属于不作为。在同一时空条件下,被救助者对救助者有刑法上的保证人地位。所以,在先行入室时,刘暖曦对江歌有刑法上的保证人地位。但是,在当时的情境下,如果要求刘暖曦留下来与江歌一同抵抗陈世峰,她将面临被陈世峰杀害的高度危险。这一点排除了作为的可能性。因此,尽管彼时刘暖曦对江歌有刑法上的保证人地位,但是这种保证人地位无法转化为具体的救助义务。类似地,在未出门救助时,刘暖曦的保证人地位无法转化为具体的救助义务。所以,先行入室和未出门救助都不构成不作为犯罪。同理,在侵权法上,刘暖曦对江歌有保证人地位,但是这种保证人地位无法转化为具体的救助义务,因而先行入室和未出门救助不构成不作为的侵权。

第二章　唐山烧烤店打人案：
在公共场所暴打他人的罪与罚

第一节　问题的提出

2022年6月10日凌晨,在河北省唐山市路北区一家烧烤店发生了一起由性骚扰引起的9人群殴4名女子案件(以下简称"唐山烧烤店打人案")。本案的基本案情为:

> 2022年6月10日2时40分许,被告人陈继志、马云齐、刘斌、陈晓亮、李鑫、沈小俊及李红瑞、刘某、姜某萍在河北省唐山市路北区机场路某烧烤店吃饭时,陈继志到正在店内用餐的被害人王某某、李某、远某、刘某某桌旁,对王某某骚扰遭拒后殴打王某某,王某某与李某进行反抗。陈继志、马云齐、刘斌、陈晓亮、李鑫分别在烧烤店内、店外便道及店旁小胡同内,对王某某、李某、远某、刘某某持椅子、酒瓶击打或拳打脚踢,沈小俊在烧烤店及旁边小胡同内威胁远某不得报警。①

拍录了本案完整过程的视频一经发布到网络上,立即引起了社会舆论的强烈关注。在轰轰烈烈的扫黑除恶专项斗争结束未逾两年的大背景下,9人竟敢在光天化日、众目睽睽之下,毫无顾忌、旁若无人地对4名女子肆意行凶。其行径之恶劣、气焰之嚣张,令人震惊与愤慨,同时也不免令人对当地的治安环境深感担忧。正如《人民日报》官方微博发表的评论所言,"唐山这起群殴女子事件,令人震惊,不仅挑战了法律,还挑战了社会秩序,挑战了大众的安全感……"在本案引起舆论关注后,唐山警方迅速行动起来,连夜追捕涉案人员。6月11日,以陈继志为首的9名涉案人

---

① 参见《陈继志等恶势力组织违法犯罪案一审公开审判》,载微信公众号"广阳区人民法院",发布日期:2022年9月23日。

员全部被抓获归案。同日,鉴于本案可能涉及黑恶势力组织与地方保护伞的问题,河北省公安厅对本案指定管辖,将其交由河北省廊坊市公安局广阳分局侦办。

本案发生后,社会大众在震惊与愤怒之余,对一个问题非常关心:打人者该当何罪,其将被判处何种刑罚?这个问题涉及多个罪名,并且与被害人伤情轻重和打人者是否涉黑涉恶这两个变量密切相关,回答起来有一定的难度。一些法律界同人在接受媒体采访时提出,如果伤情最重的被害人受重伤,打人者将构成故意伤害罪,被判处三年以上十年以下有期徒刑;如果伤情最重的被害人只受轻伤,打人者将构成寻衅滋事罪,被判处五年以下有期徒刑。① 从现行《刑法》的规定来看,这种看法的确有一定的道理。但由此我们却陷入一种两难的困境:一方面,我们当然希望4名被害人的伤情越轻越好;另一方面,如果受伤最重的被害人只受轻伤,对打人者只能判处五年以下有期徒刑,鉴于本案的犯罪情节极为恶劣,即便顶格判处五年有期徒刑,也很难说罚当其罪。6月21日,河北省公安厅通报了本案的侦办进展情况,介绍了本案的伤情鉴定结果——有2名被害人受轻伤(二级),另外2名被害人受轻微伤。② 在这种情况下,对于本案该如何定罪量刑,的确是摆在司法机关面前的一个较为棘手的问题。

第二节 对一审判决结果的解读

2022年8月26日,河北省廊坊市广阳区人民检察院对本案及陈继志等恶势力组织实施的其他刑事案件提起公诉。③ 9月13日至15日,河北省廊坊市广阳区人民法院对这些案件进行了一审公开审理。9月23日,一审法院公开宣判,判决结果如下:"被告人陈继志犯寻衅滋事罪、抢劫罪、聚众斗殴罪、开设赌场罪、非法拘禁罪、故意伤害罪、掩饰、隐瞒犯罪所得罪、帮助信息网络犯罪活动罪,数罪并罚,决定执行有期徒刑二十四年,

---

① 参见《公共场所暴打他人该当何罪?——唐山烧烤店打人案法律解析》,载微信公众号"法治日报",发布日期:2022年6月11日。
② 参见河北省公安厅:《关于陈某志等涉嫌寻衅滋事、暴力殴打他人等案件侦办进展情况的通报》,载微信公众号"中国新闻网",发布日期:2022年6月21日。
③ 需要说明的是,陈继志等人不仅实施了唐山烧烤店打人案,而且实施了其他刑事案件。一审检察院和一审法院对这些案件进行了合并办理,将它们合称为"陈继志等恶势力组织违法犯罪案"。本文所说的"本案"仅指唐山烧烤店打人案,而不包括陈继志等人实施的其他刑事案件。

并处罚金人民币三十二万元;对其余27名被告人依法判处十一年至六个月有期徒刑不等的刑罚,另对其中19名被告人并处人民币十三万五千元至三千元不等的罚金。陈继志等6名被告人对寻衅滋事罪4名被害人的医药费、护理费、误工费、伙食补助费、营养费、交通费等各项损失承担相应的赔偿责任。"①值得玩味的是,一审法院并没有公布一审判决书的完整内容,而只是在其官方微信公众号发布了一篇介绍本案一审判决结果的新闻报道。一审判决结果公布后,社会舆论对其反应较为平淡。这似乎说明,该判决结果得到了社会大众的认可,判决取得了较好的社会效果。毕竟,首犯陈继志被判处有期徒刑二十四年,几乎到了有期徒刑数罪并罚的上限(二十五年),符合普通国民对本案从严处理的预期。

但是需要注意,首犯陈继志被判处有期徒刑二十四年,并不是本案(唐山烧烤店打人案)的判决结果,而是本案与其他多起刑事案件数罪并罚的结果。至于本案是如何定罪量刑的,新闻报道没有公开说明。这显然不是新闻报道的疏漏,而是一审法院有意回避了这个问题。尽管如此,从报道的内容中可以推测出本案的判决结果。报道中有这样一句话:"庭审中,检察机关出示了相关证据,寻衅滋事罪4名被害人的诉讼代理人、28名被告人及其辩护人进行了质证,……"这里强调了4名被打者是寻衅滋事罪的被害人。由此可见,一审法院认定本案构成寻衅滋事罪。

接下来的问题是,一审法院对本案的量刑结果如何呢?要回答这个问题,需要考察寻衅滋事罪的罪状和法定刑。寻衅滋事罪被规定在我国《刑法》第293条,该条的内容为:"(第1款)有下列寻衅滋事行为之一,破坏社会秩序的,处五年以下有期徒刑、拘役或者管制:(一)随意殴打他人,情节恶劣的;(二)追逐、拦截、辱骂、恐吓他人,情节恶劣的;(三)强拿硬要或者任意损毁、占用公私财物,情节严重的;(四)在公共场所起哄闹事,造成公共场所秩序严重混乱的。(第2款)纠集他人多次实施前款行为,严重破坏社会秩序的,处五年以上十年以下有期徒刑,可以并处罚金。"根据这一规定,寻衅滋事罪有两档法定刑。那么,一审法院对本案适用了哪档法定刑呢?从新闻报道的细节来看,一审法院应该对本案适用了第一档法定刑,理由有二。

其一,一审法院发布的新闻报道在介绍本案(唐山烧烤店打人案)的

---

① 参见《陈继志等恶势力组织违法犯罪案一审公开审判》,载微信公众号"广阳区人民法院",发布日期:2022年9月23日。

案情后,还对陈继志等恶势力组织实施的其他刑事案件进行了如下介绍:"另查明,2012年以来,被告人陈继志等人还长期纠集在一起,在唐山市等地以暴力、威胁等手段,实施非法拘禁、聚众斗殴、故意伤害、开设赌场、抢劫、掩饰、隐瞒犯罪所得、帮助信息网络犯罪活动等违法犯罪活动,逐渐形成了以陈继志为纠集者,王晓磊等7名被告人为成员的恶势力组织。该恶势力组织为非作恶,欺压百姓,破坏当地经济、社会生活秩序,造成恶劣的社会影响。"请注意,这段对犯罪事实的介绍没有提及寻衅滋事。也就是说,除本案中的寻衅滋事行为外,陈继志等人以往并没有寻衅滋事,或者说司法机关没有找到陈继志等人以往实施过寻衅滋事的证据。① 而寻衅滋事罪第二档法定刑的适用前提是行为人"纠集他人多次实施"寻衅滋事行为,陈继志等人不满足这一条件。其二,如果一审法院对陈继志等人适用寻衅滋事罪的第二档法定刑,最高可以判处十年有期徒刑。鉴于本案的犯罪情节极为恶劣,且陈继志等人属于恶势力组织,一审法院完全可以对陈继志等人进行顶格量刑,判处有期徒刑十年。这个判决结果基本符合一般国民的预期,一审法院没有必要担心国民对该结果不接受,大可不必对本案的判决结果遮遮掩掩。

由此可以推测出,一审法院认定本案构成寻衅滋事罪,并且适用了寻衅滋事罪的第一档法定刑。而且,笔者推测,一审法院应该是顶格判处了五年有期徒刑。实际上,就本案对陈继志判处五年有期徒刑还是十年有期徒刑,对陈继志在数罪并罚后的刑期影响不大。因为,一审法院在对本案判处五年有期徒刑的背景下,对陈继志数罪并罚判处了二十四年有期徒刑。即便一审法院对本案判处了十年有期徒刑,按照《刑法》第69条的

---

① 值得注意的是,对于陈继志等恶势力组织除唐山烧烤店打人案之外是否还实施了其他的寻衅滋事行为,一审公诉机关与一审法院作了不同的判断。一审公诉机关指出:"另经公安机关依法深入侦查,检察机关审查查明,2012年以来,陈某志等长期纠集在一起,在唐山市等地涉嫌以暴力、威胁等手段,实施非法拘禁、聚众斗殴、故意伤害、开设赌场、抢劫、掩饰、隐瞒犯罪所得、帮助信息网络犯罪活动、寻衅滋事等刑事犯罪11起,实施寻衅滋事、故意伤害等行政违法4起,逐渐形成了以陈某志为纠集者的恶势力组织。该恶势力组织为非作恶,欺压百姓,破坏当地经济、社会生活秩序,造成恶劣的社会影响。"(参见河北省人民检察院:《关于陈某志等涉嫌恶势力组织违法犯罪案件审查起诉情况的通报》,载微博账号"河北检察",发布日期:2022年8月29日。)在这段话中,一审公诉机关明确认定陈继志等人除在唐山烧烤店打人案中有寻衅滋事行为外还实施过其他的寻衅滋事行为(包括已构成寻衅滋事罪的寻衅滋事行为和仅构成行政违法的寻衅滋事行为)。但是,一审法院所认定的陈继志等恶势力组织实施的其他违法犯罪案件,没有涉及寻衅滋事。这或许是因为,法院认为公诉机关认定陈继志等人以前也实施过寻衅滋事的证据不够确实充分,因而将这一部分案件事实予以剔除。

规定,对陈继志数罪并罚判处的有期徒刑最高不能超过二十五年。尽管如此,对本案判处五年有期徒刑还是十年有期徒刑,仍然具有重要的意义。因为,作为行动中的刑法,刑事案件的判决结果不仅对案件当事人具有重要意义,对与案件没有直接关联的普通国民也有重要的意义。而热点刑事案件的判决更是如此。普通国民可以通过热点刑事案件的判决结果来具体感知刑法的处罚边界和处罚力度。对遵纪守法的普通国民而言,具有妥当处罚边界和处罚力度的刑法能够给其带来足够的安全感;而对于潜在的违法犯罪分子而言,具有妥当处罚边界和处罚力度的刑法能够给其带来足够的威慑力。正是因此,普通国民不仅关心陈继志在数罪并罚后被判处何种刑罚,而且也关心陈继志在唐山烧烤店打人案中被判处何种刑罚。从本案发生之初所引起的汹涌舆情来看,对本案判处五年有期徒刑,恐怕很难令国民信服。正是因此,一审法院既不敢公布一审判决书的完整内容,也不敢在对判决结果的新闻报道中介绍唐山烧烤店打人案的定罪量刑情况。

那么,既然一审法院能够预见五年有期徒刑的判决结果难以令人信服,或者说五年有期徒刑的判决结果不符合罪刑均衡原则,为什么一审法院仍然要这样判?下面对这个问题展开分析。

第三节 罪数、竞合与法定刑的选择

没有争议的是,本案涉及两个罪名,即《刑法》第234条规定的故意伤害罪和《刑法》第293条规定的寻衅滋事罪。《刑法》第293条的内容,上文已有引述,此处不赘。《刑法》第234条的内容为:"(第1款)故意伤害他人身体的,处三年以下有期徒刑、拘役或者管制。(第2款)犯前款罪,致人重伤的,处三年以上十年以下有期徒刑;致人死亡或者以特别残忍手段致人重伤造成严重残疾的,处十年以上有期徒刑、无期徒刑或者死刑。本法另有规定的,依照规定。"在本案中,打人者的行为既属于"故意伤害他人身体"的行为,也属于"随意殴打他人,情节恶劣"的行为。所以,他们的行为同时符合故意伤害罪和寻衅滋事罪的构成要件。

既然如此,能否以故意伤害罪和寻衅滋事罪这两个罪名对打人者进行数罪并罚?答案是否定的。理论上普遍认为,只有当行为人实施的数个规范行为分别触犯了数罪,且数个行为之间既无牵连关系也无吸收关系,才能成立数罪并罚。① 从自然的角度进行观察,本案中的打人者实施了多个行为。不过,他们所实施的多个行为在性质上相同,在对象上一致。因此,从规范的角度进行观察,本案中的打人者只实施了一个行为。或者说,他们只干了一件坏事。因此,本案属于一个行为涉及数个罪名的情形,只能选择其中一个罪名加以适用,而不能数罪并罚。

在刑法理论上,一个行为涉及数个罪名,存在法条竞合和想象竞合两种情况。这两种情况的处理规则有所不同。所以,在这里需要进一步判断,本案到底属于想象竞合还是法条竞合?理论上一般认为,法条竞合要求数个罪名之间存在逻辑上的从属或交叉关系,而想象竞合则要求没有这种关系。② 可以肯定的是,故意伤害罪与寻衅滋事罪在逻辑上没有从属关系。问题是,它们在逻辑上有无交叉关系?对此,学界上可能会存在一定的争议。一般认为,故意伤害罪与寻衅滋事罪在逻辑上既无从属关系,也无交叉关系,二者属于想象竞合的关系。与之相对,鉴于故意殴打他人的行为与故意伤害他人的行为在外延上存在重合的部分,可能会有部分学者认为它们属于法条竞合的关系。不过可以肯定的是,即便认为它们属于法条竞合的关系,也应当认为它们属于法条竞合中的交互竞合(法条竞合的另外三种类型是独立竞合、包容竞合和偏一竞合)。③ 而无论是想象竞合还是法条竞合中的交互竞合,处理的规则都是择一重罪处罚。所以,尽管在故意伤害罪与寻衅滋事罪到底是法条竞合还是想象竞合的问题上,学界可能会存在一定的分歧,但是这个分歧并不影响对本案的定罪量刑。

需要注意的是,这里所说的"从一重罪处罚",并不是抛开本案的案情

---

① 参见高铭暄、马克昌主编:《刑法学》(第十版),北京大学出版社、高等教育出版社2022年版,第273页。不过,关于数罪并罚中的数罪是否仅指异种数罪,理论上存在一定的争议。通说观点认为,我国刑法只对异种数罪进行并罚,同种数罪不并罚(参见陈兴良:《教义刑法学》(第三版),中国人民大学出版社2017年版,第709—712页)。也有学者认为,同种数罪原则上要进行并罚(参见付立庆:《刑法总论》,法律出版社2020年版,第395页)。还有学者认为,同种数罪是否并罚需要灵活处理,有时应并罚,有时不应并罚(参见张明楷:《刑法学(上)》(第六版),法律出版社2021年版,第778—780页)。

② 参见周光权:《刑法总论》(第四版),中国人民大学出版社2021年版,第394、402页。

③ 陈兴良教授将法条竞合分为从属关系的法条竞合和交叉关系的法条竞合两大类,其中前者可以进一步分为独立竞合(外延上的从属关系)和包容竞合(内涵上的从属关系)两类,后者可以进一步分为交互竞合(外延上的交叉关系)和偏一竞合(内涵上的交叉关系)两类。参见陈兴良:《教义刑法学》(第三版),中国人民大学出版社2017年版,第721—731页。

来一般性地比较故意伤害罪与寻衅滋事罪孰轻孰重——这种比较很难得出明确的结论,而是要结合本案的具体情况,逐一考察对本案适用故意伤害罪或寻衅滋事罪将分别匹配何种法定刑,然后再对这两个罪名各自匹配的法定刑进行比较,选择法定刑更重的那个罪名加以适用。现在的问题便落脚于,对本案适用故意伤害罪与寻衅滋事罪,将分别匹配何种法定刑?

首先来看寻衅滋事罪。根据《刑法》第293条的规定,寻衅滋事罪有两档法定刑:第一档为五年以下有期徒刑、拘役或者管制;第二档为五年以上十年以下有期徒刑,可以并处罚金。其中,第二档法定刑的适用条件是"纠集他人多次实施前款行为,严重破坏社会秩序的"。上文已析,根据一审法院认定的案件事实,除唐山烧烤店打人案外,陈继志等人没有实施其他的寻衅滋事行为,不符合"纠集他人多次实施前款行为"的条件。因此,如果对本案适用寻衅滋事罪,只能适用第一档法定刑,最高只能判处五年有期徒刑。

接着来看故意伤害罪。根据《刑法》第234条的规定,结合相关的司法解释,故意伤害致人轻伤的,适用第一档法定刑(三年以下有期徒刑、拘役或者管制);故意伤害致人重伤的,适用第二档法定刑(三年以上十年以下有期徒刑);故意伤害致人死亡或者以特别残忍手段致人重伤造成严重残疾的,适用第三档法定刑(十年以上有期徒刑、无期徒刑或者死刑)。故意伤害致人轻微伤的,一般不以故意伤害罪论处。由此不难发现,对故意伤害罪适用哪一档法定刑,在很大程度上取决于被害人的伤亡结果。

如果受伤最重的被害人受了重伤,故意伤害罪应当适用第二档法定刑,即三年以上十年以下有期徒刑,最高可以判处十年有期徒刑。细心的读者或许会发现,故意伤害罪的第三档法定刑不仅适用于"故意伤害致人死亡"的情形,也适用于"以特别残忍手段致人重伤造成严重残疾"的情形。在本案中,如果受伤最重的被害人不仅受了重伤,而且造成了严重残疾,可否认为本案属于上述第二种情形从而对其适用第三档法定刑呢?答案应当是否定的。一般认为,《刑法》第234条中的"特别残忍手段"是指为故意造成他人严重残疾而采用毁容、挖人眼睛、砍掉人双脚等特别残忍的手段。[①] 在本案中,涉案人员的犯罪行为令人愤慨,但不符合"特别

---

① 参见王爱立主编:《中华人民共和国刑法条文说明、立法理由及相关规定》,北京大学出版社2021年版,第874页。

残忍手段"的要求。总之,在受伤最重的被害人受了重伤的情况下,故意伤害罪应当适用第二档法定刑,最高可以判处十年有期徒刑。此时,故意伤害罪的法定刑比寻衅滋事罪的法定刑更重,择一重罪处罚意味着以故意伤害罪论处,最高可以判处十年有期徒刑。对此,理论上不会有太大的争议。

但实际情况是,在本案中,受伤最重的被害人只是受了轻伤。表面上看,在这种情况下,故意伤害罪只能适用第一档法定刑,最高只能判处三年有期徒刑。此时,故意伤害罪的法定刑比寻衅滋事罪的法定刑更轻,择一重罪处罚意味着以寻衅滋事罪论处,最高只能判处五年有期徒刑。这也是很多法律界同人的普遍看法。但是,鉴于本案的犯罪情节极为恶劣,哪怕是顶格适用法定刑,判处五年有期徒刑,也很难说罚当其罪。或许有学者会批评《刑法》第234条的规定过于看重伤亡结果,不够合理。这一批评的确有一定的道理,但是,对于本案的处理而言,这种立法论的批评犹如远水不救近火,于事无补。更何况,批评立法的前提是穷尽一切可能的解释方案。那么,在现行刑法体系下,能否通过解释的方法,使得本案罚当其罪呢?这是接下来需要思考的问题。

第四节　两种可能的解释方案

笔者认为,在受伤最重的被害人只受轻伤的情况下,为了实现本案的罪刑均衡、罚当其罪,至少存在两种可能的解释方案:一是将本案解释为故意重伤的未遂,二是对本案适用《刑法》第292条规定的聚众斗殴罪。下面分别阐述这两种解释方案。

(一)故意重伤的未遂

在故意伤害罪的场合,司法机关通常不会去判断行为人的伤害故意到底是轻伤故意还是重伤故意。这主要是因为,主观要素的证明历来都是非常棘手的问题。要区分行为人的故意内容到底是杀人故意还是伤害故意,尚且有相当的难度。[①]而在确认了行为人持有伤害故意之后,还要进一步判断该伤害故意到底是轻伤故意还是重伤故意,更是难上加难。不过,在能够查明行为人的故意内容到底是轻伤故意还是重伤故意的情

---

① 参见张明楷:《刑法学(下)》(第六版),法律出版社2021年版,第1123—1125页。

况下,区分这两种不同的故意,仍然有重要的刑法意义。一则,在故意伤害致人重伤的场合,在其他要素基本一致的情况下,持有重伤故意的行为人在不法程度上显然要远高于持有轻伤故意的行为人。因此,即便对他们适用同一档的法定刑(第二档法定刑),也应当在这一档法定刑中为他们分别选择轻重不同的刑期。二则,在故意伤害致人轻伤的场合,如果行为人持有轻伤故意,那么其构成故意伤害(致人轻伤)的既遂,适用第一档法定刑;如果行为人持有重伤故意,那么其构成故意重伤的未遂。

就本案的情况而言,综合考虑行为人的人数(9人)、攻击的力度(毫无节制)、攻击的手段(拳打脚踹、用啤酒瓶砸、用凳子砸,等等)、攻击的时间(持续数分钟)、被害人被攻击的部位(头部等要害部位)、被害人在被攻击时的状况(被害人只是在案发之初的短暂时间里进行了反击,很快便一边倒地处于被动挨打的状态,毫无反手之力)等因素,应当认为,本案部分打人者的重伤意图非常明显,其故意内容为重伤故意。而受伤最重的被害人只受轻伤,因而本案属于故意重伤的未遂。

对于故意重伤的未遂该如何论处,理论上存在一定的争议。有学者认为,故意重伤他人但只造成对方受轻伤的,以故意伤害致人轻伤的既遂论处,适用第一档法定刑(以下简称"轻伤既遂说")。① 也有学者认为,故意重伤他人但只造成对方受轻伤的,以故意伤害致人重伤的未遂论处,适用第二档法定刑(以下简称"重伤未遂说")。② 在这两种观点中,笔者赞同重伤未遂说。

首先,从法理依据上看,故意重伤他人致人轻伤的不法程度显然要远高于故意轻伤他人致人轻伤。在主观层面,重伤故意的不法程度显然要远高于轻伤故意。在客观层面,故意重伤他人致人轻伤的不法内容既包括致人轻伤的实害结果,也包括致人重伤的具体危险;而故意轻伤他人致人轻伤的不法内容只包括致人轻伤的实害结果,并无致人重伤的具体危险。由此可见,在不法程度上,故意重伤他人致人轻伤明显高于故意轻伤他人致人轻伤,二者存在质的不同。如果对前者适用第一档法定刑,哪怕是顶格判处三年有期徒刑,也不足以将其与后者区分开来,难以实现罪刑均衡。

其次,从规范依据上看,《刑法》第23条第2款明确规定:"对于未遂

---

① 参见张明楷:《刑法学(下)》(第六版),法律出版社2021年版,第1120页。
② 参见王作富主编:《刑法分则实务研究(中)》(第五版),中国方正出版社2013年版,第743—744页。

犯,可以比照既遂犯从轻或者减轻处罚。"理论上普遍赞同,从轻处罚是在同一个法定刑幅度范围内进行处罚,减轻处罚才是在下一档法定刑幅度范围内进行处罚。如果采用轻伤既遂说,意味着对故意重伤的未遂犯需要一律比照故意重伤的既遂犯进行减轻处罚,从而彻底排除了从轻处罚的可能性。这显然违反了《刑法》第23条第2款的精神。更何况,《刑法》第23条第2款使用的模态词是"可以"而非"应当"。这意味着,在符合一定条件的前提下,完全有可能对未遂犯适用与既遂犯完全相同的法定刑。而轻伤既遂说完全否定了这种可能性。

最后,从实践效果上看,采用重伤未遂说有助于充分发掘故意伤害罪的规范意涵,提高刑法对故意伤害行为的威慑力。故意重伤的未遂,既包括故意重伤致人轻伤的情形,也包括故意重伤致人轻微伤或没有造成任何损害的情形。不难发现,轻伤既遂说的本质是唯实害结果论。如果将这种逻辑贯彻到底,便不得不认为,在故意重伤致人轻微伤或没有造成任何损害的场合,不构成故意伤害罪。这种观点实际上是我国司法实践的一种常见立场。这种错误的司法立场导致了刑法对故意伤害行为惩治不力,让很多潜在的犯罪分子产生了侥幸心理。在这个背景下,有一些学者提出我国刑法应当增设暴行罪。① 但实际上,只要采用重伤未遂说,就足以发挥现行《刑法》第234条的威慑力,堵住处罚漏洞,无须增设新罪名。

综上所析,在本案中,部分打人者具有重伤故意,其行为构成故意重伤的未遂。对此,应当适用《刑法》第234条第二档法定刑,并按照《刑法》第23条第2款所规定的处罚原则,确定最终的宣告刑。考虑到本案的犯罪情节极其恶劣,完全有可能不对其进行从轻或减轻处罚,而对其适用与故意重伤既遂相同的法定刑。如果采用这一解释方案,对本案中的打人者最高可以判处十年有期徒刑。

(二)聚众斗殴罪

《刑法》第292条规定了聚众斗殴罪。该法条的内容为:"(第1款)聚众斗殴的,对首要分子和其他积极参加的,处三年以下有期徒刑、拘役或者管制;有下列情形之一的,对首要分子和其他积极参加的,处三年以上十年以下有期徒刑:(一)多次聚众斗殴的;(二)聚众斗殴人数多,规模大,社会影响恶劣的;(三)在公共场所或者交通要道聚众斗殴,造成社会

---

① 参见孙运梁:《我国刑法中应当设立"暴行罪"——以虐待儿童的刑法规制为中心》,载《法律科学》2013年第3期;李立众:《暴行入罪论》,载《政法论丛》2020年第6期。

秩序严重混乱的;(四)持械聚众斗殴的。(第2款)聚众斗殴,致人重伤、死亡的,依照本法第二百三十四条、第二百三十二条的规定定罪处罚。"

按照上述第2款的规定,聚众斗殴在致人重伤或死亡的情况下会转化为故意伤害罪或故意杀人罪。所以,如果本案中受伤最重的被害人受了重伤,那么本案没有适用聚众斗殴罪的余地。而如果受伤最重的被害人只受了轻伤,那么本案就存在适用聚众斗殴罪的可能性。

聚众斗殴罪与寻衅滋事罪在法条序号上相邻,都被规定在《刑法》分则第六章第一节扰乱公共秩序罪之中,二者有着深厚的渊源——它们都属于从1979年《刑法》中的流氓罪之中分离出来的具体罪名。可是,我们很容易认为本案构成寻衅滋事罪,却不太容易认为本案构成聚众斗殴罪——尽管下文将析,本案既符合"聚众"的成立条件,也符合"斗殴"的成立条件。其原因何在?这是因为,聚众斗殴罪的典型形象是两个不法团伙进行打斗(不妨回忆一下香港古惑仔电影的银幕形象),斗殴双方都具有不法性。而在本案中,几名女子实施了零星的反击行为,这些反击行为显然属于正当防卫。因此,本案与聚众斗殴罪的典型形象不符。在这种情况下,能否将9人群殴4名女子的行为认定为聚众斗殴罪?笔者认为,答案是肯定的。

聚众斗殴中的"聚众",是指聚集三人以上。不过,理论上普遍赞同,聚众斗殴既可以表现为斗殴双方都有三人以上的情形,也可以表现为一方为三人以上、另一方不足三人的情形。[①] 换言之,成立聚众斗殴罪,并不要求双方都满足"聚众"的要求,只要有一方满足这一要求即可。同样的道理,成立聚众斗殴罪,并不要求双方都满足"斗殴"的要求,只要有一方满足这一要求即可。由此,聚众斗殴可以分为"聚众斗"和"聚众殴"两种情形。前者是指双方互相攻击对方身体的情形,而后者是指多众一方单方面地攻击对方身体而对方没有还手的情形。[②] 在本案中,案发之初的几十秒里,几名女子实施了反击行为,但是她们很快就被9人殴打得毫无还手之力。在这种情况下,9人依然继续实施了单方面的殴打行为。也就是说,在本案的大部分时间里,9名涉案人员的行为表现为"聚众殴",完全符合聚众斗殴罪的成立条件。

不过,前面提到,在案发之初的几十秒里,几名女子实施了反击行为。

[①] 参见高铭暄、马克昌主编:《刑法学》(第十版),北京大学出版社、高等教育出版社2022年版,第549页。

[②] 参见张明楷:《刑法学(下)》(第六版),法律出版社2021年版,第1394页。

所以，从行为外观上看，至少在案发之初的几十秒里，本案表现为"聚众斗殴"，即双方互相攻击对方的身体。或许有人会据此认为，如果将9名打人者的行为认定为聚众斗殴罪，那么意味着4名女子的行为也同样构成聚众斗殴罪，而这一结论显然难以被接受。应当说，这个担心是没有必要的。按照三阶层犯罪论体系，要将一个行为认定为犯罪，需要依次经过构成要件、违法性、有责性三个阶层的检验。在构成要件阶层将打斗双方的行为都认定为聚众斗殴，并没有否定在违法性阶层对其中一方予以出罪的可能性。就本案而言，案发之初的几十秒里几名女子实施了反击行为，在构成要件阶段将这些反击行为与9人的打人行为一同认定为聚众斗殴行为，并不妨碍在违法性阶层将这几名女子的反击行为认定为正当防卫。在这里需要特别注意的是，不能将"聚众斗殴"理解成"聚众互殴"。因为，斗殴是一个描述性的概念，不包含对行为正当与否的评价；而互殴则是一个评价性的概念，它构成正当防卫的反面。① 一旦将双方的行为认定为聚众互殴，那么就彻底否定了其中任何一方构成正当防卫的可能性。

接下来的问题是，如果对本案适用聚众斗殴罪，应当适用哪一档的法定刑呢？笔者认为，本案符合"在公共场所或者交通要道聚众斗殴，造成社会秩序严重混乱"的情形，应当适用三年以上十年以下的法定刑。本案的聚众斗殴发生在烧烤店，属于公共场所，自不待言。关键的问题在于，如何理解这里的"社会秩序严重混乱"？而要回答这个问题，就需要追根溯源，思考为什么聚众斗殴罪会扰乱公共秩序？对此，不妨以聚众斗殴罪的典型形象（两个不法团伙进行打斗）为起点进行思考。笔者认为，两个不法团伙进行打斗，对公共秩序的危害主要表现为两点。其一，两个不法团伙进行打斗，尤其是在公共场所的打斗，容易误伤在现场附近的无辜第三人。其二，更为重要的是，两个不法团伙进行打斗，很容易引起社会大众对治安环境的担忧，甚至会从根本上动摇国民对公权力和法秩序的信赖。如果这一判断大体可以成立，那么应当认为，相较于典型的聚众斗殴案件，本案作为一个非典型的聚众斗殴案件，对公共秩序的危害更大。因为，在典型的聚众斗殴案件中，一个遵纪守法的国民只要在发现聚众斗殴的现象后避而远之，就足以确保自己一时的安全；而在以本案为代表的非典型的聚众斗殴案件中，任何一位遵纪守法的国民都无法确保自己不成为被殴打的对象，除非自己在遇到任何侵犯时都一味地选择忍让和屈从。

---

① 参见邹兵建：《互殴概念的反思与重构》，载《法学评论》2018年第3期。

换言之，如果任由这类非典型的聚众斗殴案件发生，那么国民的自由、尊严和安全这些宝贵的价值将彻底瓦解，弱肉强食，人人自危，社会秩序必将陷入严重的混乱之中。这或许可以解释，本案为什么会引起社会大众如此强烈的关注。因为，如果本案没有得到严惩，那么我们每一个人都有可能成为这类案件中的被害人。

要言之，由于本案中受伤最重的被害人只受轻伤，本案符合聚众斗殴罪的成立条件。① 如此一来，本案就构成了故意伤害罪、寻衅滋事罪和聚众斗殴罪的想象竞合。其中，如果对本案适用聚众斗殴罪，应当认为其属于"在公共场所或者交通要道聚众斗殴，造成社会秩序严重混乱"的情形，应当对其适用三年以上十年以下的法定刑。据此，对本案中的打人者最高可以判处十年有期徒刑。

综上所析，在受伤最重的被害人只受轻伤的情况下，为了实现本案的罪刑均衡，罚当其罪，上文提供了两种可能的解释方案。两种方案殊途同归，都会得出对打人者最高可以判处十年有期徒刑的结论。需要说明的是，这两种方案并没有穷尽所有可能的解释途径。只要在不违反罪刑法定原则、不牺牲体系逻辑一贯性的前提下，通过对某些罪名的构成要件或一些理论进行解释或重构来实现本案的罪刑均衡，都是值得鼓励的。

---

① 按照《刑法》第292条第2款的规定，如果本案有被害人受重伤，那么就应当排除聚众斗殴罪的适用。

第三章　阿里女员工被性侵案：强制猥亵罪的处罚边界

第一节　问题的提出

2021年8月7日，阿里巴巴集团女员工周某在网上发文称自己于十天前在济南出差时被上司王某文和客户华联超市工作人员张某性侵（以下简称"阿里女员工被性侵案"），引发舆论关注。① 一周后，负责承办此案的济南市公安局槐荫区分局在微博上发布了对本案的情况通报。由通报的内容可知，本案的基本案情为：

> 王某文、周某（女）系阿里巴巴集团员工。2021年7月27日，王某文、周某、胡某敏等一行4人前往济南华联超市洽谈业务并成功签约，后于晚上在渔家灯火饭店宴请济南华联超市张某等4人。宴请期间，周某因饮酒过多欲呕吐，张某陪其一起走出包间，并在返回途中对周某实施强制猥亵行为。宴请结束后，王某文与济南华联超市陈某丽（女）打车送周某返回其入住的酒店。在酒店前台，因周某酒醉无法确认房间号码，王某文代其确认房间号码。把周某送进房间休息后，陈某丽与王某文相继离开。王某文在酒店门口欲打车离开时，接到胡某敏电话并被告知周某多次通话含糊不清，委托王某文去查看情况。于是，王某文返回酒店前台，持周某及本人身份证，经前台电话联系征得周某同意后，办理了周某房间的房卡，于23时23分进入周某房间。在房间内，王某文对周某实施了强制猥亵行为，23时33分王某文网上购买了避孕套。23时43分王某文离开周某房间，此时避孕套并未送达（避孕套实际送达时间为7月28日0时）。

---

① 参见《阿里女员工称被客户和领导侵害：要求下属KTV陪客户，醉后被多次猥亵》，载凤凰网 https://i.ifeng.com/c/88WUWbP3Mna，发布日期：2021年8月7日。

随后,王某文又因同事担心、遗忘雨伞等原因先后两次返回周某房间,最终于7月28日0时26分打车返回酒店休息。7月28日7时14分,周某与张某联系,告知房间号码,张某从家中携带一盒未开封的避孕套,于7时59分到达周某所住酒店,敲门进入房间后,对周某实施了强制猥亵行为。9时35分,张某离开房间时,带走周某内裤一条,避孕套(未开封)遗留在房间内。12时34分,周某报警称男同事进入房间,希望警方协助调查录像。8月4日,周某再次报警称自己在聚餐时遭客户张某猥亵。①

本案有王某文和张某两名犯罪嫌疑人,但是二人承担的法律责任截然不同。2022年6月22日,一审法院山东省济南市槐荫区人民法院以强制猥亵罪判处张某有期徒刑一年六个月。② 张某当庭提出上诉。2022年9月2日,二审法院山东省济南市中级人民法院裁定驳回上诉,维持原判。③ 与之形成鲜明对比的是,在案件曝光之初因被周某公开声讨而处于舆论漩涡中心的王某文,却未被追究刑事责任。2021年9月6日,山东省济南市槐荫区人民检察院发布公告称,王某文实施的强制猥亵行为不构成犯罪,不批准逮捕。同日,山东省济南市公安局槐荫区分局终止了对王某文的刑事侦查,并依据《治安管理处罚法》第44条对其作出治安拘留15日的行政处罚决定。④

应当说,司法机关对张某的处理结果在大家的预料之中,但是对王某文的处理结果让很多人感到意外。出于保护当事人个人隐私的考虑,司法机关在通告中只给出了"王某文实施的强制行为不构成犯罪"的结论,而没有给出任何理由。这让关心此案的广大民众备感困惑。既然王某文的行为被定性为强制猥亵,为何他的强制猥亵行为不构成犯罪? 既然王某文不构成犯罪,为何又要对其进行行政处罚? 既然王某文无罪,那么声称被王某文强奸的周某是否构成诬告陷害罪? 这些问题萦绕在大家心

---

① 参见济南市公安局槐荫区分局于2021年8月14日在微博账号"济南公安"上发布的对本案的情况通报。
② 参见《张某强制猥亵案一审宣判》,载微信公众号"济南中院",发布日期:2022年6月22日。
③ 参见《张某强制猥亵案二审维持原判》,载微信公众号"济南中院",发布日期:2022年9月2日。
④ 参见《王某文被拘15日,不批准逮捕》,载澎湃新闻 https://m.thepaper.cn/baijiahao_14390120,发布日期:2021年9月7日。

中,令人困惑不解。上述处理结果公布后,很多法律专业人士接受媒体采访,表达了他们对本案的看法,重点分析了王某文不构成犯罪的理由。笔者认为,有些分析似有不妥,甚至其中有些内容还有很强的误导性。

首先需要声明,关于阿里女员工被性侵案,笔者没有任何内幕消息。但是这一点并不妨碍我们分析推导出王某文无罪却又构成行政违法的理由。在一定的事实与规范的预设前提下,依据《刑法》和《治安管理处罚法》的相关法理,完全可以将王某文无罪却又构成行政违法的理由分析推导出来。当然,任何分析推导都需要以一定的预设前提为基础。本文的分析推导建立在以下两个预设前提的基础之上:其一,济南市公安局槐荫区分局于 2021 年 8 月 14 日发布的关于本案的情况通报是准确的;其二,检察机关认定王某文无罪和公安机关对王某文进行治安管理处罚这两个决定是正确的。

要找到王某文不构成强制猥亵罪却又触犯《治安管理处罚法》的理由,就需要找出《刑法》与《治安管理处罚法》在有关猥亵的规定上有何不同。强制猥亵罪被规定于《刑法》第 237 条的前两款,这两款的内容是:"(第 1 款)以暴力、胁迫或者其他方法强制猥亵他人或者侮辱妇女的,处五年以下有期徒刑或者拘役。(第 2 款)聚众或者在公共场所当众犯前款罪的,或者有其他恶劣情节的,处五年以上有期徒刑。"而在《治安管理处罚法》中,与猥亵行为有关的内容被规定于第 44 条,该条文的内容为:"猥亵他人的,或者在公共场所故意裸露身体,情节恶劣的,处五日以上十日以下拘留;猥亵智力残疾人、精神病人、不满十四周岁的人或者有其他严重情节的,处十日以上十五日以下拘留。"

从字面上看,《刑法》第 237 条第 1 款规定的是"强制猥亵他人",而《治安管理处罚法》第 44 条规定的是"猥亵他人",没有"强制"。据此,有人提出,王某文之所以不构成强制猥亵罪却又触犯了《治安管理处罚法》,是因为他虽然对周某实施了猥亵行为,但是该猥亵行为没有强制性。① 为了方便论述,笔者把这种观点简称为"没有强制说"。另外,尽管《刑法》第 237 条第 1 款本身没有对犯罪情节作任何要求,但《刑法》第 13 条但书

---

① 例如,朱明勇律师在就本案接受记者采访时指出:"很显然,《刑法》规定的是'强制猥亵',而《治安管理处罚法》则只是'猥亵'。猥亵作为一种以刺激或满足性欲为目的、用性交以外的方法实施的淫秽行为,其要触犯刑事法律,必须达到一定的强制程度,以及对社会危害性大等特点。"参见谭君:《王某文"强制猥亵"但不构罪,能否认为周某诬告陷害?》,载澎湃新闻 https://m.thepaper.cn/newsDetail_forward_14389945,发布日期:2021 年 9 月 7 日。

规定"情节显著轻微危害不大的,不认为是犯罪"。据此,有很多人认为,王某文之所以不构成强制猥亵罪却又触犯了《治安管理处罚法》,是因为他的强制猥亵行为情节显著轻微、危害不大。① 为了方便论述,笔者把这种观点简称为"显著轻微说"。在笔者的关注范围内,法律专业人士对王某文案发表的分析意见,主要就是这两种观点。其中,主张"没有强制说"的人较少,而支持"显著轻微说"的人很多。当然,可能还有一些人同时采纳这两种观点。但是在笔者看来,无论是"没有强制说",还是"显著轻微说",都经不起推敲。

第二节　对"没有强制说"的分析

先来分析"没有强制说"。按照该说,猥亵可以分为两种,即有强制的猥亵和没有强制的猥亵,前者对应于强制猥亵罪中的猥亵行为,后者对应于《治安管理处罚法》第44条中的猥亵行为。笔者认为,这种观点是对"猥亵"的严重误读。因为,"猥亵"必然意味着强制,没有强制的行为根本不可能被称为"猥亵"。无论是强制猥亵罪中的猥亵行为,还是《治安管理处罚法》第44条所规定的猥亵行为,都具有强制性,二者在这一点上没有任何差异。

猥亵意味着行为人对他人实施了除直接发生性关系之外的其他的有性意涵的行为。② 有性意涵的行为有多种具体的表现形式,例如搂抱、亲吻、触摸,等等。这些行为并不必然带来负面的社会评价。电影《泰坦尼克号》中,杰克与露丝二人站在船头甲板上,露丝双手摊开成一字,杰克从后面环抱露丝,二人深情相吻。这个经典画面让无数人对美好爱情充满了向往。回到现实生活中,在婚礼仪式上,新郎新娘在亲友的祝福中拥抱相吻,是一件再正常不过的事情。显然,杰克和新郎都对他人实施了有性意涵的行为,但是他们的行为不可能受到负面评价。其背后的道理是,如果行为人对他人实施的有性意涵的行为得到了对方的同意,那么该行为

---

① 例如,丁金坤律师在就本案接受记者采访时指出:"根据检察院和警方的通报,虽然存在强制猥亵,但是情节显著轻微,故不认为是犯罪,而是违法行为,这在法律上是成立的。"参见庄岸:《"阿里女员工被侵害"案:王某文强制猥亵行为为何不构罪》,载澎湃新闻 https://m.thepaper.cn/newsDetail_forward_14389282,发布日期:2021年9月7日。

② 当然,这是以男性对女性实施的猥亵行为为描述对象的,而女性对男性实施的猥亵行为包含了直接发生性关系本身。

就是二人表达情感的一种方式。只要该行为没有妨碍他人或伤及风化，就应当受到社会的理解和尊重。可是，"猥亵"一词明显是贬义词，具有强烈的负面性。那么，它的负面性来自哪里？笔者认为，它来自行为人的行为违背了对方的意志，即该行为具有强制性。① 所以，猥亵必然意味着强制，不存在所谓没有强制的猥亵行为。

但是需要注意，不能将猥亵中的"强制"狭隘地理解成"暴力与胁迫"。在《刑法》第237条第1款的规定中，强制猥亵中的"强制"体现为"暴力、胁迫或者其他方法"。其中，"暴力、胁迫"的内容较为明确，而"其他方法"的含义较为模糊。因此，在实际理解过程中，很容易将强制猥亵中的"强制"狭隘地理解成只包含暴力与胁迫，进而将以暴力或胁迫形式实施的猥亵行为视为"强制猥亵"，而将以其他方法实施的猥亵行为视为"非强制的猥亵"。必须指出，这种理解是不准确的。无论行为人采用何种方法对他人实施有性意涵的行为，只要该行为违背了对方的意志，它就属于强制猥亵行为。

另外还需要注意，判断行为人的行为是否违背了对方的意志，不能简单地看对方有没有反抗。对方没有反抗，固然有可能是因为其内心同意行为人对其实施有性意涵的行为，但也有可能是因为其不知反抗、不敢反抗或不能反抗。而在后面三种情形中，行为人的行为都违背了对方的意志。判断行为人对他人实施的有性意涵的行为是否违背了对方的意志，需要结合行为人的手段方式、行为人与对方的关系、行为发生的场景等多个因素作综合判断。如果有性意涵的行为发生在公共场所，且行为人与对方并不相识，从保护被害人的立场出发，应当推定该行为违背了对方的意志。例如，甲男在地铁上伸出"咸猪手"抚摸站在其身前的乙女臀部，乙女除了挪了挪位置，没有其他的表示。经查，甲乙二人并不相识。尽管甲男没有采取暴力或胁迫的手段，且乙女也没有反抗，鉴于甲乙二人并不相识且行为发生在地铁这一拥挤的公共场所，应当认为，甲男的行为违背了乙女的意志，其性质属于强制猥亵。

猥亵是否必然意味着强制，不仅关系到《刑法》与《治安管理处罚法》在相关规定上的异同，而且也关系到强制猥亵罪与猥亵儿童罪的异同。

---

① 张明楷教授指出："人类社会的发展，在性方面形成了（广义的）性行为非公开化、非强制性等准则。违反这些准则的行为，就是广义的猥亵行为。"（参见张明楷：《刑法学（下）》（第六版），法律出版社2021年版，第1145页。）笔者认为，这两句话中，第一句话完全正确，第二句话不够准确。因为，猥亵行为一定会违反非强制性准则，但未必会违反非公开化准则。

或许有人会质疑说,既然猥亵必然意味着强制,为何《刑法》第237条前两款所规定的强制猥亵罪在构成要件和罪名中都包含了"强制"一词,而《刑法》第237条第3款所规定的猥亵儿童罪在构成要件和罪名中却没有"强制"一词?这岂不是说明了,强制猥亵罪中的猥亵行为具有强制性,而猥亵儿童罪中的猥亵行为没有强制性?这个质疑看似有道理,实则站不住脚。

要回应上述质疑,就需要准确理解猥亵中的"强制"。前面说到,猥亵中的强制,是指行为人的行为违背了对方的意志。如果行为人的行为得到了对方有效的同意,就说明该行为没有强制性,因而不属于猥亵。所以,强制与同意互为对立面。要准确理解"强制",就需要准确理解"同意"。在刑法上,一个合法有效的同意,需要同时满足两个条件:其一,在事实层面,当事人通过明示或默示的方式表达了同意(这里暂时不考虑当事人受欺骗或胁迫的情况);其二,在规范层面,当事人具有有效同意的能力。所以,合法有效的同意是一种规范性的同意。相应地,作为其对立面的强制也应当是一种规范性的强制。为了方便论述,笔者把这种理解"强制"的路径称为"规范强制说"。

一般而言,有效同意的能力,主要体现为当事人的精神智力正常且已经达到一定的年龄。根据我国《刑法》第236条、第237条的相关规定可知,在我国,只有已年满十四周岁且精神智力正常的人,才具有对性行为的同意能力。因此,如果行为人对一个不满十四周岁的儿童实施有性意涵的行为,由于作为行为对象的儿童欠缺对性行为的同意能力,这里必然欠缺一个合法有效的同意。所以,在规范层面,行为人的行为具有强制性,构成猥亵儿童,无论其在事实层面是否取得了儿童的同意。立法者之所以有意地在猥亵儿童罪的构成要件和罪名中避免使用"强制"一词,就是为了提醒大家,针对儿童实施的有性意涵的行为,无论在事实层面是否得到了作为行为对象的儿童的同意,都会构成犯罪(猥亵儿童罪)。但是,不能据此认为猥亵儿童罪中的猥亵行为没有强制性。从"规范强制说"的立场出发,鉴于在猥亵儿童的场合不可能存在合法有效的同意,应当认为,猥亵儿童罪中的猥亵行为同样具有强制性。

不过,"规范强制说"并不是理解"强制"的唯一可能的路径。或许有人会提出,只要行为人的行为在事实层面得到了对方的同意,就应当认为该行为没有强制性,无论这种同意是否合法有效。为了方便论述,笔者把这种理解"强制"的路径称为"事实强制说"。一旦采用"事实强制说",就可以将猥亵行为分为有强制的猥亵行为与没有强制的猥亵行为两类。由此可见,猥亵是否必然意味着强制,取决于我们在理解"强制"时,到底是采用"规范强制说"还是"事实强制说"。

但是,"事实强制说"难以成立。一方面,"事实强制说"无法实现它的学说初衷。诚然,按照"事实强制说",可以将猥亵行为分为有强制的猥亵行为与没有强制的猥亵行为两类。可是需要注意,论者之所以要对猥亵行为作这种二元分类,原本是为了证明,强制猥亵罪中的猥亵行为具有强制性,而猥亵儿童罪中的猥亵行为没有强制性。但实际上,按照"事实强制说",猥亵儿童罪中的猥亵行为也可能有强制性,强制猥亵罪中的猥亵行为也可能没有强制性。前者例如,行为人无视儿童的激烈反抗而对其实施有性意涵的行为;后者例如,甲男明知同村的乙女(已满十四周岁)患有精神病,仍然在乙女的主动要求下,多次对其实施了有性意涵的行为(以下简称"女精神病人案")。如此一来,"事实强制说"将猥亵行为分为有强制的猥亵行为和没有强制的猥亵行为,并不能加深我们对强制猥亵罪与猥亵儿童罪的关系的理解,反而会使得问题变得更加复杂。另一方面,在分析具体案件的过程中,运用"事实强制说"可能会得出错误的结论。例如,在前述"女精神病人案"中,按照"事实强制说",由于甲男的行为在事实层面得到了乙女的同意,甲男的行为没有强制性,因而不可能构成强制猥亵罪。但这个结论显然是有问题的。理论上没有争议地认为,由于乙女患有精神病,其欠缺对性行为的同意能力,因而在本案中欠缺一个合法有效的同意,所以甲男的行为构成强制猥亵罪。

从理论逻辑上看,理解猥亵中的"强制",无外乎"规范强制说"和"事实强制说"两种可能的路径。既然"事实强制说"无法成立,那就只能采用"规范强制说"。而按照"规范强制说",无论是《刑法》第237条规定的猥亵行为,还是《治安管理处罚法》第44条规定的猥亵行为,都具有强制性;无论是强制猥亵罪中的猥亵行为,还是猥亵儿童罪中的猥亵行为,都具有强制性。既然如此,以"没有强制说"作为解释王某文不构成强制猥亵罪却又触犯了《治安管理处罚法》的理由,显然是行不通的。

第三节 对"显著轻微说"的分析

下面接着分析"显著轻微说"。实际上,"显著轻微说"采用了三段论来分析本案。其大前提是:强制猥亵罪中的猥亵行为不能是情节显著轻微的行为,而《治安管理处罚法》第44条规定的猥亵行为可以是情节显著轻微的行为;其小前提是:王某文对周某实施的猥亵行为情节显著轻微;其结论是:王某文不构成强制猥亵罪却又触犯了《治安管理处罚法》。要确保上述推论为真,需要同时确保上述大前提和小前提都为真。笔者认为,上述大前提可以成立,但是小前提无法成立。

《刑法》第237条第1款规定的是强制猥亵罪的基本犯,第237条第2款规定的是强制猥亵罪的情节加重犯。其中,强制猥亵罪的情节加重犯对猥亵的情节提出了一定的要求,自不待言。关键的问题在于,强制猥亵罪的基本犯是否对猥亵的情节也提出了一定的要求?如果答案是肯定的,那么判断行为人是否构成强制猥亵罪,不仅要看其是否实施了猥亵行为,而且还要看其猥亵行为的情节是否符合相应的要求;如果答案是否定的,那么判断行为人是否构成强制猥亵罪,就只需要看其是否实施了猥亵行为。

典型的情节犯要么直接在构成要件中明确规定对情节的要求(例如《刑法》第139条之一规定的不报、谎报安全事故罪),要么在司法解释中明确规定对情节的要求(例如《刑法》第245条规定的非法搜查罪)。而强制猥亵罪的基本犯既没有在构成要件中规定对情节的要求,也没有在司法解释中规定对情节的要求。可见,强制猥亵罪并不属于典型的情节犯。尽管如此,不能认为强制猥亵罪的基本犯对犯罪情节没有任何要求。一方面,我国《刑法》规定的犯罪概念采用了定性加定量的模式。《刑法》第13条的但书明确规定,"情节显著轻微危害不大的,不认为是犯罪"。根据这一规定,在解释各个具体罪名的构成要件时,应当将情节显著轻微危害不大的情形排除在构成要件该当的范围之外。[①] 另一方面,除了《刑法》第237条对猥亵行为作了规定,《治安管理处罚法》第44条也对猥亵行为作了规定。它们的重要区别之一是对情节的要求不同,前者的要求较高而后者的要求较低。如果认为强制猥亵罪对犯罪情节没有任何要求,只要行为人实施了猥亵行为,不论其情节是严重还是轻微,都会构成《刑法》第237条规定的强制猥亵罪,那么《治安管理处罚法》第44条就会被完全架空,这显然是有问题的。因此,认为强制猥亵罪的基本犯对猥亵行为的情节提出了一定的要求,是有道理的。

---

① 参见王昭武:《犯罪的本质特征与但书的机能及其适用》,载《法学家》2014年第4期。不过,关于我国《刑法》中的但书规定有无司法功能及其具体的运作机制,理论上还存在较为激烈的争议。相关论述参见彭文华:《〈刑法〉第13条但书与刑事制裁的界限》,中国人民大学出版社2019年版,第17—24页。

关键的问题在于,强制猥亵罪的基本犯对猥亵行为的情节提出了何种要求?或者反过来说,什么样的猥亵行为会被认为是"情节显著轻微"因而不构成犯罪?对于这个问题,学界的研究还相当薄弱,司法实践的做法也含混不清。问题的难点在于,猥亵行为实际上包含了多种不同的类型,而不同类型的猥亵行为在成立强制猥亵罪时对情节的要求不完全相同。因此,要厘清强制猥亵罪的基本犯对情节的要求,首先需要梳理清楚猥亵行为的类型。那么,猥亵行为到底包含了几种类型?笔者认为,这个问题可以从强制猥亵罪与财产犯罪的对应关系中找到答案。

作为司法实践中最重要的两类犯罪,人身犯罪与财产犯罪之间存在一定的对应关系。掌握这种对应关系,有助于加深对这两类犯罪的理解。在日常生活中,我们通常会将强奸和抢劫作类比,将抢劫称为"劫财",将强奸称为"劫色"。这种说法看似是一种戏谑,实际上蕴含了一定的道理。在法教义学上,强奸罪与抢劫罪的确存在很多相似之处:二者都有强制性,两种场合下的被害人都处于不知反抗、不敢反抗、不能反抗的困境之中,二者通常都可以分为手段行为和目的行为两部分,等等。不过,严格来说,强奸罪和抢劫罪并不是一一对应的关系。在强奸罪的场合,被害人不知反抗、不敢反抗、不能反抗的困境既可以是由行为人造成的,也可以是由被害人自己或与行为人无关的第三人造成的。例如,甲男发现乙女醉酒躺在路边,便对其实施奸淫行为。虽然乙女的醉酒状态并不是甲男造成的,但甲男的行为仍然构成强奸罪。简言之,强奸既可以是创设困境式的,也可以是利用困境式的。而在抢劫罪的场合,被害人不知反抗、不敢反抗、不能反抗的困境必须是由行为人造成的,而不能是由被害人自己或与行为人无关的第三人造成的。例如,甲男发现乙女醉酒躺在路边,便取走她的钱包。由于乙女醉酒的状态并不是甲男造成的,甲男取走乙女钱包的行为不属于抢劫,而属于盗窃。简言之,抢劫只能是创设困境式的,而不能是利用困境式的。因此,强奸罪与抢劫罪并不是一一对应的关系。更为确切地说,创设困境式的强奸对应于抢劫,而利用困境式的强奸对应于盗窃。在这个意义上,强奸就是对性交机会的抢劫或盗窃。据此,可以将强奸分为抢劫式的强奸(创设困境式的强奸)和盗窃式的强奸(利用困境式的强奸)。前者的实行行为由手段行为和目的行为两部分组成,而后者的实行行为只包括目的行为。

强制猥亵罪与强奸罪关系密切,二者同属侵犯性的自我决定权的犯罪,在行为结构上也高度相似。二者的区别主要在于,行为人对被害人实施的性行为的内容不同。所以,与强奸罪一样,强制猥亵罪也可以建立起与抢劫罪和盗窃罪的对应关系。不过,与强奸罪不同的是,强制猥亵罪除与抢劫罪和盗窃罪有一定的对应关系外,还与抢夺罪有一定的对应关系。在财产犯罪中,与抢劫罪关系最为密切的当属抢夺罪。在司法实践中,抢劫罪和抢夺罪被合称为"双抢"。无论是在抢劫罪的场合,还是在抢夺罪的场合,行为人取得被害人的财物都违背了被害人的意志。只不过,在抢劫罪的场合,行为人之所以能够取得被害人的财物,是因为其通过采取暴力、胁迫或其他方法,使被害人不知反抗、不敢反抗、不能反抗;而在抢夺罪的场合,行为人之所以能够取得被害人的财物,是因为其突然夺取,使被害人来不及反抗。套用英语语法中延续性动词与非延续性动词的分类,可以认为,抢劫是一个延续性动词,而抢夺是一个非延续性动词。强奸罪中性行为的内容决定了其行为需要一定的时间才能完成。因此,强奸罪与抢夺罪没有对应关系。与之不同的是,强制猥亵罪中的猥亵行为完全有可能在瞬间发生。例如,甲男趁乙女不备,从后面偷摸了一把乙女的臀部后迅速跑开。显然,这种猥亵行为在外观上与抢夺财物的行为极为类似。因此,强制猥亵罪与抢夺罪也有一定的对应关系。总之,强制猥亵罪与抢劫罪、盗窃罪、抢夺罪有对应关系。在这个意义上,猥亵就是对性嬉戏机会的抢劫、盗窃或抢夺。据此,可以将猥亵分为抢劫式的猥亵、盗窃式的猥亵和抢夺式的猥亵三类。其中,抢劫式猥亵的实行行为由手段行为和目的行为两部分组成,而盗窃式猥亵和抢夺式猥亵的实行行为只包括目的行为。

　　当一个罪名包含了多种行为类型时,不同行为类型的犯罪成立门槛应当在不法总量上保持基本一致。这个结论同样适用于强制猥亵罪的三种行为类型。从理论逻辑上看,不法由行为不法、结果不法、主观不法三部分组成。其中,对于抢劫式猥亵而言,行为不法由手段行为的不法和目的行为(猥亵行为)的不法两部分组成;而对于盗窃式猥亵和抢夺式猥亵而言,行为不法仅仅由目的行为(猥亵行为)的不法构成。所以,不能将强制猥亵案件的不法直接等同于行为不法,也不能将行为不法直接等同于猥亵行为的不法。不过,一般而言,不同的强制猥亵案件在结果不法、主观不法上不会有太大的差异。所以,在讨论强制猥亵案件的不法时,我们最关心的还是行为不法的程度,尤其是猥亵行为的不法程度。那么,如何判断猥亵行为的不法程度呢?笔者认为,猥亵行为的不法程度与猥亵的程度、猥亵的时间这两个因素呈正相关的关系。或者说,猥亵行为的不法程度等于猥亵程度与猥亵时间的乘积,即:猥亵行为的不法程度=猥亵的程度×猥亵的时间。由此,我们可以得出如下强制猥亵的不法构成图(见图3-1)。

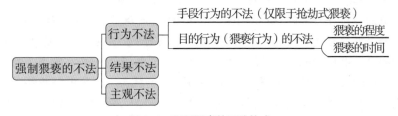

图 3-1　强制猥亵的不法构成

由上可知,在其他因素保持不变的情况下,犯罪成立门槛对猥亵程度的要求,与猥亵行为持续的时间成反比。一般而言,在抢劫式猥亵和盗窃式猥亵的场合,猥亵行为会持续较长时间;而在抢夺式猥亵的场合,猥亵行为的持续时间很短。由此可以推知,与抢劫式猥亵和盗窃式猥亵相比,抢夺式猥亵的犯罪成立门槛对猥亵的程度要求更高。而在抢劫式猥亵与盗窃式猥亵之间,前者的行为不法由手段行为的不法和目的行为的不法两部分组成,后者的行为不法仅仅由目的行为的不法组成。由此可以推知,与抢劫式猥亵相比,盗窃式猥亵的犯罪成立门槛对猥亵的程度要求更高。综上所析,在犯罪成立门槛对猥亵程度的要求上,抢夺式猥亵最高,盗窃式猥亵次之,抢劫式猥亵最低。由此可以进一步推导出,在抢劫式猥亵的场合,只要行为人实施了猥亵程度较低的猥亵行为,就足以肯定其不法程度满足强制猥亵罪基本犯的要求;在盗窃式猥亵的场合,只要行为人实施了猥亵程度较高的猥亵行为,就足以肯定其不法程度满足强制猥亵罪基本犯的要求;而在抢夺式猥亵的场合,只有当行为人实施了猥亵程度很高的猥亵行为,才能肯定其不法程度满足强制猥亵罪基本犯的要求。不过,由于抢夺式猥亵持续时间很短,其猥亵行为的猥亵程度通常较低。所以,在一般情况下,抢夺式猥亵只会违反《治安管理处罚法》,还不足以构成犯罪。只有在极为例外的情况下,抢夺式猥亵才有可能构成犯罪。

那么,如何判断一个猥亵行为的猥亵程度的高低呢? 在司法实践中,猥亵行为主要表现为性接触行为和性进入行为。① 性进入行为是一种程

---

① 张明楷教授将猥亵行为分为以下四类:性进入行为、性接触行为、在场但不接触的猥亵行为、不在场不接触的猥亵行为(利用电信网络的猥亵行为)。参见张明楷:《刑法学(下)》(第六版),法律出版社2021年版,第1136页。笔者认为,后两类行为是否属于刑法意义上的猥亵行为,可能还有进一步讨论的余地。所以本文在此仅关注前两类行为。

度很高的猥亵行为,自不待言。比较复杂的是性接触行为。性接触行为主要有搂抱、亲吻、触摸三种形式。搂抱行为的猥亵程度,取决于是隔着衣服搂抱还是裸体搂抱(包括一方裸体和双方裸体)。隔着衣服搂抱属于程度较低的猥亵行为,而裸体搂抱则是程度很高的猥亵行为。亲吻的猥亵程度取决于亲吻的部位。如果是亲吻对方的手或脸颊,则猥亵的程度较低;如果是亲吻对方的嘴唇、耳朵、颈部等部位,则猥亵的程度较高;如果是亲吻对方的胸部、性器官等部位,则猥亵的程度很高。触摸的猥亵程度,取决于以下三个变量:①行为人用哪个身体部位触摸被害人;②行为人触摸被害人的哪个身体部位;③触摸时是否隔着衣服。其中,行为人用手隔着衣服触摸被害人的除性器官以外的其他身体部位,属于程度较低的猥亵行为;而其他的触摸行为都属于程度较高或程度很高的猥亵行为。由此可以归纳出,在常见的以性接触或性进入为内容的猥亵行为中,只有以下三种猥亵行为的猥亵程度较低:①行为人隔着衣服搂抱被害人;②行为人亲吻被害人的手或脸颊;③行为人用手隔着衣服触摸被害人的除性器官以外的其他身体部位。除这三种猥亵行为外,其他的猥亵行为应当都属于程度较高或程度很高的猥亵行为。由此,我们可以得出以下猥亵程度判断表(见表3-1)。

表3-1 猥亵程度判断表

猥亵的行为方式		影响猥亵程度的因素	猥亵程度较低的行为	猥亵程度较高的行为	猥亵程度很高的行为
性进入行为			无	无	都是
性接触行为	搂抱	搂抱时是否隔着衣服	隔着衣服搂抱	裸体搂抱(包括一方裸体和双方裸体)	
	亲吻	亲吻的部位	亲吻手、脸颊	亲吻嘴唇、耳朵、颈部	亲吻胸部、性器官等部位
	触摸	①用哪个部位触摸被害人;②触摸被害人的哪个部位;③触摸时是否隔着衣服	用手隔着衣服触摸被害人的除性器官以外的其他身体部位	其他	

回到阿里女员工被性侵案,王某文的猥亵行为是否属于"情节显著轻微"呢?根据警方对本案的情况通报,7月27日晚,王某文先后4次进入周某房间。其中,王某文的强制猥亵行为发生在其第2次进入周某房间时,其具体经过为:"(王某文)于23时23分进入周某房间,在房间内,王某文对周某实施了强制猥亵行为,23时33分王某文网上购买了避孕套。23时43分王某文离开周某房间。"由此可以得出三个有效信息:其一,王某文在周某的房间待了20分钟;其二,王某文在房间内对周某实施了强制猥亵行为;其三,在实施强制猥亵的过程中,王某文产生了奸淫周某的想法,并为此做了一定的准备工作(在网上购买避孕套)。

在本案发生时,周某正处于醉酒状态。由警方的调查可知,王某文、周某等8人在7月27日晚上就餐时,没有强迫饮酒的情况。也就是说,周某的醉酒状态是由她自己而非王某文造成的。所以,王某文对周某的猥亵属于盗窃式猥亵。前文已析,猥亵行为的不法程度等于猥亵程度与猥亵时间的乘积。先来看猥亵的时间。情况通报没有正面交代王某文的猥亵行为持续了多长时间,但是根据情况通报的内容可以推测出这个信息。尽管王某文未必是一进入周某的房间(23时23分)就立即对周某实施强制猥亵行为,但是可以肯定,其猥亵行为早于其在网上购买避孕套的时间(23时33分)。另外,从常理上看,王某文在结束其猥亵行为后,没有必要继续停留在周某的房间。也就是说,其猥亵行为应该是一直持续到其离开房间时(23时43分)。由此可以合理地推测出,王某文的猥亵行为持续了10分钟以上,可能接近20分钟。应当说,对于猥亵行为而言,这个时间已经非常长了。再来看猥亵的程度。情况通报没有交代王某文对周某实施的猥亵行为的具体内容是什么。不过,从常理来看,鉴于王某文在猥亵的过程中已产生了奸淫周某的想法,很难相信王某文对周某仅实施了猥亵程度较低的猥亵行为(根据前文的分析,猥亵程度较低的猥亵行为有且仅有:①隔着衣服搂抱被害人;②亲吻被害人的手或脸颊;③用手隔着衣服触摸被害人的除性器官以外的其他身体部位),而没有实施其他猥亵程度更高的猥亵行为。由此可见,在对周某实施盗窃式猥亵时,王某文的猥亵行为持续时间很长且猥亵程度较高甚至很高。而根据上文的分析可知,在盗窃式猥亵的场合,只要行为人实施了猥亵程度较高的猥亵行为,就足以肯定其不法程度满足强制猥亵罪基本犯的要求。因此,王某文案的不法程度足以满足强制猥亵罪基本犯的要求。

上述分析能够得到我国司法判决的印证。在司法实践中,很多与本案案情相似的盗窃式猥亵的案件被法院判决构成强制猥亵罪。例如,被告人黄某某趁坐在副驾驶位的杨某某醉酒,对其脸、嘴、胸等部位进行亲吻、触摸,杨某某惊醒后下车逃离。法院判决黄某某构成强制猥亵罪,判处有期徒刑十个月。① 又如,被告人李某在宾馆房间以亲吻嘴唇、用手抚摸胸部的方式对醉酒状态下的谢某进行猥亵,谢某醒来后报警。法院判决李某构成强制猥亵罪,判处拘役五个月。② 再如,被告人周某进入被害人杨某某的卧室,趁杨某某醉酒将其裤子脱下,用手抚摸其胸部和下体,几分钟后自行离开。法院判决周某构成强制猥亵罪,判处有期徒刑一年六个月。③

上文分析了王某文猥亵行为的不法,并由此得出了本案的不法程度足以满足强制猥亵罪基本犯的要求的结论。需要注意的是,这一结论实际上是以本案在主观不法、结果不法上与其他强制猥亵案件没有实质性的差异为前提的。但事实上,本案在主观不法和结果不法上都存在不同于一般案件的、能够直接提升不法程度的案件事实。

由司法解释的有关规定和司法实践中的习惯做法可知,能够影响主观不法的因素包括行为人犯意的内容(例如直接故意还是间接故意)、行为人犯意的产生情况(例如临时起意抑或蓄谋已久)、行为人的动机(例如安乐死属于情节较轻的故意杀人),等等。在本案中,能够提升主观层面不法程度的案件事实是,在实施强制猥亵的过程中,王某文在网上购买了避孕套。由此可见,王某文在主观上不仅有对周某实施有性意涵的行为的想法,而且还有与周某直接发生性关系的想法。如果说王某文对周某实施有性意涵行为的想法是强制猥亵的故意,那么,其所产生的与周某直接发生性关系的想法便是强奸的故意(正是因此,有学者认为本案除涉嫌构成强制猥亵罪外,还涉嫌构成强奸罪的犯罪中止。不过,能否将王某文的上述主观想法认定为强制猥亵的故意和强奸的故意,还值得进一步讨论,下文将会作分析)。显然,与行为人只有猥亵故意的普通强制猥亵案件相比,本案在主观不法程度上更胜一筹。

一般而言,能够影响结果不法的因素包括人员伤亡状况、财产损失状况、被害人或其近亲属自杀、自残或患精神病的情况,等等。不过,在我国

---

① 参见上海市黄浦区人民法院一审刑事判决书(2021)沪 0101 刑初 277 号。
② 参见江西省南城县人民法院一审刑事判决书(2020)赣 1021 刑初 189 号。
③ 参见湖南省靖州苗族侗族自治县人民法院一审刑事判决书(2020)湘 1229 刑初 124 号。

当前的司法语境下，被害人一方是否对行为人表示谅解，也应当是一种能够影响结果不法的因素。否则，便很难解释为什么被害人一方的谅解能够影响很多刑事案件的量刑甚至是定罪，也很难解释为什么建立在被害人谅解基础上的刑事和解运动能够在我国司法实践中轰轰烈烈地开展起来。① 如果说被害人一方对行为人表示谅解是一种降低结果不法的因素，那么反过来说，被害人一方不仅不谅解被害人，而且还强烈要求追究行为人的刑事责任，就是一种提高结果不法的因素。而在本案中，就存在这种情形。周某在案发次日果断选择报警，随即向公司管理层投诉王某文。并且，在警方对本案的处理结果还没有出来、公司管理层没有对其诉求作出及时回应时，周某不惜冒着被污名化的风险（请注意，与一般的犯罪不同，强奸罪、强制猥亵罪对被害人有污名化的效果），在公司食堂这一公共场合公开指控王某文性侵，并在网络上自述被性侵的案发经过，从而引发舆论的广泛关注。由此不难看出，周某追究王某文刑事责任的意愿非常强烈。在当前的司法背景下，这一点会在一定程度上提升本案的结果不法。需要说明的是，指出在我国当前的司法实践中被害人追究刑事责任的意愿是否强烈会在一定程度上影响案件的不法程度，并不意味着笔者赞同这一做法。恰恰相反，笔者对这一做法的合理性表示怀疑，对这一做法的后果深感忧虑。因为，这种司法逻辑很容易滑向"谁闹得最凶，谁获益最多"的尴尬境地。但是，在分析本案时，必须立足实践，将这一因素考虑进来。

综上所析，本案不仅在行为不法上足以满足强制猥亵罪基本犯的要求，而且在主观不法和结果不法上也都有能够直接提升不法程度的案件事实。所以，本案不可能属于"情节显著轻微危害不大"的情形。既然如此，以"显著轻微说"作为解释王某文不构成强制猥亵罪却又触犯《治安管理处罚法》的理由，显然是站不住脚的。

笔者注意到，在检察机关认定王某文的强制猥亵行为不构成犯罪后，很多法律专业人士想当然地认为本案不构成强制猥亵罪的理由是王某文的强制猥亵行为"情节显著轻微"。有律师在接受媒体采访时详细列举了王某文的强制猥亵行为属于"情节显著轻微"的八点理由：①王某文不是

---

① 对刑事和解的研究，参见陈光中、葛琳：《刑事和解初探》，载《中国法学》2006年第5期；陈瑞华：《刑事诉讼的私力合作模式——刑事和解在中国的兴起》，载《中国法学》2006年第5期；周光权：《论刑事和解制度的价值》，载《华东政法学院学报》2006年第5期；梁根林：《死刑案件被刑事和解的十大证伪》，载《法学》2010年第4期。

周某的上级、领导；②王某文的强制猥亵意图并非其主动、积极追求形成；③王某文实施强制猥亵的方式不恶劣；④周某不是未成年人因而不需要刑法特别保护；⑤周某并未在物质上受损；⑥王某文进入周某房间的时间较短；⑦王某文在实施强制猥亵行为时有所节制；⑧王某文如实供述自己的行为。① 笔者认为，这些理由看似头头是道，实则极为牵强。按照这些理由，即便王某文对周某实施的不是强制猥亵行为而是强奸行为，也同样可以将其认定为"情节显著轻微"因而不构成犯罪。这显然是极为荒谬的。上述 8 点理由无非在说，王某文案不属于情节最为严重的强制猥亵案件，我们可以找到比该案情节更为严重的情形。这一点当然是对的。但是需要看到，我们在这里需要追问的，并非王某文案是否属于情节最为严重的强制猥亵案件，而是王某文案是否达到了强制猥亵罪基本犯对情节的要求。不能想当然地将前一个问题的否定答案当作后一个问题的答案。打个比方，在一场满分为 100 分的考试中，张三考了 80 分，而全班最高分是 95 分。不能因为张三的分数不是全班最高分，就说张三考试没有及格。这完全是两码事。

　　之所以要明确指出这一点，并非笔者有意揭他人之短，实在是因为笔者担心"显著轻微说"会对民众产生严重误导。按照"显著轻微说"，行为人进入被害人的房间 20 分钟，对正处于醉酒状态的被害人实施强制猥亵行为，在这个过程中甚至还产生了奸淫被害人的念头，在这种情况下，行为人竟然还有机会以情节显著轻微为由出罪，只会受到治安管理处罚。对于遵纪守法的普通民众而言，上述对刑法处罚边界的错误想象可能会让他们对自己的安全充满忧虑；更为重要的是，对于潜在的不法分子而言，上述对刑法处罚边界的错误想象很有可能会让他们误以为实施强制猥亵行为的收益远大于成本，从而激发出他们的犯意，使他们从"有贼心没贼胆"升级到"贼心贼胆都有了"，最终走向犯罪的深渊。这是需要我们高度警惕的。

第四节　同意的效力与强制猥亵的故意

　　否定了"没有强制说"和"显著轻微说"之后，问题又回到原点，王某

---

① 这是贺律川律师的观点。参见谭君：《王某文为何出罪？律师分析"阿里女员工被侵害"案的获披露事实》，载澎湃新闻 https://m.thepaper.cn/newsDetail_forward_14406292，发布日期：2021 年 9 月 8 日。

文为何无罪？按照三阶层犯罪论体系，判断行为人的行为是否构成犯罪，需要依次经过构成要件该当性、违法性和有责性三个阶层的检验。在本案中，王某文显然没有违法阻却事由和责任阻却事由，因而他不可能是因为欠缺违法性或有责性而出罪。由此可以推导出，王某文的出罪理由只能是欠缺构成要件该当性。构成要件分为客观构成要件和主观构成要件两部分。由上文的分析可知，王某文对周某实施了强制猥亵行为，并且该强制猥亵行为的不法程度足以达到强制猥亵罪基本犯的要求，不属于情节显著轻微的情形。也就是说，王某文的行为完全符合强制猥亵罪的客观构成要件。由此可以推导出，王某文不构成强制猥亵罪的理由只能是，欠缺强制猥亵罪的主观构成要件。

《刑法》第237条前两款条文只规定了强制猥亵罪的客观构成要件，没有规定该罪的主观构成要件。但理论上毫无争议地认为，强制猥亵罪属于故意犯。按照《刑法》第14条的规定，故意是指明知自己的行为会发生危害社会的结果并且希望或者放任这种结果发生的主观心理态度。不过，按照学界的普遍看法，这种故意的定义实际上是结果本位的，它描述的主要是结果犯的故意。[①] 而行为犯的故意是指明知自己的行为性质而仍然实施该行为的主观心理态度。强制猥亵罪属于行为犯。所以，强制猥亵罪中的故意是指明知自己的行为属于强制猥亵而仍然实施该行为的主观心理态度。相应地，欠缺强制猥亵罪的故意，意思是说，行为人不知道自己行为的性质属于强制猥亵。由上文的分析可知，强制猥亵实际上是猥亵的同义词，而猥亵一词包含了两层意思：其一，行为人对他人实施了有性意涵的行为；其二，行为人的行为违背了对方的意志。作为一名心智正常的成年人，王某文不可能不知道自己对周某实施的行为具有性意涵。由此可以推导出，他欠缺强制猥亵罪的故意，有且只有一种可能性——他不知道自己的行为违背了周某的意志。

那么，王某文为什么会发生这种认识错误呢？对此，情况通报没有给出任何信息。不过，我们可以从一些与案件有关的材料中看出一丝端倪。周某在发表于微博的自述中提到："7月28日下午1点左右，在我报案之后，他（王某文）很快被传讯到派出所了，随后进行了24小时的拘留审问。这个在电话里已经承认了自己所作所为的人，此刻却突然改了口供，他声

---

① 参见储槐植：《建议修改故意犯罪定义》，载《法制日报》1991年1月24日；陈兴良：《教义刑法学》（第三版），中国人民大学出版社2017年版，第463—464页。

称这一切都是我主动的,所以他才对我做了那些事。"①尽管我们无法全然听信当事人的一面之词,但周某对王某文辩解理由的陈述,应该是可信的。也就是说,在接受司法机关调查时,王某文提出了一个重要的辩解理由:在其对周某实施有性意涵的行为时,周某表现出了一定的主动性。关于案发当时周某是否如王某文所言表现出了一定的主动性,我们不得而知。相信这肯定是司法机关在调查本案时的一个重要调查方向。不过,从检察机关对本案的处理来看,他们应该是采信了王某文的上述辩解理由。因为,这是本案唯一可能的出罪事由。相应地,本文的分析也建立在王某文的上述辩解符合案件真实情况的基础之上。

案发当时周某表现出一定的主动性,这一点对于本案而言意味着什么呢?相信有很多人会说,既然案发当时周某表现出了一定的主动性,那就说明周某同意王某文对其实施有性意涵的行为。也就是说,王某文的行为没有违反周某的意志,不具有强制性,因而该行为根本就不属于猥亵。按照这种理解,王某文的行为不仅不构成强制猥亵罪,而且连《治安管理处罚法》也没有违反。但是,这种理解并没有被司法机关所采纳。请注意,检察机关在对王某文作出不批准逮捕决定并认定其不构成犯罪时,使用的表述为"犯罪嫌疑人王某文实施的强制猥亵行为不构成犯罪,不批准逮捕"。在这句话中,检察机关确认了王某文的行为性质属于强制猥亵。另外,在检察机关对王某文作出不逮捕的决定后,公安机关随即终止了对王某文的刑事侦查,但同时又依据《治安管理处罚法》第44条的规定对其作出了治安拘留15日的行政处罚决定。由此可见,公安机关也确认了王某文的行为性质属于强制猥亵。也就是说,司法机关虽然最终采信了王某文提出的辩解理由,认为在案发当时周某确实表现出了一定的主动性,但是并没有据此否定王某文行为的强制猥亵性质。不过,案发当时周某表现出了一定的主动性这一案件信息还是在本案的处理过程中发挥了非常关键的作用。联系上文的分析可知,司法机关根据这一案件信息否定了王某文的强制猥亵故意。也就是说,司法机关认为,王某文虽然在客观上对周某实施了强制猥亵行为,但是其在主观上并没有强制猥亵的故意。

看到这里,相信有不少读者朋友(尤其是没有法律专业知识的读者朋

---

① 《阿里女员工称被客户和领导侵害:要求下属KTV陪客户,醉后被多次猥亵》,载凤凰网 https://i.ifeng.com/c/88WUWbP3Mna,发布日期:2021年8月7日。

友)会感到不解,甚至会感到一丝愤怒。愤怒的是,周某明明在前一天晚上表现出了一定的主动性,为何她第二天就翻脸不认人,非要追究王某文的刑事责任?不解的是,既然案发当时周某表现出了一定的主动性,为何司法机关还要将王某文的行为性质认定为强制猥亵?要回答这两个问题,需要抓住本案的一个关键事实——案发当时,周某已处于因醉酒而神志不清的状态。众所周知,一个人在醉酒后,其认识能力和控制能力会大幅减弱,而重度醉酒很有可能会使人神志不清。由警方对本案的情况通报可知,在回到酒店前台时,周某已经因醉酒而无法确认房间号码。而在王某文和陈某丽一起将周某送进酒店房间继而离开后,周某先后多次给不同的人打电话,在电话中含糊不清、语焉不详。正是因此,先后接到周某电话的胡某敏、胡某鹏(女)才会担心周某的状态,进而分别联系当时正在酒店的王某文,让其去周某房间查看。而正是在应胡某敏的要求去周某的房间查看时(即第二次进入周某房间时),王某文对周某实施了有性意涵的行为。由此基本上可以确定,案发当时,周某已处于因醉酒而神志不清的状态。我们当然可以将案发当时周某表现出一定的主动性,解读成周某同意王某文对其实施有性意涵的行为。但是,考虑到周某当时已经处于神志不清的状态,她的这种同意在刑法上是否真实有效,需要打上一个很大的问号。

  在此,我们可以将因醉酒而神志不清的人与精神病人作一个类比。在认识能力和控制能力都很低这一点上,神志不清的人与精神病人高度相似。而精神病人的同意在刑法上一般是无效的。为了保护精神病人的身心健康,刑法认为精神病人原则上欠缺对性行为的同意能力。只有当另一方是精神病人的配偶时,刑法才例外地承认精神病人有对性行为的同意能力。① 基于同样的道理,因醉酒而神志不清的人对性行为的同意在刑法上是否有效,也是一个值得认真探讨的问题。

  问题的复杂性在于,在日常生活中,男女双方在自愿实施性行为之前饮酒助兴的现象较为常见,其中一方或双方因饮酒而陷入醉酒状态甚至是神志不清的状态也并不罕见。如果一概认为因醉酒而神志不清的人缺乏对性行为的同意能力,那么便不得不将上述生活现象都划入强奸罪或强制猥亵罪的涵摄范畴,这显然是有问题的。所以,刑法不能像对待精神病人那样对待因醉酒而神志不清的人,一概否定其对性行为的同意能力,

---

① 参见张明楷:《刑法学(下)》(第六版),法律出版社2021年版,第1136页。

而应当在承认其具有同意能力的基础上,进一步考察其在神志不清状态下的言行举止是否反映了其真实意志。在这个考察中,醉酒者在醒酒后对已经发生的性行为持何种态度当然是一个非常重要的因素,但它绝不是唯一的因素。否则,很容易诱发一种道德风险——难免会有人故意设局,先在醉酒状态下主动与对方发生性关系,然后在醒酒后以自己对此事的态度要挟对方,趁机提出一些不法要求。所以,判断因醉酒而神志不清的人对性行为的同意是否真实有效,不仅要看其在醒酒后对此事的态度,而且还要结合其在醉酒前的言行举止、平时的生活作风、其与对方的关系等因素作综合考虑。在本案中,检察机关应该是在综合考虑了这些因素后认为,周某在神志不清状态下同意王某文对其实施有性意涵的行为,不符合她的真实意志,因而她的这种同意在刑法上无效。所以,从规范层面上看,王某文的行为违背了周某的意志,其性质属于强制猥亵。

那么,王某文是否有强制猥亵的故意呢?笔者认为,这取决于,案发当时周某表现出的主动性,是否让王某文误以为周某同意自己对她实施有性意涵的行为。如果王某文产生了这种认识错误,那么他就没有强制猥亵的故意;反之,如果王某文没有产生这种认识错误,那么他仍然有强制猥亵的故意。在这里需要特别注意,周某表现出一定的主动性,并不当然意味着,王某文会误以为周某同意其对她实施有性意涵的行为。这二者之间不能理所当然地画上等号。不妨设想这样一种情形:周某在神志不清的情况下误将王某文当成她的丈夫,表现出了一定的主动性,而王某文也知道周某误将其当成她的丈夫,但是他将错就错,对周某实施了有性意涵的行为。在这种情形中,周某虽然表现出了一定的主动性,但是王某文并不会因此误认为周某同意其对她实施有性意涵的行为,此时王某文仍然有强制猥亵的故意。根据这个分析,在确认了案发当时周某表现出了一定的主动性之后,王某文是否因此而误认为周某同意自己对她实施有性意涵的行为,也是一个重要的调查方向。从本案的最终处理结果来看,司法机关应该是对此给出了肯定答案。而欠缺强制猥亵的故意,正是王某文不构成强制猥亵罪的真正原因。同理,尽管王某文在案发的过程中产生了与周某直接发生性关系的想法,鉴于王某文误以为自己得到了周某的同意,很难将他的这个想法认定为强奸罪的故意。所以,王某文也不会构成强奸罪的犯罪中止。

接下来的问题是,王某文的行为是否违反了《治安管理处罚法》第44条的规定?这取决于以下两个更为具体的问题。其一,王某文对于猥亵行为的发生是否存在过失?其二,《治安管理处罚法》第44条的处罚范围是否包括了过失的情形?从本案的最终处理结果来看,司法机关对这两个问题都给出了肯定答案。笔者赞同司法机关的这一结论。先来看第一个问题。笔者知道,肯定会有不少朋友认为本案是一场并不美丽的误会:周某固然是被害人,但王某文似乎也很无辜,好像并没有做错什么。言外之意是,对于猥亵行为的发生,王某文既没有故意,也没有过失。笔者不同意这个判断。考虑到案发当时周某已经处于神志不清的状态,而周某与王某文平时只是普通的同事关系,没有任何感情基础(这一点是从司法机关对本案的处理结果反推出来的),王某文应该更加谨慎地对待周某在当时发出的信号,不应该轻易地将其理解为周某有意于自己。说到底,王某文还是过于自信了,而在法教义学上,过于自信本身就是过失的一种类型。接着来看第二个问题。对于《治安管理处罚法》第44条是否包含了过失的情形,迄今学界没有作过专门的研究。但是,刑法学的一些相关研究可能对这个问题有一定的启发性。有学者认为,我国刑法中有些罪名的罪过形式既包括故意也包括过失。① 在刑法学领域,笔者不同意这种观点。因为,这种观点会打破故意犯和过失犯的鸿沟,后患无穷。但是,在治安管理处罚法领域,考虑到其处罚措施较为轻缓,在有必要的情况下,将个别条文解释为包含过失的情形,应该不会有难以逾越的理论障碍。就本案的情况而言,尽管王某文对猥亵行为的发生没有故意而只有过失,考虑到该猥亵行为本身的不法程度较高,以《治安管理处罚法》第44条对其作出处罚,是较为妥当的。

那么,周某声称自己被王某文强奸,是否构成诬告陷害罪?答案是否定的。尽管王某文不构成强制猥亵罪,但他毕竟在客观上实施了强制猥亵行为。相应地,周某属于强制猥亵案件的被害人。当然,从事后的调查情况来看,王某文并没有与周某直接发生性关系。也就是说,周某并不属于强奸案的被害人。就此而言,周某声称自己被王某文强奸,的确有一定的夸张成分。但是需要看到,案发当时周某处于因醉酒而神志不清的状态。第二天酒醒以后,周某有可能完全不记得前一天晚上发生了什么。她根据一些细节,怀疑自己被强奸,并打电话报警,完全合情合理。退一步而言,即便周某明知自己只是被王某文强制猥亵了,而没有被其强奸,

---

① 参见储槐植、杨书文:《复合罪过形式探析——刑法理论对现行刑法内含的新法律现象之解读》,载《法学研究》1999年第1期。

但是为了引起司法机关的重视,也为了引起舆论的关注,而有意声称自己被王某文强奸了,也是一种无可厚非的策略,法律应当对其予以包容。在性犯罪被害人整体的报警意愿度很低、性犯罪的犯罪黑数很大的背景下,对性犯罪被害人的苛刻,便是对犯罪分子和潜在的犯罪分子的纵容。

第五节　启示与教训

最后,笔者想简要评价一下司法机关在处理本案时的表现。如果本案是一个普通的刑事案件,应当说,司法机关对本案的处理是非常成功的。从上文的分析可知,笔者完全赞同司法机关对本案的处理结果。实际上,本案的调查取证和法律适用都有一定的难度。在这种情况下,司法机关调查清楚了本案的事实,并在此基础上对本案作出了正确处理。这是值得充分肯定的。但是,本案并不是普通的刑事案件,而是一个热点刑事案件。任何一个热点刑事案件的发生,都会创造一次很好的以案释法的机会。司法机关应当积极抓住这种难得的机会,做好以案释法的工作,以增强国民对刑法的具体感知。在这一点上,实话说,负责本案的司法机关做得还不够理想,还有提升的空间。一是,司法机关对本案事实的通报还有所遮掩,披露得不够详细。例如,王某文的猥亵行为达到了何种猥亵程度？王某文的猥亵行为持续了多长时间？对于这些关键性的案件事实,司法机关不太可能没有调查清楚。可是,情况通报并没有将这些关键性的案件事实交代清楚。正是因此,如果仅从字面上看情况通报而不作合理的推测,不太容易判断王某文的猥亵行为情节如何,是否达到了强制猥亵罪的基本犯的要求。二是,司法机关只给出了王某文不构成强制猥亵罪但违反了《治安管理处罚法》第44条这一结论,而没有为这一结论给出任何理由。以致普通民众对这个处理结果大感意外,摸不着头脑。即便是法律专业人士,也对本案的处理结果存在多种不同的解读。

笔者猜想,司法机关不愿意透露更多的案件信息,主要有两个原因。其一是出于保护当事人个人隐私的考虑;其二是认为民众之所以关注本案,是出于一种八卦猎奇的心态,这种心态不值得认真对待。但是在笔者看来,这两个原因实际上都站不住脚。

保护当事人的隐私,当然是司法机关的职责所在。但是,没有必要过分夸大合理披露案情与保护当事人的隐私之间的紧张关系。在办理热点刑事案件时,司法机关应当努力探索如何在保护当事人隐私的前提下合理披露案情。就本案而言,正面交代王某文猥亵行为的持续时间,并不会额外泄露当事人的隐私。至于猥亵的程度,如果不用具体的描述性的语句来表述,而用规范性的、评价性的语句来表述(例如,王某文对周某实施了猥亵程度很高/较高的强制猥亵行为),也不会额外泄露当事人的隐私。当然,本案有一个较为特殊的案情,即在案发当时周某表现出了一定的主动性。这一案件信息一旦公开披露,很容易引起对周某相当不利的舆论压力。相信这也是本案让司法机关存在较多顾虑的地方。但是,只要司法机关作好相关的解释工作,强调周某当时已处于因醉酒而神志不清的状态,她当时的言行举止不符合她的真实意志,自然能够让民众理解本案实情。总之,在本案已经受到社会广泛关注的背景下,刻意隐瞒关键性的案件事实,并不是保护当事人隐私的良策。生活的经验告诉我们,沉默不能平息猜测,反而容易引起更多的流言。与其让其他人对案件事实作各种捕风捉影的猜测,不如由司法机关大大方方地交代清楚案件的关键事实。笔者认为,这才是对案件当事人最大的尊重与保护。

普通民众关注热点刑事案件,难免会有一定的八卦猎奇的成分,但更多的还是想通过了解热点刑事案件及其处理结果来把握刑法的规范尺度。对于普通民众而言,刑法典的文本内容过于抽象,也过于遥远。而热点刑事案件就像是摆在他们面前的一把看得见、摸得着的标尺。他们需要用这把标尺来丈量刑法的处罚边界。在这个意义上,任何一个已经被司法机关处理完的热点刑事案件,都在事实上承担着指导性案例的功能。对于普通民众而言,其影响力甚至远胜于"两高"遴选出来的指导性案例。所以,司法机关应当珍视民众对热点刑事案件的关注,做好以案释法的工作,不仅要做到案结事了,还应争取做到案结法明。相反,如果承办案件的司法机关遮遮掩掩,既没有把案件事实交代清楚,也没有把道理讲明白,那么,热点刑事案件不仅不能起到正面示范的作用,反而还有可能被别有用心的人利用。试想这样一种情形:甲男趁自己的女同事乙因醉酒而熟睡之际对其实施了强制猥亵行为。乙在酒醒之后知道自己被甲男猥亵,与甲男对峙,正欲报警。此时,甲男对她说:"你听说过阿里女员工被性侵的案件吗?周某把事情闹得这么大,结果王某文最后不还是无罪吗?所以,你报警也没用!"如果乙真的因为甲男的这番话而放弃报警,最终放纵了甲男的犯罪行为,很难说,承办王某文案的司法机关对此一点责任都没有。这可能是司法机关需要从本案汲取的一个教训。

第四章　余金平案：
交通肇事罪中的逃逸问题

余金平交通肇事案（以下简称"余金平案"）是2019年发生在北京的一起交通肇事案件。本案的基本案情为：

余金平系中国中铁股份有限公司总部纪委综合室工作人员。2019年6月5日18时许，余金平与朋友王某、何某、孙某一起前往北京市海淀区五棵松附近池记串吧聚餐，其间喝了四两左右42度汾酒。20时30分左右聚餐结束，余金平步行离开。21时02分39秒，余金平步行到达单位。21时04分35秒，余金平驾驶自己所有的车牌号为×××的白色丰田牌小型普通客车驶离单位内部停车场。21时28分37秒，余金平驾车由南向北行驶至北京市门头沟区河堤路1公里处，在行车道内持续向右偏离并进入人行道，后车辆右前方撞击被害人宋某，致宋某身体腾空砸向车辆前机器盖和前挡风玻璃，后再次腾空并向右前方连续翻滚直至落地，终致宋某当场因颅脑损伤合并创伤性休克死亡。后余金平驾车撞击道路右侧护墙，校正行车方向回归行车道，未停车并驶离现场。21时33分30秒，余金平驾车进入其居住地北京市门头沟区永定镇龙兴南二路中国铁建梧桐苑7号院2号楼地下车库。21时33分53秒，余金平停车熄火并绕车查看车身，发现车辆右前部损坏严重，右前门附近有斑状血迹。21时34分27秒，余金平返回驾驶室，取出毛巾并擦拭车身血迹。21时35分25秒，余金平擦拭车身完毕，携带毛巾走出地下车库，并将毛巾抛弃至地库出口通道右侧墙上。21时36分50秒，余金平离开小区步行前往现场。6月6日0时55分40秒，余金平进入北京大福汗天堂美容有限公司的足疗店，4时59分离开该足疗店。5时左右，余金平前往北京市公安局门头沟分局交通支队投案。5时30分，余金平接受呼气式酒精检测，血液酒精浓度为 8.6mg/ml。6 时 12 分,余金平接受血液酒精检验,但未检出酒精。

6 月 5 日 21 时 39 分,路人杨某发现该事故后电话报警。后北京市公安局门头沟分局交通支队民警前往现场,并于 22 时 30 分开始勘查现场,确定肇事车辆系车牌号为×××的白色丰田牌小型普通客车,且该车在事故发生后驶离现场。现场道路东侧人行道台阶处留有轮胎撞击后形成的挫印,被害人倒在前方道路护墙之上的人行便道且已死亡。被害人头部距离肇事车辆右前轮在地面形成的挫划痕迹起点约 26.2 米,留有被害人血迹的灯杆距离肇事车辆右前轮在地面形成的挫划痕迹起点约 15 米,灯杆上布满血迹且血迹最高点距地面 3.49 米。此外,现场还遗有肇事车辆的前标志牌及右前大灯罩碎片。6 月 6 日 1 时 25 分,民警在余金平居住地的地下车库查获车牌号为×××的白色丰田牌小型普通客车,并勘查现场提取物证。该车右前机器盖大面积凹陷,右侧前挡风玻璃大面积粉碎性裂痕、右前轮胎及轮毂有撞击痕迹,右侧车身有多处血迹(部分血迹已被擦除)、车标脱落。北京市公安局门头沟分局交通支队认定,余金平驾驶小型普通客车上道路行驶时未确保安全的交通违法过错行为致使事故发生,与本起道路交通事故的发生有因果关系,是事故发生的全部原因;余金平发生事故时系酒后驾车,因其驾车逃逸,导致发生事故时体内酒精含量阈值无法查证;宋某无与本起道路交通事故发生有因果关系的交通违法过错行为。据此确定,余金平为全部责任,宋某无责任。6 月 17 日,余金平在妻子李旭的协助下与被害人宋某的母亲李某达成和解协议,李旭代为赔偿并实际支付李某各项经济损失共计人民币 160 万元,李某出具《谅解书》,对余金平的行为表示谅解。①

作为一起交通肇事案件,余金平案在案情上并无什么殊异之处,但是本案的诉讼过程却颇为曲折。一审检察院基于余金平有自首、积极赔偿并获得被害人家属谅解以及认罪认罚的情节,建议一审法院判处余金平有期徒刑三年,缓刑四年。但是,一审法院没有采纳检察院的量刑建议,

---

① 参见北京市第一中级人民法院二审刑事判决书(2019)京 01 刑终 628 号。

而是判处余金平有期徒刑两年。一审宣判后,余金平上诉,一审检察院抗诉。值得注意的是,通常的抗诉是求重判,但本案中的抗诉是求轻判。令人惊讶的是,二审法院既没有维持原判,也没有采纳一审检察机关的量刑建议,而是进一步加重量刑,改判余金平有期徒刑三年零六个月。二审宣判后,检察机关继续抗诉。随后,北京市高级人民法院撤销原生效判决,发回一审法院重审。一审检察院建议判处余金平有期徒刑两年,一审法院判处余金平有期徒刑两年。① 余金平案的核心争议点是如何理解认罪认罚制度和上诉不加刑原则,以及如何从根本上解决检、法两家的量刑权之争。这些程序法的问题已经引起了刑事法律界的激烈争论。② 不过,除上述程序法问题外,余金平案在实体法层面也有一些值得认真讨论的问题,其中最重要的就是逃逸问题和自首问题。③ 本文在此聚焦余金平案中的逃逸问题。根据我国《刑法》第133条和最高人民法院于2000年出台的《关于审理交通肇事刑事案件具体应用法律若干问题的解释》(以下简称为《交通肇事解释》)的规定,交通肇事后逃逸的认定不仅会影响对行为人的量刑,而且还会在一定条件下影响对行为人的定罪,因而需要认真对待。然而,关于如何理解交通肇事后逃逸,司法实践中存在很多误区,理论研究中也存在很多分歧。有鉴于此,本文拟对交通肇事罪中的逃逸问题作一个系统研究,以期为交通肇事后逃逸的认定提供一个相对明确、合理的标准,并在此基础上对余金平是否构成交通肇事后逃逸作一个分析。

第一节 逃逸的分类

逃逸的基本含义是逃跑,它不一定与交通事故有关。例如,我国《民法典》第1249条对遗弃、逃逸的动物所引起的侵权责任作出了规定。显然,这里的逃逸与交通事故无关。而本文所讨论的,是发生交通事故后的

---

① 参见北京市门头沟区人民法院一审刑事判决书(2019)京0109刑初138号;北京市第一中级人民法院二审刑事判决书(2019)京01刑终628号;北京市门头沟区人民法院一审刑事判决书(2021)京0109刑初244号。本文的分析以上述三份判决书的内容为基础,以下不再一一引述。

② 相关争论情况,参见《余某交通肇事案三大焦点正反意见集锦》,载微信公众号"刑事法判解",发布日期:2020年4月17日。

③ 对本案自首问题的讨论,参见车浩:《基本犯自首、认罪认罚的合指控性与抗诉求刑轻重不明》,载微信公众号"中国法律评论",发布日期:2020年4月21日。

逸,本文将其称为"交通肇事后逃逸"。交通肇事后逃逸不仅被规定在刑法之中,而且也被规定在行政法之中。例如,我国《道路交通安全法》第99条规定,造成交通事故后逃逸,尚不构成犯罪的,由公安机关交通管理部门处二百元以上二千元以下罚款。为了方便论述,本文将出现在刑法之中的交通肇事后逃逸称为"刑法逃逸",将出现在行政法之中的交通肇事后逃逸称为"行政法逃逸"。①

那么,刑法逃逸和行政法逃逸是什么关系呢?这个问题可以从外延和内涵两个角度加以回答。从外延的角度看,行政法逃逸与刑法逃逸是包含和被包含的关系。如果行为人的行为构成刑法逃逸,那么该行为一定会构成行政法逃逸;反之却不然,如果行为人的行为构成行政法逃逸,那么该行为未必能构成刑法逃逸。从内涵的角度看,刑法逃逸的成立门槛要比行政法逃逸的成立门槛更高。从客观层面看,刑法逃逸以行为人的行为成立交通肇事罪为前提,②而行政法逃逸没有这个要求;从主观层面看,刑法逃逸故意要求行为人认识到自己造成了重大交通事故,而行政法逃逸故意只要求行为人认识到自己造成了交通事故。

当然,本文重点关注的是刑法逃逸。《刑法》第133条规定了逃逸和因逃逸致人死亡,它们都属于交通肇事罪的加重构成要件要素。其中,逃逸对应的法定刑是3—7年有期徒刑,因逃逸致人死亡对应的法定刑是7—15年有期徒刑。不过,《交通肇事解释》第2条第2款规定:"交通肇事致1人以上重伤,负事故全部或者主要责任,并具有下列情形之一的,以交通肇事罪定罪处罚:……(六)为逃避法律追究逃离事故现场的。"根据这一规定,逃逸也可以成为交通肇事罪中补足结果不法的基本构成要

---

① 严格来说,将交通肇事后逃逸分为刑法逃逸和行政法逃逸,是按照它们的成立条件来划分的,而不是按照它们被哪个部门法规定来划分的。实际上,交通肇事后逃逸不仅会出现在刑法和行政法之中,也会出现在民法之中。例如,我国《民法典》第1216条规定:"机动车驾驶人发生交通事故后逃逸,该机动车参加强制保险的,由保险人在机动车强制保险责任限额范围内予以赔偿;机动车不明、该机动车未参加强制保险或者抢救费用超过机动车强制保险责任限额,需要支付被侵权人人身伤亡的抢救、丧葬等费用的,由道路交通事故社会救助基金垫付。道路交通事故社会救助基金垫付后,其管理机构有权向交通事故责任人追偿。"表面上看,这个条文所涉及的交通肇事后逃逸似乎是有别于刑法逃逸和行政法逃逸的第三种逃逸,但实际上,从成立条件来看,它仍然属于行政法逃逸。因此,笔者认为,将交通肇事后逃逸分为刑法逃逸和行政法逃逸,这个分类应该是周延的。

② 这里所说的"刑法逃逸以行为人的行为成立交通肇事罪为前提",既包括不考虑行为人的逃逸情节就足以肯定行为人构成交通肇事罪的情形,也包括只有在考虑行为人的逃逸情节之后才能肯定行为人构成交通肇事罪的情形。不难发现,前一种情形中的逃逸即是本文所说的"加重逃逸",而后一种情形中的逃逸即是本文所说的"入罪逃逸"。

件要素,其对应的法定刑是3年以下有期徒刑或拘役。为了方便论述,笔者将作为基本构成要件要素的逃逸称为"入罪逃逸",将作为加重构成要件要素的逃逸称为"加重逃逸"。其中,加重逃逸又可以进一步分为对应于3—7年有期徒刑的"普通加重逃逸"和对应于7—15年有期徒刑的"因逃逸致人死亡"。

对逃逸概念作上述分类,不是为了玩概念游戏,而是为了更加清晰地处理交通肇事罪中的逃逸问题。说到底,处理交通肇事罪中的逃逸问题,无外乎就是要解决以下两个问题。第一个问题是,行为人是否成立刑法逃逸?在回答这个问题的过程中,要严格区分刑法逃逸和行政法逃逸,避免将行政法逃逸升格认定为刑法逃逸。如果第一个问题的答案是肯定的,接下来需要回答第二个问题,行为人的刑法逃逸到底是入罪逃逸、普通加重逃逸还是因逃逸致人死亡?只有回答好了这个问题,才能对被告人进行精准量刑。不过,限于文章篇幅,本文在此仅讨论上述第一个问题。

第二节　刑法逃逸的成立前提

上文已述,刑法逃逸以行为人的行为成立交通肇事罪为前提,这是刑法逃逸区别于行政法逃逸的一个重要特征。根据《刑法》第133条的规定可知,交通肇事罪的客观构成要件是:违反交通运输管理法规,因而发生重大事故,致人重伤、死亡或者使公私财产遭受重大损失。在司法实践中,司法者在判断有逃逸情节的案件是否符合交通肇事罪的客观构成要件时,存在一些误区,将很多原本不构成交通肇事罪的行为认定为交通肇事罪。问题主要出在行为要素的判断和刑法因果关系的判断上。

一、违反交通运输管理法规

违反交通运输管理法规是交通肇事罪的行为要素。行为人违反交通运输管理法规的行为,既可能出现在事故发生前(例如超速驾驶、醉酒驾驶、无证驾驶),也可能出现在事故发生后(例如逃逸)。但需要注意的是,作为交通肇事罪的行为要素,违反交通运输管理法规需要与交通事故的发生有刑法因果关系,而原因必然要出现在结果之前。所以,《刑法》第133条所规定的"违反交通运输管理法规",只能是事故发生前的违反交通运输管理法规,而不能是事故发生后的违反交通运输管理法规,当然也就不可能包括逃逸。这意味着,在逃逸案件中,只有当行为人除了逃逸还有另外一次违反交通运输管理法规的行为,其才有可能构成交通肇事罪。本文将刑法逃逸的这个特点称为"两次违规性"。这一点构成了刑法逃逸与行政法逃逸的一个重要区别。也就是说,如果行为人完全遵守了交通运输管理法规,但是仍然发生了重大交通事故,事故发生后行为人逃逸,那么这个逃逸只能是行政法逃逸而不是刑法逃逸,不会构成交通肇事罪。但是,在司法实践中,有很多不符合"两次违规性"的逃逸案件,被司法者错误地认定为构成交通肇事罪。

【案例1:尹某某交通肇事案】2014年4月9日1时许,被告人尹某某驾驶一辆农用运输车在国道上由东向西行驶。被害人徐某无证驾驶无号牌二轮摩托车由西向东行驶,撞到公路上的隔离墩后倒地向东滑行,与尹某某所驾驶的农用运输车发生剐撞,致车辆损坏,徐某受伤(重伤二级)。事故发生后,尹某某驾车逃离现场。法院认为,被告人尹某某违反交通运输管理法规,驾驶机动车发生交通事故,致一人重伤,负事故主要责任,且在事故发生后逃离现场,其行为已构成交通肇事罪,判处有期徒刑十个月,缓刑一年。①

在本案中,与其说是尹某某开车撞了被害人,还不如说是被害人倒地滑行时撞到了尹某某的车。在这份判决书中,完全看不出尹某某除逃逸外还在何处违反了交通运输管理法规。也就是说,尹某某并不符合"两次违规性"的要求,但是法院依然认定其构成交通肇事罪。

类似的案件还有:(1)被害人驾驶电动三轮车追尾撞上被告人停在路边的重型半挂牵引车,被害人当场死亡,被告人逃逸;②(2)被告人在高速公路上开车,撞到横穿高速公路的被害人,致其当场死亡,被告人逃逸;③(3)被告人清晨驾驶重型货车在省道上行驶,碾压到因醉酒而倒卧在道路中间的被害人,致其当场死亡,被告人逃逸;④(4)被告人深夜驾驶拖拉机,与酒后驾驶电动自行车逆向行驶的被害人相撞,致其当场死亡,被告

---

① 参见河北省玉田县人民法院一审刑事判决书(2019)冀0229刑初61号。
② 参见辽宁省铁岭市银州区人民法院一审刑事判决书(2019)辽1202刑初147号。
③ 参见云南省南华县人民法院一审刑事判决书(2019)云2324刑初129号。
④ 参见新疆维吾尔自治区奇台县人民法院一审刑事判决书(2019)新2325刑初257号。

人逃逸；①(5)被害人驾驶无牌电动车与同向步行的路人发生碰撞,倒向道路中间,被对向行驶过来的被告人所驾驶的货车左后轮碾压,当场死亡,被告人逃逸；②(6)被告人骑摩托车载被害人,撞上一条突然横穿马路的狗,被告人紧急刹车,致被害人摔倒在地,当场死亡,被告人逃逸。③

在这些案件中,被告人是否符合"两次违规性"的要求,是存在疑问的。但是这些案件都被法院认定为构成交通肇事罪。由此可以看出,在司法实践中,《刑法》第133条所规定的"违反交通运输管理法规"这个行为要素,在一定程度上被消解了。

为什么会出现这种现象呢? 笔者认为,有两个可能的原因。第一个可能的原因是,司法者没有意识到刑法逃逸需要满足"两次违规性"的要求,从而以行为人逃逸为由认定其违反了交通运输管理法规。第二个可能的原因是,司法者虽然意识到刑法逃逸需要满足"两次违规性"的要求,但是在具体判断行为人除了逃逸,是否还有其他违反交通运输管理法规的行为时,以事故的发生反推行为人驾车时操作不当,从而认定其违反了交通运输管理法规。这实际上是一种结果归罪的思路。判断行为人在驾车时是否操作不当,需要还原到事故发生前的具体情境中,看有合法驾驶资格且足够谨慎的驾驶者能否通过合理驾驶来避免事故的发生。只有当答案是肯定的,才能认为行为人驾车时操作不当。

二、刑法因果关系

交通肇事罪的因果关系有一定的特殊性,其客观构成要件包含了两层因果关系。第一层因果关系是违反交通运输管理法规与重大交通事故之间的因果关系,第二层因果关系是重大交通事故与被害人的伤亡结果或公私财产遭受的损害之间的因果关系。在司法实践中,第二层因果关系的认定通常没有太大的问题,但第一层因果关系的认定较为混乱。有很多欠缺第一层因果关系的逃逸案件被司法者认定为构成交通肇事罪。

【案例2:王某某交通肇事案】2019年5月18日1时11分许,被害人梁某某醉酒(血液中酒精含量为238.3mg/ml)驾驶与其驾驶证载明准驾车型不符的二轮摩托车,追尾撞上了被告人

---

① 参见北京市通州区人民法院一审刑事判决书(2019)京0112刑初1212号。
② 参见云南省墨江哈尼族自治县人民法院一审刑事判决书(2019)云0822刑初42号。
③ 参见四川省威远县人民法院一审刑事判决书(2019)川1024刑初230号。

王某某醉酒(血液中酒精含量为92.7mg/ml)驾驶的停在路边的小轿车。梁某某受伤,经抢救无效死亡,王某某弃车逃逸。经查,王某某的小轿车属于逾期未审验的车辆。法院认为,被告人王某某违反交通运输管理法规,醉酒驾驶机动车发生交通事故,致一人死亡,负事故主要责任,且交通肇事后逃逸,其行为已构成交通肇事罪,判处有期徒刑三年,缓刑三年。①

在本案中,王某某除逃逸外,还有醉酒驾驶和车辆逾期未审验这两个违规行为。根据王某某的供述可知,车辆逾期未审验是因为之前有违章没有及时处理,车辆本身没有任何问题,因而它与事故的发生没有刑法因果关系。关键的问题在于,王某某的醉酒驾驶与事故的发生有没有刑法因果关系?在事故发生前,王某某已经将车停在了路边,结束了醉酒驾驶的状态。所以,王某某的醉酒驾驶与事故的发生没有刑法因果关系。或许有学者会认为,王某某喝了酒,按规定就不能开车。如果他不把车开出来,被害人就不可能追尾撞上他的车,所以王某某的醉酒驾驶和事故的发生有刑法因果关系。应当说,这种分析思路是不准确的。判断行为人违章驾驶的行为与事故的发生有没有刑法因果关系,不仅要问,如果行为人没有开车,是否会发生相同的事故;而且还要问,如果行为人在完全遵守交通运输管理法规的情况下开车,是否会发生相同的事故。后一个问题属于客观归责理论中的结果回避可能性问题,其旨在考察法益损害结果的发生是否属于对行为人所创设的法所禁止的风险的实现。② 只有答案是肯定的,才有机会将法益损害结果归责于行为人;反之,如果答案是否定的,就无法将法益损害结果归责于行为人。在本案中,王某某醉酒驾驶违反了交通运输管理法规,但是即便他在没有喝酒的情况下将车停在相同的位置,该车仍然会被醉酒驾驶的梁某某追尾撞上。由此可见,本案中的追尾结果欠缺回避可能性,因而该事故的发生并非对王某某所创设的法所禁止的风险的实现。因此,本案欠缺第一层的刑法因果关系,王某某

---

① 参见山东省德州经济开发区人民法院一审刑事判决书(2019)鲁1491刑初204号。
② 对这一主题的讨论请参见周光权:《结果假定发生与过失犯——履行注意义务损害仍可能发生时的归责》,载《法学研究》2005年第2期;车浩:《假定因果关系、结果避免可能性与客观归责》,载《法学研究》2009年第5期;陈璇:《论过失犯的注意义务违反与结果之间的规范关联》,载《中外法学》2012年第4期;邹兵建:《过失犯中结果回避可能性的混淆与辨异》,载《中外法学》2021年第4期。

不构成交通肇事罪。

类似的案件还有:(1)被害人酒后驾驶小轿车追尾撞上被告人停在路边的、悬挂假号牌的大货车尾部,致被害人当场死亡,后被告人逃逸;①(2)被害人醉酒驾驶与其准驾车型不符且灯光系统不符合安全技术标准的二轮摩托车,追尾撞上被告人无证驾驶的无号牌的拖拉机,被害人当场死亡,后被告人逃逸。②

在这些案件中,行为人虽然在逃逸之外还有其他违章行为,但是其违章行为与交通事故的发生没有刑法因果关系,因而不构成交通肇事罪。然而,这些案件一审都被司法者认定为构成交通肇事罪。

需要追问的是,为什么司法者会将违章行为与事故发生之间没有刑法因果关系的案件认定构成交通肇事罪呢?笔者认为,这与《交通肇事解释》第2条的内容密切相关。这个条文规定:

> 交通肇事具有下列情形之一的,处三年以下有期徒刑或者拘役:(一)死亡一人或者重伤三人以上,负事故全部或者主要责任的;(二)死亡三人以上,负事故同等责任的;(三)造成公共财产或者他人财产直接损失,负事故全部或者主要责任,无能力赔偿数额在三十万元以上的。
>
> 交通肇事致一人以上重伤,负事故全部或者主要责任,并具有下列情形之一的,以交通肇事罪定罪处罚:(一)酒后、吸食毒品后驾驶机动车辆的;(二)无驾驶资格驾驶机动车辆的;(三)明知安全装置不全或者安全机件失灵的机动车辆而驾驶的;(四)明知是无牌证或者已报废的机动车辆而驾驶的;(五)严重超载驾驶的;(六)为逃避法律追究逃离事故现场的。

这条司法解释是对交通肇事罪入罪门槛的规定,由两款内容组成。第1款采用了"后果+责任程度"的判断模式,第2款采用了"后果+责任程度+严重违章"的判断模式。其中,第2款第6项的内容就是逃逸。值得注意的是,《道路交通安全法实施条例》第92条规定:"发生交通事故后当事人逃逸的,逃逸的当事人承担全部责任。但是,有证据证明对方当事

---

① 参见"陈全安交通肇事案",载陈兴良、张军、胡云腾主编:《人民法院刑事指导案例裁判要旨通纂(上卷)》(第2版),北京大学出版社2018年版,第70—71页。
② 参见海南省东方市人民法院一审刑事判决书(2019)琼9007刑初200号。

人也有过错的,可以减轻责任。"据此,只要行为人逃逸了,交警就会认定行为人对事故负全部责任或主要责任。可见,逃逸不仅属于6种严重违章的情形之一,而且还会使得行为人对事故负全部责任或主要责任。在司法实践中,司法者往往会得出一个结论:发生交通事故后,若被害人受重伤且行为人逃逸,那么行为人构成交通肇事罪。用一个公式表示,就是:被害人重伤+行为人逃逸=交通肇事罪。这意味着,在"被害人重伤+行为人逃逸"的案件中,既不用考虑行为人是否满足"两次违规性"的要求,也不用考虑行为人的违章行为与事故的发生有无刑法因果关系,就可以直接给行为人定罪。不难发现,这个做法完全架空了交通肇事罪的构成要件,从而将很多原本无罪的案件错误地认定为构成交通肇事罪。而这个做法适用的是《交通肇事解释》第2条的规定。为此,学界批评《交通肇事解释》第2条混淆了行政责任和刑事责任,架空了交通肇事罪的构成要件。①

笔者认为,学界的批评意见只说对了一半。对的一半在于,按照学界通常的理解,《交通肇事解释》第2条确实有问题;错的一半在于,学界通常的理解并不是唯一可能的理解方案。学界通常认为,《交通肇事解释》第2条的主体内容是对交通肇事罪全部成立条件的解释。按照这种理解,《交通肇事解释》第2条的内容显然是不完整的。但是,如果将它的主体内容理解为仅仅是对交通肇事罪的结果要素即"发生重大事故,致人重伤、死亡或者使公私财产遭受重大损失"的解释,那么,它的内容就没有什么问题了。为此,需要对《交通肇事解释》第2条中的"交通肇事"作出合理解释。以往学界和司法实务界将其理解为"发生交通事故"或"发生重大交通事故"。按照这种理解,"交通肇事"这个词就没有发挥任何实质性的限定作用。笔者认为,应当将这里的"交通肇事"理解为"违反交通运输管理法规,因而发生重大事故"。如此一来,"交通肇事"一词就包含了交通肇事罪的行为要素和刑法因果关系,而《交通肇事解释》第2条的主体内容则是对交通肇事罪的结果要素的解释。这种解释一方面可以维持《交通肇事解释》的效力,另一方面可以避免架空交通肇事罪的客观构成要件,是一种较为理想的解释方案。

---

① 参见黎宏:《论交通肇事罪的若干问题——以最高人民法院有关司法解释为中心》,载《法律科学》2003年第4期。

第三节　刑法逃逸的本质

关于刑法逃逸的本质,学界存在两种基本观点的对立。通说观点认为,刑法逃逸的本质是逃避法律责任(以下简称为"逃避法律责任说")。①按照逃避法律责任说,刑法逃逸是作为犯。另一种有力的观点认为,刑法逃逸的本质是逃避救助被害人的义务(以下简称为"逃避救助义务说")。②按照逃避救助义务说,刑法逃逸是不作为犯。在逃避法律责任说和逃避救助义务说这两种基本观点的基础上,学界还发展出了逃避法律责任或救助义务说、③逃避法律责任和救助义务说、④等等。《交通肇事解释》第3条规定,刑法逃逸是指行为人在发生重大交通事故后为逃避法律追究而逃跑的行为。可见,司法解释采用了逃避法律责任说。但是,司法解释的这个立场在司法实践中并没有得到统一的贯彻。⑤ 讨论刑法逃逸的本质问题,主要对两类案件有意义。第一类案件是,行为人履行救助义务,但是逃避了法律追究。例如,行为人将被害人送到医院后再从医院逃跑。第二类案件是,行为人没有逃避法律追究,但是也没有履行救助义务。例如,行为人留在事故现场,眼睁睁地看着被害人因得不到及时救治而死亡。按照逃避法律责任说,第一类案件构成刑法逃逸,第二类案件不构成刑法逃逸;而按照逃避救助义务说,第一类案件不构成刑法逃逸,第

---

① 参见高铭暄、马克昌主编:《刑法学》(第十版),北京大学出版社、高等教育出版社2022年版,第359页;王作富主编:《刑法分则实务研究(上)》(第五版),中国方正出版社2013年版,第141页;陈兴良:《规范刑法学(上册)》(第五版),中国人民大学出版社2023年版,第656页。

② 参见张明楷:《刑法学(下)》(第六版),法律出版社2021年版,第926页;劳东燕:《交通肇事逃逸的相关问题研究》,载《法学》2013年第6期。

③ 参见林维:《交通肇事逃逸行为研究》,载陈兴良主编:《刑事法判解》(第1卷),法律出版社1999年版,第251、254页。

④ 参见林亚刚:《论"交通运输肇事后逃逸"和"因逃逸致人死亡"——兼评〈关于审理交通肇事刑事案件具体应用法律若干问题的解释〉的若干规定》,载《法学家》2001年第3期。

⑤ 在由最高人民法院研究室和北京大学刑事法治研究中心组织编写的《人民法院刑事指导案例裁判要旨通纂》所刊载的相关案例中,有些案例的裁判要旨采用了逃避法律责任说(例如李金宝交通肇事案、李心德交通肇事案、冯广山交通肇事案、刘本露交通肇事案、黄文鑫交通肇事案),有些案例的裁判要旨采用了逃避救助义务说(例如陶明华交通肇事案、张宪国交通肇事案、龚某交通肇事案),有些案例的采用要旨采用了逃避法律责任或救助义务说(例如钱竹平交通肇事案)。参见陈兴良、张军、胡云腾主编:《人民法院刑事指导案例裁判要旨通纂(上卷)》(第二版),北京大学出版社2018年版,第70—104页。

二类案件构成刑法逃逸。

本文支持逃避法律责任说,反对逃避救助义务说。首先,逃避救助义务说混淆了法益理论和规范保护目的理论,因而在法理基础上存在疑问。在发生了重大交通事故的场合,被害人的生命和健康当然是值得刑法加以保护的法益,但这并不当然意味着,救助被害人是刑法逃逸制度的规范保护目的。很多支持逃避救助义务说的学者从交通肇事的被害人需要被救助这一点推导出救助被害人是刑法逃逸的规范保护目的。[1] 笔者认为,这种推导混淆了法益理论和规范保护目的理论。法益理论和规范保护目的的理论是两种不同的理论,二者具有不同的功能定位。[2] 某个法益值得某个刑法条文加以保护是一回事,而将保护该法益理解为该刑法条文的规范保护目的则是另一回事,二者不可混为一谈。[3] 在交通肇事的场合,被害人的法益毫无疑问是值得保护的。但是,通过什么样的方式去保护被害人,是值得讨论的。通过"救了被害人就不构成刑法逃逸、没有救被害人就构成刑法逃逸"的方式来保护被害人的法益,并不是保护被害人的唯一方式,也未必是保护被害人的最佳方式。刑法完全可以通过采用惩罚行为人逃跑的方式来保护被害人。因为,只要行为人不逃跑,其命运就会和被害人的命运息息相关,行为人自然就有动力去救被害人。与前一种方式相比,这种"围魏救赵"式的制度设计更为精巧,也更有实效。

其次,逃避救助义务说未能准确把握交通肇事罪的特殊性之所在。刑法逃逸制度是交通肇事罪特有的制度规定,因此,要理解刑法逃逸的本质,就要准确把握交通肇事罪的特殊性之所在。支持逃避救助义务说的学者通常认为,交通肇事罪的特殊之处在于,在交通肇事的场合,有需要被救助的被害人。[4] 但是这种认识并不准确。在故意伤害案、过失致人重伤案等案件中,同样有需要被救助的被害人。如果认为有需要被救助的被害人是刑法将逃逸规定为交通肇事罪的法定刑升格情节的理由,那么

---

[1] 参见侯国云:《交通肇事罪司法解释缺陷分析》,载《法学》2002年第7期;姚诗:《交通肇事"逃逸"的规范目的与内涵》,载《中国法学》2010年第3期;劳东燕:《交通肇事逃逸的相关问题研究》,载《法学》2013年第6期。

[2] 参见李波:《过失犯中的规范保护目的理论研究》,法律出版社2018年版,第82—91页。

[3] 例如,故意杀人罪旨在保护生命法益,但不能由此认为,保护生命法益是故意杀人罪的规范保护目的。否则,行为人以任何方式损害他人的生命法益,都会违反故意杀人罪的规范保护目的,因而都会构成故意杀人罪。如此一来,故意杀人罪构成要件的定型性便完全丧失,故意杀人罪由此沦为故意致人死亡罪。

[4] 参见张明楷:《刑法学(下)》(第六版),法律出版社2021年版,第926页。

基于同样的逻辑,刑法也应当将逃逸规定为故意伤害罪、过失致人重伤罪等罪名的法定刑升格情节,而事实却非如此。所以,有需要被救助的被害人,并非交通肇事罪的特殊之处,它无法解释为何刑法将逃逸规定为交通肇事罪的法定刑升格情节。

笔者认为,交通肇事罪的真正特殊性在于,在发生交通事故后,行为人成功逃跑的概率比较高。诚然,正如张明楷教授所言,犯罪后为逃避法律责任而逃跑,对于犯罪人而言可谓"人之常情"。① 所以,刑法原则上并不将逃逸规定为加重处罚的情节,而是反过来将自首规定为从宽处罚的情节。不过,与其他的犯罪相比,在交通肇事的场合,行为人成功逃跑的概率更高。一则,交通肇事最为常见的模式是车撞人,行为人在事故发生后,可以通过驾车快速逃离事故现场。也就是说,肇事者逃离犯罪现场的耗时较短,不容易被发现。而在其他犯罪的场合,行为人未必处于驾车状态,因而在实施犯罪行为后,逃离犯罪现场的耗时更长,更容易被发现。二则,交通肇事案件通常发生在陌生人之间,因而在行为人逃离事故现场后,侦查人员很难通过由被害人指认或调查被害人的社会关系来锁定加害人的身份。而在其他犯罪案件(例如故意伤害案件)中,加害人与被害人通常有一定的社会联系,因而侦查人员可以通过由被害人指认或调查被害人的社会关系来锁定加害人的身份。基于以上两个原因,与其他犯罪相比,行为人在交通肇事后成功逃跑的概率更高。② 为此,《刑法》在规定了自首这个普遍适用的从宽处罚情节之外,还专门为交通肇事罪"量身定做"规定了逃逸这一加重处罚情节。其背后的思路是,提高肇事者逃跑的成本,使得肇事者逃跑的成本高于收益,从而抑制肇事者逃跑的积极性。由此可见,刑法逃逸的制定设计暗合了法律经济学中的成本—收益思考方法,是值得肯定的。

再次,逃避救助义务说容易诱发道德风险,从而与促进对被害人的救助这一学说初衷背道而驰。设想这样一种情境:行为人醉酒驾车、超速行驶,突然发现前方有一个人,这个车辆不可避免地会撞上被害人。在日常生活中,遇到这种情形,行为人通常会本能地踩刹车。不过,在这里不妨

---

① 参见张明楷:《刑法学(下)》(第六版),法律出版社2021年版,第926页。
② 不难料想,在我国实施"天网工程"后,交通肇事后逃逸案件的侦破率会得到显著的提升。但是需要看到,"天网工程"不仅会提高交通肇事后逃逸案件的侦破率,而且会提高其他刑事案件的侦破率。因此,"天网工程"的实施,并不能从根本上推翻"与其他犯罪相比,行为人在交通肇事后成功逃跑的概率更高"这一论断。

做一个思想实验,按一下暂停键,给行为人一个选择的机会——其可以踩刹车也可以不踩刹车(假设踩刹车被害人会受重伤,不踩刹车被害人会当场死亡),可以逃跑也可以不逃跑。那么,在司法者采用逃避救助义务说的背景下,站在自己利益最大化的立场,行为人要不要踩刹车,要不要逃跑?为此,需要将不同选择所带来的法律后果作一个比较分析。第一种情形是,行为人踩了刹车,而且没有逃跑。在这种情形中,鉴于行为人醉酒驾驶、超速行驶,导致被害人受重伤,对事故负全部或者主要责任,同时又有一种严重违章的情形(醉酒驾驶),行为人构成交通肇事罪的基本犯,其法定刑是 3 年以下有期徒刑或拘役。第二种情形是,行为人踩了刹车,然后逃跑了。假设行为人逃跑后没被抓到的概率是 20%,那么其有 20% 的机会完全逃避法律责任。当然,行为人还有 80% 的概率被抓到。在被抓到的情况下,即便不考虑行为人的逃逸情节也足以肯定其构成交通肇事罪,因而行为人的逃逸属于加重逃逸,其法定刑至少是 3—7 年的有期徒刑(普通加重逃逸),甚至有可能是 7—15 年的有期徒刑(因逃逸致人死亡)。第三种情形是,行为人没踩刹车,也没有逃跑。在这种情形中,行为人构成交通肇事罪的基本犯,其法定刑是 3 年以下有期徒刑或拘役。第四种情形是,行为人没有踩刹车,并且逃跑了。逃跑有 20% 的概率不被抓到。而在被抓到的情况下,由于被害人当场死亡,行为人的逃跑不会构成逃逸,因而其仍然只是构成交通肇事罪的基本犯,其法定刑为 3 年以下有期徒刑或拘役。将上述四种情形进行比较,不难发现,对于行为人而言,第四种情形即不刹车且逃跑的法律后果最为有利。简言之,在行为人醉酒驾驶、超速行驶不可避免地会撞上一个人的场合,如果采用逃避救助义务说,那么对于行为人而言,最符合其利益的选择是不踩刹车并且撞人后逃跑。① 逃避救助义务说的初衷是促进对被害人的救助,但是在司法实践中适用这个学说,可能会鼓励行为人不踩刹车并且在撞人后逃跑,从而与

---

① 或许有学者会认为,在行为人有机会踩刹车而故意不踩刹车从而导致被害人被撞死的场合,行为人构成故意杀人罪而非交通肇事罪,因而对于行为人而言,最符合其利益的选择应当是踩刹车而不是不踩刹车。从纯粹学理的角度看,这一反驳当然有一定的道理。但问题是,在司法实践中,行为人在有机会踩刹车而故意不踩刹车的一刹那的主观心理状态很难被查明,因而这类案件很难被认定为故意杀人罪,而往往只能被认定为交通肇事罪。就此而言,本文所说的逃避救助义务说在司法实践中容易诱发道德风险这一论断依然能够成立。法律学者不能在真空中作理论研究,而必须充分考虑不同理论学说在司法实践中可能呈现的实际效果。为了一味追求理论的逻辑自洽而丝毫不考虑其在司法实践中的实际效果,不仅是片面的,而且也是不负责任的。

这个学说的初衷完全相悖。而如果采用逃避法律责任说,则完全可以避免这种道德风险。

最后,采用逃避法律责任说不会导致罪刑失衡。支持逃避救助义务说的学者通常会对逃避法律责任说提出如下批评:按照逃避法律责任说,肇事后将被害人送到医院再逃跑的行为人构成刑法逃逸,而肇事后留在事故现场眼睁睁看着被害人因得不到救助而死亡的行为人却不构成刑法逃逸,显然有违罪刑均衡。① 笔者认为,这一批评看似有道理,实则站不住脚。一方面,将行为人履行了救助义务但是逃避了法律责任的情形认定构成刑法逃逸,并不意味着要将其与没有履行救助义务的刑法逃逸一视同仁。根据行为人是否履行了救助义务的不同,可以将刑法逃逸分为履行了救助义务的刑法逃逸和未履行救助义务的刑法逃逸。显然,前者的不法程度低于后者,法院在量刑时应当考虑这一点。② 另一方面,发生交通事故后,被害人的伤亡结果与行为人刑事责任的有无及大小密切相关。在行为人没有逃避法律责任的场合,从理性的立场出发,行为人一般都会对被害人实施救助。所以,行为人留在事故现场眼睁睁看着被害人因得不到及时救助而死亡的案件,尽管不能说没有,但毕竟数量很少。③ 另外,不将这种情形评价为刑法逃逸,行为人仍然会因为自己没有积极救助被害人而受到更重的刑事处罚。

基于以上四点理由,本文在刑法逃逸的本质问题上采用逃避法律责任说,并且在理解刑法逃逸的客观要件和主观要件时按照逃避法律责任说加以展开。

第四节　刑法逃逸的客观要件

根据逃避法律责任说,刑法逃逸的客观要件是发生重大交通事故后

---

① 参见侯国云:《交通肇事罪司法解释缺陷分析》,载《法学》2002 年第 7 期。
② 参见"李心德交通肇事案",载陈兴良、张军、胡云腾主编:《人民法院刑事指导案例裁判要旨通纂(上卷)》(第二版),北京大学出版社 2018 年版,第 80—81 页。
③ 在笔者研读整理的 3457 份判决书中,没有发现完全符合这个要求的案件。最为接近的一个案件的案情为:2018 年 7 月 5 日 20 时 23 分,被告人汪某某驾驶一辆二轮电动车,与同向行走的被害人陈某发生碰撞,致陈某受伤倒地。事故发生后,王某某在一旁观看,未报警和实施救助。20 时 26 分,许某驾驶一辆小型轿车行至事故发生地时,碾压了躺在地上的陈某,许某发现后立即报警。当警察和医生赶到现场时,陈某已经死亡。在此期间,汪某某驾驶肇事车辆逃离现场。参见浙江省三门县人民法院一审刑事判决书(2018)浙 1022 刑初 352 号。

逃跑。关于何谓重大交通事故,《交通肇事解释》第2条作了详细的规定,无需赘述。关键的问题在于,如何理解这里的逃跑？另外,刑法逃逸能否成立未遂和中止,也是值得讨论的一个问题。下面对这两个问题展开分析。

一、何谓"逃跑"?

在通常情况下,逃跑表现为逃离事故现场。不过,严格来说,刑法逃逸中的"逃跑"不是一个事实性的空间概念,而是一个规范性的概念。其本质是逃避法律责任,所以它包括但不限于逃离事故现场的情形。① 除逃离事故现场外,刑法逃逸中的"逃跑"还包含下列情形:(1)行为人将被害人送到医院后再从医院逃跑;②(2)行为人在事故中受伤被送往医院治疗,后擅自离开医院;③(3)行为人藏匿在事故现场附近;④(4)行为人在事故现场或医院但隐瞒自己的肇事者身份;⑤(5)行为人让他人顶包。⑥ 行为人只要满足其中一种情形,就构成逃逸中的"逃跑"。如果行为人有其中的两种以上情形,那么以最早出现的情形作为其逃逸开始的时间。

【案例3:岳某某交通肇事案】2019年5月2日10时许,被告人岳某某驾驶一辆小轿车与贾某某骑行的人力三轮车相撞,致乘坐在三轮车上的王某某当场死亡,贾某某受伤。事故发生后,岳某某找车主刘某顶包,并由刘某拨打电话报警和求助。公诉机关认为,岳某某构成交通肇事后逃逸。法院认为岳某某构成交通肇事罪,但同时又认为,岳某某虽然有逃避法律追究的故意,也实施了指使他人顶替的行为,但在肇事后并未逃离现场,未延误对被害人的抢救治疗,也未影响交警部门对案件责任的认定,因而不构成交通肇事后逃逸。⑦

---

① 参见王作富主编:《刑法分则实务研究(上)》(第五版),中国方正出版社2013年版,第141—142页。
② 参见浙江省丽水市莲都区人民法院一审刑事判决书(2019)浙1102刑初561号。
③ 参见"王友彬交通肇事案",载陈兴良、张军、胡云腾主编:《人民法院刑事指导案例裁判要旨通纂(上卷)》(第二版),北京大学出版社2018年版,第85—86页。
④ 参见江苏省泰州市高港区人民法院一审刑事判决书(2019)苏1203刑初57号。
⑤ 参见辽宁省灯塔市人民法院一审刑事判决书(2019)辽1081刑初11号。
⑥ 参见河南省安阳市龙安区人民法院一审刑事判决书(2019)豫0506刑初180号。
⑦ 参见辽宁省喀喇沁左翼蒙古族自治县人民法院一审刑事判决书(2019)辽1324刑初119号。

在本案中,法院认为刑法逃逸要求逃离事故现场,而岳某某并没有逃离事故现场,所以不构成逃逸。应当说,这种认识是片面的。在肇事者让人顶包的案件中,无论肇事者本人是否离开了事故现场,都构成刑法逃逸。法院否认岳某某构成刑法逃逸的另一个理由是,他没有延误对被害人的抢救。可见,法院在刑法逃逸的本质问题上采用了逃避救助义务说。关于逃避救助义务说可能存在的问题,上文已经作过分析,这里不再赘述。抛开这个学说本身的问题不谈,在司法解释已经明确采用了逃避法律责任说的背景下,司法者擅自采用与司法解释截然不同的观点去审理案件,很容易造成司法实践的混乱,其妥当性存在疑问。

二、刑法逃逸的"未遂"与"中止"

在有些交通肇事案件中,行为人逃跑未得逞,①或者行为人逃跑一段后很快又主动放弃逃跑,②对于这类案件如何处理?表面上看,它们很像是刑法逃逸的未遂和中止。不过,刑法逃逸能否成立未遂和中止,本身就是一个值得讨论的问题。这个问题涉及未遂和中止的成立范围问题。犯罪未遂和犯罪中止都属于刑罚扩张事由。在犯罪既遂的标准保持不变的前提下,将犯罪未得逞或主动放弃犯罪的情形认定为犯罪未遂或犯罪中止,与不将其认定为犯罪未遂或犯罪中止相比,要么会扩大刑罚处罚的范围,要么会增加刑罚处罚的力度。③ 讨论某个要素或某种犯罪形态有无成立未遂和中止的可能性,需要从事实和规范两个层面加以展开。在事实层面,需要考察行为人在着手实施相应行为后,有没有可能出现未得逞或主动放弃的可能性。如果答案是肯定的,则需要进入规范层面,判断有无必要将行为人未得逞或主动放弃的情形认定为犯罪未遂或犯罪中止。有学者认为,刑法逃逸属于行为犯,因而不存在所谓未遂的情况。④ 这种观点试图从事实层面否认刑法逃逸成立未遂的可能性。但是这种观点难以

---

① 参见湖南省湘潭市雨湖区人民法院一审刑事判决书(2019)湘0302刑初322号。
② 参见浙江省永康市人民法院一审刑事判决书(2019)浙0784刑初1215号。
③ 例如,甲怀着轻伤的故意殴打乙,但只造成乙受轻微伤。如果认为故意伤害致人轻伤可以成立未遂,那么本案中的甲就构成故意伤害致人轻伤的未遂;而如果认为故意伤害致人轻伤不能成立未遂,那么本案中的甲就不构成犯罪。又如,甲怀着重伤的故意殴打乙,但只造成了乙受轻伤。如果认为故意伤害致人重伤可以成立未遂,那么本案中的甲便构成故意伤害致人重伤的未遂;而如果认为故意伤害致人重伤不能成立未遂,那么本案中的甲便只构成故意伤害致人轻伤的既遂。
④ 参见林维:《交通肇事逃逸行为研究》,载陈兴良主编:《刑事法判解》(第1卷),法律出版社1999年版,第258页。

成立。因为,即便是行为犯,也完全存在行为人已经着手实行行为但尚未达到刑法所要求的程度因而构成犯罪未遂的可能性。① 在司法实践中,行为人完全有可能出现逃跑未得逞或主动放弃逃跑的情形。所以,刑法逃逸能否成立未遂和中止,关键取决于在规范层面上有无必要将逃跑未得逞或主动放弃逃跑的情形认定为刑法逃逸的未遂或中止。笔者认为,答案是否定的。

首先,将逃跑未得逞的情形认定为逃逸未遂,可能会违反未遂犯的基本原理。众所周知,与既遂犯相比,未遂犯会在量刑上受到优待。其背后的道理是,未遂犯的不法程度要比既遂犯的不法程度轻。② 然而,逃跑未得逞的不法程度却未必会比逃跑得逞的不法程度轻。刑法逃逸之所以能够成为交通肇事罪的加重处罚情节,是因为它通常能够提升行为人的主观不法和客观不法。前者主要体现为,在刑法逃逸的场合,行为人具有逃避法律责任的主观故意;后者主要体现为,行为人的逃逸可能会减少被害人得到救助的机会,并且增加司法者追究行为人法律责任的难度。在这个背景下,比较逃跑未得逞和逃跑得逞在不法程度上的差异,可以从主观不法和客观不法两个角度展开分析。在主观不法的程度上,逃跑未得逞的情形和逃跑得逞的情形没有任何区别,二者都有逃避法律责任的主观故意。在客观不法程度上,逃跑得逞的情形通常会比逃跑未得逞的情形高一些,但这并不是绝对的。在司法实践中,完全有可能出现这样一种情形——行为人逃跑得逞,但是其逃跑行为既没有减少被害人得到救助的机会,也没有实质性地增加司法者追究行为人法律责任的难度。③ 由此可见,逃跑得逞(刑法逃逸的既遂)的不法程度未必会比逃跑未得逞的不法程度高。换言之,逃跑未得逞的不法程度未必会比逃跑得逞(刑法逃逸的既遂)的不法程度低。因此,逃跑未得逞的情形不符合未遂犯的成立条件,将其认定为逃逸未

---

① 参见高铭暄、马克昌主编:《中国刑法解释》(上卷),中国社会科学出版社 2005 年版,第 388 页。

② 需要说明的是,这里所说的"未遂犯的不法程度要比既遂犯的不法程度轻",是以未遂的要素之外的其他要素保持基本相同为前提的。在其他要素不同的情况下,未遂犯的不法程度未必会比既遂犯的不法程度轻。例如,以极其残忍的手段实施的故意杀人的未遂在不法程度上未必会比普通的故意杀人既遂更轻。

③ 例如,甲交通肇事撞到乙,致乙当场死亡,甲弃车逃到家中。交警根据肇事车辆的信息,很快将甲抓获。在本案中,甲的逃跑行为既没有减少被害人得到救助的机会(因为乙已死亡,没有被救助的可能性),也没有实质性地增加司法者追究其法律责任的难度,但这并不妨碍本案中的甲构成刑法逃逸。

遂,不符合未遂犯的基本原理。

其次,对刑法逃逸适用未遂和中止,会造成不同种类的刑法逃逸之间关系的混乱。上文已述,刑法逃逸可以分为入罪逃逸和加重逃逸,而加重逃逸又可以进一步分为普通加重逃逸和因逃逸致人死亡。如果认为刑法逃逸可以成立未遂和中止,那么就应当认为上述三种刑法逃逸都可以成立未遂和中止。其中,因逃逸致人死亡的未遂就是指逃逸者对被害人的死亡结果怀有故意但是被害人却没有死亡的情形。例如,行为人甲将被害人乙撞成重伤,甲虽然明知乙若得不到及时救治必死无疑,但仍然逃逸了,幸好路过的丙发现了乙,并及时将乙送到医院抢救,使乙得以生还。如果认为因逃逸致人死亡可以成立未遂,那么本案中的甲显然构成因逃逸致人死亡的未遂。可是,如此一来,普通加重逃逸便会被完全架空而几乎没有任何适用的余地。

最后,对刑法逃逸适用未遂和中止,会造成交通肇事罪成立范围的膨胀。根据《交通肇事解释》第 2 条的规定可知,交通肇事罪的成立条件分为三种类型。第一种类型是死亡 1 人或者重伤 3 人以上(结果不法),行为人负事故全部或主要责任(行为不法)。第二种类型是死亡 3 人以上(结果不法),行为人负事故同等责任(行为不法)。第三种类型是重伤 1 人以上(结果不法),行为人负事故全部或主要责任并且有严重违章的情形(行为不法)。如果说第一种类型是交通肇事罪成立条件的基本类型,那么第二种类型则是用结果不法去补足行为不法,而第三种类型则是用行为不法去补足结果不法。关于这种行为不法和结果不法相互补足的立法模式是否具有正当性,理论上还存在一定的争议。① 立足于二元的行为无价值论立场,笔者认为,如果行为人仅有行为不法或仅有结果不法,不能适用这种相互补足的立法模式。但是,在行为人同时有行为不法和结果不法,只不过二者有强弱之分的情况下,在规定犯罪成立条件时,用强的那一部分去补足弱的那一部分,从而使犯罪成立所要求的总体不法维持在一个相应的程度上,具有一定的正当性。不过,这种补足模式的正当性建立在补足的部分和被补足的部分在不法程度上大致相当、具有等值性的基础上。入罪逃逸是第三种类型中被用来补足结果不法的一种严重违章情形。换言之,行为人的逃逸情节可以在结果要素上弥补 1 人重伤

---

① 批评这种补足模式的观点,参见林亚刚:《论"交通运输肇事后逃逸"和"因逃逸致人死亡"——兼评〈关于审理交通肇事刑事案件具体应用法律若干问题的解释〉的若干规定》,载《法学家》2001 年第 3 期。

与1人死亡(或3人以上重伤)之间的差距。应当说,这种转换符合等值性的要求。但是,如果认为入罪逃逸可以适用未遂或中止的规定,那么就意味着,逃逸的未遂或中止也可以在结果要素上弥补1人重伤与1人死亡(或3人以上重伤)之间的差距。笔者认为,这种转换难以符合等值性的要求,从而会降低交通肇事罪的成立门槛,造成交通肇事罪的成立范围的膨胀。

综上所析,笔者认为,刑法逃逸只有成立与否的问题,而没有未遂或中止的问题。那么,行为人逃跑未得逞或主动放弃逃跑,是否成立刑法逃逸呢?上文已述,刑法逃逸之所以能够成为交通肇事罪的加重处罚情节,是因为它通常能够提升行为人的主观不法和客观不法。这反过来意味着,只有当行为人的逃跑行为既没有提升客观不法,也没有提升主观不法,才能认为该逃跑行为不构成刑法逃逸。在行为人逃跑未得逞的情形中,行为人的逃跑行为所提升的客观不法比较有限,但是它提升的主观不法仍然很明显。所以,应当将该逃跑行为认定为刑法逃逸。① 而行为人逃跑一段后很快又主动放弃逃跑的,逃跑行为所提升的主观不法被主动放弃的行为抵消。关键的问题在于,行为人的逃跑行为是否增加了客观不法?如果该逃跑行为既没有耽误对被害人的救助,也没有影响交警对事故责任的认定,那么不应将其认定为刑法逃逸;如果不符合上述条件,就应当将其认定为刑法逃逸。

【案例4:连某某交通肇事案】2018年8月1日21时许,被告人连某某驾驶货车在路上行驶,与被害人傅某某所骑的自行车发生碰撞,造成傅某某当场死亡。事故发生后,连某某驾车驶离现场一段距离后又返回现场等候交警。法院认为,被告人连某某构成交通肇事罪,但是其在事故发生后驾车短暂离开现场一段距离又及时返回现场等候交警的行为不构成交通肇事后逃逸。②

本案属于主动放弃逃跑的情形。这种情形是否构成逃逸,要看行为人的逃跑行为是否增加了客观不法。一方面,连某某逃离事故现场960米便停车报警,原地等待交警,没有影响交警对事故责任的认定。另一方

---

① 参见陈兴良主编:《刑法各论精释》(下),人民法院出版社2015年版,第761页。
② 参见山西省山阴县人民法院一审刑事判决书(2019)晋0621刑初1号。

面,本案有两个被害人,一个当场死亡,救不了,另一个人只是受轻伤,不需要急救,所以,连某某没有耽误对被害人的救助。由此可见,连某某的逃跑行为没有增加客观不法。因此,没有必要将连某某逃跑一段后主动放弃逃跑的行为认定为刑法逃逸。本案的公诉意见为,行为人从离开事故现场那一刻起就构成刑法逃逸,可见其采用了一种严苛的立场。表面上看,这种严苛的立场会给潜在的肇事者带来更大的威慑,从而减少逃逸的发生。但实际上,这种立场告诉潜在的肇事者,只要离开了事故现场,就不要停。在某种意义上,这是在变相鼓励肇事者继续逃跑。这种立场的妥当性是存在疑问的。

第五节 刑法逃逸的主观要件

行为人要成立刑法逃逸,不仅要求其在事故发生后逃跑,而且还要求其有刑法逃逸的故意。成立刑法逃逸的故意,需要同时满足两个条件:其一,行为人明知自己造成了重大交通事故;其二,行为人具有逃避法律责任的目的。

一、明知自己造成了重大交通事故

明知自己造成了重大交通事故,意味着行为人不仅知道自己造成了交通事故,而且还知道该交通事故属于重大交通事故。在司法实践中,有一种观点认为,只要行为人知道自己造成了交通事故,就足以肯定其有刑法逃逸的故意。笔者认为,这个观点违反了主客观相统一原则,将行政法逃逸的故意和刑法逃逸的故意混为一谈,是不可取的。判断行为人是否明知自己造成了重大交通事故,需要注意以下六点。

第一,明知自己造成了重大交通事故,主要是指明知自己开车撞了人。根据法益性质的不同,可以将重大交通事故分为人身损害型重大交通事故和财产损害型重大交通事故。《交通肇事解释》第 2 条规定,财产损害型重大交通事故要求造成无力赔偿的财产损失达到 30 万元以上。根据这一规定,如果交通事故只造成了财产损失,只要行为人积极赔偿,就不会构成交通肇事罪。因此,在司法实践中,财产损害型重大交通事故几乎没有被追究刑事责任。在这个背景下,明知自己造成了重大交通事故,主要是指明知自己造成了人身损害型重大交通事故。《交通肇事解释》第 2 条规定,人身损害型重大交通事故要求至少造成 1 人重伤。另行人,但司法实践中,交通肇事主要是指驾驶者开车造成交通事故。所以,明知自己造成了人身损害性重大交通事故,主要是指明知自己开车将人撞成重伤或死亡。① 不过,考虑到一旦开车撞到人,很容易导致重伤以上的结果;而且,被害人被撞后,需要及时救治,伤情不够稳定,很难准确判断其到底是轻伤还是重伤。所以,在绝大多数案件中,可以把明知自己开车将人撞成重伤或死亡,简化为明知自己开车撞了人。正是在这个意义上,明知自己造成了重大交通事故,主要是指明知自己开车撞了人。当然,如果行为人知道自己撞了人,但是有足够的理由认为被害人只是受轻伤,那么应当否定其明知自己造成了重大交通事故。

【案例5:钱竹平交通肇事案】2002 年 7 月 24 日 6 时许,被告人钱竹平驾车因操作不当撞到前方公路上的一名行人(身份不明),致其受伤。钱竹平下车察看并将被害人扶至路边,经与其交谈,钱竹平认为被害人的伤情比较轻微,故驾车离开现场。后钱竹平再次路过此处,看到被害人仍然坐在路边。当天下午,被害人因腹膜后出血引起失血性休克死亡(经了解,被害人若及时抢救可以避免死亡)。二审法院认为,发生交通事故后,钱竹平仅看到被害人背部有皮肤擦伤,看不出被害人有其他伤情,且被害人当时能够讲话、能够在他人搀扶下行走,所以认为被害人不需要抢救治疗,故驾车离开,可见他主观上没有为逃避法律追究而逃跑的故意,因而钱竹平只构成交通肇事罪,而不构成交通肇事后逃逸。②

在本案中,行为人通过观察被害人、与被害人交谈等方式,判断被害人只是受了轻伤,因而没有将被害人送医院便直接离开。由于行为人并不知道自己造成了重大交通事故,所以他没有刑法逃逸的故意,不构成刑法逃逸,而只构成行政法逃逸。

第二,明知自己撞了人既包括知道自己肯定撞了人,也包括知道自己可

---

① 这主要是针对行为人开车肇事的情形而言。在司法实践中,这类情形占据着绝大多数。但是,从理论逻辑上看,行人也可能引发重大交通事故,因而也有可能构成交通肇事罪。

② 参见"钱竹平交通肇事案",载陈兴良、张军、胡云腾主编:《人民法院刑事指导案例裁判要旨通纂(上卷)》(第二版),北京大学出版社 2018 年版,第 71—72 页。

能撞了人。这涉及对"明知"的理解。"明知"一词很容易被理解为"明确地知道"。按照这种理解,明知自己撞了人,就是指知道自己肯定撞了人。笔者认为,这种理解是片面的。一方面,从学理上看,"明知"一词来自《刑法》第 14 条对故意的认识因素的规定。而故意可以分为直接故意和间接故意,其中,间接故意中的认识就是一种可能性认识。如果认为故意的认识因素只包括确定性认识,那么就会将间接故意排除在故意的成立范围之外。另一方面,从司法适用的效果来看,如果认为明知自己撞了人是指知道自己肯定撞了人,那么,行为人在认识到自己可能撞了人但对此不太确定的情况下,只要不停车检查,直接开车离开,就可以因为并不确定自己是否撞了人而不构成逃逸。这个结论显然是有问题的。

第三,判断行为人是否明知自己撞了人的时点,不是交通事故发生时,而是行为人离开事故现场时。虽然这两个时点前后可能相差不过几分钟甚至是几秒钟,对它们作出区分仍然有非常重要的意义。这是因为,行为人完全有可能在事故发生时并不知道自己撞了人,但是在离开事故现场时知道自己撞了人。① 既然刑法逃逸是指行为人在造成重大交通事故后为逃避法律追究而逃跑的行为,根据意行同在原则,判断行为人是否明知自己撞了人,当然要以行为人在离开事故现场时的认知状况为判断依据。另外,如果行为人在离开事故现场时并不知道自己撞了人,但是此后通过一些线索发现自己有可能撞了人(例如,将车停到车库时发现前保险杠凹陷且有血迹),那么从行为人发现自己有可能撞了人的这一刻开始,其行为举止将决定其是否会构成刑法逃逸。如果行为人第一时间主动投案,那么就不会构成刑法逃逸;如果行为人抱着侥幸心理,假装没有发生任何事,甚至破坏证据或藏匿起来,那么就构成逃逸。

第四,行为人在知道自己造成了交通事故但不确定自己是否撞了人的情况下,没有下车检查而是直接驾车离开,足以说明其明知自己造成了重大交通事故。行为人知道自己造成了交通事故后,应当立即停车并下车检查,以确认自己是否撞了人。如果行为人不确定自己是否撞了人,但是没有停车检查,而是直接开车离开事故现场,就说明行为人对自己可能撞了人抱有一种侥幸和放任的态度,由此足以肯定其明知自己造成了重大交通事故。

---

① 例如,甲驾车在山路上高速行驶,将一个突然横向窜出来的目标撞飞,但不清楚被撞飞的目标到底是什么。甲紧急停车,下车后发现被撞的是一个人,已当场死亡。甲害怕承担法律责任,便驾车离开现场。

第五,行为人知道自己造成了交通事故,但是由于精神恍惚或过度紧张而完全没有考虑自己是否撞了人的问题,没有停车检查而是直接驶离事故现场,也足以说明其明知自己造成了重大交通事故。驾驶行为虽然是一种日常行为,但是它包含了高度的风险。为此,社会对驾驶者提出了很高的要求,要求驾驶者不仅具备合格的驾驶技能,而且还需要保持高度谨慎。这种谨慎不仅体现在开车时要严格遵守交通规则;而且还体现在一旦发生交通事故,要立即停车并下车检查,以确认自己是否撞到人。行为人在知道自己造成了交通事故的情况下,由于精神恍惚或过度紧张而完全没有考虑自己是否撞了人,便直接驾车驶离事故现场,不仅表明行为人不是合格的驾驶者,而且还从本质上反映出其对刑法规范及其保护的他人生命法益的漠视态度。所以,笔者认为,尽管从事实维度上看,行为人没有认识到自己可能撞了人;但是从规范维度上看,应当将其评价为明知自己造成了重大交通事故。不难发现,这是一种规范责任论的立场。不过,在这种情况下将行为人评价为明知自己造成了重大交通事故,并不意味着其一定成立刑法逃逸。如果行为人能够在几分钟内回过神来,然后第一时间赶回事故现场,积极救助被害人,还是有机会不被认定为刑法逃逸的。

第六,在判断行为人是否明知自己造成了重大交通事故时,需要正确运用客观推定的方法。行为人是否明知自己造成了重大交通事故,属于主观心理事实。而如何证明被告人的主观心理事实,是司法实践中的一个经典难题。从经验上看,没有谁会比被告人更清楚自己在行为时的主观心理态度。但是,在司法实践中,出于自身利益的考虑,被告人在供述其主观心理态度时往往会避重就轻,其供述内容的可信度较低。为此,司法机关不得不以客观事实为依据,去推定被告人主观心理事实的内容。①

---

① 例如,最高人民法院、最高人民检察院、公安部于 2007 年联合颁布的《办理毒品犯罪案件适用法律若干问题的意见》第 2 条规定:"走私、贩卖、运输、非法持有毒品主观故意中的'明知',是指行为人知道或者应当知道所实施的行为是走私、贩卖、运输、非法持有毒品行为。具有下列情形之一,并且犯罪嫌疑人、被告人不能做出合理解释的,可以认定其'应当知道',但有证据证明确属被蒙骗的除外:(一)执法人员在口岸、机场、车站、港口和其他检查站检查时,要求行为人申报为他人携带的物品和其他疑似毒品物,并告知其法律责任,而行为人未如实申报,在其所携带的物品内查获毒品的;(二)以伪报、藏匿、伪装等蒙蔽手段逃避海关、边防等检查,在其携带、运输、邮寄的物品中查获毒品的;(三)执法人员检查时,有逃跑、丢弃携带物品或逃避、抗拒检查等行为,在其携带或丢弃的物品中查获毒品的;(四)体内藏匿毒品的;(五)为获取不同寻常的高额或不等值的报酬而携带、运输毒品的;(六)采用高度隐蔽的方式携带、运输毒品的;(七)采用高度隐蔽的方式交接毒品,明显违背合法物品惯常交接方式的;(八)其他有证据足以证明行为人应当知道的。"

这实际上是一种无奈之举。当然,这是一种可推翻的推定。如果被告人或辩护人能够提供充足的证据证明司法机关的推定不能成立,那么该推定就会被推翻。①

【案例6:孟某某交通肇事案】2018年11月26日17时20分许,被告人孟某某驾驶一辆重型货车在国道上行驶,将因交通事故受伤躺卧在道路上的被害人刘某某碾压致死。事故发生后,孟某某直接驶离事故现场。公诉机关指控孟某某构成交通肇事后逃逸。辩护人认为,孟某某没有逃逸故意,其理由为:(1)涉案车辆在案发路段行驶时经常出现颠簸情形,孟某某无法通过车辆颠簸情况获知是否存在碾压行为。(2)事故发生路段日落时间为16时30分,天黑也不过17时,加之路旁并无路灯,事发时能见度很低,孟某某无法辨认路中躺卧的是失去行动能力的被害人。(3)孟某某驾驶的车辆投保了交强险和商业险,若他发现碾压到被害人,完全可以留在现场等待交警部门处理,无须逃离现场。(4)事故发生后,孟某某并未采取任何手段销毁发生交通事故的证据,办案单位对涉案车辆进行调查取证时也未遭受任何阻碍,由此可推断孟某某主观上不存在逃避法律追究的故意。法院认为孟某某构成交通肇事后逃逸,没有采纳辩护人的辩护意见。②

本案有两个值得讨论的问题点。第一个问题点是,孟某某开车碾压到躺在地上的被害人,是否属于操作不当?这要看一个足够谨慎的驾驶者是否可以避免碾压到被害人。如果肯定了孟某某确实有操作不当,则要进一步判断他离开事故现场是否构成刑法逃逸。这取决于他离开事故现场时是否知道自己造成了重大交通事故。为了证明孟某某不知自己造成了重大交通事故,辩护人罗列了四点论据。如果这四点论据完全属实,能够在相当程度上质疑司法机关对孟某某明知自己造成了重大交通事故的推定。应当说,这个辩护意见质量很高,具有较强的说服力。但遗憾的是,法院既没有采纳该辩护意见,也没有对该辩护意见作出任何回应。

---

① 参见陈瑞华:《论刑事法中的推定》,载《法学》2015年第5期。
② 参见辽宁省瓦房店市人民法院一审刑事判决书(2019)辽0281刑初309号。

二、为了逃避法律责任

一般而言,行为人在明知自己造成了重大交通事故的情况下,仍然离开事故现场,就足以说明其有逃避法律责任的目的,除非其有离开事故现场的正当理由。在司法实践中,行为人往往会声称自己离开事故现场不是为了逃避法律责任,而是有其他的理由,例如:(1)害怕被打;①(2)自己受伤或车上有人受伤需要及时救治;②(3)为了筹钱救人;③(4)为了找人帮忙救人;④(5)为了将车上的人先送回家;⑤(6)为了赶着送货;⑥(7)为了找人替班;⑦(8)害怕被老板责怪;⑧(9)没有经验,心里害怕;⑨(10)贸然停车可能会引发新的事故。⑩ 另外,还有一种行为人不愿主动承认但是客观上大量存在的情形,即酒后驾车的行为人为了躲避酒精检测而离开事故现场。⑪ 那么,其中哪些理由可以成为行为人离开事故现场的正当理由呢?

笔者认为,离开事故现场的正当理由需要满足以下条件:第一,真实性。例如,所谓贸然停车容易引发新事故的理由,显然不符合生活经验,不具有真实性。第二,合法性。例如,行为人在发生重大交通事故后,为了继续追杀仇人而开车离开事故现场。表面上看,行为人离开事故现场的目的是追杀仇人而不是逃避法律责任,但是由于追杀仇人并不是一个合法的理由,所以其离开事故现场不具有正当性。又如,酒后驾车的行为人为了躲避酒精检测而离开事故现场,不具有合法性。第三,重大性,即行为人的理由所涉及的法益具有重大性。例如,为了将车上的人先送回家、为了赶着送货、为了找人替班、心里害怕等理由,并不涉及重大法益,所以它们无法构成离开事故现场的正当理由。第四,必要性,即为了保护相关法益,行为人必须离开事故现场。例如,在通常情况下,行为人可以

---

① 参见江西省遂川县人民法院一审刑事判决书(2019)赣 0827 刑初 189 号。
② 参见广东省江门市蓬江区人民法院一审刑事判决书(2019)粤 0703 刑初 45 号。
③ 参见浙江省临海市人民法院一审刑事判决书(2019)浙 1082 刑初 704 号。
④ 参见四川省南充市顺庆区人民法院一审刑事判决书(2019)川 1302 刑初 376 号。
⑤ 参见云南省南华县人民法院一审刑事判决书(2019)云 2324 刑初 129 号。
⑥ 参见江西省乐平市人民法院一审刑事判决书(2018)赣 0281 刑初 501 号。
⑦ 参见天津市河北区人民法院一审刑事判决书(2019)津 0105 刑初 184 号。
⑧ 参见四川省乐山市市中区人民法院一审刑事判决书(2019)川 1102 刑初 546 号。
⑨ 参见湖南省澧县人民法院一审刑事判决书(2019)湘 0723 刑初 105 号。
⑩ 参见河南省孟州市人民法院一审刑事判决书(2018)豫 0883 刑初 306 号。
⑪ 参见浙江省宁海县人民法院一审刑事判决书(2019)浙 0226 刑初 227 号。

通过叫救护车或者直接开车送被害人去医院的方式救助被害人。此时，为找人帮忙而离开事故现场不具有必要性。但是，如果事故发生在偏僻的地方，而被害人被轧在车底，为了救被害人，需要推翻汽车。此时，行为人为了找人帮忙而离开事故现场，便具有正当性。第五，紧迫性，即如果行为人留在事故现场，相关法益将面临紧迫的危险。例如，如果被害人亲友即将赶到事故现场，行为人为了躲避殴打而离开事故现场，具有紧迫性。但是，如果被害人的亲友不太可能在短时间内出现，也就是说，行为人并没有面临被殴打的现实危险，在这种情况下，行为人为了避免被殴打而离开事故现场，不具有紧迫性。同理，如果行为人或车上人员受伤较为严重，需要及时救治，那么其离开事故现场便有紧迫性。但是，如果行为人或车上人员受伤非常轻微（例如某根手指骨折），治疗的需求并不那么迫切，那么其离开事故现场便没有紧迫性。经过上述五个条件的检验，在上文所列举的诸理由中，只有前两个理由——害怕被打、自己受伤或车上有人受伤需要及时救治——能够成为行为人在肇事后离开事故现场的常见的正当理由。①

需注意的是，行为人即便有离开事故现场的正当理由，也应当以其他方式表明自己并不逃避法律责任，否则仍然无法排除其逃逸故意。例如，行为人造成重大交通事故，被害人当场死亡，行为人自己也受了重伤。为了去医院救治，行为人开车离开了事故现场。但是在去医院的途中，拒绝接交警的电话，或者虽然接了交警的电话，但是拒绝告知自己将去哪所医院，住院几天后自行离开。虽然行为人有正当理由离开事故现场，但其举止足以表明其有逃避法律责任的目的，因而仍然会构成逃逸。

【案例7：鲁某某交通肇事案】2018年8月11日21时，被告人鲁某某无证驾驶一辆二轮摩托车，与在人行横道上横过道路的被害人李某某发生碰撞，造成李某某受重伤（二级），鲁某某亦受伤。经认定，鲁某某承担此事故的全部责任。事故发生后，鲁某某弃车逃离现场，前往一家医院进行治疗。公诉机关认为，鲁某某构成交通肇事后逃逸。辩护人认为，鲁某某离开事故现场是为了去医院治疗，不构成逃逸。法院认为，鲁某某在医院处理伤口后离开医院，没有及时到案，直到第二天才主动投案，说明

---

① 当然，如果行为人离开事故现场是为了直接投案，那么据此可以直接否定其逃避法律责任的目的，因而也不会构成刑法逃逸。

其有逃避法律追究的目的,因而构成交通肇事后逃逸。①

在本案中,行为人在事故中受了伤,为了去医院治疗而离开事故现场,具有离开事故现场的正当理由。但是,行为人在治疗结束后,没有第一时间主动投案,表明其仍然有逃避法律责任的目的,亦即有逃逸的故意,因而构成刑法逃逸。

第六节　对余金平案的评析

根据法院认定的案件事实可知,余金平在交通肇事后并未停车,而是直接驾车驶离现场,将车停在地下车库。随后,余金平返回事故现场,确认自己撞死了人,后又进入了一家足疗店,并于4小时后投案。关于余金平有无逃逸情节,一审控审双方和二审控审双方均持肯定立场。不过,在逃逸的时点问题上,控审双方存在一定的分歧。一审法院和二审法院均认为,余金平在发生交通事故后没有停车而是直接驾车驶离事故现场,即构成逃逸(以下简称为"时点Ⅰ上的逃逸")。而一审检察院在抗诉时提出,余金平在发生交通事故后直接驾车离开的行为不属于逃逸,但是其在回到现场观望后再次离开的行为构成逃逸(以下简称为"时点Ⅱ上的逃逸")。与控审双方的肯定立场不同,二审辩护人否认余金平有逃逸情节,其理由是余金平在时点Ⅰ上的离开行为不属于逃逸。可是,正如一审检察院所指出的,即便余金平在时点Ⅰ上的离开行为不属于逃逸,其在时点Ⅱ上的离开行为也会构成逃逸。所以,余金平有逃逸情节,这一点是确定无疑的。关键的问题在于,余金平的逃逸发生在哪个时点?

一、讨论逃逸时点的意义

既然确认了余金平存在逃逸情节,为什么还要进一步讨论余金平的逃逸时点呢?控审双方争论这个问题的意义何在?毕竟,无论是刑法还是司法解释都没有对逃逸的时点作出规定。而从法理上看,无论哪个时点上的逃逸,都属于加重处罚的情节。值得注意的是,一审检察院是在认为一审判决的量刑(有期徒刑二年)比他们提出的量刑建议(有期徒刑三

---

① 参见广东省江门市蓬江区人民法院一审刑事判决书(2019)粤0703刑初45号。

年,缓刑四年)更重的背景下提起抗诉的。① 而余金平的逃逸时点为时点Ⅱ而非时点Ⅰ则是其抗诉理由之一。这说明,在一审检察院看来,逃逸时点会影响对余金平的量刑。更为确切地说,与时点Ⅰ上的逃逸相比,时点Ⅱ上的逃逸对余金平的量刑更为有利。不过,由于未能看到一审检察院抗诉书的完整内容,目前尚不清楚一审检察院是如何得出这个结论的。而在二审判决书所归纳的一审检察院的抗诉要点中,并没有给这个结论提供任何理由。

如果余金平确实因为在时点Ⅰ上不知道自己撞了人因而不构成时点Ⅰ上的逃逸,那么其在二审时供述的内容——"案发当时意识恍惚,没有意识到撞了人"——便不属于虚假供述,因而不能以虚假供述为由否认余金平的自首。反之,如果余金平的逃逸时点为时点Ⅰ,那么其后来主动投案的行为便有可能会因为虚假供述而无法成立自首。由此可见,余金平的逃逸时点可能会影响自首的认定,进而影响对余金平的量刑。事实上,正是出于这一点考虑,二审法院在判决书中对余金平的逃逸时点作了详细论证。

不过需要看到,一审控审双方在余金平成立自首这一点上并无分歧,因而一审检察院不可能从自首认定的角度提出其对一审判决抗诉的理由。那么,排除掉对自首认定的影响后,逃逸时点会不会影响对余金平的量刑呢?笔者认为,答案是肯定的。需要看到,在时点Ⅰ上,站在余金平的角度看,被害人是否已经死亡是存在疑问的,换言之,存在救助被害人的可能性。尽管根据二审法院查明的案件事实可知,余金平驾车当场撞死了被害人,但是由于余金平并没有下车检查,他并不清楚被害人是否已经当场死亡。也就是说,从他的视角看来,完全存在被害人没有当场死亡的可能性,因而也就存在救助被害人的可能性。而在时点Ⅱ上,余金平已经确认了被害人的死亡,没有救助被害人的可能性。因此,时点Ⅰ上的逃逸不仅意味着逃避法律责任,还意味着逃避救助被害人的义务;而时点Ⅱ上的逃逸则仅仅意味着逃避法律责任。由此可见,在不法的程度上,时点Ⅰ上的逃逸要重于时点Ⅱ上的逃逸,因而后者对余金平的量刑更

---

① 余金平案一审判决的量刑(有期徒刑二年)与一审检察院的量刑建议(有期徒刑三年、缓刑四年)孰轻孰重,是刑事法律界在评论余金平案的二审判决是否违反了上诉不加刑原则时争论的一个问题点。不过,从二审判决书所归纳的一审检察院的抗诉意见中可以清晰地看出,在一审检察院看来,一审判决的量刑要比他们提出的量刑建议更重。

为有利。① 遗憾的是,这一点不仅没有引起控审双方的注意,而且也被目前的评论意见所忽视。

二、控审双方对余金平逃逸时点的看法

接下来的问题是,余金平的逃逸时点到底是时点Ⅰ还是时点Ⅱ？上文已析,如果余金平在时点Ⅰ上的离开行为不属于逃逸,那么他在时点Ⅱ上的离开行为也会构成逃逸。因而上述问题就转化为,余金平在时点Ⅰ上的离开行为是否属于逃逸？理论界和司法实务界一致赞同,逃逸是一种故意情节。因此,行为人成立逃逸,不仅要求其在肇事后离开了事故现场并因此在客观上逃避了法律责任或救助被害人的义务,而且还要求行为人在主观上对此持故意的心理态度。余金平在时点Ⅰ上的离开行为满足逃逸的客观要件,自不待言。关键的问题在于,在时点Ⅰ上,余金平是否有逃逸的故意？

对于这个问题,上诉人、辩护人以及作为抗诉机关的一审检察院均持否定立场。其中,上诉人和辩护人认为,余金平在发生事故时没有意识到自己撞了人,其逃离事故现场时没有逃避法律追究的意图。这种观点旨在从本体论的角度否定余金平在时点Ⅰ上的逃逸故意。一审检察院在抗诉时指出,"本案并无证据证实余金平在事故发生时即知道自己撞了人,按照存疑有利于被告人的原则,应认定其是在将车开回车库看到血迹时才意识到自己撞了人"。这种观点旨在从认识论的角度否定余金平在时点Ⅰ上的逃逸故意。

与之针锋相对,一审法院和二审法院均认为余金平在时点Ⅰ上有逃逸故意。其中,二审法院在判决书中对此展开了详细论证。通过查明案件事实,二审法院认为,在时点Ⅰ上,"余金平始终处于清醒自控的状态,结合被害人的身高、体重及在被车辆撞击后身体腾空,砸在车辆前机器盖及前挡风玻璃上的情况,以及被害人随着车辆的运动在空中连续翻滚并最终落到前方26.2米处的客观事实看,余金平作为视力正常、并未醉酒、

---

① 有观点认为,时点Ⅰ上的逃逸是否在不法程度上重于时点Ⅱ上的逃逸,取决于如何理解逃逸的本质。具体而言,如果将逃逸的本质理解为逃避救助被害人的义务,那么时点Ⅰ上的逃逸明显在不法程度上重于时点Ⅱ上的逃逸;如果将逃逸的本质理解为逃避法律追究,那么两个时点上的逃逸在不法程度上便没有实质性的区别。笔者不同意这种看法。无论从何种角度去理解逃逸的本质,被害人的生命法益都是值得交通肇事罪保护的重要法益。在具有救助被害人可能性的场合下的逃逸,无论是在客观不法上,还是在主观不法上,都要重于欠缺救助被害人可能性的场合下的逃逸。

熟悉路况且驾龄较长的司机,在路况及照明良好的情况下,被害人近在咫尺,其对于驾车撞人这一事实应是完全明知的"。

不难发现,二审法院用客观事实证据去推定余金平在时点Ⅰ上有逃逸故意,而一审检察院则以罪疑有利于被告人的原则为由主张余金平在时点Ⅰ上没有逃逸故意。因而这个争论涉及两个一般性的理论问题:其一,如何看待用客观事实证据去推定主观心理事实的证明方法?其二,如何理解罪疑有利于被告人的原则?这也是刑事法律界评论余金平案时重点关注的两个问题。下面对这两个问题展开分析,并在此基础上分析余金平在时点Ⅰ上是否有逃逸故意。

三、对主观心理事实的推定

上文已述,在司法实践中,司法机关往往以客观事实为依据去推定被告人主观心理事实的内容。这种推定是一种可推翻的推定。对被告人主观心理事实的推定能否成立,一方面取决于作为推定依据的客观事实证据是否足够充分,另一方面还取决于被告人、辩护人能否对推定提出有效的反驳。由于除了判决书,笔者看不到余金平案的其他案卷材料,因而在此无法明确断言二审法院对余金平主观心理事实的推定能否成立。仅从二审判决书所罗列的案件事实来看,应当说,二审法院用以推定余金平明知其撞了人的客观事实的证据是较为充分的。

不过,二审法院对余金平主观心理事实的推定并非毫无瑕疵。从尊重司法规律的角度出发,诉讼活动应当按照控—辩—审的顺序展开。但实际上,在余金平案的二审中,至少在余金平事发时是否明知自己撞了人这个问题上,作为抗诉机关的一审检察院承担的更像是辩护者的角色,而二审法院承担的则更像是控诉者的角色。这种角色的错位客观上导致了(二审法院的)控诉发生在(一审检察院的)辩护之后,从而制约了辩护的针对性和有效性。具体而言,在二审判决宣告之前,一审检察院没有机会提前了解二审法院在判决书中对余金平主观心理事实的推定,当然也就无法反驳和质疑这个推定。从这个角度看,二审法院对余金平主观心理事实的推定确实存在一定的瑕疵。不过,从二审法院查明的案件事实来看,即便一审检察院事先了解二审法院的上述推定,实际上也很难对这个推定提出有效的反驳。就此而言,二审法院的上述推定尽管在程序上存在一定的瑕疵,但这个瑕疵并不影响其推定结论的正确性。

四、罪疑有利于被告人原则

一审检察院以罪疑有利于被告人原则为由主张余金平在时点Ⅰ上并无逃逸故意,这个观点得到了一些评论意见的支持。例如,李勇检察官指出,二审法院认定余金平在时点Ⅰ上有逃逸故意,"显然是根据间接证据作出的推定,但是被告人供述称其当时确实没有注意,应当是存疑的,是涉及有利于被告人的自首的量刑事实,理当作出有利于被告人的认定,而不是相反"。① 可是,任何对被告人主观心理事实的推定,只要其与被告人的供述内容不符,或多或少都会存在一定的疑问,而不可能排除一切疑问。按照上述思路,这些推定都违反了罪疑有利于被告人原则。如此一来,对被告人主观心理事实的推定几乎没有任何成立的空间。只要被告人坚称自己没有故意和过失,司法机关就只能认定其没有故意和过失。这显然是有问题的。

罪疑有利于被告人原则是有关事实认定的一项重要原则,②其背后的法理基础是无罪推定和人权保障。但是,不能对该原则作过于泛化的理解,不能将其误解为在事实认定的过程中只要存在疑问,就一律只能作有利于被告人的认定。一方面,罪疑有利于被告人原则是以由控方(公诉机关或自诉人)承担举证责任为前提的。对于由辩方承担举证责任的案件事实,在认定的过程中存在疑问时,应当将不利的后果归于被告人。例如,根据我国《刑法》第395条的规定,国家工作人员的财产、支出明显超过合法收入,差额巨大的,可以责令该国家工作人员说明来源,不能说明来源的,差额部分以非法所得论,构成巨额财产来源不明罪。在国家工作人员拒不说明或无法说明差额部分的财产、支出的来源时,这部分财产、支出的来源显然是存在疑问的。尽管如此,不能根据罪疑有利于被告人原则对这一部分事实作有利于被告人的认定。因为,证明差额部分的收

---

① 参见李勇:《余金平交通肇事中五个问题剖析》,载微信公众号"刑事法评论",发布时间:2020年4月18日。
② 至于罪疑有利于被告人原则能否适用于刑法解释领域,目前学界还存在激烈的争议。肯定论的观点,参见邓子滨:《中国实质刑法观批判》(第二版),法律出版社2017年版,第271页;冀洋:《"存疑有利于被告人"的刑法解释规则之提倡》,载《法制与社会发展》2018年第4期。否定论的观点,参见张明楷:《"存疑时有利于被告"原则的适用界限》,载《吉林大学社会科学学报》2002年第1期;苏彩霞:《刑法解释方法的位阶与运用》,载《中国法学》2008年第5期;袁国何:《刑法解释中有利于被告人原则之证否》,载《政治与法律》2017年第6期。笔者赞同否定论的立场。

入、支出的来源合法是辩方而非控方的举证责任。

另一方面,罪疑有利于被告人原则中的"疑"不是绝对的,而是相对的。其含义是指没有达到证明标准。如果达到了证明标准,即便在一些细节问题上仍然存在疑问,也不妨碍作不利于被告人的事实认定。例如,甲乙二人同时朝丙开枪射击,其中一颗子弹射中了丙的心脏致其死亡,另一颗子弹没有射中丙,但是无法查清致丙死亡的那颗子弹到底是由谁射出的。如果甲乙二人相互不知道对方的存在,只是碰巧不约而同地向丙射击,那么甲乙二人只能构成单独犯罪。由于无法查清致丙死亡的那颗子弹是由谁射出的,根据罪疑有利于被告人原则,不得不认为甲乙二人都只构成故意杀人罪的未遂。可是,如果甲乙二人相约同时朝丙开枪,二人构成共同犯罪。尽管致丙死亡的那颗子弹到底是由谁射出的存在疑问,但可以肯定的是,它一定是由甲乙二人中的一个人射出的。这足以肯定在共同犯罪中甲乙二人的行为与丙死亡结果之间的因果关系。因此,甲乙二人都会构成故意杀人罪的既遂。

在余金平案中,二审法院用以推定余金平在时点Ⅰ上具有逃逸故意所依据的客观事实证据是较为充分的。也就是说,这个推定已经达到了证明标准。在这种情况下,如果要推翻二审法院的推定,要么去质疑这一推定所依据的客观事实证据的真实性,要么提出新的有充足说服力的证据。但实际上,作为抗诉机关的一审检察院既没有质疑二审法院的推定所依据的客观事实证据的真实性,也没有提出新的证据,仅仅是以推定的内容与被告人的供述不符从而违反了罪疑有利于被告人原则为由去反对该推定,这显然是对罪疑有利于被告人原则的滥用。

如果说辩护人在辩护过程中滥用罪疑有利于被告人原则,不失为一种"有枣没枣打一竿子"的辩护策略,无可厚非。那么,对于承担公诉任务的检察机关而言,为了一时的诉讼利益而滥用罪疑有利于被告人原则,会不可避免地使自己陷入一种两难的困境中:如果检察机关在以后的诉讼中坚持这种立场,那么几乎无法证明被告人有罪过;如果检察机关在以后的诉讼中放弃这一立场,那么不仅有损检察机关的公信力,而且还很容易被辩护人抓到漏洞,被其"以子之矛攻子之盾"。这是一审检察机关需要注意的地方。

五、余金平在时点Ⅰ上有无逃逸故意?

由上文的分析可知,成立刑法逃逸的故意,需要同时满足两个条件:

其一,行为人明知自己造成了重大交通事故;其二,行为人具有逃避法律责任的目的。在本案中,如果确认了余金平在时点Ⅰ上明知自己造成了重大交通事故,那么他在没有正当理由的情况下离开事故现场足以说明他有逃避法律责任的目的。可见,余金平在时点Ⅰ上有无逃逸故意,关键系于他在这个时点是否明知自己造成了重大交通事故。所谓明知自己造成了重大交通事故,主要是指知道自己有可能撞了人。而且,判断行为人是否明知自己造成了重大交通事故的时点,不是交通事故发生时,而是行为人离开事故现场时。

那么,余金平在逃离事故现场时是否认识到自己可能撞了人呢?从本案的案情来看,答案应当是肯定的。在侦查期间,余金平对自己从事故发生时至逃离事故现场时的认识状况和心理活动作了如下供述:"当开了一段距离后,突然右前轮咯噔一下,我就感觉车右前方撞到了右边的一个物体,看见一个东西从车的右前方一闪而过,向右划了出去。因为出事故前半小时刚喝酒,我害怕法律惩罚,没有下车查看,就直接开车离开事故现场。"根据这段供述内容可知,在事故发生时,余金平已经认识到自己撞了一个目标物。尽管他并不清楚被撞的目标物是不是人,但从他的角度来看,完全存在被撞的目标物是人的可能性。也就是说,在事故发生时,余金平已经认识到了自己可能撞了人。在事故发生后,余金平没有停车,更没有下车检查,而是直接驾车驶离事故现场。也就是说,余金平没有采取任何措施去确认被撞的目标物到底是不是人,当然也就无法排除这个目标物是人的可能性。所以,在逃离事故现场时,他维持了其在事故发生时的认识,即认识到自己可能撞了人。由此可以肯定,余金平在逃离事故现场时具有逃逸故意。

略显棘手的是,在二审庭审中,余金平对上述供述内容进行了翻供。对于自己在事故发生时的认识状况,他重新供述道:"案发当时我意识恍惚,没有意识到撞人,感觉车的右前轮轮胎震动了一下,感觉是车轧到了马路牙子,但没有下车看。"从被查明的案件客观事实来看,这一段供述的可信度较低。正是因此,二审法院将这一段供述认定为虚假供述,并据此否认余金平成立自首。

不过,在这里值得思考的是,假如余金平在二审庭审中的供述内容为真,是否就意味着其没有逃逸故意?之所以要讨论这个问题,是因为在司法实践中,完全有可能出现这种情况——肇事者在驾车发生交通事故并撞到人之后,虽然认识到发生了交通事故,但是由于意识恍惚或过于慌张,完全没有考虑自己是否撞了人的问题,便直接驾车驶离事故现场。那么,在这种情况下,肇事者有无逃逸故意呢? 从心理事实的角度看,由于肇事者在当时完全没有考虑自己是否撞了人的问题,很难说其认识到了自己可能撞了人。据此,似乎只能得出其欠缺逃逸故意的结论。不过需要指出的是,这个推导过程是在心理责任论的背景下完成的。而现代刑法学中的责任论早已从心理责任论的阶段发展到了规范责任论的阶段。在规范责任论的背景下,行为人是否有罪过以及有何种形式的罪过,并不直接取决于其在行为时有何种主观心理事实,而是取决于刑法对其主观心理事实及其在该主观心理事实的支配下所实施的行为作何种规范评价。

例如,甲乙二人同在 10 层楼房顶的一个脚手架上工作。绑着脚手架的绳索一旦断裂,甲乙二人必然会摔死。丙是甲的仇人、乙的好友。丙不愿意杀死乙,但是为了杀死甲,便强忍悲痛,割断了脚手架的绳索,导致甲乙二人都摔死了(以下简称"脚手架案")。① 理论上普遍赞同,在该案中,丙不仅对甲的死亡结果有直接故意,而且对乙的死亡结果也有直接故意。② 由此提炼出的一般规则是:在认识到自己的行为必然会引发某个危害社会的结果时,行为人仍然实施这个行为,说明行为人对该结果持有直接故意。③ 可是,直接故意的意志因素是希望危害结果发生,而在"脚手架案"中,丙并不希望发生乙死亡的结果。既然如此,为什么丙对乙的死亡结果有直接故意呢? 笔者认为,其原因在于,作为直接故意的意志因素的"希望",并不是对行为人的主观心理事实的如实描述,而是对其主观心理事实及其在该主观心理事实的支配下所实施的行为的规范评价。行为人在认识到自己的行为必然会引发某个危害社会的结果时仍然去实施这个行为,反映了其对违反刑法和侵犯刑法所保护法益的强烈决意。为此,刑法在规范维度上将该行为人对危害结果的态度评价为"希望",尽管从事实维度看,行为人内心对危害结果的真实态度完全有可能是消极的、排斥的。④

---

① 案例改编自[苏联]A·H·特拉伊宁:《犯罪构成的一般学说》,王作富等译,中国人民大学出版社 1958 年版,第 167 页。

② 参见[苏联]A·H·特拉伊宁:《犯罪构成的一般学说》,王作富等译,中国人民大学出版社 1958 年版,第 167 页;陈兴良:《教义刑法学》(第三版),中国人民大学出版社 2017 年版,第 469—470 页。

③ 参见陈兴良:《教义刑法学》(第三版),中国人民大学出版社 2017 年版,第 470 页。

④ 参见邹兵建:《"明知"未必是"故犯"——论刑法"明知"的罪过形式》,载《中外法学》2015 年第 5 期。

不仅故意的意志因素是规范评价的结果,故意的认识因素同样也是规范评价的结果。例如,某甲因饮酒过度而意识模糊、精神恍惚,完全忘记了自己喝过酒,因为临时有事,便急忙驾车出门,在路上被交警拦下。经查,某甲血液中的酒精含量达到了醉酒标准(以下简称"恍惚案")。本案中的甲是否构成危险驾驶罪呢?理论上普遍认为,危险驾驶罪是故意犯。① 因此,行为人只有在知道自己喝了酒的情况下开车,才会构成醉驾型的危险驾驶罪。而"恍惚案"中的甲在开车时忘记了自己喝过酒,似乎没有危险驾驶的故意。但是,与驾驶者在虽然达到了醉酒标准但意识清醒时的驾驶行为相比,"恍惚案"中甲的驾驶行为无论是在客观危险程度上还是在主观可谴责性程度上都有过之而无不及。如果认为前一类案件构成危险驾驶罪,而"恍惚案"却不构成危险驾驶罪,在结论上难言妥当。有学者认为,危险驾驶罪在存在论层面既可以是故意犯,也可以是过失犯;但是在规范论层面,应当将其视为过失犯。② 根据这一观点,"恍惚案"中甲的行为构成危险驾驶罪,这是值得肯定的。不过,这一观点会将误喝了含有酒精成分的饮料后开车的行为评价为危险驾驶罪,从而导致危险驾驶罪的刑事处罚范围过分膨胀。笔者认为,应当坚持危险驾驶罪是故意犯的观点。在这个前提下,在判断行为人是否有危险驾驶的故意时,不能直接按照行为人主观心理事实的内容来判断,而应在具体的情境下对行为人的主观心理事实和外在的行为表现作一个综合性的规范评价。在"恍惚案"中,尽管从事实维度看,甲在驾车时并不记得自己喝了酒,但是从本案的具体情况来看,甲在因醉酒而精神恍惚的情况下驾车,反映出其对不得醉酒驾驶这一刑法规范要求的漠视态度,因而需要在规范维度上认定其有危险驾驶的故意。由此可以提炼出一条能够快速指导司法实践的判断规则:行为人在知道自己造成了交通事故,但不确定自己是否撞了人或者完全没有考虑自己是否撞了人的情况下,没有下车检查而是直接驾车离开,足以说明其有逃逸故意。

需要说明的是,上述判断规则并没有以行为人在客观层面的逃逸行

---

① 参见高铭暄、马克昌主编:《刑法学》(第十版),北京大学出版社、高等教育出版社2022年版,第362页;张明楷:《危险驾驶罪的基本问题——与冯军教授商榷》,载《政法论坛》2012年第6期;陈兴良:《规范刑法学(上)》(第五版),中国人民大学出版社2023年版,第661页。

② 参见梁根林:《〈刑法〉对133条之一第2款的法教义学分析——兼与张明楷教授、冯军教授商榷》,载《法学》2015年第3期。

为去反推其在主观层面的逃逸故意,也没有将逃逸故意的成立标准由"明知自己造成了重大交通事故"降格为"明知自己造成了交通事故"。其一,如果肇事者根本不知道发生了交通事故,当然就不可能有逃逸故意。其二,如果肇事者知道发生了交通事故,但是可以肯定自己没有撞到人,当然也不会有(人身损害型交通肇事的)逃逸故意(但不排除其可能有财产损害型交通肇事的逃逸故意)。其三,如果肇事者知道发生了事故,并且在事故发生时不确定自己是否撞到了人,但是在事故发生后紧急停车并下车检查周围情况,从而排除了自己撞到人的可能性(哪怕这种排除本身并不准确),仍然不会有(人身损害型交通肇事的)逃逸故意。

第五章　赵春华案：非法持有枪支罪的司法偏差与立法缺陷

第一节　问题的提出

赵春华非法持有枪支案(以下简称"赵春华案")是 2016 年发生在天津市的一起非法持有枪支案件。本案的基本案情为：

> 2016 年 8 月至 10 月 12 日，51 岁的老妇赵春华在天津市河北区李公祠大街亲水平台附近摆放气球射击摊。10 月 12 日 22 时许，警察在巡查过程中发现赵春华的上述行为，将其抓获归案，当场查获涉案枪形物 9 支及相关枪支配件、塑料弹。经天津市公安局物证鉴定中心鉴定，涉案 9 支枪形物中的 6 支为能正常发射、以压缩气体为动力的枪支。①

我国《刑法》第 128 条第 1 款规定，违反枪支管理规定，非法持有、私藏枪支、弹药的，处三年以下有期徒刑、拘役或者管制；情节严重的，处三年以上七年以下有期徒刑。为此，赵春华被检察机关以非法持有枪支罪提起公诉。一审法院判决赵春华构成非法持有枪支罪，判处有期徒刑三年零六个月。② 在日常生活中极为常见的经营气球射击摊的行为竟然会构成刑事犯罪，这在社会公众看来简直匪夷所思。所以，赵春华案的一审判决一经媒体报道便引起轩然大波，遭到广泛质疑。③ 在舆论压力下，二审法院改判赵春华有期徒刑三年，缓刑三年。④

---

① 参见天津市河北区人民法院一审刑事判决书(2016)津 0105 刑初 442 号。
② 同上。
③ 参见《天津老太摆射击摊被判非法持有枪支罪，警方鉴定出 6 支枪支》，载澎湃新闻 http://www.thepaper.cn/newsDetail_forward_1590084，发布日期:2016 年 12 月 29 日。
④ 天津市第一中级人民法院二审刑事判决书(2017)津 01 刑终 41 号。

实际上,在因经营气球射击摊而被追究刑事责任方面,赵春华案并不是孤立的个案。笔者以"非法持有枪支罪"为案由,以"气球"为关键词,在中国裁判文书网上进行搜索,共搜得 22 份与赵春华案类似的案件判决书。① 在这些案件中,被告人都是因为经营气球射击摊而被检察机关以非法持有枪支罪提起公诉,并且法院毫无例外都认定罪名成立。另外还要看到,在日常生活中,经营气球射击摊只是行为人持有玩具枪或仿真枪的一种情形。为了全面考察行为人因持有玩具枪或仿真枪而被法院判决构成非法持有枪支罪的情形,笔者以"非法持有枪支罪"为案由,以"玩具枪"为关键词,在中国裁判文书网上进行搜索,共搜得 47 份判决书;以"非法持有枪支罪"为案由,以"仿真枪"为关键词,共搜得 406 份判决书。② 这足以说明,行为人因持有玩具枪或仿真枪而被法院判决构成非法持有枪支罪,已成为司法实践中的一种常见现象。

刑法基于枪支的特殊性而将对持枪犯罪的惩罚进行前置,有一定的正当性。枪支作为一种常规武器具有很强的杀伤力和破坏性,一旦落入潜在的犯罪分子之手,可能成为犯罪工具,给社会治安带来巨大隐患。为此,我国《刑法》针对枪支规定了严密的罪名体系,不仅将对枪支的非法制造、买卖、运输、邮寄、储存、私藏、走私、盗窃、抢夺、抢劫、出租、出借、丢失不报等行为规定为犯罪,而且还规定了具有兜底性质的非法持有、私藏枪支罪。但是,将经营气球射击摊等在日常生活中持有玩具枪或仿真枪的行为评价为犯罪,明显打破了法益保护与人权保障之间的平衡,过分压制了国民的行动自由,难以得到社会公众的认同。因此,这种司法现象值得认真检讨。需要思考的是,导致出现这种司法现象的原因,到底是司法出了偏差,还是立法存在缺陷,抑或二者兼而有之?进而,如果说司法或立法的确出了问题,那么应该如何修正过来?本文主要围绕上述问题展开讨论。下文便以包括赵春华案在内的 23 个案件为样本,首先讨论非法持

---

① 这些案件的判决书编号分别为:(2015)房刑初字第 984 号、(2015)房刑初字第 991 号、(2015)房刑初字第 990 号、(2016)京 01 刑终 255 号、(2016)桂 0803 刑初 53 号、(2016)桂 0803 刑初 36 号、(2015)隆昌刑初字第 210 号、(2015)澄刑初字第 33 号、(2015)澄刑初字第 82 号、(2015)澄刑初字第 42 号、(2015)澄刑初字第 31 号、(2015)澄刑初字第 28 号、(2015)澄刑初字第 56 号、(2015)澄刑初字第 93 号、(2015)澄刑初字第 16 号、(2015)澄刑初字第 37 号、(2015)澄刑初字第 15 号、(2015)澄刑初字第 29 号、(2015)澄刑初字第 53 号、(2015)澄刑初字第 86 号、(2015)澄刑初字第 34 号、(2015)澄刑初字第 51 号。参见中国裁判文书网 http://wenshu.court.gov.cn,访问日期:2017 年 7 月 1 日。

② 参见中国裁判文书网 http://wenshu.court.gov.cn,访问日期:2017 年 7 月 1 日。

有枪支罪在定罪问题上存在的司法偏差,接着再讨论非法持有枪支罪在量刑问题上存在的司法偏差,最后再分析非法持有枪支罪的立法缺陷及可能的修正方案。

第二节 定罪问题上的司法偏差

从最后的判决结果来看,在包括赵春华案在内的 23 个案件中,法院毫无例外地都判决非法持有枪支罪的罪名成立,有罪判决率高达 100%。不过,并不能由此认为日常生活中行为人因经营气球射击摊而涉嫌构成非法持有枪支罪的行为都被追究了刑事责任。一方面,因经营气球射击摊而被公安机关立案侦查从而进入司法程序的案件毕竟数量有限,与之相对,我国经营气球射击摊的人数却极为庞大。显而易见,这里面存在很大的犯罪黑数。另一方面,尽管目前难以找到准确的数据加以支撑,但是不难料想,有一部分案件在审查起诉阶段会被检察机关以不起诉的形式结案,从而未能进入法院的审理阶段。不过,上述数据足以说明,这类案件一旦进入法院审理阶段,就难以摆脱被定罪的命运。那么,这种判决结论是否具有正当性呢?换言之,这些案件中的被告人是否真的构成非法持有枪支罪呢?这就是本部分要讨论的问题。

值得注意的一个现象是,从被告人的辩护情况来看,在 23 个案件中,仅有赵春华案和另一个案件[郭某非法持有枪支案,判决书编号:(2016)京 01 刑终 255 号]在二审中采用了无罪辩护,而其他 21 个案件的被告人都采用了罪轻辩护,无罪辩护率仅占 8.69%。这是否意味着绝大多数被告人自己认可有罪判决的结论呢?笔者认为,答案是否定的。以赵春华案为例,在该案的一审中,面对检察机关的指控,赵春华及其辩护人没有采用无罪辩护,而是采用了罪轻辩护。[①] 但实际上,从有关新闻报道和本案的二审辩护词来看,赵春华在行为时并不知道自己所持有的枪形物属于法律上的枪支。[②] 在这种情况下,赵春华及其辩护人在一审中放弃无罪辩护,显然是出于辩护策略上的考虑,其目的在于以被告人良好的认罪态

---

① 参见天津市河北区人民法院一审刑事判决书(2016)津 0105 刑初 442 号。
② 参见《天津老太摆射击摊被判非法持有枪支罪,警方鉴定出 6 支枪支》,载澎湃新闻网 http://www.thepaper.cn/newsDetail_forward_1590084,发布日期:2016 年 12 月 29 日;徐昕、斯伟江:《赵春华涉嫌非法持有枪支案二审辩护词》,载搜狐网 http://mt.sohu.com/view/d20170127/125213105_570256.shtml,访问日期:2017 年 6 月 28 日。

度换取量刑上的从轻处罚。笔者认为,这也是其他案件被告人采用罪轻辩护的主要原因。

需要说明的是,在分析非法持有枪支罪在定罪问题上的司法偏差时,离不开对具体案例的案情和裁判说理的讨论。就案情而言,23个案件的案情基本一致,只是在持有枪支的数量和量刑情节上存在细微的差别。就裁判说理而言,在赵春华案之外的其他22个案件中,除个别案件外,绝大多数案件的判决书的说理内容相当匮乏,难以提炼出有效的问题点。与之相比,赵春华案的二审判决书说理较为充分。此外,学界此前已经对赵春华案作了很多评论。[①] 有鉴于此,本文在分析非法持有枪支罪的司法偏差时,以赵春华案为主要样本,同时也结合其他22个类似案件的判决情况,尽可能准确而全面地揭示出非法持有枪支罪在司法实践中的概貌。

根据三阶层犯罪论体系,判断一个行为是否构成犯罪,需要先后经过构成要件该当性、违法性和有责性的判断。不过,对于赵春华案而言,关键的问题在于,赵春华的行为是否该当非法持有枪支罪的构成要件。下面便从客观构成要件和主观构成要件两个层面展开分析。

一、客观构成要件的分析

根据《刑法》第128条第1款的规定,非法持有枪支罪的罪状为"违反枪支管理规定,非法持有枪支"。显然,"非法持有枪支"是本罪客观构成要件的核心要素,而"违反枪支管理规定"则是对"非法持有枪支"的说明或限制。一方面,"非法持有枪支"中的"非法持有"就是指违反枪支管理规定而持有;另一方面,"非法持有枪支"中的"枪支"是指符合枪支管理规定所设定的枪支认定标准的物体。

[①] 参见刘艳红:《"司法无良知"抑或"刑法无底线"?——以"摆摊打气球案"入刑为视角的分析》,载《东南大学学报(哲学社会科学版)》2017年第1期;李翔:《立场、目标与方法的选择——以赵春华案为素材刑法解释论的展开》,载《东方法学》2017年第3期;杨建军:《法律的系统性危机与司法难题的化解——从赵春华案谈起》,载《东方法学》2017年第3期;王钢:《非法持有枪支罪的司法认定》,载《中国法学》2017年第4期;邹兵建:《非法持有枪支罪的司法偏差与立法缺陷——以赵春华案及22个类似案件为样本的分析》,载《政治与法律》2017年第8期;陈兴良:《赵春华非法持有枪支案的教义学分析》,载《华东政法大学学报》2017年第6期;劳东燕:《法条主义与刑法解释中的实质判断——以赵春华持枪案为例的分析》,载《华东政法大学学报》2017年第6期;车浩:《非法持有枪支罪的构成要件》,载《华东政法大学学报》2017年第6期;江溯:《规范性构成要件要素的故意及错误——以赵春华非法持有枪支案为例》,载《华东政法大学学报》2017年第6期。

在理解"非法持有"时需要注意,"持有"是一种较为稳定的状态,而不能是一种临时的、短暂的现象,据此可以将在气球射击摊上参与射击游戏的普通顾客排除在非法持有枪支罪的成立范围之外。① 另外,最高人民法院于2001年颁布、2009年修正的《关于审理非法制造、买卖、运输枪支、弹药、爆炸物等刑事案件具体应用法律若干问题的解释》(以下简称《枪支弹药爆炸物犯罪解释》)将非法持有枪支罪中的"非法持有"解释为"不符合配备、配置枪支、弹药条件的人员,违反枪支管理法律、法规的规定,擅自持有枪支、弹药的行为"。简言之,非法持有就是指违反枪支管理法律、法规而持有。显然,从外延上看,枪支管理规定不仅包括枪支管理法律(目前仅指《枪支管理法》)和枪支管理法规(目前仅指《专职守护押运人员枪支使用管理条例》),还包括枪支管理规章(例如《射击竞技体育运动枪支管理办法》),以及枪支管理部门规范性文件(例如《公安机关涉案枪支弹药性能鉴定工作规定》)。由此可见,《枪支弹药爆炸物犯罪解释》对非法持有枪支罪中的"非法持有"进行了限缩解释。不过,这种限缩解释对于赵春华案没有什么影响。因为,无论是根据外延相对较窄的枪支管理法律、法规,还是根据外延相对较宽的枪支管理规定,赵春华作为通过摆气球射击摊谋生的普通妇女,都不可能符合配备公务用枪或配置民用枪支的条件,因而其对枪支(如果确认了她所持有的枪形物属于枪支)的持有毫无疑问属于"非法持有"。

关键的问题是,怎样理解非法持有枪支罪中的"枪支"? 对此,《枪支弹药爆炸物犯罪解释》没有给出任何解释。既然如此,应当按照本罪罪状的规定,将"枪支"理解为符合枪支管理规定所设定的枪支认定标准的物体。问题是,枪支管理规定包括多个规范性文件,而这些规范性文件设定了不同的枪支认定标准。具体而言,《枪支管理法》规定:"本法所称枪支,是指以火药或者压缩气体等为动力,利用管状器具发射金属弹丸或者其他物质,足以致人伤亡或者丧失知觉的各种枪支。"而《公安机关涉案枪支弹药性能鉴定工作规定》(以下简称《鉴定工作规定》)则规定:"……对不能发射制式弹药的非制式枪支,按照《枪支致伤力的法庭科学鉴定判

---

① 车浩教授在论证赵春华不构成非法持有枪支罪时指出,如果认为赵春华构成本罪,就不得不认为所有参与过此项游戏的顾客都构成本罪(参见车浩:《非法持有枪支罪的构成要件》,载《华东政法大学学报》2017年第6期)。笔者认为,这个论证逻辑难以成立。普通顾客并不能像赵春华那样对枪形物建立起一种稳定的占有关系,因而很难认为他们构成了对枪形物的"非法持有"。

据》(GA/T 718-2007)的规定,当所发射弹丸的枪口比动能大于等于1.8焦耳/平方厘米时,一律认定为枪支……"鉴于前一个标准是由全国人大常委会制定的,而后一个标准是由公安部制定的,为了方便论述,下文将前一个标准简称为"人大标准"而将后一个标准简称为"公安部标准"。比较人大标准与公安部标准,不难发现,前者的内容较为笼统,后者的内容非常明确;更为重要的是,前者所确立的枪支成立门槛较高,而后者所确立的枪支成立门槛很低。显然,枪支成立门槛的高低与"赵春华们"的命运息息相关。因此,到底是适用人大标准还是适用公安部标准,便是包括赵春华案在内的23个案件的焦点问题。①

对此,赵春华案的二审辩护人认为,应当适用人大标准而不能适用公安部标准,其理由有二:其一,公安部下发的《枪支致伤力的法庭科学鉴定判据》(以下简称《鉴定判据》)不属于公安部的规章,而只是内部的红头文件,对此法院没有适用或参照适用的义务;其二,公安部标准所依据的试验及理由严重不科学、不合理。② 与辩护意见相反,二审法院认为,应当适用公安部标准而不能适用人大标准。其理由在于:人大标准不是可供执行的、具体的量化标准,需要有权机关作出进一步规定。《枪支管理法》第4条明确规定"国务院公安部门主管全国的枪支管理工作",据此,公安部作为枪支管理主管部门有权制定相关规定。因此,公安部标准合法有效,应当适用。③

然而,在笔者看来,无论是上述辩护意见,还是上述法院意见,都没有

---

① 需要注意的是,为了降低说理的难度,绝大多数法院在判决书中都有意地回避了枪支认定标准的这个焦点问题。根据笔者的观察,法院有两种回避的方法。第一种方法是,将枪支认定标准这个实体问题作为证据问题来加以处理。例如,赵春华案的一审法院在判决书中指出,"经天津市公安局物证鉴定中心鉴定,涉案9支枪形物中的6支为能正常发射以压缩气体为动力的枪支"。[参见天津市河北区人民法院一审刑事判决书(2016)津0105刑初442号]。第二种方法是,法院实际上采用了公安部标准,但是在判决书中却只写人大标准。例如,在陈某非法持有枪支案的判决书中,法院指出,"经鉴定:被告人陈某持有的七支仿真枪中,有二支属于以压缩气体为动力的气枪,属于《中华人民共和国枪支管理法》中规定的枪支"。[参见云南省澄江县人民法院一审刑事判决书(2015)澄用初字第34号。]表面上看,法院在枪支认定标准的问题上采用了人大标准。但是上文已述,根据人大标准,枪支需要达到足以致人伤亡或者丧失知觉的标准。尽管笔者未能掌握该案的具体信息,但是很难想象,气球射击摊上的枪形物能够达到人大标准。据此,笔者判断,云南省澄江县人民法院打着人大标准的旗号而实际上执行了公安部标准。
② 参见徐昕、斯伟江:《赵春华涉嫌非法持有枪支案二审辩护词》,载搜狐网 http://mt.sohu.com/view/d20170127/125213105_570256.shtml,访问日期:2017年6月28日。
③ 参见天津市第一中级人民法院二审刑事判决书(2017)津01刑终41号。

什么说服力。先来看辩护意见。诚然,《鉴定工作规定》和《鉴定判据》不属于部门规章,更不属于法律和行政法规,而只不过是部门规范性文件。但问题是,《刑法》第 128 条第 1 款规定的是"违反枪支管理规定……",显然,枪支管理规定包括但不限于有关枪支管理的法律、行政法规和部门规章,除此之外,还包括与枪支管理有关的部门规范性文件。因此,以前述两个规范性文件不属于部门规章为由反对法院对它们的适用,是站不住脚的。至于公安部标准所依据的试验和理由是否科学、合理,则是立法论层面的问题,与非法持有枪支罪的司法适用没有直接关系。

与此同时,二审法院的意见也难以成立。一方面,人大标准并不缺乏可操作性。诚然,人大标准由于包含了"足以致人伤亡或者丧失知觉"的内容,其在明确性上不如公安部标准,但这并不意味着人大标准就不具有可操作性。在刑法上,这种足以导致某种后果的危险就是指具体危险。我国《刑法》在很多具体危险犯的构成要件中使用了这种足以导致某种后果的规定。例如,我国《刑法》第 116 条规定的破坏交通工具罪和第 117 条规定的破坏交通设施罪在构成要件中都包含了"足以使火车、汽车、电车、船只、航空器发生倾覆、毁坏危险"的内容,并且目前尚无司法解释对这两个犯罪中的"足以使火车、汽车、电车、船只、航空器发生倾覆、毁坏危险"的含义作进一步解释。若按照前述二审法院的逻辑,破坏交通工具罪和破坏交通设施罪的构成要件没有可操作性,因而在司法实践中无法适用。这显然是荒谬的。

另一方面,对公安部制定枪支认定标准的立法权限存在疑问。法院认为,公安部制定枪支认定标准的权限来源于《枪支管理法》第 4 条的规定——"国务院公安部门主管全国的枪支管理工作"。但实际上,这个规定只能说明公安部负责有关枪支管理的行政执法工作,而不能说明公安部享有一切与枪支管理有关的立法权。事实上,《枪支管理法》就具体事项的立法权进行了明确授权。例如,《枪支管理法》第 5 条第 3 款规定:"配备公务用枪的具体办法,由国务院公安部门会同其他有关国家机关按照严格控制的原则制定,报国务院批准后施行。"类似地,《枪支管理法》第 6 条第 3 款规定:"配置民用枪支的具体办法,由国务院公安部门按照严格控制的原则制定,报国务院批准后施行。"如果认为公安部基于《枪支管理法》第 4 条的规定而享有一切与枪支管理有关的立法权,那么上述对具体事项的明确授权就完全没有必要。这反过来说明,在枪支管理方面,公安部的立法权仅限于《枪支管理法》有明确授权的事项。而制定枪支认定标准并不属于公安部被授权立法的事项。①

由上可知,在枪支认定标准的问题上,辩护意见和法院意见都不能成立。因而问题又回到了原点,到底该适用哪个标准?

或许有观点会认为,既然人大标准具有可操作性,而公安部标准在立法权限上存在疑问,法院就只剩下了一种选择,即适用人大标准而放弃公安部标准。另外,我国《立法法》确立了上位法优于下位法的规则,而人大标准在位阶上明显高于公安部标准。② 因此,从法律冲突的角度来看,法院也应当适用人大标准而放弃公安标准。但是,问题并没有这么简单。需要看到,在我国现行的司法体制下,法院没有司法审查权。③ 因此,在审理刑事案件的过程中,如果公诉方以某个法律、法规、规章等规范性文件作为对被告人定罪的依据,而该规范性文件被刑法以空白罪状的方式规定为判断被告人是否构成犯罪的依据,那么,法院即便发现了该规范性文件在合法性上存在问题或者与上位法产生冲突,也不能以此为由拒绝对它进行适用。尽管公安部标准在合法性上存在疑问并且与人大标准相冲突,但它所依托的《鉴定工作规定》的确属于非法持有枪支罪的罪状中的"枪支管理规定"。所以,法院在处理枪支认定标准的问题时,一个务实的立场应当是,同时承认人大标准和公安部标准都是有效的标准。换言之,法院在枪支认定标准的问题上保持中立。

但无论如何,法院最终只能适用一个标准。这意味着,两个标准之间的竞争不可避免。并且,由于法院在枪支认定标准的问题上保持中立,法院最终适用哪个标准,完全取决于在案件被起诉到法院之前,哪个标准在二者的竞争中获得了胜利。而在我国现行《刑法》规定和刑事司法制度

---

① 相同的观点,参见劳东燕:《法条主义与刑法解释中的实质判断——以赵春华持枪案为例的分析》,载《华东政法大学学报》2017年第6期;不同的观点,参见车浩:《非法持有枪支罪的构成要件》,载《华东政法大学学报》2017年第6期。

② 严格来说,制定公安部标准的《鉴定工作规定》只是部门规范性文件,不属于法律。而《立法法》并没有直接规定如何处理广义的法律(包括法律、法规、规章)与部门规范性文件之间的效力冲突问题。但是,应当认为,上位规范优于下位规范的原则不仅适用于广义的法律,也适用于部门规范性文件。

③ 唯一的例外是,在行政诉讼的过程中,法院具有一定的司法审查权。我国《行政诉讼法》第53条第1款规定:"公民、法人或者其他组织认为行政行为所依据的国务院部门和地方人民政府及其部门制定的规范性文件不合法,在对行政行为提起诉讼时,可以一并请求对该规范性文件进行审查。"根据这一规定,法院在行政诉讼的过程中享有一定的司法审查权。不过,这种司法审查受到了严格的限制。一方面,这种审查权仅限于审查一般的规范性文件,而不能审查法律、法规和规章;另一方面,这种审查权只有在行政相对人提出申请后才能行使。

下,公安部标准必然会成为这场竞争的获胜者。一方面,由于公安部标准的门槛较低而人大标准的门槛较高,在司法实践中,违反公安部标准的情形远远多于违反人大标准的情形。如果行为人持有的枪形物只违反了其中的一个标准,那么只可能是违反了公安部标准而没有违反人大标准。在这种场合,只有依据公安部标准才能追究行为人的法律责任。另一方面,更为重要的是,出于行政隶属关系的考虑,公安机关作为刑事案件的侦查机关在办理涉枪刑事案件时,当然会优先选择适用公安部标准。而刑事侦查又是刑事诉讼的第一个环节,一旦公安机关适用了公安部标准,整个刑事诉讼过程便会对公安部标准产生路径依赖。

因此,在我国现行《刑法》规定和刑事司法制度等条件的约束下,在公安机关已经按照公安部标准侦查涉枪刑事案件并且这些案件经检察院起诉到法院的情况下,法院最终只能适用公安部标准。① 而按照公安部标准,赵春华持有的枪形物中有 6 支属于刑法上的枪支。并且,上文已析,赵春华对这些枪支的持有属于非法持有。因此,赵春华的行为属于刑法上的非法持有枪支,符合非法持有枪支罪的客观构成要件。同样的道理,其他 22 个案件中的被告人的行为也应符合非法持有枪支罪的客观构成要件。

二、主观构成要件的分析

尽管《刑法》并未规定非法持有枪支罪的罪过形式,但刑法理论上毫无争议地认为本罪属于故意犯。② 因此,在确认了客观构成要件的该当性之后,还要进一步判断,行为人是否具有犯罪故意。这是 23 个案件的另一个焦点问题。根据我国《刑法》第 14 条第 1 款的规定,故意是指明知自己的行为会发生危害社会的结果,并且希望或者放任这种结果发生的心理态度。由此可知,故意由认识因素和意志因素两部分组成。不过,严格来说,前述故意概念是结果本位的故意概念,难以适用于以非法持有枪支

---

① 劳东燕教授主张,在司法论层面对刑法中的枪支作不同于行政法上的枪支的理解。具体而言,将公安部标准作为行政法上的枪支认定标准,将人大标准作为刑法中的枪支认定标准。(参见劳东燕:《法条主义与刑法解释中的实质判断——以赵春华持枪案为例的分析》,载《华东政法大学学报》2017 年第 6 期。)基于本文在此处阐释的理由,笔者认为,劳东燕教授的这一主张虽然具有理论上的合理性,但是在司法实践中没有可操作性。为此,笔者主张在立法论层面确立枪支认定的二元标准。对此,本文将在第四节予以详细阐述。

② 参见高铭暄、马克昌主编:《刑法学》(第十版),北京大学出版社、高等教育出版社 2022 年版,第 354 页;陈兴良:《规范刑法学(上)》(第五版),中国人民大学出版社 2023 年版,第 646 页。

罪为代表的行为犯。对于行为犯,故意应当是指明知自己的行为就是法律规定为犯罪的行为,并且希望或者放任实施这种行为的心理态度。① 表面上看,行为犯的故意仍然由认识因素和意志因素两部分组成。但实际上,行为人实施了行为就足以表明其对行为持希望或放任的态度,显然具备了意志因素。因此,对于行为犯而言,犯罪故意是否成立,完全取决于行为人是否具有认识因素,即行为人是否认识了行为要素。具体到23个案件中,行为人是否有犯罪故意,完全取决于其是否认识到自己的行为属于非法持有枪支的行为。

对此,赵春华案的二审辩护人认为,"赵春华一直认为自己摆摊用的是玩具枪,而非法持有枪支罪中的枪支是真枪。赵春华的认识错误属于对行为对象的认识错误,且其认识错误是必然的,几乎所有普通人都不可能正确认识,因此可以阻却犯罪故意"②。简言之,辩护人认为,赵春华对行为对象发生了认识错误,因而不能成立犯罪故意。需要注意的是,我们很容易把对行为对象的认识错误直接等同于刑法理论上的"对象错误"。但实际上,前者的外延要大于后者,二者是包含与被包含的关系。刑法理论上的"对象错误"是指行为人误把甲对象当作乙对象。③ 在本案中,赵春华并没有误将自己持有的枪形物当作别的东西,所以本案并不存在"对象错误"。按照辩护人的观点,赵春华没有认识到自己持有的枪形物属于非法持有枪支罪中的枪支,而"枪支"属于该罪的规范构成要件要素。也就是说,赵春华误以为自己的行为不满足"枪支"这个规范要素。在刑法理论上,这种认识错误被称为涵摄错误。④ 那么,上述辩护意见能否成立呢?对此,需要从事实和法理两个角度展开分析。

在事实层面,需要思考的是,赵春华是否真的如辩护人所说,没有认识到自己持有的枪形物属于刑法意义上的枪支?这实际上是一个证据采信的问题。由于没有掌握案件的所有原始材料,笔者无法从证据法的角度回答这个问题。不过,从日常生活经验来看,赵春华不知道自己所持有的枪形物属于刑法意义上的枪支,具有很高的可信度。尽管在此之前,我

---

① 参见储槐植:《建议修改故意犯罪定义》,载《法制日报》1991年1月24日;陈兴良:《教义刑法学》(第三版),中国人民大学出版社2017年版,第463—464页。
② 徐昕、斯伟江:《赵春华涉嫌非法持有枪支案二审辩护词》,载搜狐网 http://mt.sohu.com/view/d20170127/125213105_570256.shtml,访问日期:2017年6月28日。
③ 参见张明楷:《刑法学(上)》(第六版),法律出版社2021年版,第352页。
④ 参见车浩:《非法持有枪支罪的构成要件》,载《华东政法大学学报》2017年第6期。

国的司法实践中已经发生过多起因玩具枪而被定罪判刑的案件,但这些案件并没有引起太大的关注。相应地,这些案件在认定枪支时所采用的公安部标准也就未能得到广泛宣传。在这种背景下,作为一个普通妇女,赵春华很难知道公安部标准的内容,因而也就很难知道自己所持有的玩具枪属于刑法意义上的枪支。

  在法理层面,需要思考的是,赵春华的涵摄错误能否阻却犯罪故意?在刑法理论上,涵摄错误能否阻却犯罪故意,不能一概而论。刑法中的认识错误可以分为构成要件错误和禁止错误,前者阻却犯罪故意,后者减免责任。涵摄错误既有可能属于构成要件错误,也有可能属于禁止错误。判断一个涵摄错误到底是构成要件错误还是禁止错误,关键要看行为人是否理解自己行为的社会意义。如果答案是肯定的,那么该涵摄错误就属于禁止错误;反之,如果答案是否定的,那么该涵摄错误就属于构成要件错误。① 在本案中,赵春华作为一名普通妇女,将摆放气球射击摊作为日常谋生手段,不知道该行为可能会给公共安全带来一定的危险,未能准确理解该行为的社会意义。因此,她不知道自己持有的枪形物属于刑法上的枪支这一涵摄错误属于构成要件错误,可以阻却犯罪故意。② 据此,笔者认为,辩护人的上述辩护意见是有道理的。

  针对上述辩护意见,二审法院认为,"涉案枪支外形与制式枪支高度相似,以压缩气体为动力,能正常发射,具有一定致伤力和危险性,且不能通过正常途径购买获得,上诉人赵春华对此明知,其在此情况下擅自持有,即具备犯罪故意"③。由此可知,二审法院没有正面回应上述辩护意见,而是从涉案枪形物的外形、性能和获得途径三个角度来论证赵春华具有非法持有枪支罪的故意。但是在笔者看来,二审法院的上述论证完全不能成立。

  首先,涉案枪形物与制式枪支在外形上高度相似,恰恰说明赵春华无法从外形上判断自己所持有的枪形物是否属于枪支。其次,在没有明确致伤力和危险性的具体程度的情况下,所谓"以压缩气体为动力,能正常发射,具有一定致伤力和危险性"并不是枪支特有的性能。相应地,在主观层面,行为人即便认识到自己所持有的枪形物符合上述性能要求,也不能说明行为人知道自己所持有的枪形物属于枪支。最后,法院认为赵春

---

① Vgl. Claus Roxin/Luís Greco, Strafrecht AT, Band. I,5. Aufl., 2020, § 12 Rn. 101f.
② 参见车浩:《非法持有枪支罪的构成要件》,载《华东政法大学学报》2017年第6期。
③ 天津市第一中级人民法院二审刑事判决书(2017)津01刑终41号。

华明知自己所持有的枪形物不能通过正常途径购买获得,这一点在证据上存在很大的问题,①但即便属实,也不能说明什么问题。这些枪形物不能通过正常的途径购买获得,意味着它们受到了法律的规制。但是,导致这些枪形物受到法律规制的可能的原因有很多:例如,可能是它们的产品质量不合格,也可能是它们侵犯了知识产权,还有可能是它们是赃物,当然也有可能是这些枪形物属于枪支。因此,仅凭这些枪形物不能通过正常的途径购买获得这一点,不足以推断出这些枪形物属于枪支。所以,即便赵春华明知自己所持有的枪形物不能通过正常途径购买获得,也不足以说明她明知自己所持有的枪形物属于枪支。据此,笔者认为,赵春华欠缺非法持有枪支罪的犯罪故意,因而不构成非法持有枪支罪。

那么,其他22个案件中的被告人是否具有非法持有枪支罪的故意呢?应当说,这本质上属于一个事实问题。由于笔者未能掌握这些案件的判决书之外的案件信息,在此无法给出一个确定的回答。但是,考虑到这些案件都发生在赵春华案之前,而彼时公安部标准还没有为社会公众所熟知,根据常理推断,这些案件中的被告人极有可能不知道自己所持有的枪形物属于法律上的枪支,因而也就极有可能没有非法持有枪支罪的故意。另外,从22个案件的判决书所呈现出来的情况看,对于被告人是否具有犯罪故意这个重要的问题,法院根本没作讨论。甚至在被告人及其辩护律师以被告人没有犯罪故意为由提出无罪辩护的情况下,法院依然有意地回避了这个问题。② 这恐怕很难解释为法院在说理上出现了疏漏。更有可能的原因是,法院难以证明被告人具有犯罪故意,因而不得不在判决书中回避这个问题。据此笔者认为,除了赵春华案中的被告人没有犯罪故意,其他22个案件中的被告人也极有可能没有犯罪故意,因而不构成非法持有枪支罪。但是这23个案件毫无例外地都被法院判定构成非法持有枪支罪。由此可见,在司法实践中,由于主观构成要件被虚置,非法持有枪支罪在一定程度上被滥用了,在定罪问题上存在明显的偏差。

---

① 首先,判决书所列的证据并不能证明赵春华明知自己的枪形物不能通过正常途径购买获得;退一步而言,即便认为从他人手中接手枪形物属于不正常的途径,也并不意味着,这些枪形物不能通过正常途径购买获得;再退一步而言,即便赵春华所持有的枪形物无法通过正常的途径购买获得,现有的证据也不能证明赵春华明知这一点。

② 参见北京市第一中级人民法院刑事裁定书(2016)京01刑终255号。

三、对其他出罪方案的评析

虽然关注赵春华案的学者们一致赞同赵春华摆放气球射击摊的行为不构成非法持有枪支罪,但对于为何该行为不构成非法持有枪支罪,学界还存在一定的争议。除了上文主张的欠缺故意说,学者们还提出了欠缺社会危害性(法益侵害性)、欠缺违法犯罪目的、欠缺非法性、欠缺违法性认识等多种出罪方案。评析这些出罪方案,不仅有助于更加准确地把握赵春华案的刑法定性,而且还有助于厘清相关的理论与概念。

首先,来看欠缺社会危害性(法益侵害性)的出罪方案。二审辩护人将欠缺社会危害性作为赵春华案无罪的一个理由。① 社会危害性是我国传统刑法学中的一个重要概念。传统刑法学认为,犯罪行为需同时具备社会危害性、刑事违法性、应受惩罚性三个特征,三者缺一不可。② 否认了一个行为的社会危害性,自然就否认了该行为的犯罪性。不过,在阶层犯罪论体系的语境中,一般不使用社会危害性的概念,而使用法益侵害性或实质违法性的概念。因此,欠缺社会危害性又可称为欠缺法益侵害性或欠缺实质违法性。那么,赵春华案能否以欠缺社会危害性(法益侵害性)为由进行出罪呢?这个问题的复杂性在于,赵春华案所涉及的罪名——非法持有枪支罪属于抽象危险犯。而抽象危险犯在社会危害性(法益侵害性)的判断上具有一定的特殊性。一般认为,抽象危险犯与具体危险犯的一个主要区别在于,前者的危险是立法者拟制的,不需要司法者作具体判断,而后者的危险需要司法者作具体判断。③ 因此,只要行为人实施了抽象危险犯的行为,且没有违法阻却事由和责任阻却事由,就足以肯定其构成犯罪,不能以欠缺社会危害性(法益侵害性)为由对其进行出罪(以下简称为"拟制危险说")。按照拟制危险说,既然赵春华实施了非法持有枪支的行为,而该行为所包含的抽象危险是由立法者拟制的,自然不能以欠缺社会危害性(法益侵害性)为由进行出罪。不过,学界有另一种有

---

① 徐昕、斯伟江:《赵春华涉嫌非法持有枪支案二审辩护词》,载搜狐网 http://mt.sohu.com/view/d20170127/125213105_570256.shtml,访问日期:2017年6月28日。

② 参见高铭暄、马克昌主编:《刑法学》(第十版),北京大学出版社、高等教育出版社2022年版,第42—44页。

③ 参见马克昌主编:《犯罪通论》(第3版),武汉大学出版社1999年版,第201—202页。

力的观点认为,抽象危险犯中的危险并不是无须作任何判断,而只是由立法者作了推定。只要行为人实施了抽象危险犯的行为,就推定其行为包含了抽象危险,只不过这种推定是可以反证的(以下简称为"推定危险说")。① 由于主题和篇幅的限制,笔者在此无法对这两种对立的观点予以详细讨论。② 笔者认为,与拟制危险说相比,推定危险说在理论上更有解释力,在司法实践中所得出的结论也更为妥当。

采纳了推定危险说后,接下来需要分析赵春华案能否反证立法者为非法持有枪支行为推定的抽象危险。对此,劳东燕教授分析道:"由于赵春华只是将涉案枪形物用于游戏摊上射击气球,同时枪形物本身的致伤力又极低,根本不足以对刑法中公共安全的法益构成威胁,故完全可通过反证抽象危险的不存在,而认定赵春华的行为不构成非法持有枪支罪。"③笔者认为,这个分析只是对赵春华行为的危险性作了具体判断,但没有将其与立法者推定的抽象危险进行对照。换言之,这个分析实际上是把非法持有枪支罪当作具体危险犯了。那么,在具体的案件中,该如何判断立法者推定的抽象危险能否被反证呢? 对于这个问题,学界尚未展开深入研究。笔者认为,立法者在推定某个行为具有抽象危险时,脑海里想象的是这个行为的典型形象。如果在具体的案件中,行为人虽然实施了该行为,但是该案件与立法者所设想的典型形象不符,且该案件的特殊之处使得其社会危害性(法益侵害性)远低于立法者所设想的典型形象,就有理由认为,该案并不具有立法者推定的抽象危险。

那么,赵春华案是否有与非法持有枪支行为典型形象不符的特殊之处呢? 对此,可能很多人会给出肯定答案。但是在笔者看来,这些肯定答案都经不住仔细推敲。或许有人会说,本案的特殊之处在于,赵春华持有的枪形物虽然达到了枪支认定标准,但是其杀伤力很低。可是,既然立法者确定了枪支认定标准,当然意味着立法者认为达到了这个标准的枪形物属于枪支。任何标准都会出现临界的情形,这既不是枪支认定标准的

---

① 参见鲜铁可:《新刑法中的危险犯》,中国检察出版社1998年版,第105页;付立庆:《应否允许抽象危险犯反证问题研究》,载《法商研究》2013年第6期。
② 除了这两种基本观点,还有一种观点认为,抽象危险犯中的危险也需要作具体判断(参见黎宏:《论抽象危险犯危险判断的经验法则之构建与适用》,载《政治与法律》2013年第8期)。这种观点会导致抽象危险犯变成具体危险犯,因而在学界的支持者较少。
③ 劳东燕:《法条主义与刑法解释中的实质判断——以赵春华持枪案为例的分析》,载《华东政法大学学报》2017年第6期。

特殊性，也不是赵春华案的特殊性。① 或许有人会说，本案的特殊性在于赵春华持有枪支的目的不是准备用于犯罪，而是用于日常经营。但是，非法持有枪支罪并不是目的犯——尽管有学者提出了目的犯的观点，下文会对这种观点进行反驳——其对行为人出于何种目的非法持有枪支未作任何要求。因此，在立法者所设想的非法持有枪支行为的典型形象中，既有为实施违法犯罪而非法持有枪支的行为，也有为其他目的而非法持有枪支的行为。赵春华非法持有枪支的行为属于后一类，其并未被排除在非法持有枪支行为典型形象之外。或许还有人会认为，本案的特殊性在于，赵春华不知自己持有的枪形物属于枪支。这一点的确会使得赵春华案的社会危害性远低于行为人有故意的非法持有枪支案件。但是，这一点足以否定赵春华的犯罪故意进而直接出罪，而不需要用欠缺社会危害性为由进行出罪。② 据此，应当认为，赵春华非法持有枪支的行为符合立法者所设想的非法持有枪支行为的典型形象，因而其具有立法者为非法持有枪支行为推定的抽象危险。因此，试图以欠缺社会危害性（法益侵害性）为由给赵春华案出罪，是行不通的。

其次，来看欠缺违法犯罪目的的出罪方案。这是由陈兴良教授提出来的出罪方案。陈兴良教授认为，非法持有枪支罪是由预备犯转化而来的抽象危险犯。只有当枪支用于违法犯罪的目的，非法持有枪支才有潜在的危险。为此，应当将非法持有枪支罪解释成非法定的目的犯，只有当行为人在主观上有违法犯罪的目的，其非法持有枪支的行为才会构成非法持有枪支罪。③ 赵春华非法持有枪支的目的是从事经营而非违法犯罪，所以按照这

---

① 如果以赵春华所持枪支的杀伤力很低为由，认为赵春华的行为不具有立法者为非法持有枪支行为推定的抽象危险，实际上就是把司法论层面的问题与立法论层面的问题混为一谈了。试想一下，如果现行枪支认定标准不是枪口比动能大于或等于 1.8 焦耳/平方厘米，而是枪口比动能大于或等于 16 焦耳/平方厘米，而赵春华所持枪形物的枪口比动能刚刚达到了 16 焦耳/平方厘米，那么我们还会认为赵春华的行为不具有立法者为非法持有枪支行为推定的抽象危险吗？由此可以清晰看出，我们之所以很容易认为赵春华的行为没有非法持有枪支罪的抽象危险，是因为我们认为 1.8 焦耳/平方厘米的枪支认定标准门槛过低。而这实际上是立法论层面的问题而非司法论层面的问题。

② 因为，故意是一个具体的要素，而社会危害性是一个整体的判断。如果我们可以通过否认某个具体的要素而直接出罪，当然无须等到最后通过否定社会危害性才进行出罪。例如，张三造成了他人死亡的结果，但是张三对其行为造成他人死亡结果既无故意也无过失。那么，张三不构成犯罪的理由是其既无故意也无过失，而不是其行为欠缺社会危害性，尽管其行为的社会危害性的确要远低于故意杀人行为和过失致人死亡行为。

③ 参见陈兴良：《赵春华非法持有枪支案的教义学分析》，载《华东政法大学学报》2017 年第 6 期。

一方案,赵春华的行为不构成非法持有枪支罪。笔者不赞同这一出罪方案。第一,将非法持有枪支罪的立法目的理解成防止枪支成为违法犯罪的工具,并不能直接推导出非法持有枪支罪是目的犯。因为,枪支不仅可以成为故意犯罪的工具,也可以成为过失犯罪的危险源。即便行为人主观上没有违法犯罪的目的,其非法持有枪支的行为客观上包含了擦枪走火的风险,而这个风险也是刑法所要防止的。第二,人的主观想法不是一成不变的。非法持有枪支的行为人在当下没有违法犯罪的目的,并不意味着其以后一定不会滋生违法犯罪的想法。正所谓"身怀利器,杀心自起"。从经验上看,在其他条件相同的情况下,与没有持有枪支的人相比,非法持有枪支的行为人更容易滋生违法犯罪的想法。第三,将非法持有枪支罪理解成目的犯,与我国的司法解释相悖。《枪支弹药爆炸物犯罪解释》第9条明确规定,因筑路、建房、打井、整修宅基地和土地等正常生产、生活需要,或者因从事合法的生产经营活动而非法制造、买卖、运输、邮寄、储存爆炸物,仍然构成非法制造、买卖、运输、邮寄、储存爆炸物罪,只不过视情节轻重而予以从轻处罚或免除处罚。① 这一司法解释表明,非法制造、买卖、运输、邮寄、储存爆炸物罪不是目的犯,不需要行为人有违法犯罪的目的。我国《刑法》分则第二章将枪支与爆炸物视为同一类物品,放在一起规制。由此可以推导出,非法持有枪支罪也不是目的犯。第四,一旦将非法持有枪支罪理解成目的犯,意味着只要行为人没有违法犯罪目的,哪怕其非法持有的枪支是具有高度杀伤力的制式枪支,也只能认为其不构成非法持有枪支罪,最多只是构成治安违法。这个结论让人很难接受,在刑事政策上难言妥当。②

再次,来看欠缺非法性的出罪方案。这是由车浩教授提出来的出罪方案。车浩教授认为,非法持有枪支罪构成要件中的"非法"既不是对"违反枪支管理规定"的重复表述,也不是指与某一项具体法律规定相抵

---

① 这条司法解释的内容为:"(第1款)因筑路、建房、打井、整修宅基地和土地等正常生产、生活需要,或者因从事合法的生产经营活动而非法制造、买卖、运输、邮寄、储存爆炸物,数量达到本解释第一条规定标准,没有造成严重社会危害,并确有悔改表现的,可依法从轻处罚;情节轻微的,可以免除处罚。(第2款)具有前款情形,数量虽达到本解释第二条规定标准的,也可以不认定为刑法第一百二十五条第一款规定的'情节严重'。(第3款)在公共场所、居民区等人员集中区域非法制造、买卖、运输、邮寄、储存爆炸物,或者因非法制造、买卖、运输、邮寄、储存爆炸物三年内受到两次以上行政处罚又实施上述行为,数量达到本解释规定标准的,不适用前两款量刑的规定。"

② 参见车浩:《非法持有枪支罪的构成要件》,载《华东政法大学学报》2017年第6期。

触，而是指与包括成文要素和不成文要素在内的整个法秩序不相容。在我国，街头摊位上的射击游戏已经成为国民文化生活传统和健康积极的娱乐体育运动的一部分，逐渐内化为形成法秩序的土壤基础。因此，赵春华的非法持有枪支行为，虽然违反了实定法意义上的枪支管理规定，但是在一个以维护和增进全体国民福祉为导向的整体性的法秩序评价中，仍然可以得到正当化。①

笔者不同意这种出罪方案。第一，虽然街头摊位上的射击游戏是日常生活中常见的现象，但它能否上升到国民文化生活传统的高度，可能要打上一个问号。第二，即便认为街头摊位上的射击游戏属于国民文化生活传统中的一部分内容，处罚赵春华的行为与这一传统并不相悖。因为，处罚赵春华是因为其持有的枪形物达到了枪支认定标准，而不是因为其摆放了气球射击摊，更不意味着以后要处罚一切摆放气球射击摊的行为。第三，如果认为只要是摆放气球射击摊的行为都不能处罚，那便意味着，哪怕赵春华在气球射击摊上摆放的不是枪口比动能很低的气枪，而是具有高度杀伤力的AK-47自动步枪，其行为也不能被处罚。这个结论显然很难被接受。针对这个批评，或许可以提出如下辩解：在气球射击摊上摆放AK-47自动步枪已经超出了国民文化生活传统的范围，因而可以对这个行为进行处罚。对于这个辩解，需要继续追问，为什么认为它已经超出了国民文化生活传统的范围？表面上看，这是因为AK-47自动步枪的杀伤力太大。但试想一下，如果我国法律不对枪支作任何管制，任何人都可以合法持有枪支，在气球射击摊上摆放AK-47自动步枪又有什么难以想象的呢？所以，在气球射击摊上摆放AK-47自动步枪之所以被认为超出了国民文化生活传统的范围，归根到底是因为AK-47自动步枪是被我国法律严格管制的枪支。由此可见，如果摆放气球射击摊能够成为国民文化生活传统中的一部分内容，那也一定是以其所使用的枪形物没有违反我国的枪支管理规定为前提的。第四，如果整体法秩序不仅涵盖了各个部门法，而且还涵盖了各种文化生活传统，它的面貌必然会变得模糊不清。对于某个行为是否违反整体的法秩序，不同的人可能会得出截然不同的结论。但至少可以肯定，既然整体的法秩序是以维护和增进全体国民的福祉为导向的，而赵春华的行为符合整体的法秩序，那么处罚赵春华的行为——无论是作为犯罪行为予以处罚还是作为行政违法行为予以处

---

① 参见车浩：《非法持有枪支罪的构成要件》，载《华东政法大学学报》2017年第6期。

罚——必然会损害全体国民的福祉,因而必然会遭到全体国民至少是绝大多数国民的反对。但实际情况并非如此。诚然,赵春华案一审判决遭到了社会大众的广泛批评。但是请注意,这并非因为社会大众认为赵春华的行为不应当被处罚,而是因为社会大众认为赵春华的行为不应当被认定为犯罪,至少不应被判处较为严厉的刑罚(三年半有期徒刑)。事实上,在二审改判赵春华缓刑后,该判决结果基本上得到了社会大众的认可。这说明,在社会大众看来,处罚赵春华的行为并不会损害全体国民的福祉。

最后,来看欠缺违法性认识的出罪方案。很多学者认为,赵春华既欠缺非法持有枪支罪的犯罪故意,又欠缺违法性认识。① 颇有意思的是,这些学者对于为何认为赵春华欠缺犯罪故意往往展开了较为详细的分析,而对于为何认为赵春华欠缺违法性认识却往往一笔带过,语焉不详。换言之,在这些学者看来,赵春华欠缺违法性认识是显而易见、不言而喻的。但是这个结论值得商榷。学者们之所以理所当然地认为赵春华欠缺违法性认识,归根到底是因为赵春华不知道自己的行为构成犯罪。但是,行为人不知道自己的行为构成犯罪,并不等于行为人就欠缺违法性认识。例如,猎人甲在打猎时误将猎人乙当成野兽而予以开枪击毙。事后查明,如果猎人甲足够小心,原本可以避免这种认识错误(以下简称"猎人案")。在本案中,猎人甲的行为构成过失致人死亡罪。虽然甲在开枪射击时并不知道自己的行为构成犯罪,但我们显然不会据此认为甲欠缺违法性认识。那么,到底如何判断行为人是否欠缺违法性认识呢?认定一个行为构成犯罪的思维过程,是一个三段论的适用过程。大前提是刑法的内容,小前提是行为人的行为,结论是行为人的行为构成犯罪。行为人无论是欠缺对大前提的认识,还是欠缺对小前提的认识,都会导致其误以为自己的行为不构成犯罪。但是,笔者认为,只有欠缺对大前提的认识,才属于欠缺违法性认识。在"猎人

---

① 参见刘艳红:《"司法无良知"抑或"刑法无底线"?——以"摆摊打气球案"入刑为视角的分析》,载《东南大学学报(哲学社会科学版)》2017年第1期;李翔:《立场、目标与方法的选择——以赵春华案为素材刑法解释论的展开》,载《东方法学》2017年第3期;王钢:《非法持有枪支罪的司法认定》,载《中国法学》2017年第4期;陈兴良:《赵春华非法持有枪支案的教义学分析》,载《华东政法大学学报》2017年第6期;劳东燕:《法条主义与刑法解释中的实质判断——以赵春华持枪案为例的分析》,载《华东政法大学学报》2017年第6期;车浩:《非法持有枪支罪的构成要件》,载《华东政法大学学报》2017年第6期;江溯:《规范性构成要件要素的故意及错误——以赵春华非法持有枪支案为例》,载《华东政法大学学报》2017年第6期。

案"中,大前提是"刑法禁止杀人",小前提是"猎人甲实施了杀人行为",结论是"猎人甲构成犯罪"。猎人甲之所以不知道自己的行为构成犯罪,不是因为欠缺对大前提的认识,而是因为欠缺对小前提的认识。所以,猎人甲并不欠缺违法性认识。同理,在赵春华案中,大前提是"刑法禁止普通公民持有枪支",小前提是"赵春华持有了枪支",结论是"赵春华构成犯罪"。赵春华之所以不知道自己的行为构成犯罪,并不是因为欠缺对大前提的认识——事实上,在我国当前的社会环境下,几乎全体国民都知道普通人不能持有枪支——而是因为欠缺对小前提的认识。所以,赵春华并不欠缺违法性认识。

第三节　量刑问题上的司法偏差

在肯定了非法持有枪支罪在定罪问题上存在司法偏差之后,接下来要思考的问题是,该罪在量刑问题上是否存在司法偏差?上文已析,23个案件都不构成非法持有枪支罪。既然如此,法院当然也就无权对这些案件中的被告人进行量刑。在这个意义上,法院对这些案件的量刑无论如何都存在偏差。不过,这个结论的理论价值相当有限。本文在这一部分所要分析的是,假设法院对这些案件的定罪没有问题,那么这些案件的量刑是否严格遵循了相关的法律规定?

从整体上看,在23个案件的24个量刑结果(其中赵春华案的一审和二审给出了两个不同的量刑结果)中,被判处管制的结果有3个,占12.5%;被判处三年以下有期徒刑并适用缓刑的结果有17个,占70.83%;被判处有期徒刑实刑的结果有4个,占16.67%。而在被判处有期徒刑实刑的4个结果中,刑期最高的结果为三年六个月,刑期最低的结果为三年两个月,4个结果的平均刑期为三年四个月零七天。应当说,无论是从管制的适用率和缓刑的适用率上看,还是从有期徒刑实刑的刑期长度来看,这些案件的量刑都比较轻缓。这或许是因为,法院也意识到将经营气球射击摊的行为认定为非法持有枪支罪在正当性上存在疑问,因而在量刑上予以一定的从轻,希望以量刑的轻缓来消减非法持有枪支罪的不当扩张所带来的负面影响。应当说,对于这些案件的被告人而言,从轻处罚的量刑结果当然要好于严格处罚甚至从重处罚的量刑结果。但是,从长远来看,这种所谓的"疑罪从轻"的做法反过来会纵容司法机关在定罪问题上的擅断,从而容易滋生冤假错案,需要引起高度警惕。①

不过，并不是所有的案件都得到了从轻处罚。例如，赵春华案的一审量刑结果(有期徒刑三年六个月)就没有体现出从轻处罚的一面。从横向比较的角度来看，赵春华案的一审量刑结果是24个量刑结果中并列最重的结果。② 但是，就持有枪支的数量而言，在被判处有期徒刑实刑的4个案件中，赵春华案的涉案枪支数量(6支)最少，其他3个案件的涉案枪支数量分别是10支、12支和16支。就量刑情节而言，赵春华案与其他3个案件都具有坦白和当庭自愿认罪的情节。据此可以认为，与其他的类似案件相比，赵春华案的一审量刑过于严苛。而这个量刑结果也遭到了社会公众和法律学者的广泛批评。③ 与之相比，赵春华案的二审判决尽管仍然肯定了罪名的成立，但是将量刑结果改为有期徒刑三年并适用缓刑，从而得到了一定程度的认可。④ 应当说，将赵春华案的量刑由有期徒刑三年六个月改为三年，具有一定的合理性。但在这里需要追问的是，对赵春华案适用缓刑是否符合法律的规定？

缓刑的适用条件规定于我国《刑法》第72条第1款。不过，2011年出台的《刑法修正案(八)》对该款内容作了修正。在被修正之前，该款的内容为："对于被判处拘役、三年以下有期徒刑的犯罪分子，根据犯罪分子的犯罪情节和悔罪表现，适用缓刑确实不致再危害社会的，可以宣告缓刑。"根据这一规定，适用缓刑需要同时满足两个条件：一是被告人被判处拘役或三年以下有期徒刑，此为适用缓刑的刑期条件；二是对被告人适用缓刑确实不致再危害社会，此为适用缓刑的实质条件。尽管上述规定也涉及了犯罪情节，但犯罪情节只是判断对被告人适用缓刑是否会再危害社会的客观依据，⑤其本身并没有绝对独立的意义。如果适用上述规定，在判

---

① 对这种"疑罪从轻"现象的批评，请参见刘宪权：《"疑罪从轻"是产生冤案的祸根》，载《法学》2010年第6期。

② 另一个被判处有期徒刑三年六个月的案件是郑思源非法持有枪支案。参见北京市房山区人民法院一审刑事判决书(2015)房刑初字第991号。

③ 2017年1月6日，在中国政法大学公共决策研究中心第104期"蓟门决策"上，阮齐林教授在评论赵春华案一审时指出，即便不考虑其他的罪责减轻因素，按照司法解释应当判处三年以上，法院也应当判处三年，并适用缓刑。阮齐林教授的这一观点在法律学者中具有代表性。

④ 参见张心向：《赵春华案二审法院为何这样判？》，载《人民法院报》2017年1月27日第3版。

⑤ 参见高铭暄、马克昌主编：《中国刑法解释(上卷)》，中国社会科学出版社2005年版，第821—822页。

处赵春华三年有期徒刑的前提下，结合本案的实际情况，应当说，对赵春华适用缓刑不致再危害社会，既然如此，就可以并且应当对其适用缓刑。

然而，多年的实践表明，《刑法》第 72 条第 1 款的原内容过于笼统、抽象，使得法官不愿、不敢适用缓刑，从而导致缓刑适用率相对较低。① 在这种背景下，为了进一步明确缓刑适用条件，《刑法修正案（八）》将《刑法》第 72 条第 1 款的内容修正为："对于被判处拘役、三年以下有期徒刑的犯罪分子，同时符合下列条件的，可以宣告缓刑，对其中不满十八周岁的人、怀孕的妇女和已满七十五周岁的人，应当宣告缓刑：（一）犯罪情节较轻；（二）有悔罪表现；（三）没有再犯罪的危险；（四）宣告缓刑对所居住社区没有重大不良影响……"不难发现，新条款对适用缓刑的实质条件进行了修正，将原来的唯一的实质条件即"适用缓刑确实不致再危害社会的"修改为需要同时满足的四个实质条件，其中之一便是"犯罪情节较轻"。而根据《枪支弹药爆炸物犯罪解释》第 5 条第 2 款的规定，非法持有以压缩气体等为动力的其他非军用枪支 5 支以上的，属于《刑法》第 128 条第 1 款规定的"情节严重"。根据法院认定的案件事实，在赵春华的射击摊中，有 6 支枪形物属于能正常发射以压缩气体为动力的枪支，属于《枪支弹药爆炸物犯罪解释》所规定的"情节严重"的情形。因此，赵春华案不符合缓刑适用的实质条件，无法适用缓刑。

不过，上述断言也不能过于绝对。毕竟，一个法条的真实含义未必是其表面看上去的那样。在法条的字面规定与它的含义之间，还存在法律解释的运作空间。就赵春华案所涉及的缓刑适用条件而言，《刑法》第 72 条第 1 款所规定的"犯罪情节较轻"与《刑法》第 128 条第 1 款所规定的"情节严重"是否一定是互斥关系，应该还有讨论的余地。考虑到刑法用语的相对性，②理论上完全有可能提出下面这种解释方案：《刑法》第 72 条第 1 款中的"犯罪情节较轻"是指综合考虑行为人的主观和客观两个方面的情形所得出的结论，而《刑法》第 128 条第 1 款中的"情节严重"则仅仅是对客观方面的描述，因此，符合《刑法》第 128 条第 1 款中"情节严重"的案件，未必不能符合《刑法》第 72 条第 1 款中的"犯罪情节较轻"的要求。通过这个解释，可以认为赵春华案符合《刑法》第 72 条第 1 款中的

---

① 参见全国人大常委会法制工作委员会刑法室编：《中华人民共和国刑法修正案（八）条文说明、立法理由及相关规定》，北京大学出版社 2011 年版，第 40—42 页。

② 参见张明楷：《刑法分则的解释原理（下）》（第二版），中国人民大学出版社 2011 年版，第 778 页。

"犯罪情节较轻"的要求,从而为缓刑的适用扫除障碍。

但是,上述解释方案是否行得通,还要经过一段时间的观察。毕竟,对某个法律条文作不同于字面意思的解释,就像在平静的水面投下一颗石子会泛起层层涟漪一样,会引发一系列新的问题。例如,在对《刑法》第72条第1款中的"犯罪情节较轻"与《刑法》第128条第1款中的"情节严重"的关系作了上述解释后,自然会引发的问题是,这种关系能否推广到《刑法》分则其他条文中的"情节严重"？如果给出否定答案,解释者就必须指出《刑法》第128条第1款中的"情节严重"与《刑法》分则其他条文中的"情节严重"的不同之处。如果给出肯定答案,那么就必然会导致缓刑适用范围的急剧膨胀。但这还没有结束,此时又会面临新的问题,例如,上述关系能否推广到《刑法》分则条文中的"情节特别严重",等等。由此可见,尝试通过重新解释《刑法》第72条第1款和《刑法》第128条第1款中的相关内容来化解对赵春华案适用缓刑时面临的法律障碍,就算不是毫无可能,也是极为困难的。

而考虑到法律学者和司法者的分工状况,要司法者去完成上述艰巨任务,更是难上加难。众所周知,法律学者的任务在于指出法律解释上的问题并提出解决之道,从而为司法者提供理论上的指导;而司法者的任务则在于将法学理论研究的结论运用于对个案的解决,并借此来检验这些结论。① 在这种分工背景下,要求司法者为了解决某个案件的量刑问题而去主动处理以往的理论研究尚未涉及的法律解释难题,显然是不切实际的。因此,笔者认为,在现行的《刑法》规定下,在学界尚未对缓刑适用条件中的"犯罪情节轻微"作出特别解释的情况下,一旦确认了赵春华构成非法持有枪支罪,便无法对其适用缓刑。换言之,二审法院对赵春华案适用缓刑的量刑结果违反了法律的规定。

需要注意的是,在违反法律的规定而对"情节严重"的非法持有枪支案适用缓刑方面,赵春华案的二审量刑结果并不是孤立的个案。在23个案件中,有6个案件属于情节严重。而在这6个案件中,包括赵春华案(二审)在内,有3个案件被法院适用了缓刑,②缓刑适用率高达50%。由

---

① 参见[德]卡尔·拉伦茨:《法学方法论》,陈爱娥译,商务印书馆2003年版,第195页。
② 另外2个被适用了缓刑的"情节严重"的案件分别是杨某丙非法持有枪支案(参见云南省澄江县人民法院一审刑事判决书(2015)澄刑初字第16号)和张某甲非法持有枪支案(参见云南省澄江县人民法院一审刑事判决书(2015)澄刑初字第15号)。

此可见，法院在处理这类案件时，违反法律规定而对被告人适用缓刑的现象具有一定的普遍性。

综上所述，针对因经营气球射击摊而构成非法持有枪支罪的案件，法院在量刑时普遍予以了从轻处罚，缓刑适用率很高。甚至部分因"情节严重"而明显不符合缓刑适用条件的案件也被法院适用了缓刑。如果说在法律规定的范围内对被告人进行从轻处罚有利于被告人，因而具有一定的合理性，那么，对因"情节严重"而明显不符合缓刑适用条件的案件适用缓刑，在量刑结果的合法性上存在疑问。

第四节　立法缺陷及其修正

在肯定了非法持有枪支罪在定罪问题和量刑问题上存在司法偏差之后，接下来要思考的问题是，非法持有枪支罪的立法是否存在某种缺陷？以及如果相关立法的确存在缺陷，应当如何修正过来？需要说明的是，本文在这里所说的非法持有枪支罪的立法，并非仅指《刑法》第128条第1款这个单一的刑法法条，而是指由所有与非法枪支罪的司法适用有关的法律法规及其他规范性文件所组成的法律系统。它既包括有关的刑法法条，也包括有关的司法解释（例如《枪支弹药爆炸物犯罪解释》），还包括相关的法律（例如《枪支管理法》）、法规及其他规范性文件（例如公安部标准所依托的《鉴定工作规定》）。

或许有学者会认为，既然我们可以以欠缺犯罪故意为由否认包括赵春华案在内的23个案件构成非法持有枪支罪，那么，基于同样的理由，后来的经营气球射击摊的行为人当然也不构成非法持有枪支罪。因此，只要司法机关能够坚持正确的司法，就可以确保这类案件得到正确的处理。相应地，非法持有枪支罪的司法适用也能够被控制在一个合理的范围之内。这就说明，非法持有枪支罪的立法没有什么缺陷。笔者认为，这种观点只看到了问题的表面，而没有把握住问题的实质。需要看到，赵春华及其他22个案件中的被告人之所以缺乏非法持有枪支罪的故意，是因为他们不知道公安部标准。可是，随着赵春华案被广泛报道，该案所适用的公安部标准也随之被社会公众所知晓。在这种情况下，很难说后来的玩具枪的持有者一定不知道公安部标准。如果行为人知道公安部标准，而其所持有的玩具枪经过鉴定属于枪支，按照现行的法律规定，就不得不认为,行为人构成非法持有枪支罪。① 也就是说,在现行的法律规定下,即便司法机关能够坚持正确的司法,仍然无法避免将一些持有玩具枪的行为认定为非法持有枪支罪。但是这种判决结果明显超出了保护法益的必要限度,过分压制了国民的行动自由,与社会公众的法感情相悖,同时也违反了罪刑法定原则所要求的刑法的适正性。② 由此可以推断,非法持有枪支罪的立法一定存在某种缺陷。

实际上,在赵春华案发生之后,学界对于非法持有枪支罪的立法存在缺陷这一点,已基本达成了共识,没有太大的争议。关键的问题是,这个立法缺陷到底是什么?以及对其应当如何修正?

一、提高枪支认定标准

赵春华案发生后,很多学者在立法论的层面将批评的矛头指向我国的枪支认定标准,认为我国枪支认定标准的门槛过低是导致赵春华案发生的根本原因,进而主张提高枪支认定标准。③ 前文已述,关于枪支的认定,我国目前同时存在人大标准和公安部标准,但实际上前者已基本上被后者架空了。因此,被我国学者批评为门槛太低的枪支认定标准,确切地说,是指公安部标准。实际上,早在数年之前,就有学者批评了公安部标准的门槛太低。④ 只不过,当时还未发生类似于赵春华案的热点案件,公安部标准尚未引起学者们的广泛关注,因而这种主张在当时没有太大的理论影响力。时至今日,在赵春华案发生之后,公安部标准及其弊端已为学者们所熟知。在这种背景下,主张提高枪支认定标准的观点得到了很多学者的支持,甚至几乎成为了学界的共识。那么,这种主张是否值得

---

① 劳东燕教授也注意到了这个问题。参见劳东燕:《法条主义与刑法解释中的实质判断——以赵春华持枪案为例的分析》,载《华东政法大学学报》2017年第6期。

② 有学者认为,赵春华案的有罪判决结果之所以引起很大的争议,其根本原因在于执法机关没有严格执法,从而导致公众对于枪支认定标准缺乏认识(参见杨建军:《法律的系统性危机与司法难题的化解——从赵春华案谈起》,载《东方法学》2017年第3期)。笔者认为,这个观点没有把握住问题的实质。因为,就算是社会公众都清楚地知道了我国的枪支认定标准,鉴于这个标准的门槛很低,将持有符合该标准的玩具枪的行为评价为犯罪行为,仍然会违反罪刑法定原则所要求的刑法的适正性。关于刑法的适正性,参见张明楷:《刑法学(上)》(第六版),法律出版社2021年版,第66—70页。

③ 参见侯欣一:《建议提高枪支认定标准,对枪支进行分类分级管理》,载《民主与法制时报》2017年3月16日,第7版。

④ 参见陈志军:《枪支认定标准剧变的刑法分析》,载《国家检察官学院学报》2013年第5期。

支持呢？笔者认为，对于这个问题，需要分两步进行思考：第一，提高枪支认定标准是否有助于防止未来再次发生赵春华案之类的案件？如果前一个问题的答案是肯定的，需要继续思考，对于防止未来再次发生赵春华案之类的案件这一立法目标而言，提高枪支认定标准是否是一个理想的方案？

先来看第一个问题。如果将枪支认定标准的门槛提高到一个相对合理的水平，是否可以防止未来再次发生赵春华案之类的案件？答案显然是肯定的。上文在分析赵春华案时已指出，在客观层面，赵春华的行为之所以该当非法持有枪支罪的客观构成要件，就是因为，在现行的《刑法》规定和刑事司法制度下，法院不得不以公安部标准作为涉枪刑事案件的枪支认定标准，而按照公安部标准，赵春华所持有的枪形物中有6支属于枪支。如果法院在审理本案时，适用的不是公安部标准而是人大标准，那么赵春华所持有的枪形物就不能被认定为枪支，其行为也就无法构成非法持有枪支罪。当然，提高枪支认定标准，并不意味着一定要将其提高到像人大标准那么高的程度。但无论如何，这个提高后的标准至少应当能够将普通的玩具枪排除在枪支的成立范围之外。在这种情况下，根据新的枪支认定标准，也足以防止未来再次发生赵春华案之类的案件。

接着来看第二个问题。对于防止未来再次发生赵春华案之类的案件这一立法目标而言，提高枪支认定标准是否是一个理想的方案？为了回答这个问题，需要评估提高枪支认定标准这个方案的利弊得失。这个方案的益处，显而易见，就是严格控制非法持有枪支罪等枪支犯罪的司法适用范围，避免未来再次发生赵春华之类的案件。对此，理论上不会有什么争议。不过，提高枪支认定标准这一方案的弊端，却很少被学者们提及。值得注意的是，关于非制式枪支的认定标准，公安部先后于2001年和2007年制定了两个不同的标准，2007年标准即是现行的公安部标准。与2001年的枪支认定标准相比，现行的公安部标准大幅度地降低了枪支成立的门槛。① 尽管如此，现行的公安部标准在出台之初便得到了很多大城市的支持。其原因在于，现行的公安部标准有利于维护社会稳定，营

---

① 据学者分析，在枪支成立的临界值上，现行的公安部标准只是2001年标准的1/10左右。参见陈志军：《枪支认定标准剧变的刑法分析》，载《国家检察官学院学报》2013年第5期。

造良好的治安环境。① 这反过来意味着,如果提高现行的公安部标准,势必会在一定程度上放松对枪支的管制,从而给社会治安带来一定的隐患。

或许有学者会认为,这只是一个将枪支成立的门槛设定在哪个位置的技术问题而已。只要为枪支认定设置一个科学合理的标准,就可以很好地兼顾对个人自由的保障和对社会治安的维护。为此,有学者主张将枪支成立的最低门槛设定为16焦耳/平方厘米,②也有学者主张将其设定为10~15焦耳/平方厘米。③ 但是笔者认为,这在本质上不是一个如何设置枪支认定具体标准的技术问题,而是采用何种枪支管理体制的问题。从理论上看,我国的行政法和刑法都对枪支进行了管理,④似乎形成了刑法和行政法二元并行的枪支管理体制。但是,一方面,刑法为涉枪罪名的构成要件所设立的门槛很低,⑤从而将只构成行政违法但不构成犯罪的涉枪行为的范围压缩得非常小;另一方面,刑法在管理枪支时采用的枪支认定标准是公安部标准。这两个方面的因素共同导致了我国对于枪支实际上只有单一的刑法管理体制。而这种对于枪支的单一刑法管理体制从根本上导致了我们很难在此消彼长的个人自由的保障和社会治安的维护之间找到一个理想的平衡点。显然,仅仅提高枪支认定标准并不能改变这种单一的刑法管理体制,因此,这

---

① 参见吕晓森:《标准调整需要综合论证现行标准的由来及问题》,载腾讯网 http://news.qq.com/a/20170106/000205.htm,访问日期:2017年6月28日。
② 参见侯欣一:《建议提高枪支认定标准,对枪支进行分类分级管理》,载《民主与法制时报》2017年3月16日,第7版;周慧:《全面深化改革背景下的枪支分类研究》,载《山东警察学院学报》2017年第1期。
③ 参见陈志军:《枪支认定标准剧变的刑法分析》,载《国家检察官学院学报》2013年第5期。
④ 我国《刑法》规定了非法制造、买卖、运输、邮寄、储存枪支罪,非法持有、私藏枪支罪等多个涉及枪支的罪名,自不待言。此外,我国《治安管理处罚法》第32条对非法携带枪支的行为规定了规制。
⑤ 例如,我国《刑法》规定的非法持有枪支罪是行为犯。因此,原则上只要行为人实施了非法持有枪支的行为,就足以该当非法持有枪支罪的客观构成要件。当然,相关的司法解释从持有枪支的数量角度对刑法上的非法持有枪支的行为进行了一定的限制,但是这种数量要求极低。根据相关的司法解释,非法持有军用枪支1支或者非法持有以火药为动力发射枪弹的非军用枪支1支就属于刑法上的非法持有枪支行为。即便是非法持有以压缩气体为动力的非军用枪支,也只需2支就构成刑法上的非法持有枪支。这意味着,有且仅有非法持有以压缩气体为动力的非军用枪支1支这一种情形,属于行政法上的违法但不构成刑法上的犯罪。除此之外,任何非法持有枪支的行为都能够该当非法持有枪支罪的客观构成要件。

种方案尽管能够更好地保障个人的自由,但与此同时也必然会弱化对社会治安的维护。据此,笔者认为,提高枪支认定标准的方案很难称得上是一个理想的方案。

二、修改非法持有枪支罪的空白罪状

既然提高枪支认定标准不是理想的修法方案,在此需要另起炉灶,设计出一个新的修法方案。不难发现,提高枪支认定标准的修法方案的立足点在于公安部标准的门槛太低。但本文更为关心的则是,公安部标准是如何进入刑事案件的审判之中的?需要注意,公安部标准所依托的《鉴定工作规定》既不是行政法规,也不是部门规章,而只不过是部门规范性文件。也就是说,从法律的效力等级角度来看,公安部标准的效力等级是很低的。因此,在应然层面,公安部标准最多只能指导行政法上的枪支认定,而无法指导刑事案件中的枪支认定。更何况,关于枪支认定标准问题,我国已经出台了在位阶上远比公安部标准高得多的人大标准。但实际情况却是,公安部标准主导了刑事案件中的枪支认定。关于公安部标准为何能够在与人大标准的竞争中胜出,前文已有详细分析,此不赘述。在这里需要强调的是,公安部标准之所以能够进入刑事审判领域从而与人大标准展开竞争,其根本原因在于,《刑法》第128条第1款在规定非法持有枪支罪的构成要件时采用了空白罪状的立法模式,并且将空白罪状所需援引的刑法前规范表述为"枪支管理规定"。显然,"枪支管理规定"没有对被援引的法律规范的效力等级提出任何要求。正是因此,公安部标准所依托的《鉴定工作规定》才能成为非法持有枪支罪的刑法前规范。相应地,公安部标准才具备与人大标准展开竞争的资格。

有鉴于此,笔者认为,应当将非法持有枪支罪的空白罪状的内容作为修法的着力点。具体而言,将《刑法》第128条第1款规定的空白罪状所需援引的刑法前规范即"枪支管理规定"修改为"枪支管理法律"。显然,通过这个方案,可以阻止公安部标准进入刑事案件的审理之中,从而避免未来再次发生赵春华案之类的案件。当然,修改法律尤其是修改刑法是一个牵一发而动全身的系统工程,需要格外慎重。因此,仅凭这个方案能够实现既定目标,尚不足以断言它就是一个理想的方案。那么,它到底是不是一个理想的方案?为了回答这个问题,需要从法理依据和实践效果两个方面进行思考。

众所周知,枪支认定标准对于非法持有枪支罪的司法适用至关重要。既然如此,立法者原本应当在非法持有枪支罪的条文中明确规定枪支认定标准。然而,鉴于这个问题具有很强的技术性,另外也出于维护刑法典的简洁性和稳定性的考虑,立法者并没有在非法持有枪支罪的法条中直接规定枪支认定标准,而是采用了空白罪状的立法模式,将枪支认定标准的问题交由刑法前规范即"枪支管理规定"来解决,从而将非法持有枪支罪的罪状确定为"违法枪支管理规定,非法持有枪支"。

关于空白罪状,理论上的关注点主要在于,它是否违反了罪刑法定原则?以往学界主要是从罪刑法定原则所要求的刑法明确性原则的角度来讨论这个问题,并且普遍给出了否定的回答。① 不过,笔者认为,对于非法持有枪支罪的空白罪状而言,讨论其是否违反罪刑法定原则,重点不在于其是否违反了刑法明确性原则,而在于其是否违反了罪刑法定原则所要求的法律主义或曰法律专属性原则。法律主义是指,规定犯罪及其后果的必须是成文的法律,法官只能根据成文法律定罪量刑。② 换言之,罪刑法定原则中的"法"仅限于由国家最高立法机关依据法定程序所制定的成文法律,而不包括行政机关指定的行政法规、部门规章,当然也不包括习惯法和判例。其背后的法理依据在于,刑罚权源自国家主权,因此,有且只有代表最高民意的代议机构才能规定刑事责任的根据、范围与后果。③ 另外,我国于2023年修正的宪法性法律《立法法》第12条明确规定,对于犯罪和刑罚的事项,只能制定法律。就此而言,法律主义不仅是罪刑法定原则的要求,也是我国宪法的要求。那么,空白罪状是否违反法律主义的要求呢?对此,我国学界普遍持否定立场。④ 但是笔者认为,对于这个问题不能一概而论,而需要区分相对空白罪状和绝对空白罪状。

本文所说的相对空白罪状是指这样一类空白罪状:《刑法》分则条文既规定了行为违反某个刑法前规范,又对构成要件作了一定的描述,并且这种描述能够在司法实践中发挥重要的排除作用。例如,我国《刑法》第

---

① 参见陈兴良:《规范刑法学(上)》(第五版),中国人民大学出版社2023年版,第59页;杨剑波:《刑法明确性原则研究》,中国人民公安大学出版社2010年版,第99页。
② 参见张明楷:《刑法学(上)》(第六版),法律出版社2021年版,第59—61页。
③ 参见陈兴良主编:《刑法总论精释(上)》(第三版),人民法院出版社2016年版,第32—33页。
④ 参见张明楷:《罪刑法定的中国实践》,载梁根林、[德]埃里克·希尔根多夫主编:《中德刑法学者的对话:罪刑法定与刑法解释》,北京大学出版社2013年版,第92—93页。

133 条对交通肇事罪的规定采用了空白罪状的形式,其内容为"违反交通运输管理法规,因而发生重大事故,致人重伤、死亡或者使公私财产遭受重大损失"。不难发现,该《刑法》条文对构成要件的结果要素作了描述,并且这个结果要素能够在司法实践中将大量的违反了交通运输管理法规但尚未造成重大事故的行为排除在交通肇事罪的成立范围之外。本文所说的绝对空白罪状是指这样一类空白罪状:《刑法》分则条文既规定了行为违反某个刑法前规范,又对构成要件作了一定的描述,但是这种描述在司法实践中发挥的排除作用极为有限。[①] 例如,我国《刑法》第 128 条第 1 款对非法持枪支罪的规定采用了空白罪状的形式,其内容为"违反枪支管理规定,非法持有枪支"。表面上看,在刑法前规范之外,《刑法》条文还规定了"非法持有枪支"这个行为要素。但实际上,"非法"和"枪支"的理解取决于枪支管理规定。也就是说,在刑法前规范之外,《刑法》条文对构成要件的描述仅限于"持有"一词。而"持有"一词则是几乎所有行为都能满足的兜底性规定,在司法实践中能够发挥的排除作用极为有限。

对于相对空白罪状而言,尽管刑法前规范会在一定程度上影响罪名的司法适用,但考虑到《刑法》条文对构成要件的描述能够起到重要的排除作用,刑法前规范并没有独立地规定犯罪与刑罚的事宜。因此,无论刑法前规范的效力等级如何,相对空白罪状都不会违反法律主义的要求。但是,对于绝对空白罪状而言,由于《刑法》条文对构成要件的描述能够发挥的排除作用极为有限,刑法前规范在罪名的司法适用中发挥着决定性的作用。在这个意义上可以认为,刑法前规范独立地规定了与该罪名有关的犯罪与刑罚的事宜。因此,绝对空白罪状的确有违反法律主义之嫌。不过,绝对空白罪状是否真的违反了法律主义的要求,还要看刑法前规范的效力等级:如果刑法前规范仅仅是刑法之外的其他法律,那么绝对空白罪状就不会违反法律主义的要求;而如果刑法前规范包括了法律之外的规范,例如行政法规、部门规章、部门规范性文件等,那么绝对空白罪状就肯定会违反法律主义的要求。

---

① 有学者认为,绝对空白罪状是指《刑法》分则条文仅规定行为违反某个刑法前规范,除此之外不再对构成要件作任何表述的空白罪状;而相对空白罪状是指《刑法》分则条文既规定了行为违反某个刑法前规范,同时还对构成要件作了类型化表述的空白罪状。(参见刘树德:《空白罪状——界定、追问与解读》,人民法院出版社 2002 年版,第 65—68 页。)但是,我国《刑法》分则规定的空白罪状或多或少都对构成要件作了一定的描述。若按照这种理解,我国刑法规定的空白罪状都属于相对空白罪状,那么这种分类也就没有任何意义了。

具体到非法持有枪支罪的空白罪状,上文已述,该空白罪状属于绝对空白罪状,刑法前规范——确切地说,就是公安部标准所依托的《鉴定工作规定》——在非法持有枪支罪的司法适用中发挥了决定性的作用。而前述规定在法律位阶上只不过是部门规范性文件,据此可以确认,非法持有枪支罪的空白罪状违反了法律主义的要求。在笔者看来,这才是导致赵春华案及类似案件发生的根本原因。因此,为了防止未来再次发生赵春华案之类的案件,最根本的措施是对非法持有枪支罪的空白罪状进行修改,避免其违反法律主义的要求。现在的问题是,该如何修改非法持有枪支罪的空白罪状? 从理论上看,有两种方法:第一,将绝对空白罪状修改成为相对空白罪状;第二,对刑法前规范的内容进行调整。第一种方法要求调整非法持有枪支罪的构成要件要素,涉及面过宽,不具有可操作性。而第二种方法只需要将空白罪状中的"枪支管理规定"修改为"枪支管理法律",简单明了,具有可操作性。不难发现,此即为上文所说的修改空白罪状的方案。可见,本文提出的修改空白罪状的方案,其法理依据在于罪刑法定原则所要求的法律主义。

那么,上述修改空白罪状的方案会在司法实践中带来什么样的效果呢? 它能够防止未来再次发生赵春华案之类的案件,自不待言。更为重要的是,它能将我国目前对枪支的单一刑法管理体制修改为二元的法律管理体制。具体而言,通过这一修改方案,法院在审理涉枪刑事案件时只能依据人大标准;与此同时,现行的公安部标准仍然有效,不过其效力仅限于对枪支的行政规制。由此,便形成了对枪支的刑法管理(适用人大标准)和对枪支的行政法管理(适用公安部标准)二元并行的管理体制,前者有助于保障个人自由,后者有助于维护社会治安,从而能够很好地兼顾个人自由与社会治安的双重目标。据此,笔者认为,与提高枪支认定标准的方案相比,更为确切地说,与提高公安部标准的方案相比,完善非法持有枪支罪的空白罪状的方案更为可取。

不过,修改《刑法》规定毕竟需要一个较为漫长的过程。在此之前,为了防止再次发生赵春华案之类的案件,由我国最高人民法院出台司法解释,将非法持有枪支罪的罪状中的"枪支管理规定"解释为"枪支管理法律",应是一个不错的替代方案。

第五节　对《"两高"批复》的评析

在赵春华案引发广泛批评后，2018年3月8日，最高人民法院和最高人民检察院联合发布《关于涉以压缩气体为动力的枪支、气枪铅弹刑事案件定罪量刑问题的批复》（以下简称《"两高"批复》）。这个批复是最高司法机关对由赵春华案引发的对涉及枪支弹药罪名司法适用状况批评的一个正式回应。《"两高"批复》的内容如下：

一、对于非法制造、买卖、运输、邮寄、储存、持有、私藏、走私以压缩气体为动力且枪口比动能较低的枪支的行为，在决定是否追究刑事责任以及如何裁量刑罚时，不仅应当考虑涉案枪支的数量，而且应当充分考虑涉案枪支的外观、材质、发射物、购买场所和渠道、价格、用途、致伤力大小、是否易于通过改制提升致伤力，以及行为人的主观认知、动机目的、一贯表现、违法所得、是否规避调查等情节，综合评估社会危害性，坚持主客观相统一，确保罪责刑相适应。

二、对于非法制造、买卖、运输、邮寄、储存、持有、私藏、走私气枪铅弹的行为，在决定是否追究刑事责任以及如何裁量刑罚时，应当综合考虑气枪铅弹的数量、用途以及行为人的动机目的、一贯表现、违法所得、是否规避调查等情节，综合评估社会危害性，确保罪责刑相适应。

不难发现，《"两高"批复》既没有采纳此前在学界和社会面都有很高呼声的提高枪支认定标准的建议，也没有采纳笔者提出的修改非法持有枪支罪的空白罪状或将其中的"枪支管理规定"解释为"枪支管理法律"的建议，而是另辟蹊径，要求司法机关在处理涉以压缩气体为动力的枪支、气枪铅弹刑事案件的定罪量刑问题时应综合评估社会危害性，不能唯数量论。

《"两高"批复》试图通过破除唯数量论来化解涉及枪支弹药罪名的司法适用困境，说明最高司法机关认为，赵春华案的一审判决之所以会引发广泛批评，是因为一审法院采用了唯数量论的做法。根据上文的分析可知，这个唯数量论的做法是指，一审法院基于赵春华非法持有的枪支数量为6支而认定赵春华的非法持有枪支行为属于"情节严重"的情形,进而对其判处有期徒刑三年六个月。但是需要注意,一审法院认定赵春华非法持有枪支的行为属于"情节严重",这个结果不是由法官自由裁量得出来的,而是严格按照司法解释进行认定的。《枪支弹药爆炸物犯罪解释》第5条第2款规定:"具有下列情形之一的,属于刑法第一百二十八条第一款规定的'情节严重':(一)非法持有、私藏军用枪支二支以上的;(二)非法持有、私藏以火药为动力发射枪弹的非军用枪支二支以上或者以压缩气体等为动力的其他非军用枪支五支以上的;(三)非法持有、私藏军用子弹一百发以上,气枪铅弹五千发以上或者其他非军用子弹一千发以上的;(四)非法持有、私藏手榴弹三枚以上的;(五)达到本条第一款规定的最低数量标准,并具有造成严重后果等其他恶劣情节的。"按照上述规定,赵春华非法持有6支以压缩气体为动力的非军用枪支,显然属于非法持有枪支"情节严重"的情形。也就是说,《枪支弹药爆炸物犯罪解释》并没有给司法者以自由裁量、综合判断的空间。如此看来,与其说是赵春华案的一审法院采用了唯数量论的思路,毋宁说是《枪支弹药爆炸物犯罪解释》采用了唯数量论的思路。从《枪支弹药爆炸物犯罪解释》到《"两高"批复》,最高司法机关调整了处理涉及枪支弹药刑事案件的思路,由唯数量论转向了综合判断论。这也会导致《枪支弹药爆炸物犯罪解释》中的很多内容被废置架空,尽管它并没有被最高司法机关正式宣布失效。

从这种思路转变中,我们还可以解读出一个信息——在最高司法机关看来,赵春华案一审判决的问题没有出在定罪上而是出在量刑上。换言之,赵春华构成非法持有枪支罪这一点是没有问题的。这种看法与二审法院的立场一致。而由上文的分析可知,学者们普遍认为,赵春华的行为不构成非法持有枪支罪。这充分说明,学界和司法实务界在对非法持有枪支罪的理解上,尤其是在判断具体案件是否构成非法持有枪支罪时,还存在较大的分歧。

那么,《"两高"批复》能否从根本上化解涉及枪支弹药的刑事案件的司法适用困境?答案恐怕是否定的。笔者认为,《"两高"批复》提供的方案,是一个适用面狭窄、简单粗暴、回避实质问题的方案。首先,《"两高"批复》仅涉及以压缩气体为动力的枪支、气枪铅弹,而不涉及以火药为动力的枪支。这显然不是最高司法机关无意的疏漏,而是其有意为之的结果。那么,为何要对两种枪支作区别对待呢?负责起草《"两高"批复》的最高人民法院研究室刑事处对此解释道:"从实践反映的情况看,以火药为动力的枪支案件的定罪量刑不存在问题。……鉴此,《批复》仅对涉以压缩气体为动力且枪口比动能较低的枪支案件的定罪量刑标准作出调整,对于以火药为动力的枪支以及以压缩气体为动力但枪口比动能较高的枪支的案件,仍然适用《涉枪解释》和《走私解释》的标准不变,从严惩治,确保司法标准和裁判尺度的连贯性、一致性。"① 然而,这个理由不能令人信服。因为,与以压缩气体为动力的枪支一样,以火药为动力的枪支同样会面临定罪量刑的难题。受到社会广泛关注的"4厘米枪形钥匙扣案"②,涉及的就是以火药为动力的枪支。笔者认为,《"两高"批复》区别对待两种枪支的真正原因是,在最高司法机关的潜意识里,以火药为动力的枪支比以压缩气体为动力的枪支具有更强的杀伤力,因而需要对前者进行更为严格的管制。可问题是,在现行枪支成立标准对枪口比动能要求非常低的情况下,那些枪口比动能刚达到标准的枪形物,即便是以火药为动力,也不可能有很强的杀伤力。例如,司法实践中出现了一些非法持有、私藏"火柴枪"的案件。③ 这些"火柴枪"就是以火药为动力,但是并没有杀伤力,或者说杀伤力极低。因此,《"两高"批复》仅破除涉及以压缩气体为动力的枪支、气枪铅弹的刑事案件的唯数量论,却不破除涉及以火

---

① 最高人民法院研究室刑事处:《〈最高人民法院、最高人民检察院关于涉以压缩气体为动力的枪支、气枪铅弹刑事案件定罪量刑问题的批复〉的理解与适用》,载《人民法院报》2018年3月29日,第3版。

② 本案的基本案情与判决结果为:2012年,被告人李华通过互联网在国外购买一支4厘米长的袖珍转轮手枪(即枪形钥匙扣),并于2013年至2018年7月间联系被告人许凡以该枪支为原型枪大量复制生产。经许凡联系,由被告人梁胜(化名)的五金加工厂生产五金冲压件,深圳某金属制品公司生产击锤、枪管、鼓轮,惠州某公司生产塑料件。相关配件生产后寄给许凡,许凡再转发给梁胜,由梁胜工厂负责将全部零配件组装成成品。组装完成后,李华通过境外网站及被告人郭某某等多个国内下线代理,将袖珍转轮手枪出售。2018年7月31日,李华被公安机关抓获,当日在福建厦门市某地下停车场李华的汽车后备箱内,扣押散装小左轮手枪若干,盒装小左轮9套(每套含1支小左轮、9发小左轮子弹),枪支零件若干,未拼装完成小左轮7支;在李华住处扣押小左轮手枪2把,小左轮子弹一袋。经中国刑警学院物证鉴定中心鉴定,李华存放在家中及车内的62支钥匙扣左轮手枪是以火药为动力的自制袖珍转轮手枪,属于非军用枪支,具有射击功能,认定为枪支。33件枪支零部件是以火药为能源的非制式枪支零部件,具备与制式枪支专用零部件相同功能,认定为枪支零部件。2021年6月4日,鞍山市中级人民法院一审判决如下:被告人李华犯非法制造、买卖、邮寄枪支罪,判处有期徒刑4年;被告人许凡犯非法制造、邮寄枪支罪,判处有期徒刑3年6个月;被告人梁胜犯非法制造、邮寄枪支罪,判处有期徒刑3年;被告人梁某某等12人犯非法制造(买卖)枪支罪,免予刑事处罚。参见《"4厘米枪形钥匙扣案"宣判,3人被判3到4年,12人免予刑事处罚》,载《华商报》2021年6月7日。

③ 参见喻海松编著:《实务刑法评注》,北京大学出版社2022年版,第443页。

药为动力的枪支的刑事案件的唯数量论,是没有道理的。

其次,《"两高"批复》破除唯数量论的初衷值得肯定,但是其破除唯数量论的方式过于简单粗暴,会引发一系列新的问题。如上文所析,我国司法实践存在较为普遍的唯数量论的做法,其根源不在于基层司法机关的机械司法,而在于最高司法机关出台的大量的司法解释对很多罪名中的要素或情节设置了唯数量论的判断标准。《枪支弹药爆炸物犯罪解释》只是其中的一个代表。《"两高"批复》虽然破除了《枪支弹药爆炸物犯罪解释》中的唯数量论的判断标准,却无法破除其他司法解释中的唯数量论的判断标准。这必然会给基层司法者带来一个很大的困惑——《"两高"批复》所倡导的综合判断论的思路能否贯彻到其他罪名的司法适用中?如果答案是否定的,那么为何只有枪支弹药罪名的司法适用需要破除唯数量论?如果答案是肯定的,那就意味着,几乎所有司法解释中的唯数量论的判断标准都会被推翻。对于司法解释的效力和权威而言,这几乎是一个毁灭性的打击。如果最高司法机关下定决心破除唯数量论,那么就需要重新制定大量的司法解释,至少需要将既有司法解释中的唯数量论的判断标准加以删除替换。这显然是一项复杂浩繁的系统工程,需要投入大量的人力、物力和财力。如果最高司法机关没有决心做这项工作,那么就只能承受唯数量论带来的弊端,并且承认这是由司法解释中的唯数量论判断标准造成的。而最高司法机关现在的做法是,一方面在大量的司法解释中采用唯数量论的判断标准,另一方面却又要求基层司法机关不能唯数量论。这与其说是在指导基层司法机关正确办案,毋宁说是在随时准备给基层司法机关"甩锅"。因为,司法责任的基本逻辑决定了基层司法机关必须严格适用司法解释,因而不得不采用司法解释所规定的唯数量论的判断标准。如果案件的审理结果没有引起舆论的质疑,当然不会有任何问题。在没有外部压力的环境下,最高司法机关不可能主动指责严格适用司法解释的基层司法机关。但是,如果案件的审理结果引起了舆论的质疑,最高司法机关又可以拿出《"两高"批复》之类的文件,将自己置身事外,转而批评基层司法机关犯了唯数量论的错误。这种做法容易引起司法混乱,实不足取。

最后,就赵春华案引发的相关争议而言,《"两高"批复》回避了最为实质的问题。实际上,无论是赵春华案还是"4厘米枪形钥匙扣案",最具争议的问题不在于如何量刑而在于能否定罪。尽管从个案的角度看,赵春华无罪的理由是因为其欠缺非法持有枪支罪的故意,但这个案件之所以在定罪时遇到困难,归根到底还是因为当前适用的刑法意义上的枪支的认定标准不够合理。无论是此前在学界和社会面都有很高呼声的提高枪支认定标准的建议,还是笔者所提出的修改非法持有枪支罪的空白罪状或将其中的"枪支管理规定"解释为"枪支管理法律"的建议,都旨在提高刑法意义上的枪支的认定标准。而《"两高"批复》在没有对刑法枪支认定标准作任何调整的情况下,试图通过破除唯数量论来化解涉及枪支弹药的罪名在司法适用中的困境,其实质是用量刑上的优惠去弥补定罪上的理亏。这与其说是一种解决问题的方案,不如说是一种掩盖问题的方案。

第六章　李昌奎案：死刑适用的两种方案

第一节　李昌奎案始末

李昌奎强奸、杀人案（以下简称"李昌奎案"）是 2009 年发生在云南省的一起强奸、杀人案件。本案的基本案情为：

> 李昌奎是云南省巧家县的一个农民，平时在四川省打工。2009 年 5 月 14 日，李昌奎的哥哥李昌国和同村一个叫陈礼金的妇女因琐事发生纠纷。李昌奎得知此事，便从四川省赶回云南省老家。陈礼金有一个女儿叫王家飞，时年 19 岁。李昌奎以前向王家飞提过亲，但是被拒绝了。5 月 16 日 13 时许，李昌奎回到村里，在路过王家飞的伯父王廷金家门口时，遇到了王家飞和她 3 岁的弟弟王家红。李昌奎与王家飞发生了争吵，继而相互殴打起来。随后，李昌奎在王廷金家院子内将王家飞掐晕，并对她实施了强奸。在王家飞醒后跑开时，李昌奎用锄头猛击她的头部致其倒地。紧接着，李昌奎提起王家红的手脚将其头部猛撞门方，并用绳子勒住两个被害人的颈部，后逃离现场。经法医鉴定，王家飞、王家红均系颅脑损伤伴机械性窒息死亡。案发后，云南省巧家县公安局迅速向全国发出通缉，并会同四川省宁南、普格、布拖、金阳等周边县一起设岗堵卡，捉拿凶犯。在潜逃后的第四天（5 月 20 日），李昌奎到四川省普格县城关派出所投案。①

---

① 参见云南省昭通市中级人民法院一审刑事附带民事判决书（2010）昭中刑一初字第 52 号。不过，该判决书没有提及李昌奎向王家飞提亲被拒绝一事。对这一信息的介绍，参见云南高院：《不能以公众狂欢方式判李昌奎死刑》，载网易新闻网 http://news.163.com/11/0713/10/78R7VGIH0001124J.html，发布日期：2011 年 7 月 13 日。

2010年7月15日,云南省昭通市中级人民法院作出一审刑事附带民事判决。一审法院认为:李昌奎报复杀害王家飞、王家红的行为以及强奸王家飞的行为,已分别构成了故意杀人罪、强奸罪,对李昌奎应实行数罪并罚。李昌奎所犯故意杀人罪,犯罪手段特别残忍,情节特别恶劣,后果特别严重,其罪行特别严重,社会危害极大,应依法严惩,虽李昌奎有自首情节,但依法不足以对其从轻处罚。李昌奎的犯罪行为给附带民事诉讼原告人造成了经济损失,应根据法律规定和被告人的实际赔偿能力予以赔偿。据此,一审法院判决李昌奎犯故意杀人罪,判处其死刑立即执行,剥夺政治权利终身;犯强奸罪,判处有期徒刑5年,决定执行死刑立即执行,剥夺政治权利终身;并判决由被告人李昌奎赔偿刑事附带民事诉讼原告人王廷礼、陈礼金经济损失共计人民币30000元(其家属已赔偿的除外)。① 一审宣判后,李昌奎不服,以自己有自首情节、积极赔偿被害人家属部分损失、悔罪态度好为由提起上诉,请求对其从轻处罚。

2011年3月4日,云南省高级人民法院作出二审刑事判决。二审法院认为:李昌奎目无国法,将王家飞掐致昏迷后对其实施奸淫,而后又将王家飞、王家红姐弟杀害的行为,分别构成强奸罪、故意杀人罪,应依法严惩。李昌奎在犯罪后到公安机关投案,并如实供述其犯罪事实,属自首;在归案后认罪、悔罪态度好;并赔偿了被害人家属部分经济损失。鉴于此,二审法院改判李昌奎死缓。②

对于二审改判的结果,王家飞的家人无法理解,不能接受。他们向云南省高院、云南省高检、云南省政法委申诉,继而向中央政法委、最高法、最高检提交了申请材料,请求启动对本案的再审,但没有得到任何回应。随后,王家飞的哥哥王家崇在腾讯网开通微博,传播案情,后又在各大论坛发帖,最终引发了轰动全国的舆论风暴。网民普遍将本案与不久前被判处死刑立即执行的药家鑫案作对比,认为本案较之于后者"更加凶残",故而将本案称为"赛家鑫案"(赛过药家鑫)。③ 在这场舆论风暴中,网民

---

① 参见云南省昭通市中级人民法院一审刑事附带民事判决书(2010)昭中刑一初字第52号。

② 参见云南省高级人民法院二审刑事判决书(2010)云高法终字第1314号。

③ 药家鑫案的主要案件事实与审理结果为:2010年10月20日22时30分许,被告人药家鑫驾驶陕A419N0号红色雪佛兰小轿车从西安外国语大学长安校区返回市区途中,将前方在非机动车道上骑电动车同向行驶的被害人张妙撞倒。药家鑫恐张妙记住车牌号找其麻烦,即持尖刀在张妙胸、腹、背等处捅刺数刀,将张妙杀死。逃跑途中又撞伤二人。同月22日,公安机关找其询问被害人张妙被害案是否系其所为,药家鑫矢口否认。同月(转下页)

一边倒地支持对李昌奎判处死刑立即执行,并对云南省高院的二审改判大加挞伐,认为云南省高院的改判是"悍然向中国法律挑衅",并怀疑云南省高院存在徇私舞弊。2011年7月6日,云南省高院召开了新闻发布会,表示该案二审程序合法,不存在徇私舞弊,改判死缓是有事实、法律和刑事政策依据的。① 7月12日,云南省高院副院长田成有接受采访时表示,"不能以公众狂欢的方式杀人,杀人偿命的陈旧观点也要改改了"(以下简称"狂欢论"),并且认为"这个案子10年后肯定是一个标杆、一个典型"(以下简称"标杆论")。② 云南省高院的新闻发布会及田成有的表态使得李昌奎案的走向扑朔迷离起来。

富有戏剧性的是,在田成有副院长发表"狂欢论"与"标杆论"的次日,也就是7月13日,云南省高院作出了再审决定。2011年8月22日,云南省高院在昭通市开庭审理该案后当庭作出再审判决。再审判决认为:被告人李昌奎因求婚不成及家人的其他琐事纠纷产生报复他人之念,强奸、杀害王家飞后,又残忍杀害王家飞年仅3岁的弟弟王家红,其行为已分别构成强奸罪、故意杀人罪,且犯罪手段特别残忍,情节特别恶劣,后果特别严重,社会危害极大,虽有自首情节,但不足以对其从轻处罚。因此,再审撤销原二审死缓判决,改判李昌奎死刑立即执行,剥夺政治权利终身。③ 随后,最高人民法院经复核认为,云南省高院再审判决认定的事实清楚,证据确凿、充分,定罪准确,量刑适当,审判程序合法,故依法裁定核准了对李昌奎的死刑判决。2011年9月29日,李昌奎在云南省昭通市被依法执行了死刑。

(接上页)23日,药家鑫在其父母陪同下到公安机关投案。2011年4月22日上午,西安市中级人民法院对被告人药家鑫故意杀人案作出一审判决,以故意杀人罪判处药家鑫死刑,剥夺政治权利终身,并处赔偿被害人家属经济损失45498.5元。药家鑫随后提起上诉。2011年5月20日,陕西省高级人民法院对被告人药家鑫故意杀人一案进行了二审公开开庭审理并宣判,依法裁定驳回药家鑫上诉,维持原判,并依法报请最高人民法院核准。2011年6月7日,药家鑫被依法执行注射死刑。

① 参见黄秀丽:《免死金牌惹起官民舆论战》,载《南方周末》2011年7月14日,第A03版。
② 参见云南高院:《不能以公众狂欢方式判李昌奎死刑》,载网易新闻网 http://news.163.com/11/0713/10/78R7VGIH0001124J.html,发布日期:2011年7月13日。
③ 参见《云南高院再审李昌奎强奸杀人案,当庭改判死刑》,载腾讯网 http://news.qq.com/a/20110823/000208.htm,发布日期:2011年8月22日。

第二节　学界观点述评

李昌奎案的两次改判引发了社会舆论与法学学者的广泛关注和热烈讨论。总体上看，这些讨论可以分为两个层次。第一个层次是针对李昌奎案本身的讨论，其聚焦的问题有两个：第一，李昌奎到底该判死刑立即执行还是死缓？第二，启动再审程序是否合法，利弊如何？第二个层次则是由李昌奎案所引发的讨论，其聚焦的问题有三个：第一，如何理解与评价关于死刑的国家政策与学理主张？第二，民意与司法的关系如何？第三，裁判文书该如何说理？

通过这些讨论可知，李昌奎案的先后两次改判，不仅造成了被告人李昌奎命运的戏剧性变化，而且给中国的刑事法治带来了深远的影响：它对我国的死刑适用方案进行了一次"全民公决"，集中展示了社会公众在死刑问题上的基本立场；它迫使慎用死刑论者与废除死刑论者努力界定自己的立场、调整自己的策略，从而使他们在限制、废除死刑问题上的立场趋于保守；它动摇了二审终审制原本赋予二审判决的既判力，使得原本就脆弱的程序正义的理念再次受到摧残；它再一次展现了当下社会中舆情民意对于司法判决的强大影响力，当然也凸显了舆情民意与司法独立的紧张关系。下面对这些讨论逐一展开分析。

一、死刑立即执行还是死缓

李昌奎案的核心争议点在于，对于被告人李昌奎，应当判处死刑立即执行还是死刑缓期二年执行。表面上看，死刑立即执行与死刑缓期二年执行都属于死刑这一刑种，二者的区别仅在于执行方式不同而已。但实际上，死刑缓期二年执行在绝大多数情况下意味着被告人不会被执行死刑，其与死刑立即执行的区别是"生死两重天"。正是因此，二审将死刑立即执行改判为死缓才会引起轩然大波。

作为这场悲剧的直接承担者，王家飞的家人强烈要求对李昌奎判处死刑立即执行。二审改判死缓后，王家飞一家联合二百多名村民签名上访，要求改判李昌奎死刑立即执行。"就是倾家荡产也要告，要判他死刑立即执行"，王家飞家人如此向媒体表态。王家飞的五伯王廷清自认为有法治观念，懂得最高法"少杀、慎杀"的理念，但他认为这一政策不能用在李昌奎身上，"只要中国还有死刑立即执行，李昌奎就应该享受这个'最高待遇'"。[①]

---

① 参见黄秀丽：《免死金牌惹起官民舆论战》，载《南方周末》2011年7月14日，第A03版。

在李昌奎案的案情被曝光后,王家飞家人的立场得到了广泛的民意支持。腾讯网的民意投票显示,97.61%的网民要求判处李昌奎死刑立即执行。尽管这97.61%的网民意见未必能代表全部的民意,但它足以代表社会公众的主流看法。毫无疑问,在上述主流观点的形成过程中,药家鑫案起到了标尺的作用。据腾讯网的在线调查,97.79%的网民认为本案比药家鑫案"更凶残"。既然药家鑫被判处死刑立即执行,李昌奎没有理由不被判处死刑立即执行。甚至有网友调侃,"若李昌奎判死缓,药家鑫会含冤"①。

为了回应社会各界的质疑,云南省高院于2011年7月6日召开了新闻发布会,解释二审改判死缓的理由:第一,李昌奎具有自首情节;第二,李昌奎案由民间矛盾引发,社会危害性相对较小;第三,改判死缓是贯彻"宽严相济"刑事政策的表现。② 如果说上述回应还属于"释法"的范畴,那么几天后,田成有副院长接受《新快报》采访时抛出的"狂欢论""标杆论"③以及云南省高院某法官在《南方周末》匿名发表的《死刑不是灵丹妙药,民意不能替代法官审判》一文,④则是将是否判处李昌奎死刑之争转变为死刑是否具有正当性的理念之争。

当云南省高院与社会公众展开"官民舆论战"时,法学学者也凭借其专业知识加入了对本案的讨论之中。总体上看,绝大多数学者认为李昌奎应当被判处死刑立即执行。

很多学者从李昌奎案的具体案情出发,对自首这个被云南省高院视为"免死金牌"的情节对于量刑的影响进行了探讨,认为李昌奎的自首情节不足以发挥从轻处罚的作用。其中,不少学者是从本案社会危害性的角度切入的。高铭暄教授指出,"人民法院在决定刑罚时,首先还是要考虑犯罪本身的社会危害程度,自首只是量刑时考虑的情节之一。如果罪行本身特别严重,即使自首也可以不予从轻。李昌奎连杀两人,其中一人是三岁儿童,还有强奸行为,罪行极其严重,应当判处死刑,即使构成自首

---

① 《网友调侃:李昌奎判死缓,药家鑫会含冤》,载网易新闻网 http://news.163.com/11/0706/06/788ROKOF00014AED.html,访问日期:2015年4月14日。
② 参见黄秀丽:《免死金牌惹起官民舆论战》,载《南方周末》2011年7月14日,第A03版。
③ 云南省高院:《不能以公众狂欢方式判李昌奎死刑》,载网易新闻网 http://news.163.com/11/0713/10/78R7VGIH0001124J.html,发布日期:2011年7月13日。
④ 参见云南省高级人民法院一位不愿署名的法官:《死刑不是灵丹妙药,民意不能代替法官审判》,载《南方周末》2011年7月14日,第A04版。

也不足以从轻处罚"①。赵秉志教授和彭新林博士也表达了类似的观点。他们认为,"一般来说,社会危害性较轻的,应多体现从轻或减轻要素的作用,适当考虑从重的量刑要素;社会危害性较大的,应多体现从重量刑要素的作用,适当考虑从轻或减轻的量刑要素。因此,死刑案件中多个量刑情节竞合时,如何发挥它们对刑罚轻重的调节作用,首要的原则是必须衡量整个犯罪行为的社会危害程度"②。应当说,这代表了刑法学界的主流看法。

此外,还有学者通过对自首进行类型化的处理来解释为何本案中的自首没有从轻处罚的效果。孟庆华教授主张将自首分为"主动自首"和"被动自首",虽然二者同属自首,但二者对量刑的影响应当有所区别,"被动自首"应当比"主动自首"承担的刑事责任要重。根据他的理解,李昌奎是在罪行败露后,慑于警方追捕而投案,属于"被动自首",不足以从轻处罚。③

与大多数学者聚焦于本案的自首情节不同,车浩教授对本案另一个可能导致量刑优惠的情节"邻里纠纷"进行了教义学的解读。他指出,"'邻里纠纷'不是空间性和物理性的地域概念,而应被理解为以熟人社会为情理基础、以特殊预防为刑罚目的、以直接关联性为教义学特征的法律概念"④。根据这一理解,李昌奎与王家飞、王家红并不是制造纠纷的直接当事人,因而对李昌奎不能适用"邻里纠纷"的优惠政策。

姜涛教授则从数罪并罚的角度检讨了二审判决对死缓的适用。他指出,数罪并罚从反向上意味着行为人的违法性与有责性胜过同种单独犯罪,如果数罪中有一罪达至死缓的标准,则其他犯罪之责任不应因吸收原则的贯彻而被抵消,相反却可以成为死缓适用的阻却事由。对于本案而言,在罪责刑相适应原则之下,强奸罪的成立以及对故意杀人罪这一同种数罪实行并罚,对法官能否以故意杀人罪判处李昌奎死缓具有重要影响,

---

① 《法学专家:再审李昌奎案非舆论审判》,载《新华每日电讯》2011年8月24日,第004版。
② 赵秉志、彭新林:《我国死刑适用若干重大现实问题研讨——以李昌奎案及其争议为主要视角》,载《当代法学》2012年第3期。
③ 参见孟庆华:《李昌奎案件的几个刑法适用问题评析》,载《学习论坛》2012年第3期。
④ 车浩:《从李昌奎案看"邻里纠纷"和"手段残忍"的涵义》,载《法学》2011年第8期。

它可以成为阻却本案适用死缓的重要理由。①

在学界几乎一边倒地反对云南省高院的二审改判之际,也有少数学者站出来支持云南省高院。周详教授就从罪刑法定主义的视角出发支持了云南省高院的死缓判决。他认为,李昌奎案符合"邻里纠纷等民间矛盾激化引发的故意杀人犯罪"以及"自首"的情况,对其适用从轻或减轻处罚,当然有法律依据与刑事政策依据;死刑立即执行与死缓的适用对象是"罪行极其严重的犯罪分子",二者的共同前提都是"应当判处死刑",死缓制度的设立目的就在于为"少杀、慎杀"的国家刑事政策留下法律依据,所以对于已经认定为"罪大恶极"或"罪行极其严重"的犯罪分子,在没有"必减情节"的情况下,法官判处死刑立即执行或死缓,在形式上都有法律依据;罪刑法定原则要求排斥不均衡、残酷的刑罚,改判死缓符合罪刑法定原则的精神。②

二、是否应当提起再审

与李昌奎案的走向密切相关的另一个问题是,云南省高院是否应当提起再审。与应否对李昌奎判处死刑立即执行的这个实体性问题引起了全社会的广泛讨论不同,是否应当提起再审这个程序性问题并没有进入社会公众的视野。其原因可能是,在社会一般公众看来,在承认二审改判死缓有误的情况下,通过再审进行纠错就是理所当然,无须加以讨论。然而,在法学界内部,是否应当提起再审的问题还是引起了争议。并且,从总体上看,大多数学者在承认二审改判死缓存在一定问题的前提下,或基于对被告人人权的保障,或基于对法律判决既判力和司法权威的维护,而反对云南省高院启动再审程序。

杨兴培教授认为,"李昌奎一案应否提起或者启动刑事再审程序已不是一个简单的社会危害性大小和民愤大小的问题,在更深的法治层面上是一个涉及法治观念、法律制度以及如何严格按照法律规定进行司法操作的问题。从价值判断上看,云南省高级人民法院对昭通市中级人民法院的一审死刑判决的改判已不能为社会公众所理解和接受,其中必定有着价值观念的差异。但当这种价值观的差异已在法官(法院)的自由裁量

---

① 参见姜涛:《从李昌奎案看检讨数罪并罚时死缓的适用》,载《法学》2011年第8期。
② 参见周详:《罪刑法定主义视角下"赛家鑫"案再审问题之剖析》,载《法学》2011年第8期。

范围之中时,在情感上人们可以去批评它使其惊醒,但在法治的形式上人们也必须学会接受它。法官也有错判,错判应当再审;法官但无悔判,悔判不应当再审。因为法律毕竟是法律,它是严肃的。李昌奎案不应当轻启刑事再审程序"①。

贺卫方教授表达了类似的意思。他说:"云南省高院改判尽管不足以说服人,但毕竟是二审终审制。司法过程不存在腐败情节,两家都穷得一塌糊涂,腐败不了。审判委员会作过研究,程序上也没有多少值得指责的问题。所以我说,既然如此,我们就从了吧,尊重这个终审判决,不要再去想把它推翻掉。"②贺卫方教授进一步指出,尽管二审改判存在错误,但不是任何错误都必须纠正,要区分需要纠正的错误和不需要纠正的错误。③

康均心教授则对再审改判可能引发的后果表示了担忧。他指出,如果为了一味追求实体正义而不顾程序正义,为了最终需要的实质正义而任意选择手段或过程,那么最终可能会伤及司法正义本身。在没有发现新的事实和证据且不存在适用法律错误的情况下,强行地启动再审程序,改判死刑立即执行,会导致"李昌奎们"无法基于稳定的法律来预期自己的命运,惶惶不可终日。这不符合人道的要求,也有悖于法治精神。此外,再审频繁,会导致诉讼无止境,不利于维护判决的既判力,会使得法律的威信下降。④

当然,也有学者明确支持云南省高院重启再审程序。陈光中教授认为李昌奎案的再审合法有据。他认为,李昌奎案是云南省高院根据被害人亲属的申诉,审查认为原判决适用法律确有错误而依法提起再审的,符合《刑事诉讼法》的规定。针对启动再审不利于维护司法权威的观点,他反驳道,"司法权威是建立在裁判公正的基础上的,只有公正的裁判才具有真正的权威。违背了事实和法律的错误裁判,谈不上有无权威问题。我国《刑法》规定,人民法院对犯罪分子决定刑罚时,应当根据犯罪的事实、性质、情节和对于社会的危害程度判处。对李昌奎案判处死缓,并没有体现出对上述因素的全面考虑,就属于适用法律不当,裁量有失误,依

---

① 杨兴培:《李昌奎案:本不应轻启刑事再审程序》,载《东方法学》2011年第5期。
② 贺卫方:《司法独立审判需要广泛的公众认知》,载《南方周末》2011年12月8日,第E31版。
③ 同上注。
④ 参见康均心:《还有多少李昌奎被翻案》,载《青少年犯罪问题》2011年第6期。

法应当予以纠正"①。

三、关于死刑的国家政策与学理主张

在死刑适用问题上,我国一直奉行"少杀、慎杀"的政策。而在学界更是有很多学者主张慎用死刑甚至废除死刑。那么,我国"少杀、慎杀"的死刑政策与慎用死刑论、废除死刑论的学理主张,能否构成对李昌奎案适用死刑的限制呢？这是司法实务界与理论界都无法回避的问题。

面对民众的强烈质疑,云南省高院坚称二审改判死缓是基于"少杀、慎杀"的理念。云南省高院副院长田成有在接受《新快报》采访时表示,之所以要"少杀、慎杀",就是要给予人性和人权,"我们不能再冷漠了,不能像曾经那样,草率判处死刑,杀人偿命的陈旧观点要改了"②。此外,一名云南省高院的法官在《南方周末》上匿名发表文章《死刑不是灵丹妙药,民意不能替代法官审判》。文章认为,云南省高院二审基于李昌奎案存在自首情节、属于邻里纠纷引发而改判死缓,符合宽严相济的死刑政策。这一改判饱受公众质疑,显现出传统"杀人偿命"的观念与现代司法"少杀、慎杀"的理念发生了断裂或碰撞。文章进而指出,"生命属于我们只有一次,生命无价,一个人通过非法手段剥夺了另外的生命,我们再利用合法的手段去消灭这个生命,我们还欢欣鼓舞,这是不是一个民族应有的健康心态？仇恨、残杀,到底能给这个社会带来什么？我们不仅要为民族振兴营造良好的国际环境,顺应世界潮流,更重要的是转变我们的刑罚理念。我们必须保持刑罚应有的人道和谦抑,消除对杀人的迷信和崇拜,不能再把杀人当作是治理犯罪的灵丹妙药。死刑裁判不是'杀人偿命'的简单逻辑,它必须是法官对案件起因、主观恶性、政策形势、社情民意等因素的综合考量、权衡判断"③。

然而,云南省高院上述具有前沿性的论断并没有得到法学界的有力支持。甚至,为了撇清自己的学理主张与李昌奎案的关系,慎用死刑论者与废除死刑论者纷纷对自己的学理主张进行解释与界定,然而这

---

① 《法学专家:再审李昌奎案非舆论审判》,载《新华每日电讯》2011年8月24日,第004版。
② 云南高院:《不能以公众狂欢方式判李昌奎死刑》,载网易新闻网 http://news.163.com/11/0713/10/78R7VGIH0001124J.html,发布日期:2011年7月13日。
③ 云南省高级人民法院一位不愿署名的法官:《死刑不是灵丹妙药,民意不能代替法官审判》,载《南方周末》2011年7月14日,第A04版。

种重新解释的过程未始不是一个重构的过程。就此而言，李昌奎案所引发的对于死刑问题的全民讨论，在不同程度上影响了学者们在死刑问题上的学理主张，甚至会因此而在一定程度上影响我国死刑政策的未来走向。

作为慎用死刑论者，赵秉志教授认为，"考虑到现实的国情民意，慎用死刑政策的贯彻重点应在于立法上不合理配置死刑、现阶段又无法即行废止死刑的非暴力犯罪，而不应在于关涉民众切实利益与感受的严重暴力犯罪，尤其是严重致命性暴力犯罪。否则，极易引致社会公众对死刑改革产生抵触心理，甚至会危及社会的和谐与稳定，从而影响决策领导层推动死刑改革的魄力与决心，阻碍我国死刑改革的进程。为了切实贯彻慎用死刑之政策，就需要在严格掌握死刑的适用方案、遵循死刑的正当程序的基础上，合理衡量案件的各种罪前、罪中和罪后情节，要特别注意以罪中情节作为决定死刑适用与否的首要依据，以罪前、罪后情节作为决定死刑适用与否的必要补充，并适当参酌案外相关因素，尤其是舆情民意，努力追求法律效果与社会效果的有机统一"①。

作为我国赞成立即无条件废除死刑的少数学者之一，贺卫方教授也不认可云南省高院的二审改判。他说："废除死刑可以从药家鑫案开始，也可以从李昌奎案开始，但这个权力必须由最高人民法院行使，由最高人民法院昭示天下……若最高法对李昌奎免死，那么就意味着今后杀人犯基本不判死刑了。但如果由省一级法院开始，这个逻辑有点怪，统一的司法标准就会打破，叫其他法院怎么判案？"②几个月后，贺卫方教授修正了自己的观点，直接放弃了由个案废除死刑的路径。他说："李昌奎案一审判决死刑立即执行，这个判决是正当的，不立即执行就不公平。根据中国现行《刑法》的规定和司法实践，应该判决死刑立即执行。云南省高院改判为死缓，理由不充分，这个改判并不适当……尽管我主张废除死刑，但废死论是在立法角度，不是司法角度，不能从个案开始。这个法官说不判死刑，那个法官说必须判死刑，法律面前怎么人人平等？"③邓子滨研究员也表达了类似的看法。他称，"法院的任务不是回答主观的价值和理念的问题，而是要解决客观的事实与法律问题。废除死刑，少杀、

---

① 赵秉志：《关于中国现阶段慎用死刑的思考》，载《中国法学》2011年第6期。
② 黄秀丽：《免死金牌惹起官民舆论战》，载《南方周末》2011年7月14日，第A03版。
③ 贺卫方：《司法独立审判需要广泛的公众认知》，载《南方周末》2011年12月8日，第E31版。

慎杀,这是良法的理念,要由国家层面来决定,不能通过法院的判决来决定"①。

四、民意与司法的关系

近年来,每逢出现引起社会广泛关注的热点案件,民意与司法的关系就成为一个绕不开的话题。一方面,不可否认,这些热点案件的判决结果在相当的程度上受到了舆情民意的影响;另一方面,这种民意影响、干扰甚至操纵司法的现象引起了司法实务部门与法学界的担忧。可以说,在民意与司法的关系问题上,我国当下明显存在着司法精英主义与大众司法两种路线的尖锐对立,而李昌奎案再次将这两种路线的对立展现得淋漓尽致。

《死刑不是灵丹妙药,民意不能代替法官审判》一文可谓代表了云南省高院在民意与司法的关系问题上的基本立场。文章强调,"民意始终只能是一种参考,而不能代替法官独立、负责的审判。处在舆论的风口浪尖之上,法官不能当墙头草,简单地迁就、迎合是要出问题的,轻易地承诺和改变,依附于各种非理性、不正当的民意只会没完没了,甚嚣尘上。用舆论的方式来判定一个人的生死,是人治赤裸裸的重现。在相互矛盾、波动起伏的民意和稳定的法律规则之间,更应期待法官保持清醒的判断和明白的智慧。中国法治不能这样折腾,法院的判决如果没有证据和事实方面的错误,就不容许随意'翻烧饼'"②。

面对网络民意杀声一片,贾宇教授认为,全社会需要冷静思考。他指出,人民法院依法独立行使审判权,也要接受监督,但一切监督者的评判标准只能有一个——判决是否合法。针对李昌奎案的二审改判,他认为:"在关于目前某些案件判处死缓是否正确的争议中,舆论当然很难证明判决的违法之处。因而我认为,大家还是应当回归理性,尊重人民法院依法作出的裁判。最不希望看到的结局是:舆论无法指出,人民法院也不知道自己的判决有什么法律上的错误,大家只是仗着人多势众,形成法治外的巨大压力,撬动中国特色的权力运行机制,迫使法院作出违心的改判。那不仅将是司法的悲哀,也将成为中华民族法治

---

① 黄秀丽:《免死金牌惹起官民舆论战》,载《南方周末》2011年7月14日,第A03版。
② 云南省高级人民法院一位不愿署名的法官:《死刑不是灵丹妙药,民意不能代替法官审判》,载《南方周末》2011年7月14日,第A04版。

进程、文明进程的悲哀!"①

尽管云南省高院极力抵制舆论媒体的影响,尽管也有少数学者支持云南省高院的二审改判,但迫于各方面的压力,云南省高院最终不得不启动对李昌奎案的再审程序,并且作出了判处李昌奎死刑立即执行这一符合舆情民意的判决。在社会公众欣喜于这一民意的胜利之时,也有人批评李昌奎案的再审属于以民意干预司法的"网络审判""舆论审判"。

对于上述批评意见,高铭暄教授并不认同。他指出:"网络和媒体都是民意表达的方式之一。我国宪法和法律规定,人民法院依法独立行使审判权,不受任何行政机关、社会团体和个人干涉。这并不意味着人民法院审判案件可以不尊重民意,不考虑舆情。因为法律本身就是人民意志的集中体现,判决结果也要接受人民的监督和社会的评论。李昌奎案二审改判确实引起舆论热议。但云南高院再审是根据被害人亲属申诉等启动,是严格依照审判监督程序进行的,改判李昌奎死刑的判决,也是根据再审查明的事实,依照法律规定作出的。这与所谓的'网络审判''舆论审判'是完全不同的。"②

孙国祥教授同样反对将李昌奎案的改判视为民意不当干扰司法的结果。他对民意与司法的关系进行了清晰的梳理,指出:"司法当然应该有一定的专业性,也需要有一定的独立性,但司法的专业性和独立性不应成为绝对排斥民意的借口。民意是对社会生活现状的最直接的反映,尽管常带有一定的主观、感性成分,但不能用妖魔化的方式一竿子抹黑。刑法规范来源于社会生活,刑法的规定与生活常识和情理相通,刑事立法也好,刑事司法也罢,它们都不是为了刑法自身而存在,更不是为了少数精英们的理性而存在,而是为社会生活而存在,民意反映的往往是社会大众真正的现实的刑法需要。因此,司法的判断与大众日常情理的判断不应被看作是不可通约的对抗关系。民意之所以认为李昌奎该杀,当然有质朴的'杀人偿命'等观念影响,这些体现了特定时期社会的基本情理和价值选择的质朴观念,是公平正义的原生态表达,反映了社会历史文化、社会习俗、道德观念等价值要求,一定程度上也反映了特定时期罪责刑相适

---

① 贾宇:《舆论监督司法应回归理性》,载《法制日报》2011年8月24日,第011版。
② 参见《法学专家:再审李昌奎案非舆论审判》,载《新华每日电讯》2011年8月24日,第004版。

应的要求。司法官员应该敬畏当下民意,下判之时,在制定法的基础上,应该考虑普通人的日常情理和感受,只有这样,才能达至判决的法律效果和社会效果的统一。"①

与上述学者在宏观理念层面上探讨民意与司法的关系不同,车浩教授对民意舆论所聚焦的"杀人手段特别残忍"的问题展开了教义学的分析,从而挖掘出了汹涌民意中的合理成分。他认为,"手段残忍"重在强调行为对善良风俗和人类恻隐心的挑战,它本来就是以社会一般观念作为判断基准的规范性概念,司法者应当将其视作民意舆情中的合理成分予以采纳。②

五、裁判文书的说理

一直以来,我国裁判文书说理不充分的缺点受到了学界的广泛批评。李昌奎案同样存在明显的说理不充分的问题。云南省高院二审将一审判决的死刑立即执行改判为死缓,两个结果存在天渊之别,可改判理由不足150个字,以致网友怀疑云南省高院存在徇私舞弊。而后,为了回应舆论的质疑,云南省高院只好通过召开新闻发布会、接受采访等方式阐释改判的理由。

针对云南省高院二审判决书的说理不足,车浩教授批评道,"目前我国法院判决书主要是概括式的风格,法官缺少充分说理论证的发挥空间。李昌奎案件已经充分暴露了这种概括式的、不说理的判决书的弊端:云南省高院的判决书既没有对如何理解和适用《纪要》中的'邻里纠纷'政策予以说明,又不交代任何理由地去除了一审判决认定的'手段特别残忍',从而规避了手段残忍与自首情节并存时的抉择问题,而对于争议较多的赔偿问题也是一笔带过,完全没有展现出法官在审理案件过程中需要面对的各种因素以及如何平衡和选择的理由,最后径直给出一个改判死缓的结论。这种执业方式在李昌奎一案中所引起的民意汹涌的后果,应该足以为戒"③。

杨兴培教授也表达了类似的观点。一方面,他论述了裁判文书说理的重要性,"作为量刑的司法活动不但是一个追求正义、实现正义的过程,

---

① 孙国祥:《民意必须得到尊重》,载《检察日报》2011年8月24日,第05版。
② 参见车浩:《从李昌奎案看"邻里纠纷"和"手段残忍"的涵义》,载《法学》2011年第8期。
③ 同上注。

也应当是一个让人们看得见正义的过程。判决书的判决理由是判决结果正当化和具备权威性、说服力的重要载体。为了使法官自由裁量的过程为社会公众所了解和接受,法官写好每一份刑事判决书就成了一个重要的司法活动内容。刑事法官在判决书中所描述的审理过程和阐述的判案理由是法官裁判活动是否合法、合理的重要体现,也是裁判结果是否体现司法正义的重要标志"①。另一方面,他对云南省高院二审判决书的说理不足提出了批评,"此次云南省高级人民法院的终审判决书虽言简意赅,但其改判的理由并不充分甚至语焉不详。高院审判委员会有27名成员,而且要成员过半(14人以上)同意判决结果的,才能作出判决。李昌奎案也不例外。但多少人同意改判,多少人反对改判一概尽在不言中。当前司法活动还有许多不尽如人意之处,如此一份判决如何使社会公众信服自然成为社会关注的焦点。时至今日,经过社会的'倒逼',云南省高级人民法院才站出来说明'在适用法律上,大家有不同的意见',自然有被动之嫌和被人不信任之所在。这是云南省高级人民法院在改判时没有想到的,但愿亡羊补牢,为后来者戒"②。

但是也有学者表示李昌奎案二审改判所引发的舆论风暴与裁判文书说理不充分没有直接关系。周详教授认为,"即使二审法官提前将这些理由写进判决书,要求判死刑的民众还是不会满意的。难道民众对药家鑫案判死刑的结果满意,是因为该判决书说理充分吗?不是。事实上杀还是不杀,可供陈述的理由与法律依据就那么多,死刑判决书的说理程度与民众满意度之间的关系不大"。③

第三节 公共政策与个体正义的博弈

李昌奎案引发了社会公众与云南省高院在死刑适用问题上的尖锐对立。毫无疑问,社会公众以药家鑫案为参照,要求判处李昌奎死刑立即执行,是一种朴素正义观的体现。而这种朴素的正义观,是构建法治国家最坚实的基础,应该最大程度地得到尊重。关于这一点,理论上已经有很多论述,本文不予赘述。可是,关于争论的另一端即云南省高院的行为背后

---

① 杨兴培:《若在国外,李昌奎判决书该如何写》,载《法制日报》2011年7月12日,第010版。
② 同上注。
③ 周详:《罪刑法定主义视角下"赛家鑫"案再审问题之剖析》,载《法学》2011年第8期。

的逻辑,我们可能有所忽略。在此需要追问的是,云南省高院为何要二审改判?如果我们对云南省高院的二审改判报以"假设的同情"①,能否发现其改判的背后也存在某种合理性?如果答案是肯定的,那么这种合理性与朴素正义观之间的冲突,对于中国当下社会又意味着什么?下文将围绕这些问题展开分析。

一、案件缘何疑难

有学者将李昌奎案与许霆案作比较,认为与许霆案不同,李昌奎案不属于法律适用上的疑难案件。② 但事实上,李昌奎案同样属于疑难案件。当然,李昌奎案与许霆案成为疑难案件的原因不尽相同。许霆案之所以成为疑难案件,是因为在该案中,若严格按照法律规定作出判决,得出的结论难以为社会公众所接受,因而该案体现了严格规则主义与能动裁量主义两种裁判方式的紧张关系。③ 而李昌奎案之所以成为疑难案件,是因为既有的法律规定与司法解释并不能为李昌奎案提供一个明确的结论,法官在审判的过程中必须进行自由裁量,而这个自由裁量既可能指向死刑立即执行的判决结果,也可能指向死缓的判决结果。

先来看法律关于死刑适用的规定。《刑法》第 48 条对死刑适用作了如下规定:"死刑只适用于罪行极其严重的犯罪分子。对于应当判处死刑的犯罪分子,如果不是必须立即执行的,可以判处死刑同时宣告缓期二年执行。死刑除依法由最高人民法院判决的以外,都应当报请最高人民法院核准。死刑缓期执行的,可以由高级人民法院判决或者核准。"这个条文中最关键的内容就是"罪行极其严重"和"不是必须立即执行的"。对于"罪行极其严重"而言,理论上的疑问是,如何理解它的规范内涵,以及它到底是仅适用于死刑立即执行,还是同时适用于死刑立即执行和死刑缓期二年执行?而对于"不是必须立即执行的"而言,暂且不论它有循环

---

① 著名哲学家罗素认为,研究一个哲学家的时候,正确的态度既不是尊崇也不是蔑视,而是应该首先要有一种假设的同情,直到可能在他的理论里有什么东西大概是可以相信的为止;唯有到了这个时候才可以重新采取批判的态度(参见[英]罗素:《西方哲学史(上卷)》,商务印书馆 1963 年版,第 59 页)。笔者认为,这种研究态度同样适用于对本案争论双方的考察。

② 参见王启梁:《法律世界观紊乱时代的司法、民意和政治——以李昌奎案为中心》,载《法学家》2012 年第 3 期。

③ 关于许霆案的讨论,请参见谢望原、付立庆主编:《许霆案深层解读——无情的法律与理性的诠释》,中国人民公安大学出版社 2008 年版。

定义的嫌疑,关键的问题仍在于,它的规范涵义是什么？对于这些关键性的问题,法律无法给出明确的答案,而理论上也存在激烈争议。①

除了上述关于死刑适用的法律规定,李昌奎案还涉及自首、邻里纠纷、手段残忍等可能影响量刑的情节。关于自首及其处罚,《刑法》第67条第1款规定:"犯罪以后自动投案,如实供述自己的罪行的,是自首。对于自首的犯罪分子,可以从轻或者减轻处罚。其中,犯罪较轻的,可以免除处罚。"理论上一般认为,"可以"从宽处罚,表明我国刑法对于自首采取的是相对从宽处罚原则。这即是说,并非对于每一个自首的犯罪人都一律从宽处罚,而是既可以从宽处罚,也可以不予从宽处罚。② 换言之,尽管李昌奎案存在自首情节,这个自首能否起到从宽的作用,以至于成为李昌奎的"免死金牌",根据法律规定并不能得出一个明确的结论。

除了自首,另一个可能对量刑起到从宽作用的情节是"邻里纠纷"。最高法于1999年出台的《全国法院维护农村稳定刑事审判工作座谈会纪要》作了如下规定:"……对于因婚姻家庭、邻里纠纷等民间矛盾激化引发的故意杀人犯罪,适用死刑一定要十分慎重,应当与发生在社会上的严重危害社会治安的其他故意杀人犯罪案件有所区别。对于被害人一方有明显过错或对矛盾激化负有直接责任,或者被告人有法定从轻处罚情节的,一般不应判处死刑立即执行……"最高法于2010年颁布的《关于贯彻宽严相济刑事政策的若干意见》也规定,对于因恋爱、婚姻、家庭、邻里纠纷等民间矛盾激化引发的犯罪,应酌情从宽处罚。尽管上述两个规定要求对因"邻里纠纷"引起的犯罪案件酌情从宽、慎用死刑,但这些规定并没有完全排除适用死刑立即执行的可能性。

而处于自首与"邻里纠纷"的对立面,可能对量刑起到从严作用的情节是"手段残忍"。与自首和"邻里纠纷"被明文规定于法律或最高法的规范性文件不同,"手段残忍"对量刑的影响只是存在于司法实践和学理主张之中,并没有规范性依据。暂且不论这种规范性依据的欠缺,即便同意"手段残忍"能够起到从严量刑的作用,无论司法实践与学理主张呈现何种面貌,都不可能得出只要"手段残忍"就必须适用死刑立即执行的结论。

---

① 参见储槐植:《死刑的司法控制:完整解读刑法第四十八条》,载《中国检察官》2013年第3期。

② 参见高铭暄、马克昌:《刑法学》(第十版),北京大学出版社、高等教育出版社2022年版,第269页。

退一步而言,即便承认自首与"邻里纠纷"情节明确指向死缓,而"手段残忍"明确指向死刑立即执行,那么李昌奎案就同时具备方向相反的多重情节,这时法院该如何判决?这恐怕是李昌奎案给司法者带来的最大挑战。对此,理论上已经作了一些研究,但这些研究很难具有排他性的解释力。问题的根源在于,当案件存在两个量刑情节,而这两个量刑情节指向完全相反的结论时,支持其中某个结论,必定意味着忽略了另一个情节的作用。就像一审法院使用"虽然……但是……"的连词以肯定"手段残忍"情节的作用而忽视自首情节的作用一样,二审法院原本也可以使用"虽然……但是……"这个连词以肯定自首情节的作用而忽视"手段残忍"情节的作用。① 说到底,在这种场合下如何权衡,本质上不是一个论证或说理的过程,而是一个决断的过程。

综上,由于法律规定的模糊性和学理解释的多义性,法官在审理李昌奎案时必然要行使自由裁量权。而这个自由裁量权的行使既可能指向死刑立即执行的结果,也可能指向死缓的结果。波斯纳法官认为,只有当我们将"客观性"界定为"合乎情理(reasonableness)"时,法律的客观性才是可以实现的目标。而"合乎情理",根据波斯纳的理解,是指"不任性、不个人化和不政治化,就是既非完全的不确定,也不要本体论意义上的或科学意义上的确定,而是只要是有说服力的,尽管不必然是令人信服的解释,并总是伴随有这种解释,就可以修改答案"②。很显然,按照这一标准,云南省昭通市中院一审判处李昌奎死刑立即执行符合法律客观性的要求,而云南省高院二审改判李昌奎死缓同样符合法律客观性的要求。

二、二审缘何改判

既然无论判处李昌奎死刑立即执行还是死缓,都是符合法律和司法解释的规定的,在一审已经判处李昌奎死刑立即执行之后,云南省高院二审为何要改判死缓?毕竟,改判较之于维持原判,不仅会多花费很多工夫,而且会增加不少麻烦。一方面,在撰写判决书时,改判就意味着需要重新说理,而这在维持原判的判决书中是不需要的。另一方面,更为重要的是,二审改判为死缓,必然引起被害人家属的强烈不满,进而很有可能

---

① 陈瑞华教授曾在一次公开演讲中指出,我国二审法院对一审判决进行改判时,往往就是将一审判决中的"虽然……但是……"这一连词所连接的对象的顺序进行一下对调。

② [美]理查德·A.波斯纳:《法理学问题》,苏力译,中国政法大学出版社2002年版,第9页。

会引起被害人家属上访。而在中国当前的司法语境下,涉诉上访或多或少会给审理该案的法院带来负面影响。如此看来,改判之于云南省高院,简直就是一件"吃力不讨好"的事情。可云南省高院偏偏就做了这样一件"吃力不讨好"的事情。

社会公众的第一反应是,云南省高院存在徇私舞弊。一个网友说,"没有背景或者没有钱,这样残忍杀害两条生命,尤其是杀害3岁幼儿都能活命,是不可能理解的!"甚至有网友爆料,主审此案的云南省高院法官"非法收受李昌奎家属人民币12.47万元、6箱茅台酒、6条高级香烟等物资"。但很快证明,这些怀疑并不成立。事实摆在眼前——用被害人家人的话说,"叫他们(指被告人家属)去走关系?他们根本没有这个能力!"①

正当社会公众对改判疑惑不解时,云南省高院于2011年7月6日召开新闻发布会,解释了二审改判死缓的理由。紧接着,7月12日,田成有副院长接受《新快报》采访时表示"不能以公众狂欢的方式杀人,杀人偿命的陈旧观点也要改改了",并且认为"这个案子10年后肯定是一个标杆、一个典型"②。表面上看这番言论质疑的是"杀人偿命"的观念,但它实际上质疑的是死刑本身的正当性。7月14日,云南省高院一位法官在《南方周末》匿名发表《死刑不是灵丹妙药,民意不能替代法官审判》一文,③同样将矛头直指死刑。很明显,从新闻发布会到田成有的表态及匿名法官的刊文,云南省高院经历了从解释法律到质疑死刑正当性的过程。④ 通过这样一个论证视角的转换,云南省高院扮演了一个废除死刑"急先锋"的角色。尽管身陷舆论风暴,云南省高院的这种自我定位却被社会公众所接受。一位网友以药家鑫遗书的口吻给云南省高院写了一封信,这封信的结尾是:"如果有来生,我愿意选择云南这片珍惜生命的土地。"这句话虽充满了揶揄,但足以说明,在这个网友看来,云南省高院改判是基于其"珍惜生命"的理念。这句话瞬间在新浪、腾讯、微博等平台被传播近十万人次,由此可见它代表了网民的主流看法。不仅是一般网民,

---

① 黄秀丽:《免死金牌惹起官民舆论战》,载《南方周末》2011年7月14日,第A03版。
② 刘子瑜等:《我骑虎难下,但死刑是时候改变了——云南省高院副院长认为,不能以公众狂欢的方式杀人》,载《新快报》2011年7月13日,第A23版。
③ 参见云南省高级人民法院一位不愿署名的法官:《死刑不是灵丹妙药,民意不能替代法官审判》,载《南方周末》2011年7月14日,第A04版。
④ 有学者已经敏锐地观察到了这一点。参见王启梁:《法律世界观紊乱时代的司法、民意和政治——以李昌奎案为中心》,载《法学家》2012年第3期。

平面媒体乃至学者们也开始在接受云南省高院的这种定位后再对其展开评论。例如,《人民日报》发表评论文章《李昌奎案:法律裁判少些"标杆"意识》,①批评云南省高院的"标杆意识"。而主张废除死刑的学者贺卫方也不认可云南省高院通过个案推动死刑废除的方式,坦言云南省高院的行为是"意识超前了一点"②。甚至有人认为,云南省高院的超前理念与该院领导的学者出身有关。③

可是,一个不应被忽视的事实是,李昌奎案之所以进入社会公众的视野,是因为被害人家人将案情公诸网络,而不是云南省高院主动披露的。④既然云南省高院没有主动披露李昌奎案的案情,又如何期待它能够成为慎用死刑乃至废除死刑的"标杆"呢?正如车浩教授指出的,"将死刑政策适用于一个不受舆论关注的案件,当然不会遭到任何的舆论压力,在这一类波澜不惊的案件中积攒了再多的'免死'经验,由于没有人关注,也就不可能改变民众整体上的死刑观念"⑤。如此看来,所谓的"标杆论",并不是云南省高院二审改判时的真实想法。既然如此,媒体与学界之前普遍认可的云南省高院基于其超前的理念而甘当废除死刑"急先锋"的定位,恐怕就要打上一个大大的问号了。

兜了一圈,又回到原点。我们需要重新思考,云南省高院为何要改判。众所周知,在我国现行司法体制下,与一般刑事判决不同,死刑判决多出一道死刑复核的程序。虽然《刑法》明文规定死刑的复核权归最高法,但最高法曾一度将这项权力下放给省级高院,直至 2007 年,最高法收回死刑复核权,对死刑案件的判决统一行使复核权。在此之后,省级高院

---

① 参见《李昌奎案:法律裁判少些"标杆"意识》,载人民网 http://yn.people.com.cn/GB/210654/210659/15160566.html,访问日期:2013 年 10 月 10 日。
② 黄秀丽:《免死金牌惹起官民舆论战》,载《南方周末》2011 年 7 月 14 日,第 A03 版。
③ 参见赵蕾:《云南高院的中国式处境》,载《南方周末》2011 年 8 月 4 日,第 A03 版。
④ 自 2013 年以来,以《最高人民法院裁判文书上网公布暂行办法》的实施为标志,我国法院逐步建立了裁判文书上网制度,除法律有特殊规定外,所有裁判文书均需上网公开。而且裁判文书上网率往往是法院考核的一个重要指标。不过,在李昌奎案审理的当时,我国尚未建立裁判文书上网制度。尽管最高法于 2009 年 12 月发布的《关于司法公开的六项规定》明确规定了"人民法院可以根据法制宣传、法学研究、案例指导、统一裁判标准的需要,集中编印、刊登各类裁判文书。除涉及国家秘密、未成年人犯罪、个人隐私以及其他不适宜公开的案件和调解结案的案件外,人民法院的裁判文书可以在互联网上公开发布",从而在一定程度上规定了法院对审结的案件具有信息披露义务。不过,仅就这个规定来看,法院的信息披露义务并不是强制性的,是"可以"而非"必须"。就此而言,云南省高院没有主动披露李昌奎案的信息,并不存在明显的瑕疵。
⑤ 车浩:《从李昌奎案看"邻里纠纷"与"手段残忍"的涵义》,载《法学》2011 年第 8 期。

作出的死刑立即执行的判决需要上报最高法申请复核。如此一来,死刑判决的核准率(或不核准率)就成了考核省级高院绩效的重要指标。这里需要讨论的是,假如李昌奎案没有引起社会公众的关注,而云南省高院维持了一审的死刑立即执行的判决,那么最高法是否会核准这一判决呢?尽管这一假设已经不可能在现实中复现,但作这种理论上的探讨,绝非毫无意义。因为在存在核准率这一考核指标的情况下,对最高法是否会核准死刑判决的预期会在相当大的程度上影响甚至决定着省级高院的判决。

对此,时任最高法副院长并主管死刑复核的熊选国先生无疑最具有发言权。他在一档电视节目中说,"如果被告人有法定的从轻减轻情节,自首立功的,一般是不会执行死刑的,我说的是一般不执行死刑"①。此外,他还提及,婚姻家庭民间纠纷引发的、被告人积极赔偿也取得被害人谅解的,一般也不适用死刑。② 尽管他强调了是"一般"而非绝对,但他并没有进一步说明例外是什么情况。在笔者看来,这只不过是一种避免表达过于绝对的修辞。此外,某高院刑庭的一位法官接受采访时表示,他们高院曾经审理过一起杀人案件,也是民间纠纷,被告人也有自首情节,一审法院判处死缓,被害人家属一直在上访,无奈他们高院改判了死刑立即执行,可是最后没有被最高法核准。③ 种种迹象表明,在不受舆论影响的情况下,同时具有自首、邻里纠纷、积极赔偿这三个法定或酌定从轻减轻情节的李昌奎案若被判处死刑立即执行,很难被最高法核准。至少,在云南省高院的预判中,结果是这样的。因此,云南省高院二审改判死缓,就不难理解了。

回过头来看,认为云南省高院是基于其超前的理念而慎用死刑的判断,多少显得有些天真。日本学者大木雅夫在描述大陆法系国家判例制度的形成过程时指出,大陆法系国家虽然确定没有先例拘束原则,但实际上,无论是法国还是德国,下级法院都遵从上级法院的判例,否则,下级法院作出的判决就必然在上级审时被撤销。况且,在存在法官升任制度的情况下,有敢于反抗上级审之勇气的人,实属罕见。④ 尽管这里描述的是大陆法系国家,但其结论同样适用于我国。事实上,在当前的司法体制

---

① 赵蕾:《云南高院的中国式处境》,载《南方周末》2011 年 8 月 4 日,第 A03 版。
② 同上注。
③ 同上注。
④ 参见[日]大木雅夫:《比较法(修订译本)》,范愉译,法律出版社 2006 年版,第 122 页。

下,根本不存在由地方高院推动死刑废除的可能。① 云南省高院所做的,只不过是最高法要求的"规定动作"而已,而并非云南省高院自身的理念使然。如果有理念发挥了作用,这个理念也应是最高法的。

三、隐身的最高法院

在这场由李昌奎案引发的舆论风暴中,我们几乎看不到最高法的身影。当然,面对这场舆论风暴,最高法也不是毫发无损。在云南省高院通过新闻发布会解释改判死缓是因为该案具有自首、"邻里纠纷"、宽严相济的刑事政策时,马上有媒体质疑最高法于1999年颁发的《全国法院维护农村稳定刑事审判工作座谈会纪要》对"邻里纠纷"的规定与社会情理之间存在尖锐的对立。但是,自云南省高院副院长抛出"狂欢论""标杆论"等一些说法后,媒体便集中对云南省高院展开狂轰滥炸,而无暇顾及最高法了。由此,最高法才得以在这场舆论风暴中明哲保身。可正如上文分析的,云南省高院之所以改判,恰恰是因为其预判最高法不会核准对该案的死刑判决。因此,最高法在二审改判的过程中发挥了极为重要的作用。但是,在受到质疑后,云南省高院并没有把皮球踢给最高法,而是以一种质疑死刑正当性的强硬姿态回应舆论的批评。在笔者看来,这种回应方式无疑是最明智的。倘若云南省高院将皮球踢给最高法,声称其是按照最高法的要求来改判的,那么一方面它自己仍脱不开干系——媒体会批评它机械司法、官僚作风,另一方面还会把"战火"烧向最高法。在某种意义上,云南省高院的强硬姿态有一种"丢车保帅"的意味。

另一个不容忽视的细节是,云南省高院副院长田成有在2011年7月12日抛出"狂欢论""标杆论",可就在第二天也就是7月13日,云南省高院就作出了再审的决定。媒体纷纷大呼这是民意的胜利。可如果云南省高院是基于民意的"回心转意",根本无须转变得这么仓促与狼狈。更为合理的解释是,促成云南省高院作出再审决定的直接原因,并不是民意,而很有可能是最高法的秘密指示。当然,也不排除其他机关如云南省政法委对云南省高院施了压。不过,有一点几乎可以肯定,云南省高院在决定再审之前与最高法进行了某种形式的沟通。也正是因此,云南省高院在再审李昌奎案时才可以毫不犹豫地改回死刑立即执行,而且是以当庭

---

① 参见黄秀丽等:《免死金牌惹起官民舆论战》,载《南方周末》2011年7月14日,第A03版。

宣判的方式。请注意,当庭宣判的方式就意味着,结果早就已经确定下来了。很显然,只有最高法的授意,才能给云南省高院这份确信。如此看来,从二审的改判死缓,到再审的改判死刑立即执行,最高法自始至终发挥了主导性的作用,而云南省高院只不过是个"跑龙套的"而已。

在汹涌民意的压力下,最高法授意云南省高院再审改判死刑立即执行,并不稀奇。需要进一步追问的是,为什么在社会公众关注李昌奎案之前,最高法倾向于不判处死刑立即执行?不同于云南省高院,最高法是可以有自己的理念与追求的,所以我们当然可以以"少杀、慎杀"的理念来解释最高法的行为。但正如很多学者所分析的那样,贯彻这个理念并不必然意味着对李昌奎不判处死刑。最高法在贯彻"少杀、慎杀"的死刑政策时,必然还有其他的考虑,甚至是更深层次的考虑。这个考虑是什么?

我们知道,2007年最高法收回了原本下放给省级高院的死刑复核权。死刑复核权统一归最高法行使,意味着最高法可以控制每一年判处死刑立即执行的人数。可是,这种"生杀予夺"的大权同样也是烫手的山芋。作为仍然保留死刑的少数国家之一,中国的死刑适用数量遥遥领先于其他未废除死刑的国家,这一点饱受西方国家和国际人权组织的批评,以至于确切的死刑适用数量成为国家秘密。最高决策层当然能感受到由死刑适用所带来的压力,因而必然会给掌握死刑复核权的最高法施压,要求其通过死刑复核程序严格控制死刑适用的数量,将该数量维持在一个相对稳定的水平,甚至要求逐年降低。为此,最高法在对死刑案件进行复核时,要考虑的不仅是这个案件本身的情况,而且要将这个案件放入所有待核准的死刑案件中,按照需要判处死刑立即执行的程度进行先后排序,对排在前列的一定数量的案件予以核准,而对其余案件不予核准。打个比方,最高法对全部待核准的案件进行"选拔性测试",只对那些排在一定序位以前的案件核准死刑立即执行判决。此外,这种压力还驱使着最高法,只要认为案件中出现了类型化的可以从轻减轻处罚的理由如自首、立功、邻里纠纷、被害人过错等,都会不予核准死刑立即执行判决。李昌奎案有手段残忍这一从重处罚的情节,但同时有自首、"邻里纠纷"、积极赔偿等类型化的从宽处罚的情节。因此,在没有舆论压力的情况下,最高法很难对该案核准死刑立即执行的判决。

四、死刑适用的两种方案

上文分析了,由于承担了控制死刑判决数量的政治任务,最高法在核准死刑时会采用"选拔性测试"的方式,在这种"选拔性测试"中,具有多个从宽情节的李昌奎案不可能排在前列,因而难以被核准死刑立即执行。但这个结果显然是社会公众无法接受的。社会公众反对李昌奎案二审改判的理由很简单,药家鑫案被判处死刑立即执行,而李昌奎案比药家鑫案"更凶残",没有道理不对其判处死刑立即执行。很显然,社会公众能够接受的是一种"标准性测试"的方式,只要达到了一定的标准,就应当判处死刑立即执行。而通过了这场测试、被普遍认为应当判处死刑的药家鑫案,无疑成了最好的参照系。

值得注意的是,药家鑫案从案发开始就进入了公众的视野,引发了广泛的讨论,这些舆论必定对该案的判决产生影响。因此,药家鑫案的判决结果是加入了舆论影响这个变量的。反观李昌奎案,云南省高院作出二审改判时,并没有为社会公众所知晓,因而这个结果并没有受到舆论的影响。而如果考察以往类似案件,不难发现有很多比药家鑫案凶残得多的案件,并没有被判处死刑立即执行。① 这意味着,被社会公众认为能够成为死刑适用参照标准的药家鑫案,根本就不是司法判决的惯常结果,因而也不可能是司法机关决定是否判处死刑时所参照的标准。如果药家鑫案一开始没有受到社会公众的关注,它很可能就发展成了李昌奎案;反之,如果李昌奎案一开始就被舆论所影响,它也很可能就成了药家鑫案。而案件判决结果会因为受到舆论关注与否的不同而产生如此大的差异,恰恰反映了司法者(这里主要指最高法)与社会公众在死刑适用立场上的分野。具言之,社会公众关注个案的正义,因而只要案件中出现了可以判处死刑立即执行的情节,就会主张对其适用死刑立即执行;而最高法承担着控制死刑适用数量的政治任务,因而只要案件出现了可以从宽的情节,就会主张不适用死刑立即执行。李昌奎案同时具有双重情节,引起争论也就不足为怪了。

需要承认,上文的分析尽管能够自圆其说,但也存在明显的缺陷。一则,分析的过程含有很多臆想的成分;二则,受制于样本的数量和代表性,分析的结论可能并不具有广泛的解释力。然而,这也是不得已而为之。一方面,李昌奎案两次改判背后的真实原因到底是什么,恐怕只有亲历了案件改判的法官们才清楚,而在当前的司法语境下,他们往往不愿意当然

---

① 例如,云南昭通赛锐27刀砍死女友案、桂林梁勇残忍杀妻并肢解水煮案,都被判处了死缓。当然,在李昌奎案再审改判后,这些案件也通过再审的方式得以改判死刑立即执行。

也没有必要将其"为外人道"。即便说了,也有可能是一种修辞或策略,很难判断其在多大程度上是可信的。在信息有限的情况下,笔者不得不展开一定程度的"臆想"。另一方面,尽管我国司法机关在大力推行司法公开,但死刑案件的公开程度仍然有限,笔者很难收集到足够多的死刑案件的样本,因而只能对李昌奎案等热点案件展开分析。不过在笔者看来,上述两个缺陷并不足以使得上文的分析毫无价值。这是因为,上文并不旨在证明李昌奎案的冲突源于两种死刑适用方案之间的对立,而是希望藉由对李昌奎案的分析,揭示出司法实践中可能存在两种不同的死刑适用方案。在这个意义上,对于上文而言,李昌奎案与其说是一个样本,毋宁说只是一个引子。如果分析所得出的结论具有一定的可信度,即便它对于李昌奎案本身并不适用,也不会毫无价值。

还需特别说明的是,笔者提出所谓"选拔性测试"式的死刑适用方案和"标准性测试"式的死刑适用方案,运用了马克斯·韦伯的"理想类型"的思考方法。① 显然,真实的司法运作既不可能是纯粹的"选拔性测试",也不可能是绝对的"标准化测试",而应是两种方案以一定的比例所形成的杂糅。本文无意也没有能力完全描摹出司法实践的真实状态,而只是试图勾勒出在这个真实的状态中可能蕴含着的两种具有内在紧张关系的不同方案。如果这个勾勒并不是捕风捉影,而是有一定的事实根据,那么,如何在这两种方案中作出选择,一方面践行控制死刑适用数量的公共政策,另一方面努力实现具体个案的正义,无疑是一道考验我国司法者和法律学者智慧的难题。

第四节 对"杀人偿命"观念的反思

上文已述,社会公众接受的是一种"标准性测试"式的死刑适用标准。那么,这个标准的内容到底是什么呢?需要注意,社会公众以药家鑫被判处死刑立即执行为由主张李昌奎也应当被判处死刑立即执行,并不意味

---

① 理想类型是马克斯·韦伯关于社会科学方法论的著作中最引人关注的命题,其主要任务是假设把具体的、混沌多样的个别现象归并为一种"理念的",亦即一种观念化的事件过程。韦伯指出:"尽管我们绝不认为把丰富的历史生活压为抽象形式的概念是合适的,我们还是倾心于确信只有清楚的、明晰的概念才能为任何希望发现社会和文化现象特殊重要意义的研究铺平道路。"关于理想类型,详见[德]迪克·克斯勒:《马克斯·韦伯的生平、著述及影响》,郭锋译,法律出版社2000年版,第216—222页。

着他们认为罪行严重程度不如药家鑫的被告人就不应被判处死刑立即执行。这一点我们可以从林森浩案中看得非常清楚。① 林森浩在宿舍饮水机中投毒,杀害了室友黄洋。其行为构成故意杀人罪,当无疑问。关键的问题在于,林森浩应否被判处死刑立即执行? 毕竟,林森浩案的罪行严重程度不如药家鑫案,更不如李昌奎案。林森浩案发生后,新闻媒体在报道和评论这个案件时措辞比较谨慎,而且观点呈现多元化。与之不同的是,通过网络评论所展现出来的社会公众的意见却高度一致——判处林森浩死刑立即执行。其背后的观念就是"杀人偿命"。这一点并不会让我们感到意外。事实上,很多命案曝光后,"杀人偿命"是社会公众对案件审理结果的一致要求。如果我国的司法审判能够做到高度的独立,排除社会舆论的影响,那么"杀人偿命"的观念就无关紧要。但问题是,当下我国的司法还没有做到完全独立,有时司法机关甚至会有意地将案件审理结果向社会舆论靠拢。在这种司法环境下,像林森浩案之类受到广泛关注的案件,审理结果往往会在很大程度上受制于社会公众的一般看法。藉此,在社会公众心中根深蒂固的"杀人偿命"的观念能够在一些案件中迸发出巨大的能量,影响案件的走向,左右被告人的命运。

在我国传统文化中,"杀人偿命"的观念由来已久。荀子曾说:"杀人

---

① 林森浩案的主要案情与审理经过为:林森浩和黄洋均系复旦大学上海医学院 2010 级硕士研究生,分属不同的医学专业。2010 年 8 月起,林森浩与葛某等同学同住于复旦大学枫林校区西 20 宿舍楼 421 室。2011 年 8 月,黄洋调入 421 室,与林森浩、葛某三人同住。之后,林森浩因琐事对黄洋不满,逐渐对黄洋怀恨在心,决意采用投毒的方法加害黄洋。2013 年 3 月 31 日下午,被告人林森浩以取物为名,通过同学吕某进入中山医院 11 号楼二楼影像医学实验室 204 室(以下简称 204 实验室),趁室内无人,取出其于 2011 年参与动物实验时剩余的装有剧毒化学品二甲基亚硝胺的试剂瓶和注射器,并装入一只黄色医疗废弃物袋中随身带离。当日下午 5 时 50 分许,林森浩将前述物品带至 421 室,趁无人之机,将上述二甲基亚硝胺投入该室的饮水机内。尔后,将试剂瓶等物连同黄色医疗废弃物袋带出宿舍楼予以丢弃。同年 4 月 1 日上午,黄洋从 421 室饮水机中接取并喝下已被林森浩投入二甲基亚硝胺的饮用水。之后,黄洋发生呕吐,于当日中午至中山医院就诊。次日下午,黄洋再次至中山医院就诊,被发现肝功能受损严重,遂留院观察。4 月 3 日下午,黄洋因病情严重被转至外科重症监护室治疗。在黄洋就医期间,林森浩还故意隐瞒黄洋的病因。4 月 11 日,林森浩在两次接受公安人员询问时均未供述投毒事实,直至次日凌晨,经公安机关依法予以刑事传唤到案后,才如实供述了上述投毒事实。被害人黄洋经抢救无效于 4 月 16 日死亡。经鉴定,被害人黄洋符合二甲基亚硝胺中毒致急性重型肝炎引起急性肝功能衰竭,继发多器官功能衰竭死亡。2014 年 2 月 18 日,上海市第二中级人民法院一审宣判,被告人林森浩因故意杀人罪被判处死刑。宣判后,被告人林森浩不服,向上海市高级人民法院上诉。2015 年 1 月 8 日上午,上海市高级人民法院对林森浩案宣判,裁决驳回上诉,维持原判。2015 年 12 月 11 日,林森浩被依法执行死刑。参见上海市第二中级人民法院一审刑事判决书(2013)沪二中刑初字第 110 号;上海市高级人民法院二审刑事判决书(2014)沪高刑终字第 31 号。

者死,伤人者刑,是百王之所同也,未有知其所由来者也。"①类似地,汉高祖刘邦曾约法三章,"杀人者死,伤人及盗抵罪"②。这个被传统经典一再确认的观念后来被通俗化为,"杀人偿命,天经地义"。"杀人偿命"是一个结论,"天经地义"是说它有正当性。可是,其正当性究竟何在?这句话并没有给出一个明确的答案。不过,理论上早已普遍认可,刑罚的正当性无外乎报应和预防。显然,"杀人偿命"的观念主要体现的是报应论的思想。那么,这一观念是否可取呢?

需要看到,报应的实现有很多种方式,而"杀人偿命"只是其中的一种方式即同态复仇的具体体现。所谓同态复仇,就是将一个人给别人造成的伤害反过来原封不动地加之于这个人本身。其通俗的说法是"以眼还眼,以牙还牙",其延伸的结果当然也包括"以命还命"。如果说,在人类早期社会,同态复仇为社会基本秩序的建立和维持提供了一定的保障,因而其正当性得到了认同;那么,时至今日,随着人类理性的进步和文明的进化,同态复仇的做法逐渐被抛弃,而"报应论"则主要以罪刑法定(法律报应)的方式体现出来。例如,甲故意砍断了乙的一只手臂,按照我国现行《刑法》的规定,甲构成故意伤害罪(致人重伤),需对其判处三年以上十年以下有期徒刑。这是对甲所施加的法律报应。可是,如果按照同态复仇的做法,应当由法官或者乙砍断甲的一只手臂。显然,这种做法在现代文明社会不能被接受。"以伤去伤"只是同态复仇的一般表现。既然这个做法都不能被接受,那么为什么"杀人偿命"这一同态复仇的极致状态却是"天经地义"的呢?这恐怕是坚持"杀人偿命"的社会公众难以回答的。同态复仇在满足人类最朴素的正义诉求的同时,践踏了人类的身体权和生命权。而对人的身体权和生命权的尊重,是人类文明社会最基本的共识。事实上,正是在尊重生命权的价值观的主导下,世界上绝大多数国家已经废除了死刑或在事实上停止了死刑的适用。如果死刑从根本上被废除,"杀人偿命"当然也就无从谈起。

当然,以上只是一种应然的分析,而现实情况则复杂得多。由于种种原因,我国目前还保留了一部分死刑罪名。那么,在死刑制度得以保留的情况下,如何评价"杀人偿命"的观念呢?在回答这个问题之前,需要介绍四个前提性的信息。其一,说到底,报应论追求的是一种正义,如果正义

---

① 见《荀子·正论》。
② [汉]司马迁:《史记·高祖本纪》,中华书局2006年版,第75页。

不能被实现,任何报应都将失去意义。其二,关于正义的定义,理论上存在无数种看法,不过可以肯定的是,相同案件得到相同对待(即同案同判)是正义最起码的要求。其三,虽然故意杀人罪是最为典型的死刑罪名,但在司法实践中,仍然有相当一部分故意杀人既遂者并未被判处死刑立即执行。也就是说,在司法实践中,根本做不到"一命抵一命"。其四,前面已经说过,对于那些受到广泛关注的案件而言,其审理结果很大程度上受制于社会公众的一般看法。综合以上四个信息,不难得出如下结论:在我国司法实践中,命案被告人的命运在很大程度上取决于其案件是否引起了社会的关注。具体而言,如果命案引起了关注,迫于以"杀人偿命"为主要诉求的社会舆论的压力,法院往往会倾向于判处被告人死刑立即执行;反之,如果命案没有引起关注,法院就可以按照法律自身的标准来作出判决,被告人也就有可能得以保全性命。笔者将这一现状概括为"命案被告人见光死"现象。

那么,如何评价"命案被告人见光死"现象呢?不可否认,有一些命案之所以引起社会的广泛关注,是因为其后果极其严重(例如一些灭门案)或手段特别残忍(例如李昌奎案)。在现行制度下,判处这类案件被告人死刑立即执行,具有一定的合理性。但是,还有一些命案之所以会引起社会关注,既不是因为后果极其严重,也不是因为手段特别残忍,而是因为一些与社会危害程度无关的因素。林森浩案就是这类命案中的一个。该案之所以会引起社会广泛关注,完全是因为被告人和被害人有特殊的身份,二人都是复旦大学的研究生。这个因素虽然能够吸引人眼球,但是与案件的社会危害程度没有关系,因而也应当与被告人是否应当被判死刑立即执行没有关系。可是,法院没有顶住舆论的压力,最终判处了林森浩死刑立即执行。假如林森浩和黄洋不是名牌大学的研究生,而是没有任何特殊身份的普通人,这个案件就不会引起社会的关注。那么,按照现行的死刑适用标准,林森浩很难被判处死刑立即执行。由此可见,在"命案被告人见光死"现象的背后,是命案的同案不同判。

回过头来看"杀人偿命"的观念,就会发现如下一个悖论:"杀人偿命"原本是一个旨在追求正义的观念,但是,在我国现行立法规定和司法环境下,过分强调"杀人偿命",必然引发"命案被告人见光死"现象,而这一现象的实质就是命案的同案不同判,其与正义最基本的要求相悖。这恐怕是需要引起我们警醒和反思的。

第七章　于欢案：防卫过当中的"明显超过必要限度"

第一节　问题的提出

长期以来,我国正当防卫制度在司法实践中的适用状况欠佳。大量原本应当属于正当防卫的案件被法院否认了防卫性质或被认定为防卫过当,只有极个别案件被认定为正当防卫。为此,我国《刑法》第20条在一定程度上沦为了"僵尸条款"。① 不过,最近几年,我国正当防卫制度的司法适用状况得到了相当程度的改观。这一变化与近几年有多起正当防卫案件引起了社会广泛关注有关。在这些案件中,最受国民关注、对我国正当防卫制度影响最为深远的,当属2016年发生在山东省的于欢故意伤害案(以下简称"于欢案")。本案的基本案情为:

> 于欢的母亲苏银霞在山东省冠县工业园区经营山东源大工贸有限公司(以下简称"源大公司"),于欢系该公司员工。2014年7月28日,苏银霞及丈夫于西明向吴学占、赵荣荣借款100万元,双方口头约定月息10%。至2015年10月20日,苏银霞共计还款154万元。其间,吴学占、赵荣荣因苏银霞还款不及时,曾指使被害人郭彦刚等人采取在源大公司车棚内驻扎、在办公楼前支锅做饭等方式催债。
>
> 2015年11月1日,苏银霞、于西明再向吴学占、赵荣荣借款35万元。其中10万元,双方口头约定月息10%;另外25万元,通过签订房屋买卖合同,以于西明名下的一套住房作为抵押,双方约定如逾期还款,则将该住房过户给赵荣荣。2015年11月2日至2016年1月6日,苏银霞共计向赵荣荣还款29.8万元。吴

---

① 参见陈兴良:《正当防卫如何才能避免沦为僵尸条款——以于欢故意伤害案一审判决为例的刑法教义学分析》,载《法学家》2017年第5期。

学占、赵荣荣认为该29.8万元属于偿还第一笔借款100万元的利息,而苏银霞夫妇认为是用以偿还第二笔借款。吴学占、赵荣荣多次催促苏银霞夫妇继续还款或办理住房过户手续,但苏银霞夫妇未再还款,亦未办理住房过户。

2016年4月1日,赵荣荣与被害人杜志浩、郭彦刚等人将于西明上述住房的门锁更换并强行入住,苏银霞报警。赵荣荣出示房屋买卖合同,民警调解后离去。同月13日上午,吴学占、赵荣荣与杜志浩、郭彦刚、杜建岗等人将上述住房内的物品搬出,苏银霞报警。民警出警时,吴学占称系房屋买卖纠纷,民警告知双方协商或通过诉讼解决。民警离开后,吴学占责骂苏银霞,并将苏银霞头部按入坐便器接近水面位置。当日下午,赵荣荣等人将上述住房内物品搬至源大公司门口。其间,苏银霞、于西明多次拨打市长热线求助。当晚,于西明通过他人调解,与吴学占达成口头协议,约定次日将住房过户给赵荣荣,此后再付30万元,借款本金及利息即全部结清。

同月14日,于西明、苏银霞未去办理住房过户手续。当日16时许,赵荣荣纠集郭树林、郭彦刚、苗龙松、张博到源大公司讨债。为找到于西明、苏银霞,郭彦刚报警称源大公司私刻财务章。民警到达源大公司后,苏银霞与赵荣荣等人因还款纠纷发生争吵。民警告知双方协商解决或到法院起诉后离开。李忠接赵荣荣电话后,伙同么传行、张书森和被害人严建军、程学贺到达源大公司。赵荣荣等人先后在办公楼前呼喊,在财务室内、餐厅外盯守,在办公楼门厅外烧烤、饮酒,催促苏银霞还款。其间,赵荣荣、苗龙松离开。

20时许,杜志浩、杜建岗赶到源大公司,与李忠等人一起饮酒。同时,苏银霞按郭彦刚要求到办公楼一楼接待室,于欢及公司员工张立平、马金栋陪同。21时53分,杜志浩等人进入接待室讨债,将苏银霞、于欢的手机收走,放在办公桌上。杜志浩用污秽语言辱骂苏银霞、于欢及其家人,将烟头弹到苏银霞胸前衣服上,将裤子褪至大腿处裸露下体,朝坐在沙发上的苏银霞等人左右转动身体。在马金栋、李忠劝阻下,杜志浩穿好裤子,又脱下于欢的鞋让苏银霞闻,被苏银霞打掉。杜志浩还用手拍打于欢面颊,其他讨债人员实施了揪抓于欢头发或按压于欢肩部不准其起身等行为。

22 时 07 分,公司员工刘付昌打电话报警。22 时 17 分,民警朱秀明带领辅警宋长冉、郭起志到达源大公司接待室了解情况,苏银霞和于欢指认杜志浩殴打于欢,杜志浩等人否认并称系讨债。22 时 22 分,朱秀明警告双方不能打架,然后带领辅警到院内寻找报警人,并给值班民警徐宗印打电话通报警情。于欢、苏银霞欲随民警离开接待室,杜志浩等人阻拦,并强迫于欢坐下,于欢拒绝。杜志浩等人卡于欢项部,将于欢推拉至接待室东南角。于欢持刃长 15.3 厘米的单刃尖刀,警告杜志浩等人不要靠近。杜志浩出言挑衅并逼近于欢,于欢遂捅刺杜志浩腹部一刀,又捅刺围逼在其身边的程学贺胸部、严建军腹部、郭彦刚背部各一刀。22 时 26 分,辅警闻声返回接待室。经辅警连续责令,于欢交出尖刀。

杜志浩等四人受伤后,分别被杜建岗等人驾车送至冠县人民医院救治。次日 2 时 18 分,杜志浩经抢救无效,因腹部损伤造成肝固有动脉裂伤及肝右叶创伤导致失血性休克死亡。严建军、郭彦刚的损伤均构成重伤二级,程学贺的损伤构成轻伤二级。①

一审法院否认了于欢行为的防卫性质,认定于欢构成故意伤害罪(致人死亡),判处于欢无期徒刑。② 这一判决结果被媒体报道后,遭到了普通百姓和刑法学者的一致批评。在强大的舆论压力下,二审法院承认于欢的行为具有防卫性质,但同时又认为其行为构成防卫过当,改判有期徒刑五年。③ 随后,本案被最高人民法院遴选为指导案例 93 号。该指导案例确立了以下四个裁判要点:

1. 对正在进行的非法限制他人人身自由的行为,应当认定为刑法第二十条第一款规定的"不法侵害",可以进行正当防卫。
2. 对非法限制他人人身自由并伴有侮辱、轻微殴打的行为,

---

① 参见山东省聊城市中级人民法院一审刑事附带民事判决书(2016)鲁 15 刑初 33 号;山东省高级人民法院二审刑事附带民事判决书(2017)鲁刑终 151 号。
② 参见山东省聊城市中级人民法院一审刑事附带民事判决书(2016)鲁 15 刑初 33 号。
③ 参见山东省高级人民法院二审刑事附带民事判决书(2017)鲁刑终 151 号。

不应当认定为刑法第二十条第三款规定的"严重危及人身安全的暴力犯罪"。

3.判断防卫是否过当,应当综合考虑不法侵害的性质、手段、强度、危害程度,以及防卫行为的性质、时机、手段、强度、所处环境和损害后果等情节。对非法限制他人人身自由并伴有侮辱、轻微殴打,且并不十分紧迫的不法侵害,进行防卫致人死亡、重伤的,应当认定为刑法第二十条第二款规定的"明显超过必要限度造成重大损害"。

4.防卫过当案件,如系因被害人实施严重贬损他人人格尊严或者亵渎人伦的不法侵害引发的,量刑时对此应予充分考虑,以确保司法裁判既经得起法律检验,也符合社会公平正义观念。①

判断于欢的行为是否成立正当防卫,需要依次回答以下两个问题:第一,于欢的行为是否具有防卫性质?第二,如果前一个问题的答案是肯定的,需要接着回答,于欢的防卫行为是否过当?对于第一个问题,学界一致持肯定看法,没有任何分歧。关键的问题在于,于欢的防卫行为是否过当?这个问题在学界存在很大的争议。有学者对其持肯定看法,②有学者对其持否定观点。③ 要正确回答这个问题,不仅要准确把握于欢案的案情,更要准确理解我国《刑法》第20条的规范内涵。我国《刑法》第20条共有3款,其中第2款与第3款都涉及防卫行为是否过当的问题。第2款的内容为:"正当防卫明显超过必要限度造成重大损害的,应当负刑事责任,但是应当减轻或者免除处罚。"第3款的内容为:"对正在进行行凶、杀人、抢劫、强奸、绑架以及其他严重危及人身安全的暴力犯罪,采取防卫行为,造成不法侵害人伤亡的,不属于防卫过当,不负刑事责任。"理论上普遍认为,《刑法》第20条第2款与第3款是一般条款与特殊条款的关系。④

---

① 参见《指导案例93号:于欢故意伤害案》,载最高人民法院网 https://www.court.gov.cn/fabu-xiangqing-104262.html,访问日期:2018年6月27日。
② 参见高铭暄:《正当防卫与防卫过当的界限》,载《华南师范大学学报(社会科学版)》2020年第1期;赵秉志、彭新林:《于欢故意伤害案法理问题解析》,载《法律适用》2017年第14期。
③ 参见陈兴良:《正当防卫如何才能避免沦为僵尸条款——以于欢故意伤害案一审判决为例的刑法教义学分析》,载《法学家》2017年第5期。
④ 参见陈兴良:《刑法教义学的逻辑方法:形式逻辑与实体逻辑》,载《政法论坛》2017年第5期;周光权:《论持续侵害与正当防卫的关系》,载《法学》2017年第4期;邹兵建:《论我国刑法第20条的条款关系》,载《苏州大学学报(法学版)》2018年第4期。

因此，在法条适用顺序上，《刑法》第 20 条第 3 款应当优先于第 2 款。亦即，判断一个防卫行为是否过当，首先要看该行为所针对的不法侵害是否属于正在进行的"行凶、杀人、抢劫、强奸、绑架以及其他严重危及人身安全的暴力犯罪"；如果答案是肯定的，就足以肯定该防卫行为没有过当；如果答案是否定的，则需要进一步考察该防卫行为是否"明显超过必要限度造成重大损害"。在于欢案中，杜志浩等人的行为显然不属于"行凶、杀人、抢劫、强奸、绑架以及其他严重危及人身安全的暴力犯罪"。因此，于欢的防卫行为是否过当，取决于该行为是否"明显超过必要限度造成重大损害"。

"明显超过必要限度造成重大损害"可以分为"明显超过必要限度"和"造成重大损害"两部分。其中，"造成重大损害"的涵义相对明确。① 然而，对于如何理解"明显超过必要限度"，理论上却不甚明了。尽管我国学界已经对这个问题作了较多研究，但目前尚未给出一个明确而又有充足说服力的理论方案。首先，关于"明显超过必要限度"在《刑法》第 20 条第 2 款中的规范地位，理论上存在否定其具有独立地位的单一条件说与肯定其具有独立地位的双重条件说，远未达成共识。其次，对于"明显超过必要限度"的规范内涵，理论上主要存在必需说、基本适应说、折衷说共三种有影响力的观点，但是这些观点不仅混淆了研究对象，而且还滞后于刑事立法的发展。最后，对于"明显超过必要限度"的判断视角，学界只进行了零星的讨论，还未给予足够的重视。上述理论研究的不足客观上导致了我国司法实务界在判断具有防卫性质的案件是否构成防卫过当时缺乏统一而又合理的理论标准，最终制约了正当防卫制度在我国司法实践中的正确适用。

有鉴于此，本文拟在学界既有研究的基础上，对《刑法》第 20 条第 2 款中的"明显超过必要限度"作一个法教义学研究。下文首先探讨"明显超过必要限度"的规范地位，接着研究"明显超过必要限度"的规范内涵，而后考察"明显超过必要限度"的判断视角，最后在此基础上对于欢的防卫行为是否过当作一个分析。

---

① 我国学者张明楷教授曾经指出，"造成重大损害"具有相对意义和绝对意义两重涵义。在相对意义上，"造成重大损害"意味着，防卫行为所造成的损害远大于不法侵害可能造成的损害，二者差距悬殊；在绝对意义上，"造成重大损害"意味着，防卫行为造成了不法侵害人死亡或重伤。防卫行为只有同时符合上述双重涵义，才能被认定为"造成重大损害"。参见张明楷：《刑法学（上）》（第五版），法律出版社 2016 年版，第 212 页。这个观点被"两高一部"联合发布的《关于依法适用正当防卫制度的指导意见》采纳。不过，在最新版即第六版的刑法教科书中，张明楷教授删除了这段论述。

第二节 "明显超过必要限度"的规范地位

所谓"明显超过必要限度"的规范地位问题,其实就是"明显超过必要限度"与"造成重大损害"的关系问题。对此,我国学界主要有双重条件说和单一条件说两种观点。双重条件说认为,"明显超过必要限度"与"造成重大损害"是两个独立的条件,只有同时满足这两个条件,才会构成防卫过当。双重条件说是学界的通说观点。① 单一条件说认为,"明显超过必要限度"与"造成重大损害"是一个问题的两个方面,二者的外延完全一致,因而在实际判断过程中,只需要看防卫结果是否满足"造成重大损害"的条件即可。单一条件说虽然不是理论通说,但也具有较强的理论影响力。②

双重条件说与单一条件说之争会直接影响防卫行为是否过当的判断结论。以于欢案为例,按照双重条件说,判断于欢的行为是否构成防卫过当,首先要看该行为是否"明显超过必要限度",而对于这个问题,学者们看法不一;只有在得出肯定答案的前提下,才需要进一步判断该行为是否"造成重大损害"。而按照单一条件说,判断于欢的防卫行为是否构成防卫过当,只需要看其行为是否"造成重大损害",而该问题的答案显然是肯定的。简言之,按照双重条件说,于欢的防卫行为是否构成防卫过当尚有进一步讨论的余地;而按照单一条件说,于欢的防卫行为一定属于防卫过当。一般而言,在根据学说划定的防卫过当的成立范围上,双重条件说会小于单一条件说。那么,在这两个学说之中,何者更有道理呢?笔者认为,无论是从逻辑基础的角度看,还是从法理依据的角度看,抑或从司法效果的角度看,都应当反对单一条件说,支持双重条件说。③

---

① 参见高铭暄、马克昌主编:《刑法学》(第十版),北京大学出版社、高等教育出版社 2022 年版,第 132 页;陈兴良:《规范刑法学(上)》(第四版),中国人民大学出版社 2017 年版,第 149 页。

② 参见黎宏:《刑法学总论》(第二版),法律出版社 2016 年版,第 141 页;彭文华:《论正当防卫限度的重大损害标准》,载《江汉论坛》2015 年第 7 期;张明楷:《刑法学(上)》(第六版),法律出版社 2021 年版,第 274—281 页。

③ 需要说明的是,双重条件说与单一条件说之争实际上是行为无价值论与结果无价值论之争在正当防卫问题上的自然投影。因此,在终极意义上,这两种学说何者更有道理,取决于行为无价值论与结果无价值论何者更为妥当。但是,若从这个角度展开讨论,本文便会陷入行为无价值论与结果无价值论的纠缠漩涡之中,远远超出了本文篇幅所能承载的范围。为此,本文尝试在行为无价值论与结果无价值论之外寻找讨论该问题的角度。

一、逻辑基础的分析

既然《刑法》第 20 条第 2 款在形式上同时规定了"明显超过必要限度"和"造成重大损害"两个条件，只有在一种情况下，单一条件说才有成立的余地。这种情况就是，"明显超过必要限度"和"造成重大损害"在外延上完全一致。这就是单一条件说的逻辑基础。那么，单一条件说的逻辑基础是否成立呢？笔者认为，答案是否定的。事实上，"明显超过必要限度"与"造成重大损害"在外延上是交叉关系。①

一方面，在司法实践中，存在"明显超过必要限度"但未"造成重大损害"的情形。例如，2015 年 7 月 22 日 12 时许，被害人唐某在某车站下客处的桥边栏杆处小便，正好淋到桥下的被告人黄某头上，双方因而发生纠纷。在此过程中，被害人唐某手持砖头追打被告人，被告人黄某遂持折叠刀刺向被害人胸部，致其轻伤二级。② 在该案中，黄某面对唐某手持砖头的追打，直接用折叠刀刺向对方的胸部，防卫行为"明显超过必要限度"。但是，该防卫行为只造成了唐某轻伤二级的结果，没有"造成重大损害"。又如，对方殴打过来，行为人开枪反击，但并未命中，对方受惊逃走，从而达到了防卫效果。③ 在本案中，防卫行为"明显超过必要限度"，但是并未"造成重大损害"。从理论上看，之所以会出现"明显超过必要限度"但未"造成重大损害"的情形，是因为"明显超过必要限度"的防卫行为所包含的风险并不是每一次都能实现。

另一方面，在司法实践中，存在未"明显超过必要限度"却"造成重大损害"的情形。例如，2016 年 3 月 21 日 4 时许，蓝某在家中睡觉时察觉门外有人偷窃，出门发现陈某手上抓有自己家的鸭子，便喊"抓贼"并追赶陈某。陈某见势赶紧逃跑，蓝某穷追不舍。当时正下着雨，路面比较滑。在追赶的过程中，蓝某伸手抓住陈某的衣袖，陈某用力甩手后挣脱，由于身体失去平衡摔倒在地，致颅脑损伤，经抢救无效死亡。④ 在该案中，蓝某追赶陈某的行为属于防卫行为，而且，追赶并用手抓对方衣袖的行为并未

---

① 参见郭泽强:《正当防卫制度研究的新视界》，中国社会科学出版社 2010 年版，第 99—100 页。

② 参见四川省成都市成华区人民法院一审刑事判决书(2016)川 0108 刑初 571 号。

③ 参见[日]西田典之:《日本刑法总论》，刘明祥、王昭武译，中国人民大学出版社 2007 年版，第 132 页。

④ 参见林晓琪、王龙祥:《漳浦追小偷致死案引发网友热议，检察院回应称尚在审查中》，载《海峡导报》2016 年 11 月 15 日，第 6 版。

"明显超过必要限度"。但是,该行为却导致陈某摔伤而死,属于"造成重大损害"。从理论上看,之所以会出现未"明显超过必要限度"而却"造成重大损害"的情形,是因为在防卫行为和防卫结果之间,有时会介入一些防卫人没有预料到的自然的或人为的因素,从而加重了防卫结果的严重程度。

二、法理依据的辩驳

双重条件说与单一条件说之争,和正当防卫的正当化根据理论之间,存在着一种隐秘的对应关系。对于正当防卫的正当化根据,理论上主要有三种观点:一是立足于公民个人自我保护的合法权利来解释正当防卫之正当化根据的合法权利说;二是立足于防卫人的利益以及相关利益来解释正当防卫之正当化根据的利益衡量说;三是将合法权利说与利益衡量说中的法确证的利益说结合起来的二元说。单一条件说以利益衡量说为法理依据,主张单一条件说的学者基本上都支持利益衡量说。① 而双重条件说的法理依据则呈现出一种开放多元的形态,包含了多种可能性。② 考虑到单一条件说的法理依据较为纯粹而双重条件说的法理依据较为多元,本文在此重点考察单一条件说的法理依据。

利益衡量说认为,正当防卫之所以能够被正当化,是因为其所保护的利益优越于其所损害的利益。至于为什么正当防卫所保护的利益会优越于其所损害的利益,在利益衡量说阵营内部,存在三种不同的解释思路:其一,不法侵害人的利益在防卫限度内丧失了要保护性,其利益受到缩小评价(缩小评价说);③其二,防卫行为不仅保护了防卫人自身的利益,而且还保护了法确证的利益(法确证的利益说);④其三,防卫行为不仅保护了防卫人一般性的利益,而且还保护了防卫人在特定场合下留在现场而

---

① 参见张明楷:《正当防卫的原理及其运用——对二元论的批判性考察》,载《环球法律评论》2018年第2期;黎宏:《刑法学总论》(第二版),法律出版社2016年版,第127—128页。
② 有学者站在二元说的立场支持双重条件说(参见劳东燕:《防卫过当的认定与结果无价值论的不足》,载《中外法学》2015年第5期);而本文则倾向于站在合法权利说的立场支持双重条件说。
③ 参见[日]西田典之:《日本刑法总论》,刘明祥、王昭武译,中国人民大学出版社2007年版,第118页;陈璇:《侵害人视角下的正当防卫论》,载《法学研究》2015年第3期。
④ 参见[日]大谷实:《刑法讲义总论(新版第2版)》,黎宏译,中国人民大学出版社2008年版,第253—254页。

不逃跑的自由(在现场的利益说)。① 不难发现,缩小评价说旨在对正当防卫所损害的利益做减法,而法确证的利益说和在现场的利益则旨在对正当防卫所保护的利益做加法。

缩小评价说虽然可以说明为什么防卫行为不需要严格遵循比例原则,但是该说无法解释为何防卫人在面临不法侵害时无须避让。为此,主张缩小评价说的学者往往会同时主张法确证的利益说或在现场的利益说,以说明防卫人正面迎击不法侵害时的利益要大于其避让时的利益。但是这种弥补性的解释同样无法成立。

一方面,所谓法确证的利益和在现场的利益是否真的存在,不无疑问。"法确证的利益"是指防卫行为的一般预防效果,即防卫行为向社会公众表明了侵犯法秩序是有风险的,从而进一步稳定了法秩序。② 关于法确证的利益说,理论上已经提出了多种批评意见。③ 不过在笔者看来,法确证的利益说的最大问题在于,它误将事实经验层面的(犯罪学意义上的)威吓效果当作规范层面的(刑法学意义上的)一般预防效果。在犯罪学意义上,一个自然人在面临不法侵害时是否实施防卫行为,对于潜在不法侵害人的威慑力当然是不同的。但是,在刑法学意义上,一个自然人在面临不法侵害时消极避让,并不妨碍社会公众认识到该不法侵害行为的违法性。所以,法确证的利益如果真的存在,那也只能是事实经验层面的威吓效果。这种威吓效果作为防卫行为带来的附随现象当然是没问题的,但是一旦将其上升到"法确证的利益"而视之为值得追求的价值目标,那么就必然走向与刑法规范相背离的歧途。④ 另外,"在现场的利益"这一概念创设并不符合社会经验事实。所谓"在现场的利益",实际上是指随意行动的自由。然而,在能够轻易避让不法侵害的场合,自然人并不会

---

① 参见[日]山口厚:《刑法总论(第 2 版)》,付立庆译,中国人民大学出版社 2011 年版,第 130 页。

② Vgl. Claus Roxin, Strafrecht AT, Band I, 4. Aufl. 2006, §15., Rn. 2.

③ 参见[德]约翰内斯·卡斯帕:《德国正当防卫权的"法维护"原则》,陈璇译,载《人民检察》2016 年第 10 期;[日]西田典之:《日本刑法总论》,刘明祥、王昭武译,中国人民大学出版社 2007 年版,第 118—119 页;陈璇:《侵害人视角下的正当防卫论》,载《法学研究》2015 年第 3 期。

④ 例如,事后防卫显然有助于增加威吓效果,从而增加"法确证的利益",但是事后防卫并不符合正当防卫的成立条件。又如,与符合防卫限度要求的防卫行为相比,超过了防卫限度要求的防卫行为显然更有助于增加威吓效果,但是后者并不属于正当防卫。不难发现,正当防卫的成立门槛越低,公民实施正当防卫所带来的威吓效果越大。但如果一味追求这种威吓效果,必然会导致正当防卫制度本身的瓦解。

因为其避让行为而对自己的行动自由造成值得刑法认真对待的实质损害。只要将这种避让与非法拘禁作比较,就可以清晰地得出上述结论。① 既然如此,拒绝避让而留在现场也就不会直接带来什么值得刑法认真对待的利益。

另一方面,退一步而言,即便承认法确证的利益和在现场的利益的存在,利益衡量说也无法自圆其说。不妨将防卫人自身的利益简称为"a",将法确证的利益简称为"b",将在现场的利益简称为"c",将不法侵害人的被缩小后的利益简称为"d"。为了解释防卫人不必逃离现场,主张法确证的利益说的学者必然会坚持 a+b-d>a+d;主张在现场的利益说的学者必然会坚持 a+c-d>a+d。换言之,在这些学者看来,在面临不法侵害的场合,自然人正面迎击不法侵害时的利益必然大于其避让时的利益。这样虽然能够解释防卫人为何无须避让,但是却会带来两个新的问题:第一,既然在面临不法侵害的场合,自然人正面迎击不法侵害时的利益必然大于其避让时的利益,这当然意味着,自然人正面迎击不法侵害时的利益必然大于零。如此一来,就彻底排除了防卫行为构成防卫过当的可能性。② 第二,既然自然人正面迎击不法侵害时的利益必然大于其避让时的利益,从整体利益最大化的功利主义立场(这是利益衡量说的基本立场)出发,在面临不法侵害的场合,自然人不仅不必避让,而且不能避让。如此一来,就是将自然人的防卫权利解释成了其必须履行的防卫义务。

由上可知,无论采取何种具体的解释思路,利益衡量说都无法成立。既然如此,以利益衡量说为法理依据的单一条件说当然也就无法成立。

三、司法效果的考量

既然利益衡量说无法成立,将法确证的利益说作为两大支柱之一的二元说当然也就难以成立。为此,只能从合法权利说的角度理解正当防卫。合法权利说的前身是启蒙思想家所主张的自然权利说。自然权利说认为,正当防卫是人类与生俱来的不受任何限制的自然法上的权利。③ 如

---

① 显然,在对行动自由的限制程度上,这种避让远不如非法拘禁。而非法拘禁行为(如果没有伴随其他殴打、侮辱等情节)也只有在持续相当长的一段时间后(在我国司法实践中,通常是 24 小时)才会构成值得刑法处罚的犯罪行为。而避让不法侵害往往只是一个短暂的行为,其对行动自由的限制极为有限,完全不值得刑法认真对待。

② 参见[日]西田典之:《日本刑法总论》,刘明祥、王昭武译,中国人民大学出版社 2007 年版,第 118 页。

③ 参见[英]洛克:《政府论(下篇)》,叶启芳等译,商务印书馆 1964 年版,第 11—12 页。

果在启蒙时代,自然权利说有其进步意义,那么时至今日,在现代法治国家的语境下,自然权利说因容易导致权利的滥用而不再具有正当性。在这个背景下,合法权利说应运而生。合法权利说一方面认为正当防卫是公民的合法权利,另一方面也强调这种权利不是无限制的,而是有其权利的边界。只有明确了正当防卫的权利边界,作为一项权利的正当防卫权才能被顺利行使。在这个意义上,双重条件说与单一条件说之争的实质是,以什么要素作为划定正当防卫的限度边界的依据?对此,双重条件说主张以防卫行为作为划定正当防卫边界的主要依据,同时参考防卫结果;而单一条件说则主张以防卫结果作为划定正当防卫边界的唯一依据。

表面上看,单一条件说所划定的正当防卫的权利边界非常明确。因为,站在事后的角度看,防卫结果是非常明确的。但问题是,防卫人无法等到防卫结果出现以后才决定采用何种防卫行为,而必须在行为时就作出决定。站在行为时的角度看,防卫人虽然能够明确知道防卫行为的内容,但是却很难准确地预判防卫结果的内容。这是因为,在防卫行为和防卫结果之间,很容易介入一些难以被防卫人在行为时考虑到的自然的或人为的因素,从而改变防卫结果的走向。换言之,在实施防卫行为的过程中,防卫人对防卫行为的支配性很高,但是对于防卫结果的支配性却很低。在这种背景下,将防卫结果作为划定正当防卫的限度边界的唯一依据,必然会导致正当防卫的权利边界非常模糊。"防卫人由此而身陷困境:要么忍气吞声地忍受不法侵害,要么因展开反击而面临被犯罪化的高度风险。"[①]不同于单一条件说,双重条件说主张以可支配性很高的防卫行为作为划定正当防卫限度边界的主要依据,同时参考防卫结果,有助于明确正当防卫的权利边界。

或许有学者会对双重条件说提出如下批评:双重条件说一方面认为将防卫结果作为划定防卫权利边界的要素会导致正当防卫权利边界模糊,另一方面却又将防卫结果作为判断一个防卫行为是否构成防卫过当的重要依据之一,这难道不构成自相矛盾吗?要回答这个问题,需要准确理解针对防卫结果而言的"造成重大损害"在双重条件说中的地位。需要注意的是,双重条件说主张"明显超过必要限度"与"造成重大损害"是两个不同的、并且都要发挥实际作用的条件,不等于承认二者是同等重要的并列关系。在双重条件说的阵营中,有学者明确指出,"明显超过必要限

---

① 劳东燕:《防卫过当的认定与结果无价值论的不足》,载《中外法学》2015年第5期。

度"是主要的、决定性的条件,"造成重大损害"是次要的、辅助性的条件。① 本文完全同意这个结论。不过,这两个条件的主次之分到底是什么意思,理论上还没有说清楚。②

根据双重条件说,不构成防卫过当的情形有两种:第一种情形是防卫行为没有"明显超过必要限度"(至于防卫结果如何,则在所不问);第二种情形是防卫行为"明显超过必要限度"但是没有"造成重大损害"。显然,排除第一种情形所依据的是"明显超过必要限度"条件,而排除第二种情形所依据的是"造成重大损害"条件。由此不难推测,"明显超过必要限度"与"造成重大损害"在地位上的主次之分,会体现在这两种情形之间的差异上。那么,这两种情形到底有何差异?笔者认为,对此需要从规范类型的角度展开分析。众所周知,法律规范可以分为裁判规范和行为规范。在裁判规范层面,两种情形的意义上完全一样——都不构成防卫过当。但是,在行为规范层面,两种情形的意义不尽相同。

从行为规范的视角看,将第一种情形排除在防卫过当之外,其意义是提醒社会公众注意控制防卫行为的强度;但是,将第二种情形排除在防卫过当之外,没有任何意义。尽管我们可以在形式上说,它可以告诉社会公众,如果对防卫行为的强度失去了控制,只要加强对防卫结果的控制,就不会构成防卫过当。但问题是,日常生活经验告诉我们,除了通过控制防卫行为的强度来控制防卫结果,防卫人没有其他方法来控制防卫结果。换言之,防卫人一旦失去了对防卫行为强度的控制,当然也就失去了对防卫结果的控制。正是因此,在司法实践中,防卫行为明显超过必要限度却没有造成重大损害的情形,是一种可遇而不可求的情形。可见,这种情形之所以被排除在防卫过当之外,与其说是因为其处于正当防卫的权利边界之内,毋宁说是因为后果较为轻微而得到了刑法的宽容。因此,将第二

---

① 参见周光权:《正当防卫的司法异化与纠偏思路》,载《法学评论》2017年第5期;劳东燕:《防卫过当的认定与结果无价值论的不足》,载《中外法学》2015年第5期。
② 周光权教授认为,"明显超过必要限度"与"造成重大损害"的主次之分主要体现在判断的先后顺序上(参见周光权:《正当防卫的司法异化与纠偏思路》,载《法学评论》2017年第5期),但是这个观点值得怀疑。尽管理论上通常是按照上述先后顺序展开判断的,但是从逻辑上看,判断顺序的先后并不影响最后的判断结论。劳东燕教授认为,"明显超过必要限度"与"造成重大损害"的主次之分主要体现在权重的大小上(参见劳东燕:《防卫过当的认定与结果无价值论的不足》,载《中外法学》2015年第5期),这个观点同样值得怀疑。因为,在防卫过当与否的判断中,"明显超过必要限度"与"造成重大损害"两个条件缺一不可,不存在以其中某个条件取代另一个条件的可能性。既然如此,二者在权重上就不存在大小之分。

种情形排除在防卫过当之外,在行为规范层面没有任何意义。既然如此,排除第二种情形所依据的"造成重大损害"条件当然就不是行为规范层面的条件。

由此可知,"明显超过必要限度"既是裁判规范层面的条件,又是行为规范层面的条件;而"造成重大损害"则仅仅是裁判规范层面的条件,无法成为行为规范层面的条件。正是在这个意义上,二者被认为在地位上存在主次之分。由于"造成重大损害"并非行为规范层面的条件,它当然不会模糊正当防卫权利边界。因此,上述对双重条件说的批评是不能成立的。

综上所析,无论是从逻辑基础的角度看,还是从法理依据的角度看,抑或从司法效果的角度看,都应当反对单一条件说,支持双重条件说。因此,在防卫过当的成立条件中,"明显超过必要限度"是一个独立的条件。而且,与另一个独立条件"造成重大损害"相比,"明显超过必要限度"更为重要,其重要性体现在:它既是裁判规范层面的条件,又是行为规范层面的条件。

第三节 "明显超过必要限度"的规范内涵

在理解防卫限度的过程中,如何理解"明显超过必要限度"的含义,是理论上的一大难题。关于正当防卫的防卫限度,我国学界存在必需说、基本适应说、折衷说三种有影响力的观点。必需说认为,应当从防卫的实际需要出发进行全面衡量,将有效地制止不法侵害的客观实际需要作为防卫的必要限度;①基本适应说认为,防卫行为必须与不法侵害相适应,即防卫行为所造成的损害从轻重、大小等方面来衡量大体相适应;②折衷说认为,必要限度原则上应当以制止不法侵害所必需的强度为标准,同时要求防卫行为与不法侵害行为在手段、强度、后果等方面不存在悬殊的差距。③ 尽管

---

① 参见曾宪信等:《犯罪构成论》,武汉大学出版社1988年版,第133页;劳东燕:《结果无价值逻辑的实务透视:以防卫过当为视角的展开》,载《政治与法律》2015年第1期;陈璇:《侵害人视角下的正当防卫论》,载《法学研究》2015年第3期。

② 参见杨春洗等:《刑法总论》,北京大学出版社1981年版,第174页;谢甲林:《关于正当防卫的几个问题》,载《法学》1984年第8期;郭泽强:《正当防卫制度研究的新视界》,中国社会科学出版社2010年版,第106页。

③ 参见王政勋:《正当行为论》,法律出版社2000年版,第186页;田宏杰:《刑法中的正当化行为》,中国检察出版社2004年版,第242页;高铭暄、马克昌主编:《刑法学》(第十版),北京大学出版社、高等教育出版社2022年版,第132—133页。

这三种观点与"明显超过必要限度"的规范内涵问题密切相关,但是在笔者看来,单纯评析这三种观点的是非优劣,试图从中找到一种最为合理的观点来加以支持,尚不足以从根本上解决"明显超过必要限度"的规范内涵问题。

一方面,这三种观点旨在解决的问题是正当防卫的防卫限度问题,而非防卫行为的限度问题。换言之,这三种观点的解释对象是"明显超过必要限度造成重大损害"而非"明显超过必要限度"。或许有学者会认为,"明显超过必要限度造成重大损害"包括"明显超过必要限度"和"造成重大损害"两个部分,由此推知,上述三种观点必然包含了对"明显超过必要限度"的解释。但实际上,它们都对"明显超过必要限度造成重大损害"作了整体的解释,而没有将其拆成"明显超过必要限度"和"造成重大损害"两部分并分别加以解释。也就是说,在"明显超过必要限度"与"造成重大损害"的关系问题上,上述三种观点都采用了与单一条件说类似的一体化的理解。① 因此,将上述三种观点直接套用到对"明显超过必要限度"的理解上,是不合适的。

另一方面,这三种观点已严重滞后于刑事立法的发展。它们都产生于20世纪80年代,因而最初的解释对象均为1979年《刑法》第17条第2款,其内容为:"正当防卫超过必要限度造成不应有的危害的,应当负刑事责任;但是应当酌情减轻或者免除处罚。"而现行《刑法》第20条第2款则将上述内容修改为:"正当防卫明显超过必要限度造成重大损害的,应当负刑事责任,但是应当减轻或者免除处罚。"藉此,防卫过当的成立条件由"超过必要限度造成不应有的危害"转变为"明显超过必要限度造成重大损害"。应当说,这是刑法规范上的一项重大改动。但非常遗憾的是,在刑法规范发生如此重大改变的背景下,理论上关于防卫限度的观点几乎没有发生任何变化,目前在学界最具影响力的观点仍然是必需说、基本适应说以及折衷说这三种观点。这充分说明我国学界对防卫限度的研究已经远远滞后于刑事立法的发展。②

基于上述两个方面的考虑,本文拟在前述三种观点之外,另辟讨论问题的角度。从1979年《刑法》中的"超过必要限度"到现行《刑法》中

---

① 这或许可以解释,为什么作为理论通说的双重条件说在司法实践中的影响力反倒不如单一条件说。

② 参见劳东燕:《结果无价值逻辑的实务透视:以防卫过当为视角的展开》,载《政治与法律》2015年第1期。

的"明显超过必要限度",表面上看,只不过是增加了"明显"二字而已;但实际上,这种立法变迁隐含着深远的意义,会给防卫行为的限度要求带来根本性的变化。具体而言,在1979年《刑法》的规定中,防卫行为的限度要求是一条线——"必要限度"所在的那条线。这条线既是防卫行为强度的最低线(若低于这个强度,防卫行为便不足以实现防卫效果),也是防卫行为强度的最高线(若高于这个强度,防卫行为便可能沦为防卫过当)。而在现行《刑法》的规定中,防卫行为的限度要求不再是一条线,而是由上下两条线所组成的一个幅度——这个幅度的底线是"必要限度"所在的那条线,而这个幅度的顶线是"明显超过必要限度"的临界点所在的那条线。尽管判断防卫行为是否过当的直接依据是这个幅度的顶线而非底线,但只有在准确理解这个幅度的底线即"必要限度"的规范内涵的前提下,才能准确理解这个幅度的顶线即"明显超过必要限度"的规范内涵。

一、"必要限度"的规范内涵

如果说刑法设立正当防卫制度旨在保护防卫人的利益,那么通过防卫限度条件所表达出来的刑法对正当防卫权的限制则旨在保护不法侵害人的利益。这从根本上决定了,在理解"必要限度"的规范内涵时,需要进行两个不同方向的思考。

一方面,从保护防卫人利益的立场出发,防卫行为的强度需要达到足以制止不法侵害的程度。唯有如此,防卫行为才能实现正当防卫的效果。"足以制止不法侵害",首先当然是指足以制止正在进行的不法侵害。如果不法侵害人同时实施了多种不法侵害,那么防卫行为的强度就需要达到足以制止多种不法侵害的程度。此外,由于防卫行为与不法侵害构成对向性活动,针对防卫人的防卫行为,不法侵害人可能会进一步实施新的侵害行为。因此,"足以制止不法侵害",同时还包括足以防止不法侵害人实施新的不法侵害。在判断防卫行为需要达到何种强度才能制止不法侵害时,需要置身于防卫人所处的实际情境中,根据防卫人与不法侵害人在人数、身体条件、工具、意志力等方面的对比情况以及时空条件等外在因素作综合判断。

另一方面,从保护不法侵害人利益的立场出发,如果有多个可供选择的防卫行为能够制止不法侵害,那么防卫人应当在其中选择强度最低的防卫行为。① 如果使用拳头足以自卫,就不能使用武器;如果伤害对方就能够制止不法侵害,就不允许杀死对方。② 当然,这里所说的强度最低的防卫行为,必须是防卫人在行为当时能够选择的防卫行为。例如,一名歹徒手持木棍冲进卧室对房主甲进行殴打,理论上说,甲可以手持木棍或使用刀具进行防卫。但是如果当时甲身边并没有可以使用的木棍或者刀具,也没有其他的防卫工具,而只有一把已经上了膛的手枪,在这种情况下,为了避免自己遭受不法侵害,甲完全可以使用手枪进行防卫。不过,如果时间允许,甲应当先进行警告性射击,只有在警告性射击仍然无效的情况下,才可以向歹徒射击。

综合上述两个方面的思考,笔者认为,"必要限度"就是指最低强度的有效防卫行为。为了方便论述,本文将这个观点概括为"最低强度的有效防卫说"。根据最低强度的有效防卫说,可以轻易解决防卫行为是否超过必要限度的问题。例如,甲女被他人拐卖给农民乙为妻。乙对甲进行了强奸、虐待和非法拘禁。一次,甲趁乙不备逃了出去,但很快便被乙抓回来并遭遇一顿痛打。某夜,甲趁乙熟睡,用刀将乙杀死,然后顺利逃了出去。③ 在本案中,甲被乙非法拘禁的状态一直在持续,因而甲在夜里杀死乙的行为具有防卫性质。问题是,甲的防卫行为是否超过了必要限度?根据最低强度的有效防卫说,问题的答案取决于,在当时的条件下,除了杀死乙,是否还有强度更低同时又可以确保自己安全、顺利地逃出去的防卫方法?如果答案是否定的,甲的防卫行为便没有超过必要限度;反之,如果答案是肯定的,甲的防卫行为便超过了必要限度。类似地,在于欢案中,于欢的防卫行为是否超过了必要限度,取决于如果于欢不持刀捅刺围逼上来的讨债人员,他有没有其他方法确保自己和母亲不受到对方的伤害,并且能够顺利地从被非法拘禁的状态中逃离出来?根据于欢案的实际情况,应当认为,答案是否定的。因此,根据最低强度的有效防卫说,于欢的防卫行为没有"超过必要限度",更遑论"明显超过必要限度"。

---

① 参见[德]汉斯·海因里希·耶赛克、[德]托马斯·魏根特:《德国刑法教科书(上)》,徐久生译,中国法制出版社 2017 年版,第 461 页;周光权:《正当防卫的司法异化与纠偏思路》,载《法学评论》2017 年第 5 期。

② Vgl. Günter Stratenwerth/Lothar Kuhlen, Strafrecht AT I, Die Straftat, 5. Aufl. 2004, §9., Rn. 77.

③ 案例引自陈兴良:《口授刑法学》,中国人民大学出版社 2007 年版,第 250—251 页。

不难发现,最低强度的有效防卫说与上文所述的必需说有一定的相似性,二者都主张防卫行为的强度需要达到足以制止不法侵害的程度。不过,二者在以下两个方面存在重要区别:其一,在解释对象上,最低强度的有效防卫说的解释对象是"必要限度";而传统的必需说则致力于从整体上解决正当防卫的防卫限度问题,既没有将"明显超过必要限度"与"造成重大损害"拆开分别解释,更没有将"必要限度"与"明显超过"拆开分别解释。其二,在观点的具体内容上,最低强度的有效防卫说明确要求,在同时存在多个足以制止不法侵害的防卫行为的场合,防卫人只能选择最低强度的防卫行为;而传统的必需说则没有明确强调这一点,尽管有学者在理解必需说的过程中表达了类似的见解。[1] 据此可以认为,最低强度的有效防卫说是对传统的必需说的一种改进,它在本质上仍然属于广义的必需说阵营。

不过,最低强度的有效防卫说的适用不是绝对的、无条件的。一般而言,面临不法侵害的法益的价值与为制止该不法侵害所需的防卫行为的强度会呈现正相关的关系:前者越大,后者便越高;反之,前者越小,后者便越低。但是在一些特殊的场合,面临不法侵害的法益的价值与为制止该不法侵害所需的防卫行为的强度极度不平衡,为了保护一个价值微小的法益,防卫人不得不使用强度极高的防卫行为。在这种特殊场合,如果适用最低强度的有效防卫说,可能会得出错误结论。例如,猎人甲发现乙偷走了自己只装有少量现金的钱包,便手持猎枪追赶乙。眼看乙越跑越远,甲自知不可能追上乙,便用猎枪朝乙击打,乙应声中弹身亡,于是甲拿回了自己的钱包(以下简称"猎人钱包案")。在本案中,甲朝乙开枪是唯一能够拿回自己钱包的方法,根据最低强度的有效防卫说,不得不认为,甲开枪的行为没有超过必要限度,属于正当防卫。但是这个结论显然是有问题的。现代刑法毫无异议地认为,为了保护价值微小的法益而杀死不法侵害人的行为,已经逾越了正当防卫的权利边界。[2] 理论上普遍赞同,这里所说的"价值微小的法益"包括数额较小的财产法益。但是除此

---

[1] 参见劳东燕:《防卫过当的认定与结果无价值论的不足》,载《中外法学》2015年第5期。

[2] 不过,对于这个结论,理论上存在多种不同的论证进路:有学者从法确证的利益角度去论证该结论的合理性(Vgl. Claus Roxin, Strafrecht AT, Band I, 4. Aufl. 2006, §15., Rn. 83);有学者从比例原则的角度去论证该结论的合理性(Vgl. Urs Kindhäuser, Strafrecht AT, 6. Aufl. 2015, §16., Rn. 42);还有学者从禁止权利滥用的角度去论证该结论的合理性(Vgl. Kühl, Strafrecht AT, 7. Aufl., 2012, §7., Rn. 178)。

之外，"价值微小的法益"还包括什么，学界还没有一致的见解。笔者认为，除了数额较小的财产法益，自由法益、名誉法益、隐私法益在只受到情节较轻的损害的情况下也应当属于这里说的"价值微小的法益"。①

可以预见，上述特殊场合的存在，会成为理论上批评最低强度的有效防卫说的一个重要论据。事实上，在学界以往的理论研究中，与最低强度的有效防卫说较为相似的必需说就受到过类似的批评。② 但是在笔者看来，这种批评是不能成立的。没有争议的是，在防卫人为了保护一个价值微小的法益而不得不杀死不法侵害人的场合，刑法反对防卫人杀死不法侵害人。表面上看，刑法反对防卫人杀死不法侵害人，不等于反对防卫人实施正当防卫。因为，刑法完全允许防卫人实施其他强度低一些的防卫行为。但是需要看到，上述场合的特殊性恰恰在于，如果不杀死不法侵害人，防卫人便无法保护其法益。在这种情况下，防卫人实施其他强度较低的防卫行为，对于保护法益的目的而言，没有任何实际意义。就此而言，在上述特殊场合，刑法反对防卫人杀死不法侵害人而允许其实施其他强度低一些的防卫行为，与其说是对防卫行为的强度作了严格限制，毋宁说是根本不允许防卫人进行防卫。由此可见，上述场合的特殊性所针对的，不是防卫行为的强度问题或曰防卫限度问题，而是防卫行为的实施前提问题。③ 也就是说，这个问题应当放在防卫行为的适用条件层面加以讨论，而不应放在防卫限度层面上加以讨论。④ 正是因此，笔者认为，上述特殊场合并不构成对最低强度的有效防卫说的批评。

既然"必要限度"就是指最低强度的有效防卫行为的强度，那么防卫

---

① 我国学者在分析于欢案时认为，该案中的辱母情节对于于欢的防卫行为是否构成正当防卫的判断没有实质性的影响，尽管这个情节对于该案在媒体上以惊人的速度传播发挥了重要的作用（参见陈兴良:《正当防卫如何才能避免沦为僵尸条款——以于欢故意伤害案一审判决为例的刑法教义学分析》，载《法学家》2017年第5期）。但是笔者认为，于欢案中的辱母情节对于于欢是否构成正当防卫的判断具有重要意义。它决定了，于欢案中的不法侵害行为侵犯的绝不仅仅是"价值微小的法益"。因此，可以采用最低强度的有效防卫说判断于欢的防卫行为是否超过了必要限度。

② 参见田宏杰:《刑法中的正当化行为》，中国检察出版社2004年版，第244页。

③ 除了这里所说的对侵犯价值微小的法益的行为如何防卫的问题，类似的问题还包括对精神病人和未满刑事责任年龄的人实施的不法行为如何防卫的问题、防卫挑拨者能否防卫的问题等。

④ 正是因此，德国学者一般在"必要性"（Erforderlichkeit）的主题下讨论防卫限度问题，而在"要求性"（Gebotenheit）的主题下讨论对侵犯价值微小的法益的行为如何防卫的问题。Vgl. Claus Roxin, Strafrecht AT, Band I, 4. Aufl. 2006, §15., Rn. 55ff.; Urs Kindhäuser, Strafrecht AT, 6. Aufl. 2015, §16., Rn. 36.

行为"明显超过必要限度"当然就是指,防卫人实际实施的防卫行为的强度明显超过最低强度的有效防卫行为。那么,如何理解其中的"明显超过"呢?这就是"明显超过"的规范内涵问题。

二、"明显超过"的规范内涵

对于应当如何理解我国《刑法》第20条第2款中的"明显超过",我国学者以往要么避而不谈,要么一笔带过、语焉不详,从而在无形中消解了我国《刑法》将"超过必要限度"修改为"明显超过必要限度"的重大意义,以致我国司法者实际上仍然是按照"超过必要限度"来把握防卫过当的成立条件,从而造成大量原本属于正当防卫的案件被司法机关错误地认定为防卫过当。这种状况应当引起学界的反思。

在正式分析"明显超过"的规范内涵之前,需要澄清"明显超过"的比较对象。"明显超过"的主语是防卫行为,其宾语是"必要限度"。只有将防卫人实际实施的防卫行为的强度与"必要限度"即最低强度的有效防卫行为的强度进行比较,如果前者明显超过后者,才能得出防卫行为明显超过必要限度的结论。值得警惕的是,在我国理论和司法实践中,存在三种典型的错误做法。其一,将防卫行为的强度与不法侵害行为的强度进行比较,如果前者明显超过后者,就认为防卫行为明显超过必要限度。其二,将防卫行为所保护的利益与防卫行为给不法侵害人造成的损害进行比较,如果前者明显小于后者,就认为防卫行为明显超过必要限度。① 其三,将防卫行为造成的损害结果与不法侵害可能造成的损害结果进行比较,如果前者明显超过后者,就认为防卫行为明显超过必要限度。② 这三种做法误解了"明显超过"的比较对象,降低了防卫限度的顶线,扩大了防卫过当的成立范围。

笔者认为,"明显超过"同时具有本体论和认识论两个层面的规范内涵。在本体论的层面,"明显超过"意味着超过的幅度比较大。对此,理论上不会有任何异议。③ 但问题是,到底需要超过多大幅度才属于"明显超

---

① 参见王政勋:《正当行为论》,法律出版社2000年版,第186页。
② 参见杨兴培:《刺杀辱母者案的刑法理论分析与技术操作》,载《东方法学》2017年第3期。
③ 参见高铭暄、马克昌主编:《中国刑法解释(上卷)》,中国社会科学出版社2005年版,第318页;侯国云、白岫云:《新刑法疑难问题解析与适用》,中国检察出版社1998年版,第130页。

过"？这个问题的难点在于，如何找到一个合适的计量单位。尽管不法侵害行为的内容多种多样，但是防卫行为的内容高度统一，在绝大多数场合都体现为对不法侵害人的人身安全（健康或生命）的损害。因此，一个防卫行为的强度可以通过该防卫行为给不法侵害人的人身安全所造成的危险程度表现出来。而这种危险程度又会与具体的实害结果呈现对应关系。人身安全受到损害的结果可以分为轻伤、重伤、死亡三类。相应地，防卫行为给不法侵害人的人身安全造成的危险可以分为足以致人轻伤的危险、足以致人重伤的危险、足以致人死亡的危险三类。在这个语境下，笔者认为，防卫行为"明显超过"必要限度就是指，实际的防卫行为给不法侵害人的人身安全所造成的危险（以下简称"实际危险"），比必要限度所允许的危险即最低强度的有效防卫行为给不法侵害人的人身安全所造成的危险（以下简称"标准危险"），至少高出一个档次。具体而言，如果标准危险为足以致人轻伤的危险，那么实际危险就需要达到足以致人重伤的程度；如果标准危险为足以致人重伤的危险，那么实际危险就需要达到足以致人死亡的程度。

在认识论的层面，"明显超过"意味着，在判断一个防卫行为是否超过必要限度时，存疑有利于防卫人。作为《刑法》修改后增加的重要内容，"明显超过"既是行为规范又是裁判规范。从行为规范的角度看，"明显超过"意味着判断结论的明确性。需要看到，在实施防卫行为的实际过程中，防卫人要准确判断自己的防卫行为是否超过了必要限度，并非易事。① "明显超过"意味着，只有防卫人明确地认识到自己的防卫行为超过了必要限度，才属于"明显超过必要限度"；反之，如果防卫人明确地认识到自己的防卫行为没有超过必要限度，或者防卫人对于自己的防卫行为是否超过了必要限度存在疑问，都一概不属于"明显超过必要限度"。从裁判规范的角度看，"明显超过"意味着判断结论的一致性。有时候，对于一个案件中的防卫行为是否超过了必要限度，不同的司法者有不同的看法。"明显超过"意味着，只有在不同的司法者都完全同意被评价的防卫行为超过了必要限度的情况下，才属于"明显超过必要限度"；反之，只要有个别司法者认为被评价的防卫行为没有超过必要限度，就属于没有"明显超

---

① 一方面，在实施防卫行为的过程中，防卫人会陷入愤怒、恐慌、恐惧、惊吓等复杂情绪之中，这些情绪会影响防卫人的认知能力和认知水平；另一方面，防卫行为是否超过必要限度，与不法侵害人对防卫行为的反应密切相关，而这种反应往往因人而异。

过必要限度"。① 实际上,无论是行为规范层面的判断结论的明确性,还是裁判规范层面的判断结论的一致性,都是在要求,在判断一个防卫行为是否超过必要限度时,存疑有利于防卫人。

综上所析,笔者认为,"明显超过必要限度"是指防卫人实际实施的防卫行为的强度明显超过最低强度的有效防卫行为的强度。其中,"明显超过"是指在给不法侵害人的人身安全造成的危险程度上,前者比后者至少高出一个档次;并且在判断前者是否超过后者的过程中,存疑有利于防卫人。

第四节 "明显超过必要限度"的判断视角

要准确判断防卫行为是否"明显超过必要限度",不仅需要准确把握"明显超过必要限度"的规范内涵,而且还需要为这个判断找到一个科学、合理的判断视角。所谓"明显超过必要限度"的判断视角问题,就是指站在何种时点上、按照何种能力标准来判断一个防卫行为是否"明显超过必要限度"。以往我国学界忽略了对这个问题的讨论,而司法实践则往往在事后按照"全知全能"的标准进行判断。这种"事后诸葛亮"式的判断对防卫人提出了过高的、不切实际的要求,从而导致大量的原本属于正当防卫的案件被错误地认定为防卫过当。近年来,我国学者意识到了这个问题,提出对防卫行为是否过当作情境判断,要设身处地、感同身受地思考防卫人在当时特定的场合下应当如何防卫的问题。② 这种情境论的主张最近得到了司法者的认同。③ 本文完全赞同情境论的主张。问题是,在判断防卫行为是否"明显超过必要限度"的过程中,应当如何贯彻情境论的主张?对此,学界仅有零星的观点表态,而缺乏系统深入的分析。实际上,这就是"明显超过必要限度"的判断视角所要回答的问题。"明显超过必要限度"的判断视角可以进一步分为能力标准问题和判断时点问题,以下分而论之。

---

① 参见张明楷:《故意伤害罪司法现状的刑法学分析》,载《清华法学》2013 年第 1 期。
② 参见周光权:《正当防卫成立条件的"情境"判断》,载《法学》2006 年第 12 期;陈兴良:《正当防卫如何才能避免沦为僵尸条款——以于欢故意伤害案一审判决为例的刑法教义学分析》,载《法学家》2017 年第 5 期;劳东燕:《防卫过当的认定与结果无价值论的不足》,载《中外法学》2015 年第 5 期;陈璇:《侵害人视角下的正当防卫论》,载《法学研究》2015 年第 3 期。
③ 参见喻海松编著:《实务刑法评注》,北京大学出版社 2022 年版,第 63 页。

一、能力标准问题

在实施防卫行为的过程中,防卫人的能力会直接影响其对防卫行为的选择。这里所说的能力,主要是指认知能力和行动能力。一方面,防卫人的能力会直接影响其为制止不法侵害所需选择的防卫手段的强度:前者的能力越高,后者的强度便越低;反之亦然。例如,甲手持棍子追打乙,如果乙是普通的年轻人,那么他需要持棍或持刀才能制止不法侵害;如果乙是身强力壮的散打世界冠军,那么他可能徒手格斗便足以制止不法侵害;而如果乙是身体孱弱、行动不便的老人,那么他可能只有开枪射击才能制止不法侵害。另一方面,防卫人的能力还会直接影响其在选择最低强度的有效防卫时的精确性:前者的能力越高,后者的精确程度就越高;反之亦然。例如,甲持木棍追打乙,一般而言,乙有权持刀防卫,但是所刺位置应当避开甲的身体要害部位。可是,如果乙属于盲人,他便无法精确避开甲的身体要害部位。总之,防卫人的能力会在事实层面影响其对防卫行为强度的控制力,进而在规范层面影响刑法对其在约束防卫行为强度方面的要求。

那么,应当以什么样的能力作为标准呢?对此,理论上主要存在三种方案:第一种方案是以最高能力者的能力为标准(以下简称为"最高能力说");第二种方案是以社会一般人的平均能力为标准(以下简称为"社会一般人说");第三种方案是以防卫人的实际能力为标准(以下简称为"实际能力说")。一般而言,能力越高,刑法对防卫行为强度的规范约束也就越严格。就此而言,最高能力说对防卫人的要求最为严格。至于社会一般人说与实际能力说何者对防卫人的要求更为严格,需要结合防卫人的具体情况才能作出判断。

最高能力说虽然在理论上没有得到任何学者的明确支持,但是长期以来在我国司法实践中大行其道。采用最高能力说,意味着对防卫行为的强度作了最为严格的约束。这种方案对防卫人提出了不切实际的、过于严苛的要求,大幅度压缩正当防卫的权利范围,不具有任何妥当性。最近几年,在批评最高能力说的基础上,我国有学者主张采用社会一般人说。[①] 考虑到社会上大多数人都能达到社会一般人的平均能力水平,社会一般人说

---

① 参见劳东燕:《防卫过当的认定与结果无价值论的不足》,载《中外法学》2015 年第 5 期;周光权:《正当防卫成立条件的"情境"判断》,载《法学》2006 年第 12 期。

明显比最高能力说更为合理。不过,在笔者看来,社会一般人说对能力标准的设定还不够精确。一方面,在防卫人的实际能力高于社会一般人平均能力的场合,适用社会一般人说,无异于放纵防卫人以正当防卫的名义对不法侵害人进行打击报复;另一方面,在防卫人的实际能力低于社会一般人平均能力的场合,适用社会一般人说,便会使防卫人的防卫行为陷入要么不足以制止不法侵害,要么沦为防卫过当的两难困境。而且,从刑事政策的角度看,适用社会一般人说还存在一定的道德风险:它会诱使潜在的不法侵害人在选择侵害对象时避免能力强者而选择能力弱者。只有采用实际能力说,才能根据防卫人的实际情况对其防卫行为的强度提出合理的要求。① 据此,笔者认为,在能力标准问题上,情境论的要求为,以防卫人的实际能力作为判断防卫行为是否"明显超过必要限度"的能力标准。

二、判断时点问题

判断一个防卫行为是否超过必要限度,需要以很多相关的信息作为判断依据。而这些信息的全面性与准确性会受到搜集者的认知能力及搜集信息的时间点的影响。就前者而言,信息搜集者的认知能力越强,其所能搜集到的信息就更为全面和准确;就后者而言,搜集信息的时间点越靠后,能够搜集到的信息就更为全面和准确。那么,司法者在判断一个防卫行为是否明显超过必要限度时,应当以谁在哪个时点上获得的信息作为判断依据呢? 这就是"明显超过必要限度"的判断时点问题。

对于这个问题,理论上主要有三种方案:第一种方案是,以事后所能查明的一切信息作为判断依据(以下简称为"客观说");第二种方案是,以防卫人在行为时获取的信息作为判断依据(以下简称为"主观说");第三种方案是,以防卫人在行为时实际获取的信息以及当时本来应当能够获取的信息作为判断依据(以下简称为"折衷说")。显然,就所获信息的全面性和准确性而言,客观说最优,折衷说次之,主观说最为落后。一般而言,作为判断依据的信息越全面,对防卫行为强度的约束也就越严格。由此可见,在对防卫行为强度的约束上,客观说最为严格,折衷说次之,主观说最为宽松。

---

① Vgl. Günter Stratenwerth/Lothar Kuhlen, Strafrecht AT Ⅰ, Die Straftat, 5. Aufl. 2004, § 9., Rn. 80;[日]松原芳博:《刑法总论重要问题》,王昭武译,中国政法大学出版社 2014 年版,第 129 页;陈璇:《侵害人视角下的正当防卫论》,载《法学研究》2015 年第 3 期。

长期以来，客观说不仅在我国理论上占据着支配地位，而且还在司法实践中得到了全面贯彻。但是这种观点存在明显的弊病。上文已述，"明显超过必要限度"不仅是裁判规范，同时也是行为规范。这意味着，每个有关防卫行为是否"明显超过必要限度"的判断都会确立一个适用于某个特定场合的行为规范，而这个行为规范必须是防卫人原本能够遵守的规范。然而，任何人的认知能力都是有限的，不可能在行为时就充分认识到所有的已经发生、正在发生以及将要发生的事情。若按照客观说判断防卫行为是否"明显超过必要限度"，便只能确立一项防卫人根本就无法遵守的行为规范。显然，这种行为规范没有任何意义。不难发现，与前述能力标准问题上的最高能力说一样，客观说的根本缺陷在于对防卫人提出了过高的、不切实际的要求。

最近几年，我国学者意识到了客观说的弊端，进而提出站在行为时来判断防卫限度问题。① 这也是德日学界的通说观点。② 本文完全赞同这种观点。不过，主观说与折衷说都将判断的时点置于行为时，对于这两个学说应当如何选择呢？关键的问题在于，是否应当将防卫人实际上未能查明但是原本应当能够查明的信息纳入判断依据之中？上文已述，作为判断依据的信息越多，对防卫行为强度的约束也就越严格。在这个背景下，主观说会变相鼓励防卫人怠于查明信息（尤其是那些要求防卫人降低防卫行为强度的信息），以免给自己的防卫行为增加束缚。而折衷说不仅可以立足于防卫人的实际情况，而且还能引导防卫人在防卫过程中谨慎行事。③ 由此可见，折衷说比主观说更为合理。据此，笔者认为，在判断时点问题上，情境论的要求为，以防卫人在行为时实际获取的信息以及当时本来应当能够获取的信息作为判断依据。

综上所述，判断一个防卫行为是否"明显超过必要限度"时，应当设身处地、感同身受地作情境判断。具体而言，应当以防卫人的实际能力作为

---

① 参见劳东燕：《防卫过当的认定与结果无价值论的不足》，载《中外法学》2015年第5期；陈璇：《侵害人视角下的正当防卫论》，载《法学研究》2015年第3期；周光权：《正当防卫成立条件的"情境"判断》，载《法学》2006年第12期。

② 参见[德]汉斯·海因里希·耶赛克、[德]托马斯·魏根特：《德国刑法教科书（上）》，徐久生译，中国法制出版社2017年版，第460页；[日]松原芳博：《刑法总论重要问题》，王昭武译，中国政法大学出版社2014年版，第129页。

③ 需要注意的是，在判断哪些信息属于防卫人本来应当能查明的信息时，应当立足于防卫人的实际认知能力，并且需要设身处地考虑防卫人在紧急状况下的心理状态对其认知水平的影响。

能力标准,并且以防卫人在行为时实际获取的信息以及当时本来应当能够获取的信息作为事实依据。

第五节　对于欢案的评析

上文分析了"明显超过必要限度"的规范地位、规范内涵和判断视角,在此基础上,可以对于欢的防卫行为是否过当作一个分析。上文已析,"明显超过必要限度"与"造成重大损害"是两个独立的条件,只有同时满足这两个条件,才会构成防卫过当。于欢的防卫行为造成了一人死亡、二人重伤、一人轻伤的后果,属于"造成重大损害",当无疑问。关键的问题在于,于欢的防卫行为是否"明显超过必要限度"?根据前文的分析可知,判断于欢的防卫行为是否明显超过必要限度,需要分为两步:第一步考察,于欢的防卫行为是否超过了必要限度?亦即,于欢的防卫行为的强度是否超过了最低强度的有效防卫行为的强度?如果答案是肯定的,则需要进一步考察,前者超过后者的程度是否达到了"明显超过"的程度?其中,判断于欢的防卫行为是否超过了必要限度,又需要分为两步:第一步,于欢的防卫行为的强度是否达到了足以制止不法侵害的程度?如果答案是肯定的,则需要进一步考察,在原本可以实施的、足以制止不法侵害的多个防卫行为(如果它们存在)中,于欢实际实施的防卫行为是否属于强度最低?下面就按上述思路展开分析。

为了判断于欢的防卫行为的强度是否达到了足以制止不法侵害的程度,需要分别确定不法侵害的内容和防卫行为的内容。先来考察不法侵害的内容。不难发现,于欢案中的不法侵害具有持续性和复合性。[①] 根据二审法院认定的案件事实,[②] 在于欢实施防卫行为之前,杜志浩等讨债人员对于欢及其母亲苏银霞实施了以下多种不法侵害行为:(1)寻衅滋事:"赵荣荣等人先后在办公楼前呼喊","在办公楼门厅外烧烤、饮酒";(2)非法拘禁:"(赵荣荣等人)在财务室内、餐厅外盯守","苏银霞按郭彦

---

① 参见陈兴良:《正当防卫如何才能避免沦为僵尸条款——以于欢故意伤害案一审判决为例的刑法教义学分析》,载《法学家》2017年第5期。

② 参见山东省高级人民法院二审刑事附带民事判决书(2017)鲁刑终151号。在于欢案的二审判决宣告之前,关于该案的案件事实,尤其是关于其中辱母情节的细节,舆论中存在着多种不同的版本。这些不同版本的案件事实对案件分析造成了一定的干扰。值得肯定的是,在该案的二审过程中,司法机关做了大量的调查工作,进一步查清了案件事实。因此,本文主要以二审判决书所认定的案件事实作为分析的事实依据。

刚要求到办公楼一楼接待室","于欢、苏银霞欲随民警离开接待室,杜志浩等人阻拦,并强迫于欢坐下,于欢拒绝,杜志浩等人卡于欢项部,将于欢推拉至接待室东南角。"(3)侮辱:"杜志浩用污秽语言辱骂苏银霞、于欢及其家人,将烟头弹到苏银霞胸前衣服上,将裤子褪至大腿处裸露下体,朝坐在沙发上的苏银霞等人左右转动身体。在马金栋、李忠劝阻下,杜志浩穿好裤子,又脱下于欢的鞋让苏银霞闻,被苏银霞打掉。杜志浩还用手拍打于欢面颊,其他讨债人员实施了揪抓于欢头发或按压于欢肩部不准其起身等行为。"(4)可能的故意伤害:"于欢持刃长15.3厘米的单刃尖刀,警告杜志浩等人不要靠近,杜志浩等人出言挑衅并逼近于欢。"

那么,在上述四种不法侵害中,哪些不法侵害可以成为于欢的防卫起因呢?我国《刑法》第20条第1款对作为防卫起因的不法侵害未作任何特别要求。而我国通说观点认为,只要是现实的不法侵害,都可以成为防卫起因。[①] 不过,正当防卫的成立对于防卫时间有着严格要求,需要不法侵害正在进行。在于欢即将持刀防卫的那个时间点,讨债人员的寻衅滋事行为和侮辱行为都已结束,不具备对其实施防卫的时间条件。而讨债人员对于欢及其母亲苏银霞实施的非法拘禁行为则一直处于持续状态,符合防卫时间的要求。另外,在于欢手持尖刀警告讨债人员不要靠近时,杜志浩等人出言挑衅并逼近的行为包含着对于欢实施故意伤害的危险,而且该危险处于非常紧迫的状态,同样符合防卫时间的要求。由此可见,在于欢开始持刀防卫时,能够成为防卫起因的不法侵害是非法拘禁和故意伤害。

再来考察于欢的防卫行为的内容。根据案情可知,在案发当时,于欢如果要实施防卫行为,在防卫方式上只有两种选择:要么徒手防卫,要么持刀防卫。如果选择徒手防卫,考虑到人数上的悬殊对比,无异于以卵击石。这种所谓的防卫不仅不能制止不法侵害,而且还很有可能激怒对方,使得于欢及其母亲受到对方新一轮的侮辱或伤害。排除了徒手防卫的选项后,于欢只剩下持刀防卫这一个选择。需要注意的是,于欢在拿到了放在桌子上的尖刀后,第一反应是挥舞着尖刀并大声警告讨债人员"别过来,别过来"。这充分说明,于欢持刀的目的是防卫而非报复。否则,他完全可以悄悄地将尖刀握在手中,等讨债人员靠近时,乘其不备刺其要害。

[①] 参见高铭暄、马克昌主编:《刑法学》(第十版),北京大学出版社、高等教育出版社2022年版,第129页。

可以推想,在于欢持刀警告后,如果在场的讨债人员自觉避让,那么于欢很可能会带着他母亲一起离开接待室,从而结束二人被非法拘禁的状态。可事实情况是,在于欢持刀警告后,讨债人员不仅没有退让,反而向前围逼。更有甚者,在向前围逼的同时,杜志浩对于欢说,"报警也没有用","你攮呀,你攮呀"。考虑到当时情况的紧急性以及杜志浩的挑衅对于欢的刺激作用,于欢持刀捅刺围逼他的讨债人员,就势所难免了。

值得注意的是,根据最低强度的有效防卫说,只有存在两个以上原本可以实施的防卫行为,讨论防卫人的防卫行为是否超过必要限度才有意义。因为,如果防卫人实施的是其在事实上唯一可以实施的防卫行为,该防卫行为当然就属于强度最低的防卫行为(至于其是否属于有效的防卫行为暂且不论),因而也就不可能超过必要限度。上文已述,于欢案只能采用持刀防卫这种防卫方式。这是否意味着,无端作任何讨论就可以否认于欢的防卫行为超过必要限度?非也。需要看到,尽管在案发当时于欢只能采用持刀防卫的方式,但这并不意味着他在防卫行为的强度上没有任何选择的余地。根据用刀刺向的位置的不同,可以将持刀防卫分为两类:一是刻意避开对方的身体要害部位而进行捅刺,二是对捅刺的位置不作任何约束而进行随意捅刺。为了方便论述,本文将前者称为"有节制的持刀防卫",将后者称为"无节制的持刀防卫"。综合事后的结果和于欢在行为时的言行表现来看,于欢实施的持刀防卫显然属于无节制的持刀防卫。显然,较之于有节制的持刀防卫,于欢实施的无节制的持刀防卫给不法侵害人带来的危险更大。既然如此,当然有必要讨论于欢的防卫行为是否明显超过必要限度。

确定了于欢案中的不法侵害的内容和防卫行为的内容后,再来考察于欢的防卫行为的强度是否达到了足以制止不法侵害的程度。上文已述,在不法侵害人同时实施了多种不法侵害的场合,"足以制止不法侵害"是指防卫行为的强度达到了足以制止多种不法侵害的程度。因此,于欢的防卫行为是否达到了足以制止不法侵害的程度,取决于该防卫行为能否同时使于欢及其母亲避免受到故意伤害,以及能否将二人从被非法拘禁的状态中解救出来。

根据案情可知,在于欢持刀捅刺围逼上来的讨债人员后,无论是被捅刺的讨债人员,还是其他此前没有围逼上来的讨债人员,均没有对于欢或其母亲实施暴力还击行为。并且,从事后的结果来看,于欢身上的伤情尚不足以构成轻微伤。① 由此可见,于欢的防卫行为的强度达到了足以制止故意伤害的程度。然而,由于接待室聚集了十余名讨债人员,于欢在捅刺了四名围逼上来的讨债人员后,仍然被困在接待室,其防卫行为未能将其和母亲从非法拘禁的状态中解救出来。不过,从理论上说,存在这样一种可能性——于欢在持刀捅刺讨债人员后,根本就没想要离开接待室。如果这种可能性属实,就不能从于欢没有离开接待室这一结果推导出其当时无法离开接待室。对此,一个值得注意的细节是,在凶案发生后,警察闻声返回接待室并命令于欢交出尖刀,而于欢表示只有从接待室出去后才能交刀。② 这充分说明,于欢在当时的迫切想法就是离开接待室。换言之,于欢在捅刺讨债人员后未能离开接待室,非不愿也,实不能也。综合上述两个方面的分析,于欢的防卫行为虽然足以制止故意伤害,但是不足以制止非法拘禁。因而在整体的意义上,于欢的防卫行为的强度没有达到足以制止不法侵害的程度。既然于欢的防卫行为不足以制止不法侵害,其强度当然就不可能超过最低强度的有效防卫行为的强度。由此可见,于欢的防卫行为没有超过必要限度,更遑论明显超过必要限度。

或许有学者会认为,在捅刺围逼上来的讨债人员后,于欢之所以未能顺利离开接待室,是因为警察闻声后及时返回接待室,并命令于欢交出尖刀。换言之,如果当时警察不在附近,于欢的防卫行为足以使其顺利离开接待室。应当说,这个观点并非毫无道理。如果这个观点成立,于欢的防卫行为的强度就勉强达到了足以制止不法侵害的程度。由此就需要进入下一步的判断:该防卫行为是否属于强度最低的有效防卫行为?上文已析,于欢实施的是无节制的持刀防卫,而他原本可以实施有节制的持刀防卫。因而问题就转化为,如果于欢实施了有节制的持刀防卫,能否制止不法侵害?这个问题不难判断。显然,与无节制的持刀防卫相比,有节制的持刀防卫的反应时间更长,动作效率更低,而给对方带来的危险程度也更低。如果于欢实施有节制的持刀防卫,考虑到人数上的对比悬殊,不难料想,他很快就会被讨债人员制服,根本不可能离开接待室。由此可见,即便认为于欢的防卫行为达到了足以制止不法侵害的程度,也不得不认为,该防卫行为属于最低强度的有效防卫行为,没有超过必要限度。据此,笔

---

① 参见山东省聊城市中级人民法院一审刑事附带民事判决书(2016)鲁15刑初33号。
② 参见山东省高级人民法院二审刑事附带民事判决书(2017)鲁刑终151号。

者认为,于欢的防卫行为没有过当,属于正当防卫。

然而,无论是理论界,还是在司法实务界,主张于欢的防卫行为构成防卫过当的观点(以下简称为"过当论")都很有影响力。笔者认为,支撑我国部分学者和司法者主张过当论的理由主要有两个:其一,在判断于欢的防卫行为是否明显超过必要限度时,采用了基本适应说或折衷说的观点;其二,将非法拘禁排除在于欢的防卫起因之外。基本适应说的实质是将不法侵害行为的强度作为自变量,将防卫行为的强度作为因变量。如此一来,防卫行为就成了没有任何目的的对不法侵害的变相模仿。尤其是在为了达到制止不法侵害的效果,防卫行为的强度需要达到明显超过不法侵害行为的强度的场合(于欢案就属于这种场合),坚持基本适应说,实际上就是要求防卫人放弃防卫,被动忍受不法侵害。这显然背离了正当防卫的本质。折衷说旨在对必需说和基本适应说进行折衷,但是这两种宽严不一的标准根本无法同时适用。在必需说和基本适用说会得出不同结论的场合,折衷说实际上采用的仍然是基本适应说的标准。① 因而上述对基本适应说的批评,同样适用于折衷说。在判断一个防卫行为是否明显超过必要限度时采用何种观点,实际上就是"明显超过必要限度"的规范内涵问题。对于这个问题,本章第三节已有详细论述,此不赘述。在这里值得特别讨论的是,非法拘禁是否具有可防卫性?

对于这个问题,我国学界和司法实务界存在明显的分歧。我国学者普遍认为,对于非法拘禁可以实施正当防卫。② 事实上,在讨论于欢案的过程中,无论是主张正当防卫论的学者,还是主张防卫过当论的学者,都毫无例外地赞同,讨债人员对于欢及其母亲实施的非法拘禁是于欢的防卫起因之一。③ 然而,这种观点并没有得到司法实务界的认可。为了论证于欢的行为具有防卫性质,二审法院指出:"经查,案发当时杜志浩等人对于欢、苏某实施了限制人身自由的非法拘禁行为,并伴有侮辱和对于欢间有推搡、拍打、卡项部等肢体行为。当民警到达现场后,于欢和苏某欲随民警走出接待室时,杜志浩等人阻止二人离开,并对于欢实施推搡、围堵

---

① 参见陈璇:《正当防卫中风险分担原则之提倡》,载《法学评论》2009年第1期;劳东燕:《防卫过当的认定与结果无价值论的不足》,载《中外法学》2015年第5期。
② 参见陈兴良:《正当防卫论》(第三版),中国人民大学出版社2017年版,第209—210页;周光权:《论持续侵害与正当防卫的关系》,载《法学》2017年第4期。
③ 参见赵秉志:《于欢案防卫过当法理问题简析》,载《人民法院报》2017年6月24日,第02版;刘宪权:《于欢行为属于防卫过当 应当予以减轻处罚》,载《人民法院报》2017年6月25日,第02版。

等行为,在于欢持刀警告时仍出言挑衅并逼近,实施正当防卫所要求的不法侵害客观存在并正在进行。于欢是在人身安全面临现实威胁的情况下才持刀捅刺,且其捅刺的对象都是在其警告后仍向前围逼的人,可以认定其行为是为了制止不法侵害。故原判认定于欢捅刺被害人不存在正当防卫意义上的不法侵害确有不当,应予纠正。"①在这段话中,"实施正当防卫所要求的不法侵害"到底是指什么,法院并没有说清楚。不过,从"于欢是在人身安全面临现实威胁的情况下才持刀捅刺"中不难推断,法院所认定的不法侵害主要是指杜志浩等人在于欢持刀警告后出言挑衅并逼近的行为,而不包括非法拘禁行为。因为,非法拘禁本身并不会给于欢的人身安全带来现实威胁。

那么,二审法院为什么会否认非法拘禁的可防卫性呢?对此,二审法院的判决书未作任何说明。不过,一审法院的判决书反倒是揭示了其中的司法逻辑。为了否认于欢的行为具有防卫性质,一审法院指出:"被告人于欢持尖刀捅刺多名被害人腹背部,虽然当时其人身自由权利受到限制,也遭到对方辱骂和侮辱,但对方均未使用工具,在派出所已经出警的情况下,被告人于欢和其母亲的生命健康权利被侵犯的现实危险性较小,不存在防卫的紧迫性,所以于欢持尖刀捅刺被害人不存在正当防卫意义的不法侵害前提。"②由此清晰可见,一审法院将正当防卫中的"紧迫性"要件理解为防卫人的生命健康面临着高度危险。这也是我国司法实务界的普遍看法。③按照这种逻辑,不会对生命健康构成实质威胁的非法拘禁当然就无法成为防卫起因。

然而,将正当防卫的"紧迫性"要件理解为防卫人的生命健康面临着高度危险,显然是有问题的。按照这种理解,不得不认为,只有那些侵犯公民健康权或生命权的不法侵害才能成为防卫起因。可是,我国《刑法》第 20 条第 1 款明确将侵犯国家利益的不法侵害、侵犯公共利益的不法侵害以及侵犯公民个人的人身、财产或其他权利的不法侵害一并规定为防卫起因。由此可见,上述对"紧迫性"的理解与我国刑法典的明文规定相冲突,根本行不通。那么,到底应当如何理解正当防卫中的"紧迫性"要件呢?对此,陈兴良教授指出,"防卫的紧迫性也就是指防卫的必要性,即不

---

① 山东省高级人民法院二审刑事附带民事判决书(2017)鲁刑终 151 号。
② 山东省聊城市中级人民法院一审刑事附带民事判决书(2016)鲁 15 刑初 33 号。
③ 参见黄伯青:《是否具备紧迫性是构成正当防卫的关键》,载《人民法院报》2009 年 11 月 11 日,第 006 版。

防卫无以排除侵犯"①。笔者深以为然。不过,"防卫的必要性"这个说法容易使人误以为其与防卫限度层面的"必要限度"有关。实际上,防卫的"紧迫性"就是指,防卫人在面临不法侵害时得不到国家公权力的及时救济,因而不得不自行防卫。② 因此,以不符合防卫的紧迫性为由否认非法拘禁的可防卫性,是不能成立的。

不过,反驳了否认非法拘禁的可防卫性的一种理由,并不当然意味着证成了非法拘禁的可防卫性。那么,非法拘禁到底有没有可防卫性呢? 从逻辑上说,否认一种不法侵害的可防卫性,就意味着公民在遭受这种不法侵害时,只能被动忍受而不能防卫。这显然令人难以接受。然而,值得特别注意的是,在现代刑法的背景下,上述情形的出现并非毫无可能。本章第三节所举的"猎人钱包案"便是适例。该案代表了这样一类特殊的场合:面临不法侵害的法益的价值与为制止该不法侵害所需的防卫行为的强度极不平衡,为了保护一个价值微小的法益而不得不使用强度极高的防卫行为。这里所说的"价值微小的法益"主要是指数额较小的财产法益以及受到侵害程度较轻的自由法益、名誉法益、隐私法益。在这类场合,现代刑法会阻止被害人实施有效的防卫。那么,非法拘禁是否属于这里所说的只有"价值微小的法益"受到侵害的场合? 笔者认为,对此不能一概而论。

众所周知,在非法拘禁的过程中,很容易发生殴打、侮辱的情形。正是因此,我国《刑法》第 238 条将"具有殴打、侮辱情节的"作为非法拘禁罪的法定从重处罚事由。据此,可以将没有殴打、侮辱情节的非法拘禁称为"纯正的非法拘禁",将具有殴打、侮辱情节的非法拘禁称为"不纯正的非法拘禁"。显然,前者的法益侵害程度主要体现在非法拘禁的时间长度上,而后者的法益侵害程度不仅体现在非法拘禁的时间长度上,还体现在殴打、侮辱等情节的恶劣程度上。笔者认为,在时间较短的纯正的非法拘禁的场合,以及在时间较短且殴打、侮辱的情节较为轻微的不纯正的非法拘禁的场合,被侵害的法益属于上文所述的"价值微小的法益"。在这些

---

① 陈兴良:《正当防卫如何才能避免沦为僵尸条款——以于欢故意伤害案一审判决为例的刑法教义学分析》,载《法学家》2017 年第 5 期。
② 这是我国学界的通说观点。参见马克昌主编:《犯罪通论》,武汉大学出版社 1999 年版,第 719 页;陈兴良:《正当防卫论》(第三版),中国人民大学出版社 2017 年版,第 74 页。不过,晚近也有学者认为,防卫起因中的紧迫性要件既不合理又无必要,应予以取消。参见陈璇:《正当防卫:理念、学说与制度适用》,中国检察出版社 2020 年版,第 70—91 页。

场合,刑法反对被害人实施强度极高的防卫行为。反之,在除了上述场合的非法拘禁场合,被侵害的法益不属于上文所述的"价值微小的法益",刑法允许乃至鼓励公民为了制止不法侵害而实施防卫行为,无论该有效的防卫行为需要多高的强度。

根据案情可知,于欢案中的非法拘禁属于不纯正的非法拘禁,不仅持续时间很长(六个多小时),而且还伴有情节极其恶劣的侮辱行为,该案中被侵犯的法益显然不属于"价值微小的法益"。因此,即便是制止非法拘禁所需的防卫行为的强度极高,刑法也应当允许于欢对非法拘禁实施防卫行为。也就是说,于欢案中的非法拘禁具有可防卫性。① 综上所析,支撑我国部分学者和司法者主张过当论的两个理由是不能成立的。

第六节 对《正当防卫指导意见》的评析

2020年8月28日,最高人民法院、最高人民检察院、公安部联合发布《关于依法适用正当防卫制度的指导意见》(以下简称为《正当防卫指导意见》)。它是自1997年《刑法》实施以来我国出台的第一部有关正当防卫的司法解释,对于促进正当防卫制度的正确适用具有重要意义。《正当防卫指导意见》不仅明确提出了"坚决捍卫'法不能向不法让步'的法治精神"这一指导思想,而且对正当防卫的五个成立条件作了非常细致的解释。总体而言,《正当防卫指导意见》在内容上有很多亮点和值得肯定之处,但也有个别地方值得商榷。本文在此主要聚焦其中有关防卫过当的规定。关于防卫过当,《正当防卫指导意见》作了如下规定:

1. 准确把握防卫过当的认定条件。根据刑法第二十条第二

---

① 最高人民法院指导案例93号(于欢故意伤害案)确立了四个裁判要点,其中第一个裁判要点是:"对正在进行的非法限制他人人身自由的行为,应当认定为刑法第二十条第一款规定的'不法侵害',可以进行正当防卫。"参见《指导案例93号:于欢故意伤害案》,载最高人民法院网 https://www.court.gov.cn/fabu-xiangqing-104262.html,访问日期:2018年6月27日。这个裁判要点肯定了非法拘禁的可防卫性,与笔者的观点相同。但需要注意,如上文所析,二审法院实际上否认了非法拘禁的可防卫性。也就是说,在非法拘禁可否防卫的问题上,于欢案的二审法院与将该案遴选为指导性案例的最高司法机关的看法并不相同。由此引出的一个问题是,指导性案例的指导性到底是仅体现在裁判要点上,还是既体现在裁判要点上又体现在终审判决的内容上? 如果答案是前者,那么裁判要点可以与终审判决的思路截然不同,如此一来,即便是一份有问题的判决,也可以通过附上正确的裁判要点而制作成指导性案例;如果答案是后者,那么于欢案显然无法成为一个合格的指导性案例。

款的规定,认定防卫过当应当同时具备"明显超过必要限度"和"造成重大损害"两个条件,缺一不可。

2. 准确认定"明显超过必要限度"。防卫是否"明显超过必要限度",应当综合不法侵害的性质、手段、强度、危害程度和防卫的时机、手段、强度、损害后果等情节,考虑双方力量对比,立足防卫人防卫时所处情境,结合社会公众的一般认知作出判断。在判断不法侵害的危害程度时,不仅要考虑已经造成的损害,还要考虑造成进一步损害的紧迫危险性和现实可能性。不应当苛求防卫人必须采取与不法侵害基本相当的反击方式和强度。通过综合考量,对于防卫行为与不法侵害相差悬殊、明显过激的,应当认定防卫明显超过必要限度。

3. 准确认定"造成重大损害"。"造成重大损害"是指造成不法侵害人重伤、死亡。造成轻伤及以下损害的,不属于重大损害。防卫行为虽然明显超过必要限度但没有造成重大损害的,不应认定为防卫过当。

4. 准确把握防卫过当的刑罚裁量。防卫过当应当负刑事责任,但是应当减轻或者免除处罚。要综合考虑案件情况,特别是不法侵害人的过错程度、不法侵害的严重程度以及防卫人面对不法侵害的恐慌、紧张等心理,确保刑罚裁量适当、公正。对于因侵害人实施严重贬损他人人格尊严、严重违反伦理道德的不法侵害,或者多次、长期实施不法侵害所引发的防卫过当行为,在量刑时应当充分考虑,以确保案件处理既经得起法律检验,又符合社会公平正义观念。

笔者认为,上述规定有以下三点值得肯定。第一,将《刑法》第20条第2款中的"明显超过必要限度造成重大损害"拆成"明显超过必要限度"和"造成重大损害"两部分,并且明确指出成立防卫过当应当同时具备这两个条件。换言之,在"明显超过必要限度"和"造成重大损害"的关系问题上,《正当防卫指导意见》明确采用了双重条件说。这一点值得肯定。上文已析,无论是从逻辑基础的角度看,还是从法理依据的角度看,抑或从司法效果的角度看,都应当支持双重条件说。第二,明确规定"造成重大损害"是指造成不法侵害人重伤、死亡。在极为个别的场合,或许存在这种情况——防卫行为并没有损害不法侵害人的健康法益和生命法益,而是损害了不法侵害人的其他法益。在这种场合,是仍然适用"造成不法侵害人重伤、死亡"的判断标准从而一概认为这类防卫行为没有"造成重大损害",还是说需要另行采用别的判断标准?在这一点上,《正当防卫指导意见》是不够明确的。就此而言,上述规定的确有不够周全之处。不过,如果不考虑这种极为例外的情形,在防卫行为损害了不法侵害人的健康法益或生命法益的场合,将"造成重大损害"限定在造成不法侵害人重伤、死亡的范围之内,从而将造成轻伤的情形排除在防卫过当之外,能够给防卫人提供一定的容错空间,有利于鼓励公民积极实施防卫行为。①第三,要求在认定是否"明显超过必要限度"时立足防卫人防卫时所处情境,结合社会公众的一般认知作出判断。换言之,在"明显超过必要限度"的判断视角问题上,《正当防卫指导意见》采用了情境论的主张。这有助于纠正我国司法实践中长期存在的司法者站在"事后诸葛亮"的视角,以"全知全能"的标准苛求防卫人的现象。

与此同时,《正当防卫指导意见》对防卫过当的规定有以下两点值得商榷。第一,在对"必要限度"的理解上,《正当防卫指导意见》的观点只是对传统的基本适应说作了一定的修正,其本质上仍然属于广义的基本适应说阵营。不难料想,这一评价肯定会遭到很多人的质疑。《正当防卫指导意见》明确指出,"不应当苛求防卫人必须采取与不法侵害基本相当的反击方式和强度。通过综合考量,对于防卫行为与不法侵害相差悬殊、明显过激的,应当认定防卫明显超过必要限度"。既然如此,怎么能将《正当防卫指导意见》的立场归入基本适应说的阵营呢?需要注意,"明显超过必要限度"需要拆成"明显超过"与"必要限度"两部分。《正当防卫指导意见》之所以要求"不应当苛求防卫人必须采取与不法侵害基本相当的反击方式和强度",不是基于对"必要限度"的理解,而是基于对"明显超过"的理解。②将《正当防卫指导意见》对"明显超过"的解释予以剥离,不难看出,其对"必要限度"的理解,就是防卫行为的强度与不法行为的强度基本适应。而这正是基本适应说的主张。

---

① 不过,也有学者批评这种重伤以下无过当的观点。批评意见参见车浩:《重伤以下没有防卫过当,是理论偏差也是政策误区》,载微信公众号"中国法律评论",发布日期:2020年7月27日;徐万龙:《"重伤以下无过当规则"的反思与纠偏》,载《浙江大学学报(人文社会科学版)》2022年第3期。

② 这一判断可以在紧接着的一句话——"通过综合考量,对于防卫行为与不法侵害相差悬殊、明显过激的,应当认定防卫明显超过必要限度"——中得到印证。其中的"相差悬殊""明显过激",显然就是"明显超过"。

当然,《正当防卫指导意见》的观点与传统的基本适应说还是有一定区别的。传统的基本适应说以整体的防卫限度作为自己的解释对象,按照这种观点,只要违反了基本适应的要求,就构成防卫过当。而《正当防卫指导意见》仅仅是在"必要限度"的解释上采用了基本适应说,违反了基本适应的要求只是意味着超过"必要限度",但超过必要限度不等于明显超过必要限度,更不等于明显超过必要限度造成重大损害,因而仍然有成立正当防卫的余地。据此,可以将《正当防卫指导意见》在防卫限度上的观点称为修正的基本适应说。

或许有学者会质疑说,既然《正当防卫指导意见》的观点与传统的基本适应说存在一定的区别,为什么还要将其归入广义的基本适应说的阵营?要回答这个问题,需要准确把握基本适应说与另外一个基本学说即必需说的本质区别。或许有很多学者会认为,基本适应说与必需说的本质区别体现在,前者对防卫人的要求更加严格,而后者对防卫人的要求相对宽松。笔者认为,这一点虽然是二者的区别,但不是二者的本质区别。二者的本质区别体现在,它们思考问题的视角是截然不同的:基本适应说站在不法侵害人的角度思考问题,以不法侵害的强度决定防卫行为在何种强度范围内是被允许的,旨在避免不法侵害人受到不应有的损害;而必需说站在防卫人的角度思考问题,以制止不法侵害所需要的强度决定防卫行为在何种强度范围内是被允许的,旨在确保防卫行为的有效性。而《正当防卫指导意见》以不法侵害的强度来决定防卫行为在何种强度范围内是被允许的,其思考问题的角度与传统的基本适应说完全相同。因此,将其定位为修正的基本适应说,是可以成立的。

在通常情况下,不法侵害的强度与制止不法侵害所需要的强度基本一致:不法侵害的强度越高,制止不法侵害所需的强度也就越高,反之亦然。此时,基本适应说与必需说并没有太大的区别。但是,也存在这样一种情形——不法侵害的强度并不高,但是制止不法侵害所需的强度很高。于欢案就是其中的一个代表。杜志浩等人对于欢及其母亲实施了非法拘禁和侮辱,该不法侵害本身的强度并不高。但是,于欢若要制止这种不法侵害,结束自己和母亲被非法拘禁的状态,就不得不实施强度很高的防卫行为。在这类案件中,无论是采用传统的基本适应说,还是修正的基本适应说,防卫人都会陷入两难的困境之中:如果防卫人实施的防卫行为不足以制止不法侵害,就起不到保护自己或第三人的作用;如果防卫人实施的防卫行为能够制止不法侵害,这意味着防卫行为的强度必然远远超过不法侵害的强度,一旦该防卫行为造成不法侵害人重伤、死亡的结果,该防卫行为就会被认定为防卫过当。简言之,如果采用基本适应说,在以于欢案为代表的一类案件中,防卫人只能在防卫失败和防卫过当中艰难选择,无法全身而退。这显然有违正当防卫制度设立的初衷。

第二,在对"明显超过必要限度"的理解上,《正当防卫指导意见》混淆了裁判规范与行为规范,以裁判规范的标准去要求行为规范。众所周知,法律规范有裁判规范与行为规范之分。裁判规范指向的是司法者,以事后查明的所有事实作为判断的素材,对判断所需耗费的时长没有严格的限制。而行为规范指向的是普通国民,以行为人在行为时所能知晓的有限事实作为判断的素材,对判断所需耗费的时长往往有较为严格的限制,有时甚至要求行为人在瞬间作出判断。这些差异决定了,裁判规范中的判断可以处理很多信息,对结论准确性的要求也很高;而行为规范中的判断只能处理较为有限的信息,对结论准确性的要求不宜太高。简言之,裁判规范的判断标准比行为规范的判断标准更高。《刑法》第20条第2款的内容本身属于裁判规范。不过,从这个裁判规范的内容中,可以反向解析出"防卫行为不得明显超过必要限度"这一行为规范的要求。由此可见,"明显超过必要限度"不仅是裁判规范的要素,也是行为规范的要素。既然如此,在解释"明显超过必要限度"时,本着"就低不就高"的原则,应当采用行为规范的标准而非裁判规范的标准。

《正当防卫指导意见》对如何判断防卫行为是否"明显超过必要限度"作了如下规定:"防卫是否'明显超过必要限度',应当综合不法侵害的性质、手段、强度、危害程度和防卫的时机、手段、强度、损害后果等情节,考虑双方力量对比,立足防卫人防卫时所处情境,结合社会公众的一般认知作出判断。在判断不法侵害的危害程度时,不仅要考虑已经造成的损害,还要考虑造成进一步损害的紧迫危险性和现实可能性。"不难发现,上述规定所考虑的因素非常全面。从裁判规范的角度看,应当说,上述是一个较为妥当的规定。但是,从行为规范的标准看,上述规定所需考虑的因素太多,绝非防卫人在突然面临不法侵害的紧急时刻所能全面考虑的。这意味着,上述规定在真实的正当防卫案件中没有任何可操作性。如果防卫人熟记并严格遵守上述规定,以此决定采用何种强度的防卫行为,恐怕在其开始实施防卫行为之前,不法侵害就早已结束。从方法论的角度看,上述规定之所以缺乏实际的可操作性,就是因为其混淆了裁判规范与行为规范,以裁判规范的标准去要求行为规范,犯了张冠李戴的错误。

第八章 臧进泉案：诈骗罪中处分行为的体系位置与内容构成

第一节 问题的提出

最高人民法院指导案例27号即臧进泉等盗窃、诈骗案（以下简称"臧进泉案"）涉及在信息网络环境下如何区分诈骗罪与盗窃罪的问题。本案的基本案情为：

> 2010年6月1日，被告人郑必玲骗取被害人金某195元后，获悉金某的建设银行网银账户内有305000余元存款且无每日支付限额，遂电话告知被告人臧进泉，预谋合伙作案。臧进泉赶到网吧后，以尚未看到金某付款成功的记录为由，发送给金某一个交易金额标注为1元而实际植入了支付305000元的计算机程序的虚假链接，谎称金某点击该1元支付链接后，其即可查看到付款成功的记录。金某在诱导下点击了该虚假链接，其建设银行网银账户中的305000元随即通过臧进泉预设的计算机程序，经上海快钱信息服务有限公司的平台支付到臧进泉提前在福州海都阳光信息科技有限公司注册的"kissal23"账户中。臧进泉使用其中的116863元购买大量游戏点卡，并在"小泉先生哦"的淘宝网店上出售套现。案发后，公安机关追回赃款187126.31元发还被害人。①

---

① 指导案例27号将臧进泉案的基本案情概括为"盗窃事实"和"诈骗事实"两部分。对其中"诈骗事实"的行为定性，学界没有任何争议。存在争议的仅在于"盗窃事实"该如何定性。因而这里仅介绍"盗窃事实"的内容。参见《指导案例27号：臧进泉等盗窃、诈骗案》，载最高人民法院网 https://www.court.gov.cn/shenpan-xiangqing-13333.html，访问日期：2014年7月5日。

第八章 臧进泉案：诈骗罪中处分行为的体系位置与内容构成 223

诈骗罪和盗窃罪是两种常见多发的财产犯罪，在通常情况下，二者的界限较为清晰。但是在某些侵犯财产的案件中，行为人的行为既包含了欺骗的因素，又包含了窃取的成分，此时要判断行为人到底是构成诈骗罪还是盗窃罪，并不容易。例如，孙某等人使用伪造的证件材料将借来的汽车用于质押，得款后将该车窃回（以下简称"质押案"）；①王某窃取一张欠条并持该欠条向债务人收取欠款（以下简称"欠条案"）；②张某窃取他人定期存单并冒名从银行取款（以下简称"存单案"）；③林某冒充中国联通工作人员将中国联通公司通信发射塔卖给废品店（以下简称"发射塔案"）；④段某在服装店试穿衣服，趁店员不备，将十余件衣服扯掉防盗钉后放入手提袋带走（以下简称"试衣案"）；⑤曾某谎称购买摩托车提出试驾请求，得到店主同意后，将摩托车开走不归（以下简称"试车案"）；⑥宋某在收购玉米时使用遥控器降低电子秤所显示的重量（以下简称"称重案"）；⑦林某等人在网上发布虚假的低价机票信息，待被害人将购票款汇到指定账户后，便以前期汇款需要激活为由，让被害人持银行卡到ATM机上激活，激活码其实是向他们账户转账的金额（以下简称"激活码案"）。⑧而在网络时代的背景下，行为人对信息网络技术的运用可能会使得诈骗罪与盗窃罪的区分变得更为复杂。在这种背景下，最高人民法院发布了指导案例27号，为信息网络环境下诈骗罪与盗窃罪的区分提供指导。

关于如何判断行为人到底是构成诈骗罪还是盗窃罪，以往学界主要有两种观点。第一种观点认为，诈骗罪是一种自我损害型犯罪，而盗窃罪是一种他人损害型犯罪，二者的本质区别体现在占有转移是否得到了被害人的同意。判断占有转移是否得到了被害人的同意，要看被害人是否实施了财产处分行为（以下简称"处分行为说"）。处分行为说是我国学

---

① 参见最高人民法院刑事审判第一、二、三、四、五庭主办：《刑事审判参考》第84集，法律出版社2012年版，第44页。
② 参见张传军：《窃取欠条收取欠款的行为该定何罪》，载《中国审判》2008年第10期。
③ 参见最高人民法院刑事审判第一、二、三、四、五庭主办：《刑事审判参考》第52集，法律出版社2007年版，第22页。
④ 参见最高人民法院中国应用法学研究所编：《人民法院案例选》（2009年第8辑.月版），中国法制出版社2009年版，第53页。
⑤ 参见云南省昆明市官渡区人民法院（2020）云0111刑初1816号。
⑥ 参见湖南省中方县人民法院一审刑事判决书（2011）方刑初字第49号。
⑦ 参见吉林省舒兰市人民法院一审刑事判决书（2016）吉0283刑初418号。
⑧ 参见海南省三亚市城郊人民法院一审刑事判决书（2012）城刑初字第275号。

界的通说观点,①同时也是我国司法实践的基本立场。② 第二种观点认为,判断行为人到底是构成诈骗罪还是盗窃罪,关键要看行为人非法占有财物的主要方式是窃取还是骗取(以下简称"行为手段说")。行为手段说是我国学界的少数说。③

通过将臧进泉案遴选为指导案例 27 号,最高人民法院确立如下裁判要点:

> 行为人利用信息网络,诱骗他人点击虚假链接而实际通过预先植入的计算机程序窃取财物构成犯罪的,以盗窃罪定罪处罚;虚构可供交易的商品或者服务,欺骗他人点击付款链接而骗取财物构成犯罪的,以诈骗罪定罪处罚。④

从上述裁判要点的内容来看,指导案例 27 号采用的应是行为手段说。⑤ 然而,指导案例 27 号的裁判理由却提出了另一种判断标准。该裁判理由指出:

> 对既采取秘密窃取手段又采取欺骗手段非法占有财物行为的定性,应当从行为人采取主要手段和被害人有无处分财物意识方面区分盗窃与诈骗。如果行为人获取财物时起决定性作用的手段是秘密窃取,诈骗行为只是为盗窃创造条件或者作掩护,被害人也没有"自愿"交付财物的,就应当认定为盗窃;如果行为人获取财物时起决定性作用的手段是诈骗,被害人基于错误认识而"自愿"交付财物,盗窃行为只是辅助手段

---

① 参见陈兴良主编:《刑法各论精释(上)》,人民法院出版社 2015 年版,第 447 页;张明楷:《刑法学(下)》(第六版),法律出版社 2021 年版,第 1307 页;周光权:《刑法各论》(第四版),中国人民大学出版社 2021 年版,第 143 页;王钢:《盗窃与诈骗的区分——围绕最高人民法院第 27 号指导案例的展开》,载《政治与法律》2015 年第 4 期。
② 参见陈兴良、张军、胡云腾主编:《人民法院刑事指导案例裁判要旨通纂(下卷)》(第二版),北京大学出版社 2018 年版,第 1097、1114—1115 页。
③ 参见赵秉志主编:《刑法新教程》(第四版),中国人民大学出版社 2012 年版,第 497—498 页。
④ 参见《指导案例 27 号:臧进泉等盗窃、诈骗案》,载最高人民法院网 https://www.court.gov.cn/shenpan-xiangqing-13333.html,访问日期:2014 年 7 月 5 日。
⑤ 我国学者王钢教授将指导案例 27 号的裁判理由归结为行为手段说,并批评该说会陷入逻辑上的循环论证。参见王钢:《盗窃与诈骗的区分——围绕最高人民法院第 27 号指导案例的展开》,载《政治与法律》2015 年第 4 期。

的,就应当认定为诈骗。①

不难发现,该裁判理由试图将行为手段说的判断标准("行为人采取的主要手段")和处分行为说的判断标准("被害人有无处分财物意识")杂糅在一起,因而笔者将其称为"综合判断说"②。

表面上看,处分行为说与行为手段说属于两种截然不同的学说,二者属于对立关系。正是在这个背景下,试图将二者整合在一起的综合判断说才应运而生。但实际上,处分行为说和行为手段说针对的是两类不同的案件,二者并不存在真正的对立。那些行为定性游弋在诈骗罪与盗窃罪之间的疑难案件,实际上可以分为两类。第一类案件的特征是,为了非法占有某个财物或财产性利益,行为人既实施了盗窃行为,又实施了诈骗行为,两个行为之间存在牵连关系(以下简称"双重行为案")。前述"质押案""欠条案""存单案""发射塔案"便属于这类案件。③ 在双重行为案中,判断行为人构成何罪,应当采用行为手段说。在这个判断过程中,诈骗罪与盗窃罪无先后之分。第二类案件的特征是,为了非法占有某个财物或财产性利益,行为人只实施了一个行为,只不过该行为包含了欺骗的内容(以下简称"单一行为案")。前述"试衣案""试车案""称重案""激活码案"都属于这类案件。在单一行为案中,判断行为人构成何罪,应当采用处分行为说。而且,鉴于盗窃罪对实行行为的要求较低,应当优先判断行为人是否构成诈骗罪。④ 如果对双重行为案适用处分行为说,由于这类案件肯定存在财产处分行为,就不得不认为,这类案件一律构成诈骗罪。如果对单一行为案适用行为手段说,由于行为人的行为性质到底是

---

① 参见《指导案例27号:臧进泉等盗窃、诈骗案》,载最高人民法院网 https://www.court.gov.cn/shenpan-xiangqing-13333.html,访问日期:2014年7月5日。

② 这一立场可以在最高人民法院案例指导工作办公室对指导案例27号的官方解读中得到进一步印证。参见最高人民法院案例指导工作办公室:《〈臧进泉等盗窃、诈骗案〉的理解与参照——利用信息网络进行盗窃与诈骗的区分》,载《人民司法》2015年第12期。

③ 实际上,盗窃信用卡并使用的案件也属于本文所说的"双重行为案"。只不过,《刑法》第196条第3款对盗窃信用卡并使用的行为定性作了明确规定。

④ 需要注意的是,不能将盗窃罪理解为转移占有型财产犯罪的兜底性罪名。换言之,在单一行为案中,否定了行为人的行为构成诈骗罪,并不当然意味着行为人的行为就一定构成盗窃罪。至于行为人的行为是否构成盗窃罪,还需要对照盗窃罪的构成要件作进一步的判断。相关分析请参见徐凌波:《置换二维码行为与财产犯罪的成立》,载《国家检察官学院学报》2018年第2期;马寅翔:《限缩与扩张:财产性利益盗窃与诈骗的界分之道》,载《法学》2018年第3期。

诈骗还是盗窃本来就是有待解决的问题,必然会陷入循环论证。[1] 由于处分行为说和行为手段说针对的是不同类型的案件,二者不可能同时发挥作用。因此,综合判断说试图简单地将二者整合在一起,不仅不能博采二者之长,反而会将两类不同的案件混为一谈,使得对问题的讨论陷入混乱,实不足取。

在司法实践中,与双重行为案相比,单一行为案数量更多,也更为疑难。因此,在区分诈骗罪与盗窃罪时,处分行为说发挥了主导性的作用。不过,用处分行为说指导诈骗罪与盗窃罪的区分,并非没有任何疑问。一方面,处分行为说面临着一个重大的理论质疑。在诈骗罪的场合,财产处分行为是由受骗人实施的行为。作为由行为人的行为引起的后果,受骗人的行为应当属于诈骗罪构成要件中的结果要素。从要素的功能上看,结果要素只能影响结果不法的判断,不能影响行为不法的判断。以受骗人有无实施财产处分行为为标准来判断行为人的行为性质到底是诈骗还是盗窃,其实质是以是否具备某个结果要素来判断行为不法的性质,在理论逻辑上行不通。显然,这个质疑与诈骗罪中财产处分行为的体系位置有关。另一方面,关于财产处分行为的内容构成,目前学界还存在激烈的争议。财产处分行为是否包含财产处分意识,换言之,财产处分意识是否必要?如果问题的答案是肯定的,处分意识需要达到何种程度?这些问题直接关系到处分行为说的理解与适用。总之,只有厘清了财产处分行为的体系位置和内容构成,才能合理回应处分行为说面临的质疑,准确把握处分行为说的内涵,从而为诈骗罪与盗窃罪的区分提供明确而又合理的判断标准。有鉴于此,本文拟在学界既有研究的基础上,对诈骗罪中财产处分行为的体系位置和内容构成作进一步的探讨,最后对臧进泉案作一个分析。

第二节 财产处分行为的体系位置

诈骗罪的客观构成要件是一个由多个环节紧密衔接而成的因果链条:行为人实施欺骗行为、受骗人产生错误认识并基于该错误认识而处分财产、行为人或第三人取得财产、被害人遭受财产损失。可以肯定的是,

---

[1] 参见王钢:《盗窃与诈骗的区分——围绕最高人民法院第 27 号指导案例的展开》,载《政治与法律》2015 年第 4 期。

位于该因果链条起始环节的欺骗行为属于行为要素,位于该因果链条终端环节的行为人或第三人取得财产、被害人遭受财产损失属于结果要素。可是,位于该因果链条中间环节的财产处分行为到底是行为要素还是结果要素,就不那么明确了。

关于诈骗罪中财产处分行为的体系位置,目前学界仅有一些简单的观点表态,欠缺深入的理论研究。有观点认为,财产处分行为属于诈骗罪的结果要素(以下简称"结果要素说")。① 也有观点认为,财产处分行为属于诈骗罪的行为要素(以下简称"行为要素说")。② 按照结果要素说,鉴于受骗人产生错误认识需要在体系位置上与财产处分行为保持一致,那么诈骗罪客观构成要件的结果要素便由受骗人产生错误认识、受骗人处分财产、行为人或第三人取得财产、被害人遭受财产损失四部分组成;相应地,诈骗罪客观构成要件的行为要素便是指行为人实施欺骗行为。按照行为要素说,诈骗罪客观构成要件的行为要素由行为人实施欺骗行为、受骗人产生错误认识、受骗人处分财产三部分组成;相应地,行为人或第三人取得财产、被害人遭受财产损失便属于诈骗罪客观构成要件的结果要素。然而,无论是结果要素说还是行为要素说,都会陷入难以克服的理论困境。

结果要素说的问题是无法实现与处分行为说的兼容。按照结果要素说,如果行为人实施了欺骗行为,但是对方没有产生错误认识或者虽然产生了错误认识但是没有处分财产,那么便具备了诈骗罪的行为要素但是未能完全具备诈骗罪的结果要素,构成诈骗罪的未完成形态。例如,在"试衣案"中,店员同意段某试穿衣服的行为并非财产处分行为。也就是说,段某实施了欺骗行为(谎称自己有意购买衣服),店员也因此产生了错误认识(误以为段某有意购买衣服),但是店员没有实施财产处分行为。根据结果要素说,本案构成诈骗罪的未完成形态。但是,根据处分行为说,在"试衣案"中,由于店员没有实施财产处分行为,段某的行为只能构成盗窃罪,而非诈骗罪。③

---

① 参见陈兴良:《规范刑法学(下)》(第五版),中国人民大学出版社 2023 年版,第 262 页;[日]大谷实:《刑法各论(新版第 2 版)》,黎宏译,中国人民大学出版社 2008 年版,第 245 页。

② 参见[日]前田雅英:《日本刑法各论》,董璠舆译,台湾地区五南图书出版公司 2000 年版,第 233 页。

③ 参见[日]西田典之:《日本刑法各论(第七版)》,[日]桥爪隆补订,王昭武、刘明祥译,法律出版社 2020 年版,第 231 页。

行为要素说则面临着双重的解释困境。一方面,构成要件行为只能是行为人的行为,不能是其他人的行为。而诈骗罪中的财产处分行为却是受骗人的行为。如果采用行为要素说,自然会面临一个疑问:为什么在诈骗罪中受骗人的行为能够成为构成要件中的行为要素?对于这个问题,很难给出令人满意的回答。或许有学者会试图通过对诈骗罪与抢劫罪作类比来给出解释:在抢劫罪的场合,被害人在行为人的暴力、胁迫之下将财物交给行为人的行为,在形式上属于被害人的行为,但是会被实质性地理解成行为人取得财物的行为。同理,在诈骗罪的场合,可以将受骗人的行为实质性地理解成行为人的行为。然而,这种类比不能成立。在抢劫罪的场合,被害人交付财物的行为之所以能够被理解成行为人的行为,是因为被害人的意志完全被行为人压制住了。① 而在诈骗罪的场合,受骗人虽然存在认识错误,但是其意志自由并没有受到压制。正是因此,抢劫罪被认为是夺取型的财产犯罪,而诈骗罪则被认为是交付型的财产犯罪。②另一方面,行为要素说同样无法实现与处分行为说的兼容。上文已述,按照行为要素说,诈骗罪客观构成要件的行为要素由行为人实施欺骗行为、受骗人产生错误认识、受骗人处分财产三部分组成。如果行为人已经实施了欺骗行为,而受骗人产生了错误认识但是没有处分财产,就属于实行已经着手但是未能终了的情形。在"试衣案"中,根据行为要素说,段某仍然构成诈骗罪的未完成形态,从而与处分行为说的结论相悖。在这一点上,行为要素说和结果要素说并没有实质性的差异。

或许有学者会认为,问题并不出在结果要素说和行为要素说,而是出在处分行为说。只要放弃该说,上述问题便能迎刃而解。然而,处分行为说的妥当性已得到了学界和司法实务界的普遍认可。放弃该说必然会使诈骗罪与盗窃罪的界限变得更加模糊。退一步而言,即便放弃处分行为说,运用结果要素说或行为要素说分析"试衣案",也难以得出逻辑自洽的结论。上文已析,按照结果要素说和行为要素说,都会认为"试衣案"构成诈骗罪的未完成形态。段某已经实施了欺骗行为,不构成诈骗罪的预备;

---

① 参见陈兴良:《敲诈勒索罪与抢劫罪之界分:兼对"两个当场"观点的质疑》,载《法学》2011年第2期;车浩:《抢劫罪与敲诈勒索罪之界分:基于被害人的处分自由》,载《中国法学》2017年第6期。

② 参见[日]大谷实:《刑法讲义各论(新编第2版)》,黎宏译,中国人民大学出版社2008年版,第166页。

其顺利实现了其非法占有目的,不构成诈骗罪的未遂;其完整地执行了其犯罪计划,不构成诈骗罪的中止。由此可见,运用结果要素说或行为要素说分析"试衣案",就不得不既认为段某构成诈骗的未完成形态,又认为其不构成诈骗罪的预备、未遂和中止。这显然自相矛盾。

从理论逻辑上看,在诈骗罪的客观构成要件中,财产处分行为要么属于结果要素,要么属于行为要素。可是,无论是结果要素说还是行为要素说都难以成立。问题到底出在哪里呢?需要看到,"财产处分行为要么属于结果要素,要么属于行为要素"这一论断是以诈骗罪的客观构成要件中有且仅有一种财产处分行为为前提的。可是,这一前提本身并没有经过检验。这提示我们,在诈骗罪的构成要件中,可能存在两种不同的财产处分行为。在司法实践中,除了以"试衣案"为代表的一类案件欠缺财产处分行为,还有另外一类案件也欠缺财产处分行为。例如,李某到蒋某经营的食品商行销售货物时,通过伪造账单、假冒签名、偷换账本的方式,虚构一笔价值人民币 29450 元的交易以骗取货款,该货款尚未结算便被蒋某发现(以下简称"账单案")。① 在本案中,李某实施了欺骗行为,但是蒋某并没有陷入认识错误,因而也没有处分财产。毫无疑问,李某构成诈骗罪的未遂,而不属于盗窃。

"试衣案"与"账单案"同属于欠缺财产处分行为的案件,但二者的行为定性截然不同。其原因只能是,"试衣案"所欠缺的财产处分行为与"账单案"所欠缺的财产处分行为,不是同一种。在"账单案"中,行为人所设想的转移占有的方式就是受骗人处分财产,由于蒋某没有处分财产,对财产的占有没有发生转移;而在"试衣案"中,行为人所设想的转移占有的方式本来就不是受骗人处分财产,因而尽管受骗人没有处分财产,但对财产的占有仍然发生了转移。换言之,"账单案"之所以会欠缺财产处分行为,是因为出现了行为人意志以外的原因;而"试衣案"欠缺财产处分行为,是行为人意料之中的事情。由此可见,"账单案"所欠缺的财产处分行为,是由行为人的欺骗行为所引起的,由受骗人实际实施的行为,是一种客观要素;而"试衣案"所欠缺的财产处分行为,是对行为人的欺骗内容的一种限定,是一种观念性的东西。

一般认为,诈骗罪中的欺骗行为是指以取得财产为目的的虚构事实或隐瞒真相的行为。但是严格来说,并非所有的以取得财产为目的

---

① 参见广东省汕头市潮南区人民法院一审刑事判决书(2021)粤 0514 刑初 277 号。

的虚构事实或隐瞒真相的行为都属于诈骗罪中的欺骗行为。诈骗罪中欺骗行为的内容必须指向受骗人的财产处分行为。① 更为确切地说,诈骗罪中的欺骗行为是旨在使对方产生能够引起财产处分行为的认识错误的虚构事实或隐瞒真相的行为。这个定义包含了财产处分行为,其功能在于对诈骗罪中欺骗行为的内容进行限定。不难发现,这个财产处分行为不同于学界通常所理解的,作为欺骗行为实际效果的财产处分行为。为了便于论述,本文将欺骗行为的定义所包含的财产处分行为称为"作为欺骗内容的财产处分行为",将学界通常理解的财产处分行为称为"作为欺骗效果的财产处分行为"。显然,"试衣案"所欠缺的是作为欺骗内容的财产处分行为,而"账单案"所欠缺的是作为欺骗效果的财产处分行为。

明确区分了两种不同的财产处分行为,它们的体系位置也就呼之欲出了。作为欺骗内容的财产处分行为是对欺骗行为的一种限定,属于诈骗罪行为要素的关键内容;而作为欺骗效果的财产处分行为是由受骗人实际实施的行为,属于诈骗罪的结果要素。由此,诈骗罪的行为要素便是指行为人的欺骗行为,只不过,这个欺骗行为包含了作为欺骗内容的财产处分行为;而诈骗罪的结果要素便由受骗人产生错误认识、受骗人处分财产(即作为欺骗效果的财产处分行为)、行为人或第三人取得财产、被害人遭受财产损失四部分组成。在具体的案件中,如果欠缺作为欺骗内容的财产处分行为,那么行为人不可能构成诈骗罪,"试衣案"即为这种情形的适例;如果具备作为欺骗内容的财产处分行为但是欠缺作为欺骗效果的财产处分行为,那么行为人构成诈骗罪的未遂,"账单案"即为这种情形的适例。

那么,处分行为说中的财产处分行为到底是何种财产处分行为? 答案显而易见,它是作为欺骗内容的财产处分行为,属于诈骗罪行为要素中的关键内容。以处分行为说作为判断行为人的行为性质到底是诈骗还是盗窃的标准,其实质是以是否具备某个行为要素来判断行为不法的性质,而非以是否具备某个结果要素来判断行为不法的性质。因此,上述对处分行为说的质疑是不能成立的。

---

① 参见[日]西田典之:《日本刑法各论(第七版)》,[日]桥爪隆补订,王昭武、刘明祥译,法律出版社2020年版,第227页;[日]松宫孝明:《刑法各论讲义(第四版)》,王昭武、张小宁译,中国人民大学出版社2018年版,第205页。

第三节 财产处分意识的必要性

在理解财产处分行为时,最具争议的问题莫过于处分意识是否必要。不过,在处理某些具体案件时,分属必要说与不要说两个不同阵营的学者可能会得出一致的结论。为此,有学者认为处分意识必要说和处分意识不要说之间的对立止于表面,二者不存在根本性的分歧。① 本文不同意这个论断。处分意识必要说和处分意识不要说之间的对立是客观存在的。分属两个不同阵营的学者在处理某些具体案件时可能会得出一致的结论,一方面是因为,在处分意识必要说的阵营内部,不同学者在处分意识的程度要求问题上看法不一,其中较为缓和的观点可能会在某些具体案件中得出与处分意识不要说相同的结论;另一方面则是因为,学界经常将处分意识是否必要的问题和处分意识的程度要求问题混为一谈,从而将后一个问题上较为缓和的观点误解成处分意识不要说。例如,甲发现乙的书中夹有一张一万日元的钞票,便以一百日元的价格买下了这本书(以下简称"买书案")。西田典之认为,尽管乙对书中所夹的一万日元钞票没有财产处分意识,甲的行为仍然构成诈骗罪。② 据此,西田典之被日本学界归入了处分意识不要说的阵营。③ 然而,西田典之在讨论财产处分意识是否必要时明确指出:"只要能认定财产或财产性利益的占有已基于受骗者的意思转移至对方,便可以肯定成立诈骗罪。"④显然,这里的"受骗者的意思"就是财产处分意识。据此,应当将西田典之归入处分意识必要说的阵营(属于其中较为缓和的观点),而非处分意识不要说的阵营。无独有偶,在我国刑法学界,同样存在这种阵营归属出错的现象。⑤ 需要追

---

① 参见[日]山口厚:《刑法各论(第2版)》,王昭武译,中国人民大学出版社2011年版,第302页。
② 参见[日]西田典之:《日本刑法各论(第七版)》,[日]桥爪隆补订,王昭武、刘明祥译,法律出版社2020年版,第231页。
③ 参见[日]山口厚:《刑法各论(第2版)》,王昭武译,中国人民大学出版社2011年版,第302页。值得注意的是,这一阵营归属得到了西田典之本人的认可。参见[日]西田典之:《日本刑法各论(第七版)》,[日]桥爪隆补订,王昭武、刘明祥译,法律出版社2020年版,第231页。
④ [日]西田典之:《日本刑法各论(第七版)》,[日]桥爪隆补订,王昭武、刘明祥译,法律出版社2020年版,第231页。
⑤ 参见陈洪兵:《财产犯罪之间的界限与竞合研究》,中国政法大学出版社2014年版,第213页。

问的是,为什么学界经常将处分意识必要说阵营中较为缓和的观点误解成处分意识不要说?笔者认为,这是因为,学界误解了财产处分意识指向的客体。具体而言,财产处分意识指向的客体应当是处分人交付的财产,而学界却经常误以为其指向的客体是被害人损失的财产。为了避免上述混淆和误解,在此需要明确,财产处分意识是否必要,是指财产处分意识之于财产处分行为的成立是否必要。由此可见,财产处分意识是否必要的问题,本质上就是财产处分行为与财产处分意识的关系问题。

关于财产处分行为与财产处分意识的关系,学界主要有两种不同的观点。第一种观点认为,财产处分行为由处分人在客观层面的行为举止和主观层面的意识两部分组成,其中,主观层面的意识就是指财产处分意识(以下简称"包含说")。包含说是我国学界的通说观点。① 第二种观点认为,财产处分行为是处分人的客观行为举止,而财产处分意识是处分人的主观想法,二者是并列的、相互独立的关系(以下简称"并列说")。并列说是我国学界的少数说。② 不难发现,包含说实际上就是处分意识必要说,而并列说实际上就是处分意识不要说。本文支持包含说和处分意识必要说,主张财产处分意识是财产处分行为不可或缺的核心要素。

第一,财产处分行为是一种规范性的行为。一般而言,规范性的行为由客观层面的要素和主观层面的要素两部分组成。对于财产处分行为而言,客观层面的要素主要是指处分财产的权限资格,主观层面的要素就是财产处分意识。由此可见,财产处分意识的必要性是由财产处分行为的本体构造所内在决定的。需要说明的是,财产处分行为的本体构造与占有的本体构造并没有必然的对应关系。有学者在论证处分意识的必要性时指出,占有是一种主客观相统一的事实,因而能够引起占有转移的行为也应当是主客观相统一的,而财产处分行为就是受骗人转移对财产的占有,所以财产处分行为也应是主客观相统一的。③ 笔者认为,这个论证难

---

① 参见王作富主编:《刑法分则实务研究(中)》(第五版),中国方正出版社2013年版,第958—959页;刘明祥:《论诈骗罪中的交付财产行为》,载《法学评论》2001年第2期;张明楷:《诈骗犯罪论》,法律出版社2021年版,第233页;黎宏:《刑法学各论》(第二版),法律出版社2016年版,第329页;周光权:《刑法各论》(第四版),中国人民大学出版社2021年版,第143—144页。

② 参见秦新承:《认定诈骗罪无需"处分意识"——以利用新型支付方式实施的诈骗案为例》,载《法学》2012年第3期;蔡桂生:《新型支付方式下诈骗与盗窃的界限》,载《法学》2018年第1期;张忆然:《诈骗罪的"处分意思不要说"之提倡——"处分意思"与"直接性要件"的功能厘定》,载《中国刑事警察学院学报》2019年第3期。

③ 参见柏浪涛:《论诈骗罪中的"处分意识"》,载《东方法学》2017年第2期。

以成立。财产处分行为的确是主客观相统一的,但是这个特征并不是从占有的特征或能够引起占有转移的行为的特征中推导出来的。事实上,占有的判断未必是主客观相统一的,①能够引起占有转移的行为也未必是主客观相统一的。例如,乘客下车时把钱包遗忘在出租车里,司机在晚上收车时发现了这个钱包并将其占为己有(以下简称"钱包案")。在乘客下车一段时间后,落在车里的钱包便由原来的被乘客占有转为被司机占有。而司机在收车之前不知道钱包的存在,这一点并不影响占有的判断。由此可见,占有的判断未必是主客观相统一的。乘客的行为导致钱包的占有发生了转移,但是乘客在当时并不知道这一点。由此说明,能够引起占有转移的行为也未必是主客观相统一的。

第二,诈骗罪是一种自我损害型犯罪。诈骗罪的自我损害性主要通过财产处分行为体现出来。只有将财产处分意识作为财产处分行为的必要组成部分,才能在理论上充分解释,为何受骗人实施了财产处分行为就意味着被害人遭受的财产损失属于自我损害。如果受骗人的行为举止在客观上引起了转移占有的效果,但是其在主观上没有财产处分意识,其行为引起的财产损失很难解释为被害人的自我损害。② 例如,在前述"钱包案"中,钱包的占有转移是由乘客自己的行为举止所引起的,二者之间具有直接的因果关系。但是,在刑法教义学上,不能将钱包的丢失理解为乘客的自我损害。原因就在于,乘客在下车时没有察觉钱包落在车里,其对钱包没有财产处分意识。

有处分意识不要说者批评处分意识必要说陷入了"自我损害型犯罪"的误区:"诈骗案件具有'自愿'之表象,但是,这种'自愿'也只是表象而已,并非被害人真实的意思表示,否则就应当认定被害人同意,将自我损害的行为加以出罪。可见,'自我损害型犯罪'只是一种帮助人们理解的标签而已,不能单纯以诈骗案件属于'自我损害型犯罪'为由,认为在所有诈骗案件中被害人都会有所谓的'财产处分意识'。"③笔者认为,这个批评不能成立。诈骗罪的自我损害性是指,对财物占有的转移是由受骗人自己完成的。在受骗人向他人转移占有的过程中,当然隐含了一种被害人同意。不过,这个同意所指向的内容,是财物占有的转移本身,而非由

---

① 参见马寅翔:《占有概念的规范本质及其展开》,载《中外法学》2015年第3期。
② 参见王钢:《盗窃与诈骗的区分——围绕最高人民法院第27号指导案例的展开》,载《政治与法律》2015年第4期。
③ 蔡桂生:《新型支付方式下诈骗与盗窃的界限》,载《法学》2018年第1期。

财物占有的转移所引起的财产损失。诈骗罪中的被害人同意建立在错误认识的基础上,该错误认识的刑法意义就在于,将财产损失排除在被害人同意的范围之外。所以,这种被害人同意可以排除盗窃罪的构成要件该当性——行为人打破被害人对财物的占有得到了被害人的同意,但是不能排除诈骗罪的构成要件该当性。① 以诈骗罪的自我损害性不能排除诈骗行为的不法性为由否定它的刑法意义,应当是误解了诈骗罪中被害人同意的指向对象。

第三,财产处分行为在客观层面既可以表现为某种身体动作,也可以表现为身体的静止。而在受骗人身体静止的情况下,判断其有无财产处分行为,唯一的依据就是其有无财产处分意识。从理论逻辑上看,如果采用处分意识不要说,要么会否认受骗人在身体静止的情况下实施财产处分行为的可能性,要么会无限扩大财产处分行为的范围。但实际上,为了确保判断结论的妥当性,处分意识不要说者在判断受骗人是否实施了财产处分行为时,往往会自发地采用财产处分意识这一判断标准。例如,有处分意识不要说者指出:"通常情况下,在不作为式的处分行为做出前,被害人或被骗人应当明确知晓财产状况将改变的情况,如甲对乙说借车一用,乙默认,结果甲开走不归。在该案中,乙清楚地知道甲要开走汽车,仍以默认这一不作为方式表达了转移占有的处分意思,这一行为本质上与作为方式的将车送给乙并无二致。"②这一段论述明显采用了财产处分意识作为认定财产处分行为的依据,从而与论者的处分意识不要说的立场相悖。这也从反面证明了,在受骗人身体静止的情况下,如果不考虑财产处分意识,就无法判断其是否实施了财产处分行为。

第四,只有采用处分意识必要说,才能准确地区分占有转移和占有弛缓。例如,在"试车案"中,在顾客试驾摩托车期间,店主对摩托车的控制力是较弱的。但是,由于店主对试驾的同意中并不包含财产处分意识,在试驾期间摩托车仍然归店主占有,只不过这种占有处于一种较为松弛的状态。因此,曾某在试驾期间将摩托车开走构成盗窃罪而非诈骗罪。③ 如果采用处分意识不要说,便很容易将本案中的占有弛缓误

---

① 参见车浩:《盗窃罪中的被害人同意》,载《法学研究》2012年第2期。
② 秦新承:《认定诈骗罪无需"处分意识"——以利用新型支付方式实施的诈骗案为例》,载《法学》2012年第3期。(着重号为引者所加)
③ 参见陈兴良主编:《刑法各论精释(上)》,人民法院出版社2015年版,第480—482页。

认为是占有转移,从而认为曾某构成诈骗罪。为了回应这一批评,处分意识不要说者试图采用直接性要件作为占有转移和占有弛缓的区分标准。① 所谓直接性要件,是指在受骗人实施了财产处分行为之后,行为人不必为取得被害人的财产而实施另一次违法行为。符合直接性要件的,就是占有转移;不符合直接性要件的,就是占有弛缓。可是,诈骗罪中的财产处分行为本来就是指受骗人将其占有的财产转移给行为人或与行为人有关的第三人。既然如此,行为人当然就无须为取得被害人的财产而实施另一次违法行为。可见,所谓直接性要件只不过是财产处分行为带来的附随效果,并不是一个独立的要件。在用所谓直接性要件标准区分占有转移和占有弛缓的背后,仍然是财产处分意识在发挥作用。

例如,火车中途停靠车站时,乙想下车吸烟,但又担心火车很快会开走。甲为了非法占有乙的行李,便骗乙说停车时间很长,于是乙放心下车。火车开动时,乙没赶上车,甲趁机将乙的行李据为己有(以下简称"下车案")。有处分意识不要说者认为,在"下车案"中,甲在火车开动后将乙的行李占为己有的行为属于违法行为,不符合直接性要件,因而不能构成诈骗罪,只能构成盗窃罪。② 这个分析结论是正确的,但是其理由却是表面化的。需要追问的是,为什么认为甲在火车发动后将乙的行李占为己有的行为属于违法行为?答案只能是,该行李当时仍然归乙占有。需要继续追问的是,为什么认为行李当时仍然归乙占有?答案只能是,乙虽然下车了,但是对其行李没有财产处分意识。由此可见,试图用直接性要件区分占有转移和占有弛缓,只不过是一种障眼法,在其背后发挥作用的是财产处分意识。

第五,只有采用处分意识必要说,才能准确地将盗窃罪的间接正犯与诈骗罪区分开。当处于幕后的盗窃罪的间接正犯通过欺骗的方法来控制直接正犯,从而借助直接正犯之手窃取财物时,其行为外观与诈骗罪高度相似。要将二者区分开来,就要看受骗人的行为是否为财产处分行为。而在这个判断过程中,受骗人有无财产处分意识便是一个非常重要的判断依据。有处分意识不要说者辩称,在受骗人将财物交给行为人的场合,只要考察受骗人有无处分财产的权限资格,便可以判断出行为人的行为

---

① 参见张忆然:《诈骗罪的"处分意思不要说"之提倡——"处分意思"与"直接性要件"的功能厘定》,载《中国刑警学院学报》2019年第3期。

② 同上注。

是诈骗还是盗窃。① 笔者认为,这种观点是片面的。处分财产的权限资格的确是判断财产处分行为的一个重要依据,但是它不能取代财产处分意识的作用。如果受骗人没有处分财产的权限资格,当然可以直接否定财产处分行为的成立。如果受骗人有处分财产的权限资格,则需要进一步考察其有无财产处分意识。只有肯定了受骗人同时具备处分财产的权限资格与财产处分意识,才能肯定其行为属于财产处分行为。

例如,乙将钱包遗忘在商场收银台并离去。一小时后,后面排队的顾客丙发现了这个钱包,问正在付款的顾客甲,钱包是不是他的,此时收银员才注意到这个钱包的存在。甲谎称是,收银员信以为真,便将钱包交给了甲(以下简称"收银台案")。② 从规范的维度看,收银台属于收银员的分配领域,所以,钱包被乙遗忘在收银台后,便归收银员占有。③ 因此,收银员具有处分该钱包的权限资格。但是,收银员误认为钱包是甲的,而如果钱包是甲的,鉴于甲就在收银台附近,应当认为该钱包一直处于被甲占有的状态。因此,在收银员的视野里,其将钱包交给甲的行为并没有改变钱包的占有归属,只不过使得甲对钱包的占有变得更为紧密。简言之,在本案中,收银员有处分钱包的权限资格,但是没有处分钱包的意识。若采用处分意识不要说,鉴于收银员有财产处分的权限资格,便会认为,收银员的行为属于财产处分行为,因而甲构成诈骗罪。而按照处分意识必要说,鉴于收银员没有财产处分意识,应当认为,收银员的行为并非财产处分行为,因而甲构成盗窃罪的间接正犯。

第六,有处分意识不要说者认为,在受骗人将财物交给行为人的场合,与有财产处分意识的受骗人相比,没有财产处分意识的受骗人受到欺骗的程度更深。相应地,与前一种情形相比,后一种情形的行为不法程度更高。既然前一种情形中的行为人构成诈骗罪,那么后一种情形中的行为人更应该构成诈骗罪。④ 笔者认为,这个论证难以成立。诚然,后一种情形的行为不法程度比前一种情形更高,但是由此不能推导出后一种情形与前一种情形一样构成诈骗罪。否则,按照相同的逻辑,便不得不认

---

① 参见秦新承:《认定诈骗罪无需"处分意识"——以利用新型支付方式实施的诈骗案为例》,载《法学》2012年第3期。
② 案例改编自王钢:《德国判例刑法(分则)》,北京大学出版社2016年版,第206页。
③ 参见马寅翔:《占有概念的规范本质及其展开》,载《中外法学》2015年第3期。
④ 这是德国学者Miehe的观点,转引自王钢:《盗窃与诈骗的区分——围绕最高人民法院第27号指导案例的展开》,载《政治与法律》2015年第4期。

为,由于抢劫行为的不法程度比敲诈勒索行为的不法程度高,而敲诈勒索行为构成敲诈勒索罪,所以抢劫行为也会构成敲诈勒索罪。诈骗罪与盗窃罪是两种不同的犯罪,前者是自我损害型犯罪,后者是他人损害型犯罪。如果对二者的不法程度进行比较,鉴于诈骗罪天然地包含了一定程度的被害人过错而盗窃罪没有这个特征,应当认为,盗窃罪的不法程度比诈骗罪更高。① 正是因此,我国《刑法》对盗窃罪的处罚实际上比对诈骗罪的处罚更为严厉。② 按照处分意识必要说,在受骗人有财产处分意识的场合,行为人的行为不法程度较低,因而构成处罚相对轻缓的诈骗罪;在受骗人没有财产处分意识的场合,行为人的行为不法程度更高,因而构成处罚更为严厉的盗窃罪。这种处理结果充分体现了处罚的严厉程度与行为不法程度的对应性,符合罪刑均衡原则。而按照处分意识不要说,两种场合下行为人的行为虽然在不法程度上高低有别,却都毫无区别地构成诈骗罪,从而使得处罚的严厉程度与行为不法程度没有对应关系,不符合罪刑均衡原则的要求。显然,与处分意识不要说的处理方案相比,处分意识必要说的处理方案更为合理。

第七,在我国现行《刑法》的规范语境下,处分的对象是财物还是财产性利益,不会影响处分意识的必要性。在德国,由于刑法规定盗窃罪的对象只能是财物而不包括财产性利益,盗窃财产性利益不构成盗窃罪。为了避免明显的处罚漏洞,只能将盗窃财产性利益的行为认定为诈骗罪。为此,德国刑法理论通说和司法判例不得不在涉及财产性利益的场合放弃对财产处分意识的要求。③ 这实际是为了追求结论的妥当性而不得不牺牲理论逻辑的一贯性,是一种无奈之举。受德国刑法学的影响,我国也有不少学者认为我国盗窃罪的对象仅限于财物而不包括财产性利益。④ 如果这一论断可以成立,在涉及财产性利益的场合坚持处分意思必要说,

---

① 参见黎宏:《论盗窃财产性利益》,载《清华法学》2013年第6期。
② 相关分析请参见陈洪兵:《盗窃罪与诈骗罪的关系》,载《湖南大学学报(社会科学版)》2013年第6期。
③ 参见王钢:《德国判例刑法(分则)》,北京大学出版社2016年版,第205页。实际上,日本刑法也明确规定盗窃罪的行为对象只能是财物而不包括财产性利益。不过,这一点似乎没有影响日本学者对财产处分意识有无必要的讨论。参见[日]山口厚:《刑法各论(第2版)》,王昭武译,中国人民大学出版社2011年版,第299页;[日]西田典之:《日本刑法各论(第七版)》,[日]桥爪隆补订,王昭武、刘明祥译,法律出版社2020年版,第230页。
④ 参见姚万勤、陈鹤:《盗窃财产性利益之否定——兼与黎宏教授商榷》,载《法学》2015年第1期;徐凌波:《置换二维码行为与财产犯罪的成立》,载《国家检察官学院学报》2018年第2期;刘明祥:《论窃取财产性利益》,载《政治与法律》2019年第8期。

必然会造成明显的处罚漏洞。不过,我国盗窃罪的行为对象不仅包括实体财物,也包括财产性利益。其一,我国《刑法》分则第五章名为"侵犯财产罪",而在具体罪名的构成要件中,使用的都是"财物"一词。从体系解释的角度出发,既然诈骗罪构成要件中的"财物"包括财产性利益,没有理由认为盗窃罪构成要件中的"财物"仅限于实体性财物而不包括财产性利益。其二,我国《刑法》对盗窃罪的规定,除第 264 条这一基本条款外,还包括第 196 条第 3 款(盗窃信用卡并使用的)、第 265 条(以牟利为目的,盗接他人通信线路、复制他人电信码号或者明知是盗接、复制的电信设备、设施而使用的)、第 287 条(利用计算机实施盗窃的)等条款。不难发现,后三个条款的行为对象主要是财产性利益。由此可见,将财产性利益排除在盗窃罪的行为对象之外,明显与我国的《刑法》规定相悖,难言合理。① 其三,将财产性利益纳入盗窃罪的对象之中,没有超出国民的预测可能性,不会违反罪刑法定原则和刑法谦抑原则。② 既然财产性利益既是诈骗罪的对象也是盗窃罪的对象,那么在行为人通过欺骗对方而获得财产性利益的场合,应当通过考察受骗人有无财产处分意识来判断行为人的行为性质到底是诈骗还是盗窃。也就是说,无论是在涉及有体财物的场合,还是在涉及财产性利益的场合,财产处分意识都是财产处分行为的必要组成部分。

最后,据笔者观察,很多处分意识不要说者之所以采用这种立场,是因为其注意到,在新型支付方式下,很容易出现受骗人的行为举止在客观上引起了占有转移的效果但是其主观上没有财产处分意识的情形。前文所述的"激活码案"便属于这类情形。这类案件被称为"不知情交付"型案件。处分意识不要说者认为,"不知情交付"型案件的存在,充分说明财产处分行为的成立不以财产处分意识为必要条件。③ 不难发现,处分意识不要说的立论基础是,引起占有转移的行为就是财产处分行为。但是,这个立论基础不能成立。从内涵上看,财产处分行为强调的是行为的性质,

---

① 参见马寅翔:《限缩与扩张:财产性利益盗窃与诈骗的界分之道》,载《法学》2018 年第 3 期。

② 参见张明楷:《论盗窃财产性利益》,载《中外法学》2016 年第 6 期;黎宏:《论盗窃财产性利益》,载《清华法学》2013 年第 6 期。

③ 参见秦新承:《认定诈骗罪无需"处分意识"——以利用新型支付方式实施的诈骗案为例》,载《法学》2012 年第 3 期;蔡桂生:《新型支付方式下诈骗与盗窃的界限》,载《法学》2018 年第 1 期;张忆然:《诈骗罪的"处分意思不要说"之提倡——"处分意思"与"直接性要件"的功能厘定》,载《中国刑警学院学报》2019 年第 3 期。

而能够引起占有转移的行为强调的是行为的后果。不同性质的行为完全有可能引发相同的后果,①所以二者并没有严格的对应关系。从外延上看,能够引起占有转移的行为包括但不限于财产处分行为,二者是包含与被包含的关系。

在侵犯有体财产的案件中,占有是否发生转移的判断是一个规范性的问题。在这个判断过程中,财产处分意识是一个很重要的考虑因素。因此,在这类案件中,受骗人是否实施了财产处分行为,与受骗人的行为是否引起了占有转移密切相关。例如,在前述"试衣案"中,店员将衣服交给段某试穿时,没有财产处分意识,因而其行为不属于财产处分行为,不会引起衣服占有的转移。尽管如此,不能将引起占有转移的行为与财产处分行为完全等同起来。例如,在前述"钱包案"中,乘客的行为举止使得钱包的占有发生了转移,但是乘客并没有实施财产处分行为。又如,在前述"收银台案"中,收银员的行为使得钱包的占有发生了转移,但是收银员的行为并非财产处分行为。如果说在侵犯有体财产的场合,引起占有转移的行为与财产处分行为密切相关,那么,在新型支付方式下,二者的密切关系被彻底瓦解了。在新型支付方式下,财产是否发生转移的判断不是一个规范性的问题,而是一个纯粹事实性、技术性的问题,完全取决于受骗人的行为举止是否满足被预设好的条件(例如输入相应的密码)。只要满足这个条件,不管受骗人是否有财产处分意识,也不管受骗人是否有处分财产的能力和资格,都可以肯定占有已发生转移。可见,在新型支付方式下,受骗人实施了财产处分行为,与受骗人的行为举止引起了占有转移的效果,是截然不同的两回事,前者只是后者的充分不必要条件。

如果认为引起了占有转移的行为一概都是财产处分行为,那么将"不知情交付"型案件中的受骗人替换成一个幼儿或精神病人,便不得不认为,该幼儿或精神病人的行为也属于财产处分行为。这显然是有问题的。② 对此,有处分意识不要说者辩称:"论者(指处分意识必要说者——引者注)事实上是将无处分意识与无处分意识能力混为一谈,认为如果无处分意识的行为也是处分行为,那么幼儿等无处分意识能力者的行为也是处分行为。事实上,处分意识是指诈骗犯罪中的被害人处分财产的意

---

① 例如,故意杀人行为、过失致人死亡行为、意外事件都可以引发致人死亡的结果,但是三者的行为性质截然不同。

② 参见[日]大谷实:《刑法各论(新版第 2 版)》,黎宏译,中国人民大学出版社 2008 年版,第 243 页。

识,处分意识能力主要是指行为主体的正常思辨能力。无意识能力的人实施的任何行为当然不能成为诈骗犯罪中被害人的处分行为。"[1]笔者认为,这个辩护没有理解问题的实质。幼儿、精神病人当然无法实施财产处分行为。但问题是,幼儿、精神病人的行为有可能属于财产处分行为这个结论恰恰是从处分意识不要说的立论基础——引起占有转移的行为就是财产处分行为——推导出来的。如果为了确保结论的妥当性而将幼儿、精神病人的行为排除在财产处分行为的范围之外,那么实际上就放弃了处分意识不要说的立论基础。如此一来,以"不知情交付"型案件的存在为由论证处分意识不要说,便在逻辑上行不通了。可见,处分意识不要说在论证的逻辑性与结论的妥当性之间左支右绌,难以两全。

综上所析,笔者认为,财产处分意识是财产处分行为不可或缺的核心要素。如果受骗人没有财产处分意识,无论其行为在客观上是否引起了占有转移的效果,该行为都无法成为财产处分行为。

第四节 财产处分意识的程度要求

在肯定了财产处分意识之于财产处分行为的必要性之后,接下来需要回答另一个充满争议的问题——财产处分意识需要达到何种程度？对此,学界存在多种不同的观点。有学者认为,处分人除了有把财产的占有转移给对方的认识,还必须对处分的内容包括交付的对象、数量、价值等信息有全面、正确的认识(以下简称"全面认识说")。[2] 有学者提出,处分人需要对被交付的财产的种类和性质有正确的认识,但是不需要对被交付的财产的数量和价值有正确的认识(以下简称"质量区分说")。[3] 有学者指出,在行为人将包装盒内的商品替换成其他商品或塞入其他商品的场合,如果收银员能够轻易地观察到包装盒内的商品,其对包装盒内的商

---

[1] 秦新承:《认定诈骗罪无需"处分意识"——以利用新型支付方式实施的诈骗案为例》,载《法学》2012年第3期。

[2] 参见周光权:《刑法各论》(第二版),中国人民大学出版社2011年版,第104页。不过,周光权教授在这个问题上的观点发生了变化。他现在认为:"对处分意思的要求不能过于严格,不能要求其认识到所转移财产的具体内容、价值等细节,而只能要求认识到占有转移且愿意将财物处分给对方。"参见周光权:《刑法各论》(第4版),中国人民大学出版社2021年版,第144页。

[3] 参见张明楷:《诈骗犯罪论》,法律出版社2021年版,第237—238页;黎宏:《刑法学各论》(第二版),法律出版社2016年版,第329—330页。

品具有概括的处分意识;如果收银员难以观察包装盒内的情况,其对超出商品外包装描述范围的货物不具有处分意识(以下简称"观察可能性说")。① 有学者主张,只要受骗人认识到自己的行为是把某种财产转移给对方占有即可,不要求受骗人对被交付的财产的性质、数量、质量、价值等信息有全面、正确的认识(以下简称"极端缓和说")。②

　　这些观点推进了学界对财产处分意识的研究,值得肯定。但遗憾的是,学界迄今尚未找到一个合理的,用于评价这些观点优劣得失的判断标准。在实际的理论研究中,一种常见的做法是,通过考察某个观点被应用于具体案件时得出的结论是否妥当来评价该观点的优劣。这种做法固然有一定的意义,但是无法成为根本性的判断标准。因为,将财产处分意识程度要求问题上的各种观点应用于具体案件中,得出的结论无外乎是受骗人对特定的财产有处分意识或没有处分意识,相应地,行为人构成诈骗罪或盗窃罪。可问题是,当得出行为人构成诈骗罪或盗窃罪的结论后,如何评价这个结论是否妥当呢?恐怕很难找到一个合理的外部标准,而只能诉诸学者们的主观确信,最终走向循环论证。

　　讨论财产处分意识的程度要求,本质上是为了解决财产处分行为的成立标准问题。作为一种规范性的概念,财产处分行为需要准确反映社会生活中各种具体的财产处分行为的本质特征。相应地,作为财产处分行为的一个构成要素,财产处分意识也需要准确反映社会生活中各种具体的财产处分意识的本质特征。财产处分意识虽然是诈骗罪所必需的,但不是诈骗罪所独有的。在正常的市场交易中,处分人当然也有财产处分意识。而且,在程度要求上,正常市场交易中的财产处分意识应当不低于诈骗罪中的财产处分意识。因此,观察正常市场交易中的财产处分意识的程度要求,可以推知诈骗罪中财产处分意识的程度要求。据此,笔者认为,可以将与社会生活事实的吻合度作为评价前述诸多观点是否妥当的根本性标准。

　　第一,处分人无须对被处分的财产有全面正确的认识。在正常的市场交易中,处分人对被处分财产的种类、数量、单价、价值等属性存在一定

---

① 参见王钢:《盗窃与诈骗的区分——围绕最高人民法院第 27 号指导案例的展开》,载《政治与法律》2015 年第 4 期。
② 参见刘明祥:《论诈骗罪中的交付财产行为》,载《法学评论》2001 年第 2 期;陈洪兵:《财产犯罪之间的界限与竞合研究》,中国政法大学出版社 2014 年版,第 217 页;柏浪涛:《论诈骗罪中的"处分意识"》,载《东方法学》2017 年第 2 期。

程度的认识错误,是极为常见的。一般而言,这些认识错误并不影响处分行为的有效性。这种现象暗含了一种经济学的道理。在双方交易的过程中,一方当事人能够很容易地判断出对方有无处分财产的意愿,但是却很难判断出对方对被处分财产的认识是否正确。如果市场交易遵循如下规则:只有在处分人对被处分财产的认识完全正确时才能肯定其处分行为有效,那么对于交易中的一方当事人而言,另一方当事人的处分行为是否有效便充满了不确定性。从成本—收益的角度看,这条规则会显著增加双方交易的成本,影响交易秩序的稳定性,却不能带来明显的收益。所以,这条规则没有被正常的市场交易所接纳。换言之,在正常的市场交易中,处分人对被处分的财产存在一定程度的认识错误,并不影响其财产处分行为的有效性。既然如此,在诈骗罪的场合,也应当允许受骗人对自己处分的财产存在一定程度的认识错误。

有学者提出,之所以要求诈骗罪中的受骗人对自己处分的财产有全面、正确的认识,是因为受骗人对自己所处分财产的认识错误属于法益错误,而受骗人对自己欲交换的目标财产的认识错误属于动机错误。"尽管诈骗罪的被害人必定存在错误认识,但该错误认识不包括处分人关于作为处分客体之财产本体属性的法益错误,而仅限于处分人关于'为什么做出财产处分'的动机错误。"[1]笔者认为,这个理由既违反了被害人同意的基本原理,也误解了诈骗罪所侵犯的法益。在被害人的错误认识是否妨碍被害人同意的效力问题上,学界存在多种观点,其中,全面无效说和法益错误说的影响力最大。[2] 若采用全面无效说,区分法益错误和动机错误就没有任何意义。论者刻意区分了法益错误和动机错误,可见其采用的是法益错误说。既然采用法益错误说,并且认为受骗人对自己欲交换的目标财产的认识错误仅仅是动机错误,那么应当合乎逻辑地推导出,这种错误不影响被害人同意的效力。亦即,在受骗人仅对自己欲交换的目标财产产生了认识错误的场合,其对处分行为的同意可以排除诈骗行为的不法,因而不成立诈骗罪。从诈骗罪中财产处分意识的成立条件可以推导出行为人不构成诈骗罪,显然自相矛盾。与盗窃罪侵犯被害人的特定

---

[1] 袁国何:《诈骗罪中的处分意识:必要性及判别》,载《法学研究》2021年第3期。
[2] 相关讨论参见付立庆:《被害人因受骗而同意的法律效果》,载《法学研究》2016年第2期;李世阳:《刑法中有瑕疵的同意之效力认定——以"法益关系错误说"的批判性考察为中心》,载《法律科学》2017年第1期。

财产不同,诈骗罪侵犯的是被害人的整体财产或曰"净财富"。① 仅仅肯定了受骗人处分了自己的财产,还不足以肯定被害人的整体财产遭受了损失;只有肯定了受骗人所处分的财产的实际价值远大于其所得到的目标财产的实际价值,才能肯定被害人的整体财产遭受了损失。因此,在诈骗罪的场合,无论是受骗人对自己所处分的财产的认识错误,还是其对欲交换的目标财产的认识错误,其性质都属于法益错误,而非动机错误。② 只有这样才能合乎逻辑地解释,为何在受骗人只对欲交换的目标财产有认识错误的情况下,受骗人的财产处分意识不能排除诈骗罪的不法。

第二,处分人对被处分财产的价值的认识错误不影响财产处分意识的成立。在正常的市场交易中,处分人处分其财产是为了换取另一个目标财产。处分人能够换取到多大价值的目标财产,从根本上取决于其处分的财产的价值大小。所以,对于处分人而言,在被处分财产的种类、数量、单价、价值等诸多属性中,最为重要的应是其价值属性。而财产的种类、数量、单价等属性则是影响财产价值属性的自变量。换言之,财产的价值属性是因变量,而财产的其他属性是自变量。如果处分人对被处分财产的价值产生了认识错误,很有可能会导致其在交易中出现意外的亏损。尽管如此,这种认识错误不会影响其处分行为的有效性。首先,在有些场合,处分人在交易时很难准确地评估被处分财产的真实价值,双方的交易带有一定的赌博性质。例如,翡翠原石外部有一层风化皮包裹着,在对其进行切割之前,很难判断其内在质地的好坏,因而也无法准确评估其价值。在翡翠原石交易的过程中,经常出现处分人误判被处分的翡翠原石价值的情况,但这不影响其处分行为的有效性。其次,在对某些特殊财产进行交易的场合,交易双方需要具备准确认识被处分财产价值的能力。如果一方因欠缺这种能力而在与对方的交易中受损,只能归咎于自己的能力不足,而不能据此否定交易的有效性。例如,某甲以 100 万元的价格将一幅郑板桥的画作卖给乙,后者以 500 万元的价格将该画作转手卖给他人。即便某甲事后发现该画作最终卖出了 500 万元的高价,也不能以自己误判了该画作的价值为由而主张自己的处分行为无效。最后,在处分普通财产的场合,处分人只需要保持足够的谨慎,便可以准确地认识被

---

① 参见[美]乔治·弗莱彻:《反思刑法》,邓子滨译,华夏出版社 2008 年版,第 38—39 页。
② 参见马卫军:《论诈骗罪中的被害人错误认识》,载《当代法学》2016 年第 6 期。

处分财产的价值。在这种场合,处分人对被处分财产的价值产生了认识错误,往往是因为其不够谨慎。从鼓励交易当事人保持谨慎这一立场出发,由处分人的不够谨慎所引发的不利后果应当由处分人承担,所以应当承认其处分行为的有效性。既然在正常的市场交易中,处分人对被处分财产的价值的认识错误不影响其处分行为的有效性,那么在诈骗罪的场合,当然也应如此。

需要指出的是,如果说在处分有体财产的场合,被处分的财产同时存在种类、数量、单价、价值等多重属性,那么在处分财产性利益的场合,被处分的财产通常只有价值这一种属性。尽管如此,在处分财产性利益的场合,仍然应当坚持,处分人对被处分财产的价值的认识错误不影响财产处分意识的成立。甚至,在处分人对其欲换取的目标财产没有错误认识的情况下,只有当其对被处分的财产性利益的价值产生了错误认识,才能认为其有处分意识而无受损意识。相反,如果处分人准确地认识到被处分的财产性利益的实际价值,那么即便其遭受了财产损失,也应当认为其有受损意识,从而排除诈骗罪的不法。[1]

第三,处分人对被处分财产的数量的认识错误不影响财产处分意识的成立。首先,从当然解释的角度看,既然行为人对最重要的价值属性的认识错误都不影响其处分行为的有效性,那么对重要性远低于前者的数量属性的认识错误当然更不会影响其处分行为的有效性。其次,在有些场合,处分人无法准确认识被处分财产的数量,但这并不影响其处分行为的有效性。例如,张三以200元一天的价格允许李四在其承包的池塘钓鱼,所钓之鱼皆归李四所有。实际上,在张三拿到200元并允许李四开始钓鱼时,张三已经处分了李四即将钓到的鱼,尽管彼时张三并不知道李四到底能钓到多少鱼。最后,上文已析,从鼓励交易当事人保持谨慎这一立场出发,对被处分财产的价值的认识错误不应影响处分行为的有效性,这一结论同样适用于对被处分的财产的数量的认识错误。在"称重案"中,宋某在收购玉米时使用遥控器降低电子秤所显示的重量,使得卖家对其出售的玉米重量产生了错误认识。但是,这种错误认识属于对被处分财产的数量的错误认识,不影响处分行为的有效性。因此,宋某在收购玉米时通过遥控电子秤非法获利的行为构成诈骗。

讨论处分人是否需要准确认识被处分财产的数量,实际上就是在讨

---

[1] 参见刘明祥:《论诈骗罪中的交付财产行为》,载《法学评论》2001年第2期。

论是否承认概括的处分意识。有学者拒不承认概括的处分意识,其理由是:"当权利人想要实现一定的交换价值时,总是用特定数量财物的使用价值进行交换。因而,权利人的财产处分总是针对特定客体进行的,原占有人通常都是明确地只想转移某个或某些特定财产的占有、支配,而不是概括地转移自己占有、支配的全部同类财产。"①笔者认为,这个理由混淆了被处分财产的特定性与被处分财产的数量。诚然,诈骗罪中的财产处分行为是针对特定的财产而言的。脱离特定的财产,就无法认定财产处分行为。但是,财产可以通过很多途径实现特定化,例如通过包装实现特定化(一袋大米、一盒照相机),通过容器实现特定化(池塘中的鱼、一车砂石),通过时间实现特定化(李四在一天内钓到的鱼),通过空间位置实现特定化(一堆水果),等等。因此,财产的特定性与财产的数量属性没有必然关系。只要被处分的财产能够被特定化,处分人无须认识到被处分财产的数量,就足以肯定其有处分意识。

第四,处分人对所处分财产的种类的认识错误不影响财产处分意识的成立。在日常使用的场景中,财产的所有者最看重的是财产的使用价值,所以与使用价值密切相关的财产的种类属性非常重要。可是,在市场交易中,处分人最看重的是被处分财产的交换价值而非使用价值。此时,财产的种类属性与数量、单价等其他属性一样,只不过是影响财产的交换价值的众多因素中的一个,其重要性明显低于财产的价值属性,而与财产的数量、单价等属性基本相当。上文已析,对被处分财产的数量的认识错误不影响财产处分意识的成立,这一结论同样适用于被处分财产的种类属性。例如,某甲在河边发现一块晶莹剔透的石头,觉得甚是好看,便拿回家中。某乙在甲家做客时看见这块石头,提出以 10000 元相购,某甲爽快答应,交易完成。在双方交易时,甲根本不知道这块石头到底是玉石、陨石、化石抑或普通石头,但这并不影响其处分行为的有效性。

质量区分说认为,对被处分财产的种类的认识错误会影响财产处分意识的成立。该说的倡导者张明楷教授设想了以下两个案例:其一,行为人在商场购物时,在原本装有一个照相机的包装盒里塞入另一个照相机,然后拿着这个包装盒付款,店员仅收取了一个照相机的货款(以下简称"照相机案");其二,行为人在商场购物时,在原本装有方便面的箱子里塞入一个照相机,然后拿着这个箱子付款,店员只收取了一

---

① 袁国何:《诈骗罪中的处分意识:必要性及判别》,载《法学研究》2021 年第 3 期。

箱方便面的货款(以下简称"方便面案")。张明楷教授认为,在"照相机案"中,店员知道自己处分的是照相机,所以对被处分财产的质的信息有正确认识,因而其对第二个照相机有财产处分意识,相应地,行为人非法取得第二个照相机的行为构成诈骗罪;而在"方便面案"中,店员以为箱子里只有方便面,未能准确认识被处分的财产的质的信息,因而其对箱子里的照相机没有财产处分意识,相应地,行为人非法取得照相机的行为构成盗窃罪。①

无论是在"照相机案"中,还是在"方便面案"中,店员都没有意识到那个多出来的照相机的存在。为何质量区分说会认为,对于这个多出来的照相机,"照相机案"中的店员有财产处分意识,而"方便面案"中的店员没有财产处分意识？答案只能是,"照相机案"中的包装盒本来就是装照相机的,而"方便面案"中的包装箱原本是装方便面的。由此可见,按照质量区分说,受骗人有无财产处分意识,取决于被害人损失的财产和其他被处分的财产是否具有一致性。换言之,质量区分说将损失的财产与其他被处分财产之间的一致性作为财产处分意识成立的必要条件。可是,在讨论诈骗罪中的财产损失要件时,未见任何学者提出损失的财产要和其他被处分的财产有一致性。既然如此,没有理由在讨论财产处分意识的程度要求时,要求损失的财产和其他被处分的财产之间具有一致性。

为了论证"方便面案"中的行为人构成盗窃罪,张明楷教授指出:"行为人将照相机放入方便面箱子中只交付方便面的货款,与行为人在购买方便面时将照相机藏入自己的大衣口袋里只交付方便面的货款一样,对于店员而言没有实质区别。如果将后者认定为盗窃罪,那么,对前者(方便面案)也应认定为盗窃罪。"②但是,这个类比论证不能成立。将照相机藏入大衣口袋后,根据刑法学中的贴身禁忌理论,该照相机已经归行为人占有,行为人的盗窃行为已经既遂。③可是,将照相机放入方便面箱子时,包括照相机在内的整个方便面箱子仍然归商场占有。直到行为人将这个箱子交给店员结账,店员收取货款后,占有才会发生转移。如果认为上述类比可以成立,就不得不认为行为人在将照相机放入方便面箱子的那一

---

① 参见张明楷:《诈骗犯罪论》,法律出版社 2021 年版,第 234—238 页。
② 同上书,第 238 页。
③ 参见车浩:《占有概念的二重性:事实与规范》,载《中外法学》2014 年第 5 期。

刻便占有了该照相机,这显然是有问题的。① 另外,如果说从店员的角度看,在"方便面案"中,行为人是将照相机放入方便面箱子还是将其藏入大衣口袋,没有实质区别;那么,基于同样的道理,也应当认为,在"照相机案"中,行为人是将多出来的那个照相机放入照相机的盒子里还是将其藏入大衣口袋,也没有实质区别。由此就不得不认为,"照相机案"中的行为人也构成盗窃罪,从而与质量区分说的结论相悖。

第五,处分人对包装盒的内容物有无观察可能性不影响财产处分意识的成立。一方面,观察可能性是一个极富弹性的概念,以此作为判断财产处分意识是否成立的标准,容易导致判断结论的不稳定。例如,甲以2000元的价格将整个池塘的鱼卖给乙,在本案中,甲对池塘里的鱼有无观察可能性?如果对观察可能性提出一个很高的要求,就不得不认为,甲对池塘里的鱼没有观察可能性,因为甲并不知道池塘里到底有多少鱼、有哪些种类的鱼;如果对观察可能性提出一个较低的要求,那么就会认为,甲对池塘里的鱼有观察可能性,因为甲至少知道其处分的是这个池塘里的鱼,而非别的池塘里的鱼。另一方面,在处分有包装盒的商品时,要求处分人对包装盒的内容物有观察可能性,并不符合当前的社会生活事实。在日常生活中,处分人无法观察包装盒里的内容物,并不妨碍其对包括内容物在内的整个包装盒进行财产处分。例如,通常情况下,快递员并不知道其运送的快递盒里究竟装了什么物品,但是,其将快递盒交给买家的行为显然属于财产处分行为。又如,在盲盒交易中,买卖双方都不知道被处分的盲盒中究竟有什么物品、有多少物品,但显然不能据此认为卖方处分盲盒的行为无效。

第六,极端缓和说原则上值得赞同,但也存在一定的不足。一方面,极端缓和说的内容存在不够明确之处。在讨论具体案件时,容易成为疑难问题的,往往不是受骗人有无财产处分意识,而是受骗人对于某个特定的财产有无财产处分意识。例如,在"照相机案"和"方便面案"中,判断行为人的行为性质到底是盗窃还是诈骗,不能泛泛地问店员有没有财产处分意识(答案显然是肯定的),而是要问,店员对那个多出来的照相机有没有财产处分意识。为此,有必要分析,某个特定的财产需要与受骗人的财产处分行为之间存在何种联系,才能认为受骗人对该财产具有财产处

---

① 参见陈洪兵:《财产犯罪之间的界限与竞合研究》,中国政法大学出版社2014年版,第215页。

分意识。遗憾的是,极端缓和说未能对这个问题作出回答。另一方面,在讨论具体案件时,极端缓和说的支持者未能严格贯彻这一立场。例如,行为人在买鱼时,看到店员装有大量现金的钱包放在柜台上,便趁其不备将钱包丢进装鱼的袋中,店员称了重量收了钱后,将装有鱼和钱包的袋子交给行为人(以下简称"买鱼案")。极端缓和说的支持者认为,由于店员并不知道其交给行为人的袋子里有自己的钱包,所以其对钱包没有财产处分意识。① 换言之,只有当受骗人知道某个特定财产的存在,才能肯定其对该特定财产有财产处分意识。按照这种分析思路,在"照相机案"和"方便面案"中,由于店员并不知道盒子里多装了一个照相机,因而对该照相机没有财产处分意识。不难发现,这种分析思路为财产处分意识设立的成立门槛比质量区分说和观察可能性说都要高,甚至与全面认识说相比也相差无几。实际上,若严格贯彻极端缓和说,应当认为,店员知道自己处分了装了鱼的袋子,尽管其并不知道袋子里还装了钱包,但是由于处分人无须对被处分的财产(这里指装了鱼和钱包的袋子)有全面、正确的认识,因而不影响其处分意识的成立。

第七,笔者认为,要肯定受骗人对某个财产有财产处分意识,需且仅需满足以下两个条件:其一,受骗人实施了财产处分行为;其二,该财产位于受骗人的财产处分行为的覆盖范围之内。为了便于论述,本文将这一观点简称为"覆盖范围说"。上文已析,在诈骗罪的场合,受骗人无须准确认识被处分财产的价值、数量、种类等属性。不过,作为财产处分意识的最低要求,受骗人需要知道自己在处分财产。换言之,只有在受骗人知道自己处分财产时,才能肯定其有财产处分意识。上文已述,在具体案件中,容易成为疑难问题的,往往不是受骗人有无财产处分意识,而是受骗人对于某个特定的财产有无财产处分意识。笔者认为,要回答这个问题,就要看该财产是否位于受骗人的财产处分行为的覆盖范围之内。如果答案是肯定的,就应当认为,受骗人对该财产有财产处分意识;反之,就应当认为,受骗人对该财产没有财产处分意识。其背后的道理是,只有当某个财产位于受骗人的财产处分行为的覆盖范围之内,才能确认该财产与受骗人的财产处分行为存在必要的联系,进而才能将其视为被处分的财产中的一部分。

---

① 参见刘明祥:《论诈骗罪中的交付财产行为》,载《法学评论》2001年第2期;郑泽善:《诈骗罪中的处分行为》,载《时代法学》2011年第4期。

采用覆盖范围说，很容易判断受骗人对某个财产是否有财产处分意识。例如，在"方便面案"中，店员处分了装有方便面和照相机的箱子，照相机位于店员的财产处分行为的覆盖范围之内，因而店员对这个照相机有财产处分意识。又如，在"买鱼案"中，店员处分了装有鱼和钱包的袋子，钱包位于店员的处分行为的覆盖范围之内，因而店员对该钱包有财产处分意识。再如，张三将包括一个手机在内的多个商品放入超市购物车中，通过收银台时将其他商品逐一递给收银员计价付款，但是将手机留在购物车里没有取出来。待其他商品付款完毕，张三将它们重新放入购物车中，推着购物车离开收银台。在本案中，收银员对商品逐一进行计价收款，收款后实际上已经逐一处分了这些商品。张三将这些商品重新放入藏有一个手机的购物车中，发生在收银员实施其处分行为之后。也就是说，手机不在收银员的处分行为的覆盖范围之内，因而收银员对该手机没有财产处分意识。

第五节 对臧进泉案的评析

臧进泉案的案件事实可以概括为：臧进泉发送给金某一个交易金额标注为 1 元而实际植入了支付 305000 元的虚假链接，金某在诱导下点击了该虚假链接，其账户中的钱随即通过预设的计算机程序转入臧进泉的账户中。按照笔者提出的双重行为案与单一行为案的分类，臧进泉案应当属于单一行为案。判断单一行为案到底是构成盗窃罪还是诈骗罪，应当采用处分行为说，而不能采用手段行为说或综合判断说。具体而言，臧进泉的行为到底构成何罪，取决于金某在臧进泉的诱导下点击显示交易金额为 1 元的虚假链接的行为是否为财产处分行为？

处分意识不要说认为，判断被害人的行为是否为财产处分行为，只需要看该行为是否在客观上引起了占有转移的效果。按照这个观点，鉴于金某点击虚假链接的行为在客观上引起了占有转移的效果，应当认为该行为属于财产处分行为。相应地，臧进泉构成诈骗罪。处分意识必要说则认为，财产处分意识是财产处分行为不可或缺的核心要素。只有确认了被害人具有财产处分意识，才能肯定其行为属于财产处分行为。在本案中，被害人金某以为自己是在处分 1 元钱，但实际上却是在交付 30 余万元，对自己处分的财产的数额产生了认识错误。那么，这种认识错误是否影响财产处分意识的成立呢？这取决于财产处分意识需要达到何种程度。按照全面认识说,鉴于被害人对其所处分的财产缺乏全面、正确的认识,应当否认财产处分意识的成立。质量区分说实际上难以适用于侵犯财产性利益的场合。不过,倡导质量区分说的张明楷教授认为:"在行为人诈骗财产性利益的场合,只要受骗者认识到事实上将利益给予对方就可以认定具有处分意识。"①按照这一观点,应当肯定本案中的被害人具有财产处分意识。按照观察可能性说,由于金某无法通过显示交易金额为1元的链接而观察到其实际对应的金额,应当否定财产处分意识的成立。② 按照极端缓和说的观点,鉴于被害人已经认识到自己是在处分财产,应当肯定其具有财产处分意识。值得注意的是,指导案例27号虽然没有对财产处分意识需要达到何种程度的问题作出正面回应,但是直接否认了在上述案情事实中被害人具有财产处分意识。由此可以推知,指导案例27号采用了类似全面认识说的立场。③

上文已析,在财产处分意识是否必要的问题上,本文主张处分意识必要说;在财产处分意识需要达到何种程度的问题上,本文提出了覆盖范围说。按照覆盖范围说,鉴于30余万元位于被害人金某财产处分行为的覆盖范围之内,应当肯定其对30余万元具有财产处分意识。当然,在这里讨论被害人金某实施的行为是不是(作为欺骗效果的)财产处分行为,归根到底是为了讨论行为人的欺骗行为是否包含了(作为欺骗内容的)财产处分行为。笔者认为,这两个问题的答案都是肯定的。因此,针对所谓"盗窃事实"这一部分的案情,臧进泉应当构成诈骗罪,而非盗窃罪。

---

① 张明楷:《诈骗犯罪论》,法律出版社2021年版,第238页。
② 参见王钢:《盗窃与诈骗的区分——围绕最高人民法院第27号指导案例的展开》,载《政治与法律》2015年第4期。
③ 参见陈兴良:《刑法指导案例裁判要点功能研究》,载《环球法律评论》2018年第3期。

第九章　杨延虎案：贪污罪中的"利用职务上的便利"

第一节　问题的提出

最高人民法院指导案例 11 号即杨延虎等贪污案（以下简称"杨延虎案"）涉及如何理解贪污罪构成要件中的"利用职务上的便利"和"公共财物"这两个要素的问题。本案的基本案情与诉讼过程为：

被告人杨延虎 1996 年 8 月任浙江省义乌市委常委，2003 年 3 月任义乌市人大常委会副主任，2000 年 8 月兼任中国小商品城福田市场（2003 年 3 月改称中国义乌国际商贸城，简称国际商贸城）建设领导小组副组长兼指挥部总指挥，主持指挥部全面工作。2002 年，杨延虎得知义乌市稠城街道共和村将列入拆迁和旧村改造范围后，决定在该村购买旧房，利用其职务便利，在拆迁安置时骗取非法利益。杨延虎遂与被告人王月芳（杨延虎的妻妹）、被告人郑新潮（王月芳之夫）共谋后，由王、郑二人出面，通过共和村王某某，以王月芳的名义在该村购买赵某某的 3 间旧房（房产证登记面积 61.87 平方米，发证日期 1998 年 8 月 3 日）。按当地拆迁和旧村改造政策，赵某某有无该旧房，其所得安置土地面积均相同，事实上赵某某也按无房户得到了土地安置。

2003 年三四月份，为使 3 间旧房所占土地确权到王月芳名下，在杨延虎指使和安排下，郑新潮再次通过共和村王某某，让该村村民委员会及其成员出具了该 3 间旧房系王月芳 1983 年所建的虚假证明。杨延虎利用职务便利，要求兼任国际商贸城建设指挥部分管土地确权工作的副总指挥、义乌市国土资源局副局长吴某某和指挥部确权报批科人员，对王月芳拆迁安置、土地确权予以关照。国际商贸城建设指挥部遂将王月芳所购房屋作为有村证明但无产权证的旧房进行确权审核,上报义乌市国土资源局确权,并按丈量结果认定其占地面积64.7平方米。

此后,被告人杨延虎与郑新潮、王月芳等人共谋,在其岳父王某祥在共和村拆迁中可得25.5平方米土地确权的基础上,于2005年1月编造了由王月芳等人签名的申请报告,谎称"王某祥与王月芳共有三间半房屋,占地90.2平方米,二人在1986年分家,王某祥分得36.1平方米,王月芳分得54.1平方米,有关部门确认王某祥房屋25.5平方米、王月芳房屋64平方米有误",要求义乌市国土资源局更正。随后,杨延虎利用职务便利,指使国际商贸城建设指挥部工作人员以该部名义对该申请报告盖章确认,并使该申请报告得到义乌市国土资源局和义乌市政府认可,从而让王月芳、王某祥分别获得72平方米和54平方米(共126平方米)的建设用地审批。按王某祥的土地确权面积仅应得36平方米建设用地审批,其余90平方米系非法所得。

2005年5月,杨延虎等人在支付选位费24.552万元后,在国际商贸城拆迁安置区获得两间店面72平方米土地的拆迁安置补偿(案发后,该72平方米的土地使用权被依法冻结)。该处地块在用作安置前已被国家征用并转为建设用地,属国有划拨土地。经评估,该处每平方米的土地使用权价值35270元。杨延虎等人非法所得的建设用地90平方米,按照当地拆迁安置规定,折合拆迁安置区店面的土地面积为72平方米,价值253.944万元,扣除其支付的24.552万元后,实际非法所得229.392万元。

此外,2001年至2007年间,被告人杨延虎利用职务便利,为他人承揽工程、拆迁安置、国有土地受让等谋取利益,先后非法收受或索取57万元,其中索贿5万元。

2008年12月15日,浙江省金华市中级人民法院一审对本案作出如下判决:一、被告人杨延虎犯贪污罪,判处有期徒刑十五年,并处没收财产二十万元;犯受贿罪,判处有期徒刑十一年,并处没收财产十万元;决定执行有期徒刑十八年,并处没收财产三十万元。二、被告人郑新潮犯贪污罪,判处有期徒刑五年。三、被告人王月芳犯贪污罪,判处有期徒刑三年。宣判后,三被告人均提出上诉。2009年3月16日,浙江省高级人民法院二审裁定驳回上诉,维持原判。①

通过将本案遴选为指导案例11号,最高人民法院确立了以下两个裁判要点:

  1. 贪污罪中的"利用职务上的便利",是指利用职务上主管、管理、经手公共财物的权力及方便条件,既包括利用本人职务上主管、管理公共财物的职务便利,也包括利用职务上有隶属关系的其他国家工作人员的职务便利。
  2. 土地使用权具有财产性利益,属于刑法第三百八十二条第一款规定中的"公共财物",可以成为贪污的对象。②

如何理解贪污罪构成要件中的"利用职务上的便利"和"公共财物",与如何理解贪污罪的法益密切相关。关于贪污罪的法益,我国学界曾展开过一定的争论。③ 时至今日,理论上普遍承认,贪污罪既侵犯了职务行为的廉洁性,又侵犯了公共财产权。④ 当然,一种犯罪所侵犯的法益属性,会反映在该犯罪的构成要件要素的内容上。对于贪污罪而言,职务行为的廉洁性这一法益主要体现在"国家工作人员"和"利用职务上的便利"这两个要素上。其中,"国家工作人员"是体现了职务行为廉洁性的身份要素;而"利用职务上的便利"是体现了职务行为廉洁性的行为要素。公共财产权这一法益主要体现在贪污罪的犯罪对象即"公共财物"上。这也内在地决定了,在适用贪污罪的过程中,需要重点解释贪污罪构成要件中的"国家工作人员""利用职务上的便利"以及"公共财物"的含义。事实上,我国学界早年讨论贪污罪的构成要件便主要围绕这几个问题点展开。⑤ 不过,在吸收理论研究成果和司法实务经验的基础上,我国1997年

---

 ① 参见《指导案例11号:杨延虎等贪污案》,载最高人民法院网 https://www.court.gov.cn/fabu-xiangqing-13308.html,访问日期:2012年9月26日。
 ② 同上注。
 ③ 相关讨论请参见孟庆华:《贪污贿赂罪重点疑点难点问题判解研究》,人民法院出版社2005年版,第3—6页。
 ④ 参见陈兴良:《罪名指南(下册)》(第二版),中国人民大学出版社2008年版,第652页;张明楷:《刑法学(下)》(第六版),法律出版社2021年版,第1554页。
 ⑤ 参见赵秉志主编:《刑法学各论研究述评(1978—2008)》,北京师范大学出版社2009年版,第584—588页。

《刑法》在第 93 条对"国家工作人员"的含义作了明确的解释。并且，在此之后，我国还陆续出台了有关立法解释和司法解释，对"国家工作人员"的含义作了进一步的补充解释。① 由此，"国家工作人员"这一贪污罪身份要素的含义得到了较为明确的界定，理论上争论的余地较小。相应地，学界关于贪污罪的争论便转而集中在如何理解"利用职务上的便利"和"公共财物"这两个问题点上。就此而言，杨延虎等贪污案是对当前贪污罪有关理论争点的一次集中呈现。本书在此仅对贪污罪中的"利用职务上的便利"的理解问题展开讨论。

第二节 立法沿革与体系对照

作为贪污罪构成要件中的一个行为要素，"利用职务上的便利"表明贪污罪侵犯了职务行为的廉洁性。然而，从立法演化过程来看，在贪污罪的构成要件中，体现违反了职务行为廉洁性的行为要素并非自始被表述为"利用职务上的便利"。此外，在现行刑法体系中，不止一个罪名在构成要件中包含了"利用职务上的便利"要素。这种立法沿革与体系对照是理解贪污罪中"利用职务上的便利"的重要背景。

一、立法沿革

1952 年 4 月 18 日，中央人民政府公布了新中国成立以来首部惩治贪污贿赂罪的刑法规范——《中华人民共和国惩治贪污条例》（以下简称《条例》，已失效）。《条例》第 2 条规定："一切国家机关、企业、学校及其附属机构的工作人员，凡侵吞、盗窃、骗取、套取国家财物，强索他人财物，收受贿赂以及其他假公济私违法取利之行为，均为贪污罪。"② 需要说明的是，《条例》采用了概括式立法模式，它所规定的贪污罪是一个广义的范畴，涵盖了一切公职人员贪利图利的渎职行为。③ 显然，《条例》所规定的贪污罪的构成要件并没有包含"利用职务上的便利"要素。值

---

① 参见 2002 年 4 月 29 日，第九届全国人民代表大会常务委员会《关于〈中华人民共和国刑法〉第九十三条第二款的解释》；2003 年 11 月 13 日，最高人民法院印发的《全国法院审理经济犯罪案件工作座谈会纪要》。

② 高铭暄、赵秉志编：《新中国刑法立法文献资料总览》（第二版），中国人民公安大学出版社 2015 年版，第 62 页。下文所引我国刑事立法的文献资料，若无特别说明，均源于此书，特此说明。

③ 参见刘仁文主编：《贪污贿赂犯罪的刑法规制》，社会科学文献出版社 2015 年版，第 3 页。

得注意的是,在上述规定中,出现了"假公济私"这一充满感情色彩的表述。所谓"假公济私"就是"假借公家的名义,谋取私人的利益"。可见,"假公济私"是对行为人"利用职务上的便利"的另一种表述,表明贪污罪侵犯了职务行为的廉洁性。① 不过,"假公济私"的表述过于情绪化,不符合立法用语明确性和严谨性的要求,②因而没有被后续的立法文本所采纳。

新中国成立后不久,我国便启动了刑法典的起草工作。1950 年 7 月 25 日,中央人民政府法制委员会公布了《中华人民共和国刑法大纲草案》(以下简称《大纲草案》)。《大纲草案》第 87 条对贪污罪作了如下规定:"国家工作人员就主管事务,图谋私利,有下列情形之一者,处一年以上十年以下监禁……"在这个条文中,体现了职务行为廉洁性的行为要素是"就主管事务"。笔者认为,"就主管事务"这一表述的确表明了行为人的行为与其职务有关,但将行为人的职务范围局限于主管某个事务,不免过于狭窄。因而这种表述并没有被后来的刑法草案或刑法典所采纳。1954 年 9 月 30 日,中央人民政府法制委员会公布了《中华人民共和国刑法指导原则草案(初稿)》(以下简称《原则草案》)。《原则草案》第 74 条对贪污罪和受贿罪一并作了如下规定:"国家机关工作人员贪污、受贿的,按照下列规定分别处罚……"这个条文对贪污罪和受贿罪采用了简单罪状,从中无法看出贪污罪的构成要件要素。由此可见,最初的几个刑法草案均未将"利用职务上的便利"纳入贪污罪的构成要件之中。

经过一段时间的摸索,刑法草案起草者逐渐意识到"利用职务上的便利"是贪污罪的构成要件要素。1956 年 11 月 12 日,全国人民代表大会常务委员会办公厅法律室公布《中华人民共和国刑法草案(草稿)(第 13 次稿)》,将贪污罪定义为"国家工作人员利用职务上的便利,偷窃、侵占、诈骗公共财产"的行为,从而首次将"利用职务上的便利"纳入贪污罪的构成要件之中。此后的刑法草案(从第 21 次稿到第 38 次稿)虽然在对贪污罪构成要件的规定上不尽相同,但毫无例外都将"利用职务上的便利"作为贪污罪构成要件中的一个要素。

这一安排也被我国正式的刑法典和单行刑法所采纳。1979 年 7 月 6

---

① 参见刘流:《论贪污罪中"利用职务上的便利"》,载《法律适用》2001 年第 6 期。
② 参见王作富主编:《刑法分则实务研究(下)》(第五版),中国方正出版社 2013 年版,第 1540 页。

日,新中国第一部《刑法》(以下简称1979年《刑法》)正式颁布。1979年《刑法》在第155条对贪污罪进行了如下规定:"国家工作人员利用职务上的便利,贪污公共财物的,处五年以下有期徒刑或者拘役;数额巨大、情节严重的,处五年以上有期徒刑;情节特别严重的,处无期徒刑或者死刑。"由于这个条文中出现了"贪污"一词,可以认为它采用了简单罪状。即便如此,该条文还是规定了"利用职务上的便利",凸显了"利用职务上的便利"要素之于贪污罪的重要性。这也是我国《刑法》第一次明确将"利用职务上的便利"纳入贪污罪的构成要件之中。1988年1月21日,第六届全国人大常委会第二十四次会议通过了单行刑法《关于惩治贪污罪贿赂罪的补充规定》(以下简称《补充规定》,已失效)。《补充规定》将非国家工作人员利用职务之便非法占有公共财物的行为也纳入贪污罪的范畴之中,从而对贪污罪的外延进行了扩充。扩充之后的贪污罪被定义为"国家工作人员、集体经济组织工作人员或者其他经手、管理公共财物的人员,利用职务上的便利,侵吞、盗窃、骗取或者以其他手段非法占有公共财物的"行为。这个新定义扩大了贪污罪的主体范围,但它依然维持了"利用职务上的便利"的构成要件要素地位。

不过,"利用职务上的便利"作为贪污罪构成要件要素的地位并非没有受到过挑战。1995年2月28日,第八届全国人民代表大会常务委员会第十二次会议通过了单行刑法《关于惩治违反公司法的犯罪的决定》(以下简称《决定》,已失效)。《决定》第10条规定:"公司董事、监事或者职工利用职务或者工作上的便利,侵占本公司财物,数额较大的,处五年以下有期徒刑或者拘役;数额巨大的,处五年以上有期徒刑,可以并处没收财产。"由于这一规定并没有明确指出公司的所有权性质,应当认为,这里的"公司"既包括国有公司,也包括非国有公司。相应地,这里的"本公司财物"既可能属于公共财物,也可能不属于公共财物。由此可见,这条规定所涉及的犯罪既包括贪污罪,也包括职务侵占罪(不过,彼时的刑法罪名体系中还没有职务侵占罪)。根据上述规定,贪污罪的行为方式不再是"利用职务上的便利",而是"利用职务或者工作上的便利"。显然,与前者相比,后者的范围更加宽泛。不过,这一规定由于过分扩展了贪污罪的外延,受到了理论界与实务界的广泛批评。①

1997年3月14日,第八届全国人大第五次会议对《刑法》进行了全面

---

① 参见刘流:《论贪污罪中"利用职务上的便利"》,载《法律适用》2001年第6期。

修订。修订后的《刑法》(以下简称1997年《刑法》)将非国家工作人员利用职务上的便利侵占本单位财物的行为从贪污罪中抽离出来,专门设立了职务侵占罪。相应地,贪污罪被定义为"国家工作人员利用职务上的便利,侵吞、窃取、骗取或者以其他手段非法占有公共财物的"行为。由此可见,1997年《刑法》在贪污罪的构成要件中删除了"利用工作上的便利",恢复了"利用职务上的便利"这一通用的表达形式。

综上可知,在我国刑事立法的过程中,伴随着立法技术的不断进步和贪污罪外延的伸缩变化,在贪污罪的构成要件中体现违反了职务行为廉洁性的行为要素也不断发生着变化,经历了"假公济私"—"就主管事务"—要素欠缺—"利用职务上的便利"—"利用职务或工作上的便利"—"利用职务上的便利"的嬗变历程。(见表9-1)

表9-1 贪污罪中体现违反职务行为廉洁性的行为要素

序号	文本名称	公布时间	文本性质	体现违反了职务行为廉洁性的行为要素
1	《中华人民共和国惩治贪污条例》	1952.4.21	单行刑法	假公济私
2	《中华人民共和国刑法大纲草案》	1950.7.25	刑法草案	就主管事务
3	《中华人民共和国刑法指导原则草案(初稿)》	1954.9.30	刑法草案	空缺
4	《中华人民共和国刑法草案(草稿)》(第13次稿)	1956.11.12	刑法草案	利用职务上的便利
5	《中华人民共和国刑法草案(草稿)》(第21次稿—第38次稿)	1957.6.27—1979.6.30	刑法草案	利用职务上的便利
6	1979年《刑法》	1979.7.6	刑法典	利用职务上的便利
7	《关于惩治贪污罪贿赂罪的补充规定》	1988.1.21	单行刑法	利用职务上的便利

(续表)

序号	文本名称	公布时间	文本性质	体现违反了职务行为廉洁性的行为要素
8	《关于惩治违反公司法的犯罪的决定》	1995.2.28	单行刑法	利用职务或者工作上的便利
9	1997年《刑法》	1997.3.14	刑法典	利用职务上的便利

二、体系对照

既然"利用职务上的便利"要素是由职务行为的廉洁性这一法益所内在要求的,这当然就意味着,除了贪污罪,其他侵犯了职务行为的廉洁性(或职务行为的不可收买性)的犯罪也同样需要将"利用职务上的便利"纳入构成要件之中。检索我国现行刑法典便可知道,除了贪污罪(《刑法》第382条、第183条第2款),还有受贿罪(《刑法》第385条)、挪用公款罪(《刑法》第384条、第185条第2款)、职务侵占罪(《刑法》第271条第1款、第183条第1款)、挪用资金罪(《刑法》第272条第1款、第185条第1款)、非国家工作人员受贿罪(《刑法》第163条)、金融工作人员购买假币、以假币换取货币罪(《刑法》第171条第2款)等六个罪名在构成要件中包含了"利用职务上的便利"要素。而窃取、收买、非法提供信用卡信息罪(《刑法》第177条之一第2款、第3款)则将"银行或其他金融机构的工作人员利用职务上的便利"作为法定从重情节。此外,非法经营同类营业罪(《刑法》第165条)、为亲友非法牟利罪(《刑法》第166条)以及背信损害上市公司利益罪(《刑法》第169条之一)将一个与"利用职务上的便利"极为相似的表述——"利用职务便利"作为构成要件中的一个要素。由此可见,"利用职务上的便利"并非贪污罪独有的构成要件要素,而是贪财图利型职务犯罪的共通要素。既然如此,在解释贪污罪之"利用职务上的便利"的含义时,可以适当参考理论上对其他犯罪中的"利用职务上的便利"或"利用职务便利"的解释。其中最具有参考价值的,当属理论上对职务侵占罪和受贿罪中的"利用职务上的便利"的解释。

不过,需要特别注意的是,为了实现刑法的正义理念,合理划定刑法的处罚边界,解释者往往需要对处于不同条文之中的或者同一个条文的不同款项之中的同一个刑法用语作不同的解释,此即为刑法用语的相对性。① 因此,尽管贪污罪、职务侵占罪以及受贿罪在各自的构成要件中都包含了"利用职务上的便利",但这并不当然意味着它们的"利用职务上的便利"在内涵和外延上完全相同。事实上,关于贪污罪中的"利用职务上的便利"与职务侵占罪中的"利用职务上的便利"是否相同,以及贪污罪中的"利用职务上的便利"与受贿罪中的"利用职务上的便利"有何异同,一直都是学界讨论的问题点。理论上一般认为,贪污罪中的"利用职务上的便利"与职务侵占罪中的"利用职务上的便利"含义完全相同,②但是与受贿罪中的"利用职务上的便利"含义大相径庭。③ 这些讨论加深了学界对贪污罪中的"利用职务上的便利"的理解。对此,下文将会展开进一步论述。

第三节 司法解释与学理讨论

"利用职务上的便利"并不是一个含义非常清晰的用语,在《刑法》将其纳入贪污罪的构成要件之中后,有必要对其作一个明确的解释。为此,从20世纪80年代开始,我国学者对这个问题展开了一定的理论研究,最高司法机关也陆续出台了多个司法解释。需说明的是,由于贪污罪和受贿罪属于同一类罪,我国最高司法机关往往在同一个司法解释中对二者的构成要件都进行解释。具体到"利用职务上的便利"这一要素上,我国司法解释往往在解释贪污罪之"利用职务上的便利"的同时,也会对受贿罪之"利用职务上的便利"的含义作出说明,并且这两个解释在内容上密切相关。有鉴于此,下文在梳理贪污罪之"利用职务上的便利"的司法解释的同时,也一并梳理受贿罪之"利用职务上的便利"的司法解释,以此进行对比和参照。

---

① 参见张明楷:《刑法分则的解释原理(下)》(第二版),中国人民大学出版社2011年版,第778—796页。
② 参见肖中华:《也论贪污罪的"利用职务上的便利"》,载《法学》2006年第7期;郭泽强:《关于职务侵占罪主体问题的思考——以对"利用职务上的便利"之理解为基点》,载《法学评论》2008年第6期。不过,理论上也存在相反的观点,参见陈洪兵:《体系性诠释"利用职务上的便利"》,载《法治研究》2015年第4期。
③ 参见周振想:《贪污罪中"利用职务上便利"的几个问题》,载《中央政法管理干部学院学报》1994年第1期;王作富:《贪污受贿利用职务之便有何不同》,载《检察日报》2003年5月8日。

一、司法解释

1985年7月18日,最高人民法院和最高人民检察院联合出台了《关于当前办理经济犯罪案件中具体应用法律的若干问题的解答(试行)》(以下简称《解答》,已失效)。《解答》规定,贪污罪中的"利用职务上的便利"是指"国家工作人员、集体经济组织工作人员或者前述其他受委托从事公务的人员,利用其职务上主管、管理、经手公共财物的便利条件"。实际上,这个规定不仅包含了对"利用职务上的便利"的解释,而且还包含了对贪污罪犯罪主体的解释。将有关后者的内容刨除,贪污罪中的"利用职务上的便利",就是指"利用其职务上主管、管理、经手公共财物的便利条件"。此外,《解答》还揭示了贪污罪中的"利用职务上的便利"要素的实践价值:"利用职务上的便利盗窃公共财物(即监守自盗)构成的贪污罪,与内部职工的盗窃罪,有时不易区别。区别这两种罪的关键在于是否利用职务上的便利。"除了贪污罪中的"利用职务上的便利",《解答》也提及了受贿罪中的"利用职务上的便利"。《解答》强调,在认定是否构成受贿罪的过程中,需要"把利用职务上的便利与未利用职务上的便利分开来"。不过,《解答》并未就受贿罪中的"利用职务上的便利"的含义作专门解释。至于它是否适用前述《解答》对贪污罪之"利用职务上的便利"的解释,从文本规定上看,并不明朗。

1999年9月16日,最高人民检察院出台了《人民检察院直接受理立案侦查案件立案标准的规定(试行)》(以下简称《标准》)。《标准》对贪污罪中的"利用职务上的便利"和受贿罪中的"利用职务上的便利"分别作了专门的解释。《标准》规定,贪污罪中的"利用职务上的便利"是指"利用职务上主管、管理、经手公共财物的权力及方便条件";受贿罪中的"利用职务上的便利"是指"利用本人职务范围内的权力,即自己职务上主管、负责或者承办某项公共事务的职权及其所形成的便利条件"。从纵向上看,《标准》对贪污罪中的"利用职务上的便利"的解释与前述《解答》的解释不完全相同;从横向上看,《标准》对贪污罪中的"利用职务上的便利"和受贿罪中的"利用职务上的便利"作了完全不同的解释。

将《标准》对贪污罪中的"利用职务上的便利"的解释与《解答》对贪污罪中的"利用职务上的便利"的解释进行比较,不难发现,二者之间唯一的区别在于,前者的中心词是"权力及方便条件",而后者的中心词是"便利条件"。从语义上看,"便利条件"相当于"方便条件",由此可见,由"便利条件"修改为"权力及方便条件",多出了"权力"这一内容。不过,需要看到,在"利用职务上的便利"的语境下,"便利条件"当然是与国家工作人员的"职权"或"权力"紧密相关的。甚至可以认为,在这个语境下,"便利条件"既包括由权力带来的便利,也包括权力本身。因此,笔者认为,《标准》将中心词由"便利条件"修改为"权力及方便条件",只是换了一个更为清晰的说法,其核心意思并没有发生实质性的改变。

将《标准》对贪污罪中的"利用职务上的便利"的解释和它对受贿罪中的"利用职务上的便利"的解释进行对比考察,不难发现,二者的区别主要体现在职务指向的对象不同。① 具体而言,对于贪污罪中的"利用职务上的便利"而言,职务指向的对象主要是"公共财物";与之不同的是,对于受贿罪中的"利用职务上的便利"而言,职务指向的对象主要是"公共事务"。换言之,贪污罪之"利用职务上的便利"中的"职务"必须是与公共财物密切相关的职务,而受贿罪之"利用职务上的便利"中的"职务"则没有这样的限制。因此,单纯从职权范围的大小来看,后者的范围比前者的范围要大得多。

2003年11月13日,最高人民法院出台了《全国法院审理经济犯罪案件工作座谈会纪要》(以下简称《纪要》)。《纪要》就贪污贿赂罪及渎职罪的司法适用问题作了较为详细的规定。在有关贪污罪的内容中,《纪要》并未对贪污罪中的"利用职务上的便利"作专门解释。鉴于《标准》仍然现行有效,可以认为,《纪要》以不作重新规定的方式维持了《标准》对贪污罪中的"利用职务上的便利"的解释。由此可见,在对贪污罪之"利用职务上的便利"的解释上,我国司法解释保持了高度的稳定。值得注意的是,《纪要》对受贿罪中的"利用职务上的便利"重新作了解释。《纪要》指出:"……刑法第三百八十五条第一款规定的'利用职务上的便利',既包括利用本人职务上主管、负责、承办某项公共事务的职权,也包括利用职务上有隶属、制约关系的其他国家工作人员的职权。担任单位领导职务的国家工作人员通过不属自己主管的下级部门的国家工作人员的职务为他人谋取利益的,应当认定为'利用职务上的便利'为他人谋取利益……"将《纪要》对受贿罪中的"利用职务上的便利"的解释与《标准》对

---

① 当然,严格来说,二者所使用的动词也不完全相同:前者使用的动词是"主管、管理、经手",而后者使用的动词是"主管、负责、承办"。不过,笔者认为,二者所使用的动词的不同,是由它们所连接的宾语(亦即权力所指向的对象)的不同自然引起的。就此而言,二者之间主要的区别在于宾语(亦即权力所指向的对象)的不同,而不在于动词的不同。

受贿罪中的"利用职务上的便利"的解释进行比较,不难发现,与后者相比,前者多出了"利用职务上有隶属、制约关系的其他国家工作人员的职权"。

显然,《纪要》之所以将"利用职务上有隶属、制约关系的其他国家工作人员的职权"纳入受贿罪中的"利用职务上的便利"之中,是为了更好地应对新型的受贿罪。那么,基于同样的道理,为了更好地应对新型的贪污罪,是否需要将"利用职务上有隶属、制约关系的其他国家工作人员的职权"纳入贪污罪中的"利用职务上的便利"之中呢?实际上,这就是杨延虎等贪污案所要处理的一个重要问题。对于这个问题,本文将在第四节展开专门讨论。

二、学理讨论

从 20 世纪 80 年代初开始,我国学界便对贪污罪中的"利用职务上的便利"展开了持续至今的理论研究。我国学者普遍认为,要准确理解贪污罪中的"利用职务上的便利",关键在于准确理解其中的"职务"。因此,我国学界对贪污罪中的"利用职务上的便利"的研究主要围绕如何理解其中的"职务"展开,具体包括四个方面的内容。

一是关于职务内容的讨论。早在 20 世纪 80 年代初,我国学者便指出:"贪污犯罪利用的职务之便,通常是指主管、经管公共财物的职务,因为只有这种职务才具有对公共财物管理、经手的权力,也才有可能利用职务上的便利贪污。"① 这个解释包含了四个关键词,分别是"主管""经管""管理""经手"。应当说,这四个关键词较为准确地界定了贪污罪中行为人与公共财物之间的关系。除了"经管"一词,其他三个关键词都被我国司法解释所采纳。当前我国学界普遍认为,贪污罪中的"利用职务上的便利",是指利用职务上主管、管理、经营、经手公共财物的权力及方便条件。② 不难发现,这个通说观点比《标准》对贪污罪中的"利用职务上的便利"所作的解释多出了"经营"一词。那么,这种改动是否有道理呢?笔者认为,答案是肯定的。根据我国《刑法》第 93 条第 2 款的规定,在国有公司、企业中从事公务的人员也属于国家工作人员。而对于这些国家工作人员而言,其主要职责就在于经营国有财产。另外,我国《刑法》第 382

---

① 雷鹰:《如何认定贪污罪和盗窃罪》,载《法学研究》1981 年第 4 期。
② 参见高铭暄、马克昌主编:《刑法学》(第十版),北京大学出版社、高等教育出版社 2022 年版,第 634 页;陈兴良:《规范刑法学(下)》(第四版),中国人民大学出版社 2017 年版,第 1180 页。

条第 2 款规定:"受国家机关、国有公司、企业、事业单位、人民团体委托管理、经营国有财产的人员,利用职务上的便利,侵吞、窃取、骗取或者以其他手段非法占有国有财物的,以贪污论。"显然,对于这部分人而言,利用职务上的便利,就是利用管理、经营国有财产的便利。因此,在司法解释的内容中加入"经营"一词,会使得内容更加全面。不过,不能据此认为学界的这个通说观点对司法解释的内容作了实质性的改动。因为,在一般意义上,经营属于管理中的一种具体形式。因此,尽管司法解释的内容中没有出现"经营"一词,依然可以从"管理"一词解释出这个含义。就此而言,可以认为,在对贪污罪中的"利用职务上的便利"理解问题上,学界的通说和司法解释的立场高度吻合。

二是关于职务特征的讨论,具体包括两个问题。第一,职务是否意味着具有管理性?换言之,如何理解"公务"与"劳务"的关系?对此,存在两种对立的观点。一种观点认为,公务活动的本质特征是管理性,"公务"与"劳务"是相互对立的关系。[①] 按照这种观点,只有从事管理性活动的人,才有成立"利用职务上的便利"的余地。与之针锋相对的另一种观点认为,"公务"是相对于私人事务而言的,指的是"国家或集体的事物",其并不限于管理性的活动。也就是说,"公务"和"劳务"是不同层面的概念,二者在外延上呈现交叉关系。按照这种观点,单纯从事"劳务"的人也有成立"利用职务上的便利"的余地。第二,职务是否要求具有稳定性、持续性?在这个问题上,学界存在两种截然相反的观点。一种观点认为,职务应当具有一定的稳定性和持续性。如果行为人本来不具有主管、管理、经手公共财物的职权,只是偶然一次受委托经手公共财物,不能认为其具有经手公共财物的便利条件,因而不能将其占有公共财物的行为认定为贪污罪。[②] 相反,另一种观点认为,职务无须具有稳定性或持续性。从职务的基本含义来看,职务是"职位规定应该担任的工作",那么,这种工作就应当既包括经常性的工作,也包括行为人所在单位临时委派或者授权

[①] 参见赵秉志、肖中华:《贪污罪中"从事公务"的含义(中)》,载《检察日报》2002 年 3 月 29 日;郭泽强:《关于职务侵占罪主体问题的思考——以对"利用职务上的便利"之理解为基点》,载《法学评论》2008 年第 6 期;黎宏:《刑法学各论》(第二版),法律出版社 2016 年版,第 503 页。

[②] 参见肖中华:《也论贪污罪的"利用职务上的便利"》,载《法学》2006 年第 7 期;黎宏:《刑法学各论》(第二版),法律出版社 2016 年版,第 508 页。

从事的工作。① 按照这种观点,即便是偶然受委托经手公共财物,也有成立"利用职务上的便利"因而构成贪污罪的余地。

三是关于职务期间的讨论,具体包括两个问题点。第一,贪污罪中"利用职务上的便利"中的"职务"是否必须是现任职务?对此,我国学界普遍给予了肯定回答。换言之,不存在成立事前贪污或事后贪污的可能性。② 第二,贪污罪中行为人"利用职务上的便利",是否必须是在工作期间?有学者认为,"利用职务上的便利"应当发生在工作期间,如果监守自盗不是发生在工作期间而是在下班之后,就不宜认定为贪污罪。为此,该学者主张,应当将贪污罪中的"利用职务上的便利"解释为行为人"在工作中,利用其职务上主管、管理、经手公共财物的便利条件"。③ 但更多学者认为,在"利用职务上的便利"的释义中加入"在工作中"这个限定词并无必要。④

四是关于职务所属主体的讨论,鉴于这个问题与杨延虎等贪污案密切相关,本文将会在第四节对这个问题展开详细论述。

从总体上看,我国学界对贪污罪中的"利用职务上的便利"的研究呈现出以下三个特点:第一,在核心观点上高度统一,绝大多数学者都将贪污罪中的"利用职务上的便利"理解为"利用职务上主管、管理、经营、经手公共财物的权力及方便条件";第二,具体讨论的问题点较为分散,在讨论了职务的内容之后,还对职务的特征、职务的期间以及职务的所属主体展开了讨论;第三,在围绕具体问题展开争论时,学者们大多只有观点的表态而缺乏深入的理论分析。实际上,笔者认为,这三个特点相互之间有着密切的关联:既然学者们在核心观点高度统一的情况下仍然需要对其他的一些具体问题展开讨论,恰恰说明这个核心观点在解释力上存在不足;而这个核心观点之所以会出现解释力不足的情况,恰恰是因为学者们在讨论贪污罪中的"利用职务上的便利"时,通常是由经验出发推导结论,而没有经过深入的法教义学分析。为此,下文将在我国学界已有研究成果的基础上,对贪污罪中的"利用职务上的便利"作一个法教义学的分析。

---

① 参见刘伟琦:《"利用职务上的便利"的司法误区与规范性解读——基于职务侵占罪双重法益的立场》,载《政治与法律》2015年第1期。
② 参见王作富:《贪污受贿利用职务之便有何不同》,载《检察日报》2003年5月8日版。
③ 参见何秀娟:《认定贪污罪应当注意的几个问题》,载《河北法学》1988年第3期。
④ 参见王作富主编:《刑法分则实务研究(下)》(第五版),中国方正出版社2013年版,第1547页。

第四节 贪污罪中"利用职务上的便利"的实质内涵

上文已述,我国学界的通说观点认为,贪污罪中的"利用职务上的便利"是指"利用职务上主管、管理、经营、经手公共财物的权力及方便条件"。应当说,与其他已有的观点相比,通说观点内容更为全面,表述更为简洁,这是值得肯定的。然而,在运用通说观点处理具体问题时,经常会出现这种情况,即,同样支持通说观点的不同学者对于同一个问题给出了截然不同的结论。由此可见,通说观点并不能为我们判断某个行为是否属于贪污罪中的"利用职务上的便利"提供一个明确的、可操作的判断标准。众所周知,法学学说的一个重要使命就在于为司法实践对相关问题的处理提供一个明确又合理的操作方案。而通说观点连明确性要求都实现不了,更遑论合理性要求。在这个意义上,很难说通说观点是一个理想的解释方案。

通说观点之所以不能提供一个明确的、可操作的判断标准,主要有两个具体的原因。其一,通说观点采用了"主管""管理""经营""经手"这四个关键词,而这四个关键词的内涵和外延并不明确,每一个关键词都需要作进一步的解释。事实上,我国学者也在这个方面作出了努力。[1] 但问题是,在对这几个关键词的理解上,学者们并非没有歧见。例如,理论上一般认为,"经手"是指"领取、支出等经办公共财物因而占有公共财物的职务活动"[2]。显然,这个解释并没有将"经手"定义为一种管理性活动。有学者进一步明确指出,经手人不负责公共财物的管理和处置。[3] 然而,也有学者认为,"经手"是一种管理性活动,其不同于单纯对财物有接触但对财物没有管理权的"过手"。[4] 可见,在对"经手"的理解上,理论上存在针锋相对的两种观点。事实上,不唯是"经手",其他三个关键词在不同程

---

[1] 参见高铭暄、马克昌主编:《刑法学》(第十版),北京大学出版社、高等教育出版社2022年版,第634—635页;陈兴良:《规范刑法学(下)》(第四版),中国人民大学出版社2017年版,第1180页。

[2] 高铭暄、马克昌主编:《刑法学》(第十版),北京大学出版社、高等教育出版社2022年版,第634页。

[3] 参见陈兴良:《规范刑法学(下)》(第四版),中国人民大学出版社2017年版,第1180页。

[4] 参见郭泽强:《关于职务侵占罪主体问题的思考——以对"利用职务上的便利"之理解为基点》,载《法学评论》2008年第6期。

度上也都有这个问题。如此一来，通说观点只不过是将如何理解贪污罪中的"利用职务上的便利"这一个争议性的问题转化为如何理解"主管"、如何理解"管理"、如何理解"经营"以及如何理解"经手"这四个争议性的问题，而并没有从根本上解决问题。其二，通说观点在解释贪污罪中的"利用职务上的便利"时，采用了列举的方法。但是在司法实践中，贪污罪中行为人"利用职务上的便利"形式多种多样，采用列举的方法不可能穷尽所有"利用职务上的便利"的方式。而为了避免将司法实践中属于"利用职务上的便利"的事实情形排除在"利用职务上的便利"的释义范围之外，学者们又不得不对通说中的四个关键词作从宽解释，从而又导致通说所确定的边界非常模糊。

当然，上述两个原因只是具体层面的原因。在更为深层次的意义上，通说观点之所以会面临上述种种困境，是因为它的思考方向存在问题。具体而言，通说观点只是尝试从形式上对"利用职务上的便利"中的"职务"作一个界定，而未能从实质上把握其本质内涵。这就使得通说观点对贪污罪中的"利用职务上的便利"的解释徒有其形，而无其神。换言之，通说观点属于对贪污罪中的"利用职务上的便利"的形式定义。当然，这并不是说在理解贪污罪中的"利用职务上的便利"时，要从根本上放弃形式定义，而是说仅仅依靠形式定义，还不足以解决贪污罪中的"利用职务上的便利"的认定问题。因此，在坚持形式定义的同时，应当努力找寻其实质定义，从而准确把握贪污罪中的"利用职务上的便利"的实质内涵。

笔者认为，要准确理解贪污罪中的"利用职务上的便利"，最为关键的环节在于准确把握行为人与公共财物之间的关系，尤其是行为人在非法占有公共财物之前与该公共财物的关系。事实上，通说观点将贪污罪中的"利用职务上的便利"界定为"利用职务上主管、管理、经营、经手公共财物的权力及方便条件"，也是在尝试描述行为人与公共财物的关系。只不过，正如上文所批评的那样，通说观点对行为人与公共财物之间关系的描述是着眼于形式的，因而还不够深刻。此外还要注意的是，在贪污罪的构成要件中，行为人的行为要素不仅包括"利用职务上的便利"，还包括"侵吞、窃取、骗取或者以其他手段非法占有公共财物"。而且，这两个行为要素并不是截然独立、互不相干的关系，而是相互之间存在内在的关联。因此，在解释贪污罪中的"利用职务上的便利"时，不能完全抛开"侵吞、窃取、骗取或者以其他手段非法占有公共财物"这一行为要素。有鉴于此，下面结合不同的手段行为来考察行为人与公共财物之间的关系。

所谓"侵吞"是指,将自己合法控制之下的公共财物非法据为己有或者使第三者所有。根据这个含义可知,"侵吞"一词意味着,行为人在非法占有公共财物之前,已经合法占有了该公共财物。所谓"窃取"亦即"盗窃",一般是指,违背原占有人的意思,打破其对某个财物的占有,而建立自己对该财物的占有。① 不过,在贪污罪的构成要件中,"窃取"有其特定的内涵。一方面,窃取的对象不能是由他人单独占有的公共财物,也不能是由他人与第三人共同占有的公共财物。刑法理论和司法实践普遍认为,国家工作人员盗窃由他人单独占有的公共财物或者由他人与第三人共同占有的公共财物,构成盗窃罪而非贪污罪。另一方面,司法实践中经常出现的所谓"监守自盗"也不属于这里的"窃取"。原因在于,"窃取"需要打破原占有人对财物的占有,而所谓的"监守自盗"并没有打破原占有人对财物的占有。将由他人单独占有的公共财物、由他人与第三人共同占有的公共财物以及由行为人本人自己占有的公共财物排除在"窃取"的对象之外后,唯一能够成为"窃取"对象的,只能是由行为人与他人共同占有的公共财物。② 由此可见,与前述"侵吞"一样,在"窃取"状态下,行为人在非法占有公共财物之前,也已经合法地占有了该公共财物。只不过,前者属于合法的单独占有,而后者属于合法的共同占有。当然,无论是单独占有还是共同占有,行为人之所以能够合法地占有公共财物,是因为其具有特定的职务。简言之,在"侵吞"和"窃取"状态下,在非法占有公共财物之前,行为人已经基于其职务而合法地占有了该公共财物。

需要说明的是,本文在这里所使用的"占有"一词,是指民法意义上的占有而非刑法意义上的占有。刑法理论普遍认为,侵占罪是没有转移占有关系的财产犯罪。这充分说明,刑法上的占有只承认直接占有而不承认间接占有。如果"经手""管理"公共财物的行为人能够对公共财物建立起直接占有,那么,很难说"主管"公共财物的行为人也能够对公共财物建立起直接占有。而民法意义上的占有既承认直接占有也承认间接占有,既承认自主占有也承认他主占有,③因而可以将在"侵吞"和"窃取"状态下行为人在非法占有公共财物之前与该公共财物的关系全部囊括进来。并且,在民法占有的意义上,行为人在非法占有公共财物之前,在该公共财物上建立起的合法占有关系,既可能是直接占有也可能是间接占

---

① 参见车浩:《盗窃罪中的被害人同意》,载《法学研究》2012 年第 2 期。
② 参见黎宏:《刑法学各论》(第二版),法律出版社 2016 年版,第 509 页。
③ 参见王泽鉴:《民法物权》(第二版),北京大学出版社 2010 年版,第 431—437 页。

有,但都属于他主占有。

所谓"骗取",从字面意思来看,就是采用欺骗的手段非法占有公共财物。而所谓"欺骗"就是虚构事实、隐瞒真相。在司法实践中,行为人在实施贪污行为的过程中,通常会伴有虚构事实、隐瞒真相的行为。例如,涂改账目,谎称公共财物被骗、被抢,隐瞒国有企业真实资产,夸大企业债务,等等。但是,这些常见的欺骗行为并不是非法占有公共财物的行为,而是在非法占有公共财物之后对其进行掩盖的行为,因而它们并不属于贪污罪构成要件中的"骗取"。作为非法占有公共财物手段之一的"骗取"是指,虚构事实、隐瞒真相,使得有处分权的受骗人产生认识错误,并基于这个认识错误而处分了该公共财物,藉此行为人占有了该公共财物。例如,国有单位工作人员出差或从事其他活动,尽管没有实际支出,但用一些假发票、假的支付凭证到单位去报账,从而骗取国有财产。由此可见,与前述"侵吞"及"窃取"不同,在"骗取"状态下,行为人在非法占有公共财物之前,并没有合法占有该公共财物。然而,如果仅仅认识到这一点,还无法将骗取型的贪污行为与国家工作人员对公共财物实施诈骗的行为区分开来。那么,它们二者的区别到底在哪里?笔者认为,二者的区别在于,在实施骗取型贪污行为的过程中,行为人对于其所属单位享有债权请求权,而该单位正是基于行为人所享有的债权请求权而向其转移对部分公共财物的占有;而在普通的诈骗行为中,行为人并不具有这种债权请求权。而行为人要获得对单位的债权请求权,需要满足两个条件:一是,其具有特定的职务;二是,发生了特定的事实。换言之,特定职务和特定事实构成了行为人的债权请求权的基础。例如,某国有单位工作人员因公出差,在住宿、餐饮、交通等方面有一些支出,根据该单位的财务工作规定,该工作人员可以在一定额度内请求单位报销其支出。那么,该工作人员的职务(特定职务)和其实际支出(特定事实)便构成了其对单位享有的债权请求权的基础。而"骗取"中的"欺骗"是针对特定事实而言的,亦即实际上并没有发生该事实,而行为人却谎称发生了该事实。例如,实际上没有支出,但谎称有支出;实际上只有小额的支出,却谎称有大额的支出;未发生保险事故,却谎称发生了保险事故;等等。简言之,在"骗取"状态下,在非法占有公共财物之前,行为人基于其职务和特定事实的发生(但该特定事实实际上并没有发生)而对其所属的单位享有一定的债权请求权,该单位正是基于这种债权请求权而向行为人转移对部分公共财物的占有。

除了"侵吞""窃取"和"骗取",在贪污罪的行为方式上,我国《刑法》还规定了兜底性的"其他手段"。例如,挪用公款后携款潜逃,根据有关司法解释,以贪污罪论处。又如,国家工作人员在国内公务活动或者对外交往中接受礼物,依照国家规定应当交公而不交公,数额较大的,根据我国《刑法》第394条的规定,构成贪污罪。而在这两种情况下,行为人在非法占有公共财物之前,已经基于其职务而合法地占有了该公共财物。

总之,不管行为人以何种行为手段实施贪污,其在非法占有公共财物之前,要么基于其职务而合法地占有了该公共财物,要么基于其职务和特定事实的发生而享有在价值金额上与其后来占有的公共财物相对应的债权请求权。上文已述,本文在这里所说的占有是指民法上的占有。而在民法上,占有属于一种物权。由此,可以将行为人在非法占有公共财物之前与该财物的关系简要地概括为:行为人要么对该公共财物享有物权,要么对该公共财物享有债权。

以上通过逐一考察贪污罪中的行为手段而把握了行为人与公共财物之间的关系。接下来要思考的问题是,《刑法》为什么要在贪污罪的构成要件中对行为人与公共财物之间的关系作上述要求?其背后的理论依据是什么?

理论上普遍认为,贪污罪既有财产犯罪的性质,也有渎职罪的性质。① 应当说,这个认识是基本正确的。但如果要继续追问贪污罪的本质到底是财产犯罪还是渎职罪,则会面临两种不同的看法:有学者认为贪污罪的本质是财产犯罪;②也有学者认为贪污罪的本质是渎职罪。③ 笔者认为,贪污罪之所以带有财产犯罪的性质,是因为它侵犯了公共财物,而公共财物被侵犯这一后果是由行为人的渎职所造成的。因此,贪污罪的本质应当是渎职罪而非财产犯罪。那么,行为人在实施贪污行为的过程中,所渎何职?显然,其所渎的是保护公共财物的职责。也即是说,实施贪污行为的行为人原本具有保护公共财物的职责。需要进一步追问的是,行为人保护公共财物的职责从何而来?可以肯定的是,这个职责并不是直接来自于职务的规定。因为,如果行为人的职务直接规定了其保护公共财物的职责,那么,只要公共财物被侵犯就必然意味着行为人已经渎职。如此

---

① 参见王作富主编:《刑法分则实务研究(下)》(第五版),中国方正出版社2013年版,第1546页。
② 参见张明楷:《刑法学(下)》(第六版),法律出版社2021年版,第1554页。
③ 参见黎宏:《刑法学各论》(第二版),法律出版社2016年版,第502页。

一来,只要公共财物被行为人侵犯而行为人又有一定的职务,就足以该当贪污罪的构成要件,而无须满足"利用职务上的便利"这一要素。另外,行为人保护公共财物的职责不能与其职务毫无关系,否则,将"国家工作人员"这一身份要求纳入贪污罪的构成要件要素就毫无意义。既然行为人保护公共财物的职责既不能直接来自职务的规定,又不能与职务毫无关系,那么显然,在行为人保护公共财物的职责与其职务之间,需要一个纽带。笔者认为,这个纽带就是行为人与公共财物之间的关系,即前文所述的,行为人对公共财物享有民事权利(物权或债权)。一方面,行为人之所以对公共财物享有民事权利,是因为其具有特定的职务;另一方面,既然行为人对公共财物享有权利,基于权利与义务相对应的法理原则,其需要承担保护该公共财物的职责。由此,便形成了"职务—权利(物权或债权)—义务(职责)"的关系链条。可见,《刑法》将行为人与公共财物之间的关系纳入贪污罪的构成要件之中,在其背后作为理论支撑的,是权利与义务相对应的法理原则。也正是因此,行为人与公共财物之间的关系才会成为理解贪污罪中"利用职务上的便利"的关键之所在。

综上所析,笔者认为,贪污罪中的"利用职务上的便利"的实质内涵是,行为人在非法占有公共财物之前,要么基于其职务而合法地占有了该公共财物,要么基于其职务和特定事实的发生而享有在价值金额上与其后来所占有的公共财物相对应的债权请求权。

基于上述认识,可以对学界以往的一些争论点作出清晰判断。第一,职务是否意味着具有管理性?笔者认为,答案是否定的。只要行为人的职务使得其合法地占有了公共财物,或者使得其在发生特定事实的情况下对单位具有一定的债权请求权,就已足够。主张贪污罪中的职务必须具有管理性的观点,实际上是误将行为人与公共财物之间的关系理解为权力—义务的关系,而二者真实的关系应当是权利—义务的关系。第二,职务是否要求具有稳定性、持续性?笔者认为,答案是否定的。只要行为人合法地占有了公共财物,或者对单位具有债权请求权,其就应当承担保护公共财物的责任,而无论上述占有关系或债权请求权在持续时间上是长是短。不过,民法上占有的成立对时间有一定的要求,需要人与物在时间上有一定的持续性。① 如果不能满足这个要求,民法上的占有便无法建立,"利用职务上的便利"也就无从谈起。第三,贪污罪中的职务是否必须

---

① 参见王泽鉴:《民法物权》(第二版),北京大学出版社 2010 年版,第 416 页。

是现任职务？笔者认为,答案是肯定的。因为,行为人对公共财物的物权或债权是基于其现任职务而产生的,任期一旦结束,其对公共财物的物权或债权也随之结束,相应地,其也就无须承担保护公共财物的义务。第四,贪污罪中行为人"利用职务上的便利"是否必须是在工作期间？笔者认为,不能一概而论。在通常情况下,行为人一旦对公共财物建立起合法的占有关系,或者对单位具有债权请求权,这种占有关系或债权请求权在行为人下班期间同样存在。不过,在少数情况下,行为人只能在上班期间对公共财物建立合法的占有关系,而一旦其下班,其对公共财物的占有就必须转移给其他人。在这种情况下,行为人在下班期间当然无法"利用职务上的便利"。因此,行为人是否处于工作期间并不能成为一个绝对的判断标准,判断行为人是否"利用了职务上的便利",关键仍然在于,行为人是否建立起对公共财物的合法占有关系,或行为人是否对单位具有债权请求权。

第五节　对杨延虎案的评析

在"利用职务上的便利"的理解问题上,杨延虎等贪污案涉及的是职务所属主体的问题。具体而言,在贪污罪中,行为人利用的到底是谁的职务上的便利？实际上,我国学界很早就对这个问题展开过论述。其中绝大多数学者认为,在贪污罪中,行为人利用的只能是自己职务上的便利,而不能是利用他人职务上的便利。[1] 不过,也有观点认为,贪污罪中的行为人不仅可以利用自己的职务上的便利实施贪污,也可以通过自己职务或地位对主管、经管公共财物的工作人员施加影响,藉由后者的职务行为来实现对公共财物的非法占有。[2] 但这种观点在学界的影响很小。就此而言,可以认为,我国学界曾在贪污罪中的职务只能是行为人本人的职务这一点上达成了共识。然而,指导案例11号即杨延虎等贪污案却对这个学界共识提出了挑战。该案的裁判要点认为,贪污罪中的"利用职务上的便利"既包括利用本人职务上的便利,也包括利用职务上有隶属关系的其他国家工作人员的职务便利。当然,这里所说的"职务上有隶

---

[1] 参见周振想:《贪污罪中"利用职务上便利"的几个问题》,载《中央政法管理干部学院学报》1994年第1期;孙谦、陈凤超:《论贪污罪》,载《中国刑事法杂志》1998年第3期;王作富主编:《刑法分则实务研究(下)》(第五版),中国方正出版社2013年版,第1548页。

[2] 参见郝力挥、刘杰:《贪污罪主体的特征》,载《政治与法律》1985年第5期。

属关系",是指其他国家工作人员属于行为人的下属的情形,而不包括行为人属于其他国家工作人员的下属的情形。这个裁判要点得到了一些学者的支持。① 由此,贪污罪中的职务所属主体这个理论点便被重新问题化了。那么,上述裁判要点是否具有充足的正当性依据呢?笔者认为,答案是否定的。

首先,从规范根据来看,将"利用职务上有隶属关系的其他国家工作人员的职务便利"纳入贪污罪中的"利用职务上的便利"之中,不符合我国既有的司法解释的规定。在杨延虎等贪污案的二审裁判文书中,面对被告人及辩护人所提出的杨延虎没有利用职务上的便利这个上诉理由,二审法院从以下两个角度展开了反驳:(1)确权报批科是国际商贸城指挥部的下设机构,而杨延虎是国际商贸城指挥部的总指挥,因而确权报批科的工作人员是杨延虎的下属,他们在职务上具有隶属关系;(2)在确权报批科工作人员对王月芳、王某祥的有关申请进行土地确权的过程中,杨延虎利用他的职务发挥了作用,施加了影响。② 然而,在笔者看来,上述两点内容并不能对被告人的上诉理由进行真正有效的反驳。因为,二审法院尽管可以通过查明相关证据去证明杨延虎在王月芳、王某祥得到土地确权的过程中发挥了作用,但却无法通过这些证据去证明这种作用属于贪污罪中的"利用职务上的便利"。仔细分析不难发现,法院提出的上述两点论证都着眼于事实层面;而能否将"利用职务上有隶属关系的其他国家工作人员的职务便利"纳入贪污罪中的"利用职务上的便利"之中,本质上属于一个规范问题。众所周知,事实和规范之间存在鸿沟,尝试用事实去证明规范,犹如缘木求鱼,注定是行不通的。这从根本上决定了二审法院的上述两点论证是不能成立的。显然,对于被告人及上诉人所提出的杨延虎没有"利用职务上的便利"这个上诉理由而言,问题的关键不在于杨延虎是否利用他的职务发挥了作用,而在于杨延虎所发挥的作用(亦即"利用职务上有隶属关系的其他国家工作人员的职务便利")是否属于贪污罪中的"利用职务上的便利"。而要回答这个问题,就必须从法律和司法解释中找到相关的规范根据。但是,二审裁判文书并没有对此进行任何论述。就此而言,这个裁判文书在说理上存在明显的漏洞。

值得注意的是,在最高人民法院发布了指导案例 11 号之后,最高人

---

① 参见张明楷:《刑法学(下)》(第五版),法律出版社 2016 年版,第 1183—1184 页。
② 参见浙江省高级人民法院杨延虎、郑新潮等贪污罪,杨延虎受贿罪二审刑事裁定书(2009)浙刑二终字第 34 号。

民法院案例指导工作办公室发表了《指导案例 11 号〈杨延虎等贪污案〉的理解与参照》一文(以下简称《参照》)。鉴于最高人民法院案例指导工作办公室在指导性案例的遴选过程中发挥着重要的作用,应当认为,《参照》一文有助于我们理解杨延虎等贪污案的裁判要点。《参照》将杨延虎等贪污案的裁判要点的规范根据诉诸《标准》对贪污罪中的"利用职务上的便利"的解释和《纪要》对受贿罪中的"利用职务上的便利"的解释。尤其是后者,被《参照》视为将"利用职务上有隶属关系的其他国家工作人员的职务便利"纳入贪污罪中的"利用职务上的便利"之中的关键性的规范根据。[①] 但问题是,我国学界普遍认为,贪污罪中的"利用职务上的便利"不同于受贿罪中的"利用职务上的便利"。[②] 这种观点也为我国司法实践所认同。事实上,从《标准》开始,我国司法解释便对贪污罪中的"利用职务上的便利"和受贿罪中的"利用职务上的便利"分别作出了不同的解释。甚至《纪要》在将"利用职务上的便利"解释为"也包括利用职务上有隶属、制约关系的其他国家工作人员的职权"时,明确强调了其所解释的对象是"刑法第三百八十五条第一款规定的'利用职务上的便利'"。在这种背景下,全然无视贪污罪中的"利用职务上的便利"与受贿罪中的"职务上的便利"的差异,在未作任何理论分析的情况下,径直将司法解释对后者所作的独特性的解释移花接木到前者身上,无疑是草率的,甚至是不负责任的。如果说杨延虎等贪污案的二审裁判文书没有为其裁判要点找到任何规范根据,那么《参照》一文就是为其裁判要点找了一个错误的规范根据。这足以说明,将"利用职务上有隶属关系的其他国家工作人员的职务便利"纳入贪污罪中的"利用职务上的便利"之中,在规范根据上是存在疑问的。

其次,从法理依据来看,将"利用职务上有隶属关系的其他国家工作人员的职务便利"纳入贪污罪中的"利用职务上的便利"之中,不符合贪污罪中"利用职务上的便利"的法教义学原理。上文已析,杨延虎等贪污案在规范根据有所欠缺。然而,从指导性案例的角色定位出发,这种欠缺却又是不可避免的。一般认为,指导性案例的一个重要功能在于创制出

[①] 参见最高人民法院案例指导工作办公室:《指导案例 11 号〈杨延虎等贪污案〉的理解与参照》,载《人民司法》2013 年第 3 期。

[②] 参见周振想:《贪污罪中"利用职务上便利"的几个问题》,载《中央政法管理干部学院学报》1994 年第 1 期;王作富:《贪污受贿利用职务之便有何不同》,载《检察日报》2003 年 5 月 8 日。

新的法律规则。① 既然指导性案例要创制出新的法律规则，那么反过来就意味着它的裁判要点需要突破既有的法律规则。因此，如果将杨延虎等贪污案视为一个普通案件，其裁判文书的确存在上文所析的说理不充分的问题；但是，如果将该案视为一个指导性案例，那么其在规范根据上的欠缺则是无可厚非的。关键的问题在于，其创制出来的新的法律规则，是否符合刑法教义学的原理？具体而言，将"利用职务上有隶属关系的其他国家工作人员的职务便利"纳入贪污罪中的"利用职务上的便利"之中，是否符合贪污罪中"利用职务上的便利"的法教义学原理？笔者认为，答案是否定的。

如上所述，贪污罪中的"利用职务上的便利"的实质内涵是，行为人在非法占有公共财物之前，基于其职务而合法地占有了该公共财物，或者基于其职务和特定事实的发生而享有在价值金额上与其后来所占有的公共财物相对应的债权请求权。在这个语境下，考察能否将"利用职务上有隶属关系的其他国家工作人员的职务便利"纳入贪污罪中的"利用职务上的便利"之中，就是要看，与行为人在职务上有隶属关系的其他国家工作人员基于其职务所建立起的对公共财物的合法占有，在法律上能否被等同视为行为人本人对该公共财物的合法占有；以及，与行为人在职务上有隶属关系的其他国家工作人员基于其职务和特定事实的发生而享有的特定的债权请求权，在法律上能否被等同视为行为人本人的债权请求权。

可以肯定的是，债权具有专属性，一个人的债权无论如何都不能被等同视为另一个人的债权。因此，与行为人在职务上有隶属关系的其他国家工作人员基于其职务和特定事实的发生而享有的特定的债权请求权，在法律上不可能被等同视为行为人本人的债权请求权。因而关键的问题就落脚于，与行为人在职务上有隶属关系的其他国家工作人员基于其职务所建立起的对公共财物的合法占有，在法律上能否被等同视为行为人本人对该公共财物的合法占有？

如前所述，本文在阐释贪污罪中"利用职务上的便利"的实质内涵时所使用的占有是民法意义上的占有，而民法上的占有承认间接占有。换言之，在同一个财物上，可以同时成立一个人的直接占有和另一个人的间接占有。一般而言，管理、经营、经手公共财物的人在公共财物上建立的是直接占有，而主管公共财物的人在公共财物上建立的是间接占有。而

---

① 参见陈兴良：《我国案例指导制度功能之考察》，载《法商研究》2012年第2期。

主管公共财物的人通常与管理、经营、经手该公共财物的人在职务上有隶属关系,前者是后者的领导。由此可见,当行为人主管某个公共财物时,与行为人在职务上有隶属关系的其他国家工作人员对该公共财物的(直接)占有,在法律上的确有可能被视为行为人本人对该公共财物的(间接)占有。不过,上文已述,学界通说与司法解释都将"利用职务上主管公共财物的权力及方便条件"作为贪污罪中"利用职务上的便利"的固有内涵。在这个背景下讨论能否将"利用职务上有隶属关系的其他国家工作人员的职务便利"纳入贪污罪中的"利用职务上的便利"之中,实际上就是在讨论,在行为人未能主管某公共财物的情况下,与行为人在职务上有隶属关系的其他国家工作人员对该公共财物的合法占有关系,在法律上能否被等同视为行为人对该公共财物的合法占有关系?①

需要看到,职务上的隶属关系没有层次数的限制。例如,甲是乙的领导,乙是丙的领导,必然就意味着甲也是丙的领导,如此可以一直推导下去。与之不同的是,民法上的占有在层级数上有严格的限制,最多只能同时成立直接占有和间接占有这两个级别的占有。在间接占有的背后,不可能再成立一级更为间接的占有。如果与行为人在职务上有隶属关系的其他国家工作人员对公共财物建立的是直接占有,在行为人未能主管该公共财物的情况下,很难说行为人能够建立起对该公共财物的间接占有;而如果与行为人在职务上有隶属关系的其他国家工作人员对公共财物建立的是间接占有,由于在间接占有的背后不能成立更为间接的占有,行为人当然无法在该公共财物上建立占有关系。由此可见,在行为人未能主管某公共财物的情况下,与行为人在职务上有隶属关系的其他国家工作人员对该公共财物的合法占有关系,在法律上不能被等同视为行为人对

---

① 值得注意的是,最高人民法院案例指导工作办公室对裁判要点"利用职务上的便利……既包括利用本人职务上主管、管理公共财物的职务便利,也包括利用职务上有隶属关系的其他国家工作人员的职务便利"作了如下解释:"因为,在后一种情况下行为人虽然未能直接管理公共财物,但是具有主管公共财物的职务便利。"(参见最高人民法院案例指导工作办公室:《指导案例11号〈杨延虎等贪污案〉的理解与参照》,载《人民司法》2013年第3期。)在行为人主管公共财物的情况下,"利用职务上有隶属关系的其他国家工作人员的职务便利"属于贪污罪中的"利用职务上的便利",当无疑问。即便按照学界通说观点和司法解释,也可以肯定这一点。也就是说,如果单局限于行为人主管公共财物的情况,强调利用职务上的便利也包括"利用职务上有隶属关系的其他国家工作人员的职务便利",没有任何意义。实际上,在这里真正需要讨论的是,在行为人未能主管公共财物的情况下,"利用职务上有隶属关系的其他国家工作人员的职务便利"是否属于贪污罪中的"利用职务上的便利"?就此而言,最高人民法院案例指导工作办公室显然是搞错了问题的重心。

该公共财物的合法占有关系。因此,"利用职务上有隶属关系的其他国家工作人员的职务便利"并不符合贪污罪中的"利用职务上的便利"的实质内涵。

最后,从司法实践的效果来看,将"利用职务上有隶属关系的其他国家工作人员的职务便利"纳入贪污罪中的"利用职务上的便利"之中,并无必要。显然,最高司法机关将"利用职务上有隶属关系的其他国家工作人员的职务便利"纳入贪污罪中的"利用职务上的便利"之中,从而对贪污罪中的"利用职务上的便利"的外延进行扩充,旨在更好地应对司法实践中出现的新型贪污犯罪,以避免出现刑事惩罚的漏洞。但实际上,即便不将"利用职务上有隶属关系的其他国家工作人员的职务便利"纳入贪污罪中的"利用职务上的便利"之中,也足以对行为人的行为进行刑事惩罚。一方面,如果与行为人在职务上有隶属关系的其他国家工作人员明知自己的行为是帮助行为人非法占有公共财物的行为,那么,该国家工作人员与行为人便构成贪污罪的共同犯罪。其中,其他国家工作人员属于贪污罪的正犯,而行为人属于贪污罪的共犯。① 另一方面,如果与行为人在职务上有隶属关系的其他国家工作人员并不知道自己的行为是帮助行为人非法占有公共财物的行为,其他国家工作人员有可能成立玩忽职守罪,也有可能不成立犯罪;而行为人则有成立滥用职权罪的余地。

综上,无论是从规范根据来看,还是从法理依据来看,抑或从司法实践的效果来看,都不应当将"利用职务上有隶属关系的其他国家工作人员的职务便利"纳入贪污罪中的"利用职务上的便利"之中。据此,笔者认为,在"利用职务上的便利"的理解问题上,杨延虎等贪污案所确立的裁判要点是不能成立的。

---

① 参见王作富:《贪污受贿利用职务之便有何不同》,载《检察日报》2003年5月8日。

第十章　施某某案：
聚众斗殴案的三维解读

第一节　问题的提出

施某某等17人聚众斗殴案（以下简称"施某某案"）是2008年发生在福建省的一起聚众斗殴案。本案的基本案情与诉讼过程为：

犯罪嫌疑人施某某等9人系福建省石狮市永宁镇西岑村人。犯罪嫌疑人李某某等8人系福建省石狮市永宁镇子英村人。福建省石狮市永宁镇西岑村与子英村相邻，原本关系友好。近年来，两村因土地及排水问题发生纠纷。永宁镇政府为解决两村之间的纠纷，曾组织人员对发生土地及排水问题的地界进行现场施工，但被多次阻挠未果。2008年12月17日上午8时许，该镇组织镇干部与施工队再次进行施工。上午9时许，施某某等9人以及数十名西岑村村民头戴安全帽，身背装有石头的袋子，手持木棍、铁锹等器械到达两村交界处的施工地界，李某某等8人以及数十名子英村村民随后也到达施工地界，手持木棍、铁锹等器械与西岑村村民对峙。双方互相谩骂、互扔石头。出警到达现场的石狮市公安局工作人员把双方村民隔开并劝说离去，但仍有村民不听劝说，继续叫骂并扔掷石头，致使2辆警车被砸损（经鉴定损失价值人民币761元），3名民警手部被打伤（经鉴定均未达轻微伤）。

案发后，石狮市公安局对积极参与斗殴的西岑村施某某等9人和子英村李某某等8人以涉嫌聚众斗殴罪向石狮市人民检察院提请批准逮捕。为避免事态进一步扩大，也为矛盾化解创造有利条件，石狮市人民检察院在依法作出批准逮捕决定的同时，建议公安机关和有关部门联合两村村委会做好矛盾化解工作，促成双方和解。2010年3月16日,石狮市公安局将本案移送石狮市人民检察院审查起诉。石狮市人民检察院在办案中,抓住化解积怨这一关键,专门成立了化解矛盾工作小组,努力促成两村之间矛盾的化解。在取得地方党委、人大、政府支持后,工作小组多次走访两村所在的永宁镇党委、政府,深入两村争议地点现场查看,并与村委会沟通,制订工作方案。随后协调镇政府牵头征求专家意见并依照镇排水、排污规划对争议地点进行施工,从交通安全与保护环境的角度出发,在争议的排水沟渠所在地周围修建起护栏和人行道,并纳入镇政府的统一规划。这一举措得到了两村村民的普遍认同。化解矛盾工作期间,工作小组还耐心、细致地进行释法说理、政策教育、情绪疏导和思想感化等工作,两村相关当事人及其家属均对用聚众斗殴这种违法行为解决矛盾纠纷的做法进行反省并表示后悔,都表现出明确的和解意愿。2010年4月23日,西岑村、子英村两村村委会签订了两村和解协议,涉案人员也分别出具承诺书,表示今后不再就此滋生事端,并保证遵纪守法。至此,两村纠纷得到妥善解决,矛盾根源得以消除。

石狮市人民检察院认为:施某某等17人的行为均已触犯了《中华人民共和国刑法》(指1997年《刑法》——引者注)第二百九十二条第一款、第二十五条第一款之规定,涉嫌构成聚众斗殴罪,依法应当追究刑事责任。鉴于施某某等17人参与聚众斗殴的目的并非私仇或争霸一方,且造成的财产损失及人员伤害均属轻微,并未造成严重后果;两村村委会达成了和解协议,施某某等17人也出具了承诺书,从惩罚与教育相结合的原则出发以及有利于促进社会和谐的角度考虑,2010年4月28日,石狮市人民检察院根据《中华人民共和国刑事诉讼法》第一百四十二条第二款(指1996年《刑事诉讼法》第一百四十二条第二款,相当于2018年《刑事诉讼法》第一百七十七条第二款——引者注)之规定,决定对施某某等17人不起诉。①

---

① 参见《施某某等17人聚众斗殴案》(检例第1号),载最高人民检察院网 https://www.spp.gov.cn/spp/jczdal/201608/t20160811_162301.shtml,访问日期:2016年8月11日。

通过将本案遴选为第一批指导性案例——检例第1号,最高人民检察院确立了如下办案要旨:

> 检察机关办理群体性事件引发的犯罪案件,要从促进社会矛盾化解的角度,深入了解案件背后的各种复杂因素,依法慎重处理,积极参与调处矛盾纠纷,以促进社会和谐,实现法律效果与社会效果的有机统一。①

检例第1号发布后,学界对其关注甚少。但实际上,本案有很多问题值得讨论。检例第1号由要旨、基本案情和诉讼过程三部分组成。② 基本案情是对案情事实的归纳,其本身不涉及本案的争议点,需要分析的是要旨和诉讼过程部分。其中,要旨部分体现了最高人民检察院从本案中提炼出来的规则,其指导性不言而喻;而诉讼过程体现了检察机关办理本案的结果、法律依据以及论证过程,同样具有指导性。③ 在笔者看来,本案的诉讼过程与要旨部分都存在需要进一步阐明或澄清的问题,下面分别予以说明。

一、诉讼过程的问题点

本案诉讼过程由两部分组成:第一部分即第一段介绍了承办本案的检察机关积极化解斗殴双方矛盾的过程;第二部分即第二段介绍了检察机关处理本案的结果及其理由。尽管第一部分并没有直接涉及法律争议,但从本案的要旨可以明显看出,正是检察机关在化解双方矛盾、促成双方和解的过程中体现出来的贯彻宽严相济政策的经验,使得本案成为了指导性案例,因此这一部分内容对于理解本案同样非常重要。考虑到这一部分涉及本案要旨,本文将在要旨部分对其问题点展开分析。在这里,本文将着重讨论检察机关对本案的处理结果及其理由。

在处理本案的过程中,检察机关需要回答两个问题:第一,就实体上而言,行为人是否构成了聚众斗殴罪?第二,就程序上而言,是否需要对

---

① 参见《施某某等17人聚众斗殴案》(检例第1号),载最高人民检察院网 https://www.spp.gov.cn/spp/jczdal/201608/t20160811_162301.shtml,访问日期:2016年8月11日。

② 第一批检察机关指导性案例都由要旨、基本案情和诉讼过程三部分组成,从第二批指导性案例开始,指导性案例由关键词、要旨、相关立法、基本案情和诉讼过程五部分组成。

③ 参见张骐:《指导性案例中具有指导性部分的确定与适用》,载《法学》2008年第10期。

行为人提起公诉?① 在第一个问题上,检察机关认为本案行为人"涉嫌构成聚众斗殴罪,依法应当追究刑事责任",但没有对这一结论给出进一步的解释。在第二个问题上,检察机关根据《刑事诉讼法》的规定,对本案作出了酌定不起诉的决定,并给出了以下四点理由:其一,施某某等17人参与斗殴的目的并非私仇或争霸一方;其二,造成的财产损失及人员伤害均属轻微,并未造成严重后果;其三,两村村委会达成了和解协议;其四,施某某等17人出具了承诺书。

然而,在笔者看来,本案的诉讼过程说理不充分,以致留下诸多令人困惑的问题。首先,刑法理论一般认为聚众斗殴罪是行为犯,情节如何不影响本罪的认定,在本案中,检察机关对行为人作出了酌定不起诉的决定,而适用酌定不起诉的条件之一是"犯罪情节轻微",这是否意味着本案确认了聚众斗殴罪是情节犯? 其次,在成立聚众斗殴罪是否需要特定动机(流氓动机)的问题上,理论上存在肯定说与否定说两种观点,②在本案中,检察机关在适用酌定不起诉的理由中提及了行为人参与斗殴的目的"并非私仇或争霸一方",这是否意味着本案确认了成立聚众斗殴罪需要流氓动机? 再次,在说明为什么对本案适用酌定不起诉时,检察机关给出了四点理由,这四点理由各自发挥了什么作用,以及它们相互关系如何? 最后,根据《刑事诉讼法》的规定,适用酌定不起诉不仅需要满足"犯罪情节轻微"的要求,而且还要符合"依照刑法规定不需要判处刑罚或者免除刑罚"的条件,本案是否符合这一条件? 显然,对于上述四个问题,本案的诉讼过程存在着明显的说理不足。笔者认为,上述四个问题可以归结为以下两个问题:第一,聚众斗殴罪的构成要件是什么? 第二,如何理解酌定不起诉? 对于这两个问题,本文将分别于第二节、第三节展开分析。

---

① 从逻辑顺序来看,似乎应是先判断在程序上是否提起公诉,后判断在实体上行为人是否有罪。但实际上,检察机关只有在确认了行为人构成犯罪之后才能决定对其提起公诉。所以在实际操作中,检察机关应是先判断行为人是否有罪,而后再决定是否对其提起公诉。当然,此时检察机关判断的是否有罪,是一种临时性而非终局性的判断,如果检察机关在此得出了肯定答案,那么还需经过法院判决的进一步确认,才能最终宣告行为人构成犯罪。

② 肯定的观点参见王作富、刘树德:《刑法分则专题研究》,中国人民大学出版社2013年版,第303—304页。否定的观点参见高铭暄、马克昌主编:《刑法学》(第十版),北京大学出版社、高等教育出版社2021年版,第549页。

二、要旨的问题点

本案要旨规定了检察机关办理群体性事件引发的犯罪案件时应当遵循的政策。就要旨本身的内容而言，与最高人民检察院以往规定的处理群体性事件引发的犯罪案件的政策相比，本案要旨既有与以往政策一脉相承的地方，也有不同于以往政策而有所创新的地方，对此应当予以肯定。

早在 2007 年，最高人民检察院颁布了《关于在检察工作中贯彻宽严相济刑事司法政策的若干意见》（以下简称《意见》）。《意见》对如何处理群体性事件所引发的犯罪案件作了明确规定。《意见》第 14 条规定："正确处理群体性事件中的犯罪案件。处理群体性事件中的犯罪案件，应当坚持惩治少数，争取、团结、教育大多数的原则。对极少数插手群体性事件，策划、组织、指挥闹事的严重犯罪分子以及进行打砸抢等犯罪活动的首要分子或者骨干分子，要依法严厉打击。对一般参与者，要慎重适用强制措施和提起公诉；确需提起公诉的，可以依法向人民法院提出从宽处理的意见。"此外，《意见》第 4 条规定，检察机关应当"全面把握、区别对待、严格依法、注重效果"四项原则，其中注重效果原则中提及了坚持"执法办案与化解矛盾的有机统一，以有利于维护稳定，化解矛盾，减少对抗，促进和谐"。不难看出，本案要旨与《意见》中的相关内容有一脉相承的一面。

此外，与《意见》的相关内容相比，本案要旨还存在一些创新的地方。第一，《意见》第 14 条强调在处理群体性事件中的犯罪案件时要区别对待，对首要分子或骨干分子要"依法严厉打击"，对一般参加者要"慎重处理"；而本案要旨则强调"依法慎重处理"，这意味着不仅对一般参加者要慎重处理，而且对首要分子和积极参加者也要慎重处理。事实上，本案中的行为人就是聚众斗殴事件的首要分子和积极参加者，检察机关对本案行为人适用酌定不起诉，即体现了对首要分子和积极参加者的"慎重处理"而非"依法严厉打击"。应当说，这一内容上的细微变化避免了政策的机械性，从而有助于更好地贯彻宽严相济的刑事政策，这是值得肯定的。第二，更为重要的是，《意见》只是要求检察机关在最后处理案件时区别对待，而本案要旨则不仅要求在最后处理案件时"依法慎重处理"，而且还要在处理案件之前"积极参与调处矛盾纠纷"。这意味着，检察机关在办理群体性事件引发的犯罪案件时，不仅要在最后的处理结果上贯彻宽严相济的刑事政策,还要在办案的过程中进行能动性司法,①积极参与矛盾纠纷的解决,做到"案结事了",实现司法的政治效果、社会效果和法律效果的统一。所以,本案要旨不仅强调了宽严相济的刑事政策,而且还强调了(甚至更加强调了)能动性司法。对于本案要旨的创新之处,应当予以肯定。

然而,本案要旨的问题点也是极为明显的,主要体现在两个方面:其一,本案要旨与本案的基本案情脱节。本案要旨使用了"群体性事件引发的犯罪案件"这一表述,这意味着只要是"群体性事件引发的案件事实",就可适用本要旨的内容,如此一来,检察机关在参照本案时会直接适用要旨的内容,而不会关注也无须关注本案的具体案情。这种现象的后果是,指导性案例便异化为了司法解释,案例指导制度的独特价值便消于无形。② 其二,本案要旨与本案的法律争点脱节。本案要旨的内容是一种司法政策,它对本案在适用法律过程中的争点没有作出任何回应,这不仅使得本案面临"政策上正确、法律上错误"的危险——事实上,下文将析,若仅从法律的字面规定来看,本案检察机关适用酌定不起诉的决定是违反法律规定的——而且会给各级检察机关一个错误的导向,即抛开法律规定而直接适用政策。

对于上述两个问题,本文着重关注第二个方面即政策与法律争点脱节的问题。本文并不反对通过指导性案例的方式生成一些刑事司法政策,甚至从法律实用主义的立场来看,指导性案例的创制必然是某种司法政策的体现。本文反对的,是完全抛开刑法教义学而直接适用刑事政策的做法。为此,本文将在第四节对刑事政策和刑法教义学的关系作一定的梳理。

针对本案诉讼过程和要旨部分的上述问题点,下文将首先分析聚众斗殴罪的构成要件,继而发掘刑事诉讼法上的酌定不起诉的犯罪论体系意义,在此基础上,从刑事政策的刑法教义学化的角度探讨案例指导制度发挥其作用的路径,以期加深我们对本案乃至整个案例指导制度的理解。

---

① 关于"司法能动主义"和"能动性司法",国外的研究请参见[美]克里斯托弗·沃尔夫:《司法能动主义——自由的保障还是安全的威胁?(修订版)》,黄金荣译,中国政法大学出版社 2004 年版;国内的研究请参见苏力:《关于能动司法与大调解》,载《中国法学》2010 年第 1 期;顾培东:《能动司法若干问题研究》,载《中国法学》2010 年第 4 期;公丕祥:《坚持司法能动依法服务大局》,载《法律适用》2009 年第 11 期。当然,中国语境下的司法能动主义与国外对司法能动主义的理解不尽相同。

② 参见宋晓:《裁判摘要的性质追问》,载《法学》2010 年第 2 期。

第二节　聚众斗殴罪:情节犯? 动机犯?

作为典型的聚众型犯罪,聚众斗殴罪是司法实践中常见多发的罪名。在1979年《刑法》中,聚众斗殴不是一个独立的罪名,而是流氓罪的一种行为类型。1979年《刑法》第160条对流氓罪作出如下规定:"聚众斗殴,寻衅滋事,侮辱妇女或者进行其他流氓活动,破坏公共秩序,情节恶劣的,处七年以下有期徒刑、拘役或者管制。流氓集团的首要分子,处七年以上有期徒刑。"为了遵循罪刑法定原则尤其是其中的明确性要求,1997年《刑法》将原来流氓罪分解为聚众斗殴罪,寻衅滋事罪,强制猥亵、侮辱妇女罪,猥亵儿童罪等。其中,聚众斗殴罪规定于1997年《刑法》第292条:"聚众斗殴的,对首要分子和其他积极参加的,处三年以下有期徒刑、拘役或者管制;有以下情形之一的,对首要分子和其他积极参加的,处三年以上十年以下有期徒刑:(一)多次聚众斗殴的;(二)聚众斗殴人数多,规模大,社会影响恶劣的;(三)在公共场所或者交通要道聚众斗殴,造成社会秩序严重混乱的;(四)持械聚众斗殴的。聚众斗殴,致人重伤、死亡的,依照本法第二百三十四条、第二百三十二条的规定定罪处罚。"从1997年《刑法》的上述规定可以看出,本罪包括基本犯、加重犯以及转化犯三种形态。由于本案并不涉及后两种情形,因而本文仅就聚众斗殴罪的基本犯展开讨论。

一、客观构成要件

聚众斗殴罪的客观构成要件包括行为要素(聚众斗殴)和主体要素(首要分子和其他积极参加者)。学界对本罪客观构成要件的研究集中于对聚众斗殴这一行为要素的理解上。对此,理论上主要讨论以下两个问题:第一,如何理解"聚众斗殴"的人数要求? 所谓"众",即是指三人以上,对此理论上并无争议。问题是,应当将哪些人纳入计算的对象之中? 这个问题又可以分为以下三个小问题:(1)聚集者本人是否计算入被聚集的众人之中? (2)一般参加者是否计算入聚集的众人之中? (3)是否要求参与斗殴的双方都达到聚众的人数要求即三人以上,还是只要求其中的一方达到三人以上,抑或只要双方人数相加达到三人以上即可?[①] 第

---

① 对于这些问题的详细讨论,请参见王作富主编:《刑法分则实务研究(中)》(第五版),中国方正出版社2013年版,第1123—1127页。

二,"聚众"和"斗殴"是什么关系?具言之,二者是预备行为与实行行为的关系,还是同为实行行为?[1] 将本案事实与上述争议问题进行对照,不难发现,尽管在上述问题上学界存在诸多分歧,但这些分歧并不影响对本案行为人的行为性质的认定。在本案中,西岑村村民施某某等人与子英村村民李某某等人手持木棍、铁锹等器械来到两村地界的施工现场,互相谩骂、互扔石头,造成了一定的财产损失和人员损伤。本案行为人的行为既符合聚众的人数要求,也具备相互斗殴的事实,并且没有造成致人重伤、死亡的结果。无论在前述争议问题上持何种观点,都不妨碍将本案行为人的行为性质认定为聚众斗殴。此外,本案的行为人也符合首要分子和积极参加者的身份要求。

但是,对本罪客观构成要件的分析并没有结束。在本案中,检察机关对行为人适用了酌定不起诉,而酌定不起诉须以"犯罪情节轻微"为必要条件,这给理论上提出了一个新的课题,即聚众斗殴罪是行为犯还是情节犯?

刑法理论上一般认为,聚众斗殴罪是行为犯而非情节犯,只要行为人实施了聚众斗殴的行为,不管其情节如何,原则上都成立本罪。从《刑法》规定来看,虽然1979年《刑法》对流氓罪的构成要件作了情节上的要求,但1997年《刑法》对聚众斗殴罪并未作任何情节上的要求。而且,相关的司法解释同样未对本罪的成立作任何情节上的要求。[2] 因此,将聚众斗殴罪认定为行为犯,具有充足的规范依据。此外,一般而言,聚众斗殴行为涉及多人,影响面广,不仅会在行为时造成公共秩序的混乱,甚至还会在行为结束后造成周边居民的恐慌,影响社会的安定。有鉴于此,将聚众斗殴罪认定为行为犯,从而对其加以严格的规制,也符合实践理性的要求。就此而言,认为聚众斗殴罪属于行为犯的通说观点具有妥当性。确认了本罪属于行为犯后,就可以肯定本案行为人的行为该当了聚众斗殴罪的客观构成要件。

---

[1] 对此,有学者认为本罪是聚众行为与殴斗行为的结合,主张其为复行为犯。参见王作富主编:《刑法分则实务研究(中)》(第五版),中国方正出版社2013年版,第1123页。也有学者认为本罪中为单行为犯,本罪所规定的聚众只是斗殴的方式,为了斗殴而聚众只是本罪的预备行为。参见张明楷:《刑法学(下)》(第六版),法律出版社2021年版,第1395页。

[2] 《最高人民检察院、公安部关于公安机关管辖的刑事案件立案追诉标准的规定(一)》(公通字[2008]36号,2008年6月25日)第36条规定:"组织、策划、指挥或者积极参加聚众斗殴的,应予立案追诉。"其并未对情节作任何要求。此外《人民法院量刑指导意见(试行)》(法发[2010]36号,2010年9月13日,已失效)对聚众斗殴罪的量刑起点区分了"犯罪情节一般的"和其他情形两类,也从侧面说明成立聚众斗殴罪并无情节上的要求。

二、主观构成要件

在主观构成要件方面,理论上一致认为本罪属于故意犯。① 至于在故意之外,本罪是否还需要特定的动机,理论上存在争议。有观点认为,本罪的成立要求行为人具有出于私仇、争霸或其他流氓动机,不具有流氓活动的动机,而是由于种种利益冲突所引发的殴斗,属于因民事纠纷而发生的一般斗殴或结伙械斗,不构成本罪。② 也有相反的见解认为,行为人的犯罪目的与动机如何,不影响本罪成立。③ 在处理本案的过程中,检察机关在适用酌定不起诉的理由中提及了行为人参与斗殴的目的"并非私仇或争霸一方",再一次将聚众斗殴罪是否需要特定动机的问题提了出来。

大体上看,肯定聚众斗殴罪需要特定动机的观点主要有以下两个依据:其一,聚众斗殴罪是由 1979 年《刑法》中的流氓罪分流而来。传统理论认为,流氓动机是流氓罪的不成文的构成要件要素。既然聚众斗殴是分解流氓罪的结果,那么采用历史解释的方法,对聚众斗殴罪继续作出此种不成文要素的限定,就具有合理性。④ 其二,对于事出有因,并非处于私仇、争霸或其他不正当目的,而是出于习俗冲突、民事纠纷或其他公众能够接受的原因所引发的聚众斗殴事件,不认定为聚众斗殴罪,有助于更好地贯彻宽严相济刑事政策。⑤ 但是,在笔者看来,上述两个理由是站不住脚的。

首先,聚众斗殴罪是从 1979 年《刑法》中的流氓罪分离出来的,但这并不意味着流氓罪的构成要件要素需要被聚众斗殴罪完全继承下来。由

---

① 若双方均没有斗殴故意,就不构成该罪,当无疑问。但对于此罪是否需要双方均具有斗殴故意,理论上尚存在分歧。有观点认为,斗殴行为具有对合性,只有双方都具有斗殴故意,方能成立聚众斗殴罪。参见周光权:《刑法各论》(第四版),中国人民大学出版社 2021 年版,第 421 页。也有观点认为,只要一方具有斗殴故意,就有成立聚众斗殴罪的余地。参见张明:《量刑基准的适用》,法律出版社 2008 年版,第 222 页。在本案中,由于争斗的双方都具备了斗殴的故意,因而上述争论对于本案的认定并无影响。

② 参见王作富、刘树德:《刑法分则专题研究》,中国人民大学出版社 2013 年版,第 303—304 页。

③ 参见高铭暄、马克昌主编:《刑法学》(第十版),北京大学出版社、高等教育出版社 2021 年版,第 549 页。

④ 参见王作富、刘树德:《刑法分则专题研究》,中国人民大学出版社 2013 年版,第 303—304 页。

⑤ 参见张明:《量刑基准的适用》,法律出版社 2008 年版,第 218—219 页。

上述《刑法》规定可知,流氓罪是一个情节犯,成立该罪需要满足"情节恶劣"的条件。而理论通说则认为聚众斗殴罪是行为犯,原则上只要行为人实施了聚众斗殴的行为便构成此罪。既然"情节恶劣"这一《刑法》明文规定的流氓罪的构成要件要素可以被聚众斗殴罪摒弃,为何流氓动机这一不成文构成要件要素不能被聚众斗殴罪摒弃?

其次,刑法之所以要求成立某些犯罪需要特定的目的或动机,是因为刑法要通过构成要件中的目的或动机因素来实现对法益的精确保护。对于目的犯和动机犯而言,行为人实施该当构成要件的行为时是否出于特定目的或动机,直接关系着该行为有无法益侵害性及法益侵害的程度。例如,盗窃罪是非法定的目的犯,其主观构成要件除了故意,还需要非法占有目的。这是因为,缺乏非法占有目的而打破他人占有的行为即盗用行为并不会对他人的财产权利造成值得动用刑罚的严重侵害。但是,如果行为人盗用了某个财物后将财物予以丢弃,以致被害人遭受财产损失,尽管行为人没有非法占有目的,但其盗用行为对财产法益造成了与一般盗窃行为一样严重的侵犯,故而可能会被认为构成盗窃罪。① 再如,走私淫秽物品罪是法定的目的犯,需要具备牟利或者传播的目的。这是因为,有无牟利或传播的目的,会直接关系到走私淫秽物品的种类、数量以及次数,从而直接影响行为的法益侵害程度。② 聚众斗殴罪侵犯的法益是公共秩序。日常生活经验告诉我们,只要行为人实施了聚众斗殴的行为,无论其是否具备流氓动机,事实上都会对公共秩序这一法益造成侵害。甚至,在某些特殊场合,聚众斗殴的行为人虽然没有流氓动机,但其行为对公共秩序所造成的侵害的严重程度远远超过了一般的出于流氓动机而实施的聚众斗殴。因此,将聚众斗殴罪认定为目的犯,要求其具备流氓动机,无益于对公共秩序这一法益的精确保护,相反,可能会造成法益保护的漏洞。因此,从目的犯和动机犯的法理出发,不宜将聚众斗殴罪认定为目的

---

① 在笔者看来,"两高"《关于办理盗窃刑事案件适用法律若干问题的解释》第10条规定便体现了这一法理。该条的内容为:"偷开他人机动车的,按照下列规定处理:(一)偷开机动车,导致车辆丢失的,以盗窃罪定罪处罚;(二)为盗窃其他财物,偷开机动车作为犯罪工具使用后非法占有车辆,或者将车辆遗弃导致丢失的,被盗车辆的价值计入盗窃数额;(三)为实施其他犯罪,偷开机动车作为犯罪工具使用后非法占有车辆,或者将车辆遗弃导致丢失的,以盗窃罪和其他犯罪数罪并罚;将车辆送回未造成丢失的,按照其所实施的其他犯罪从重处罚。"

② 正是因此,在判断走私淫秽物品的行为人是否具有牟利或传播的目的时,需要结合其所走私的淫秽物品的种类、数量、次数等进行判断。参见张明楷:《刑法学(下)》(第六版),法律出版社2021年版,第964页。

犯或动机犯。

最后,诚然,在日常生活中,存在着一些因习俗冲突、民事纠纷或其他可以为公众所接受的原因引发的聚众斗殴事件。例如,农村中不同村庄的众多农民之间为了争夺水源而引发的争执与殴斗,城市小区内人数众多的业主与物业公司之间因物业纠纷引发的群体性冲突。若将这些冲突一概认定为聚众斗殴罪,可能会进一步激化矛盾,不利于和谐社会的构建,也违反了宽严相济的刑事政策。但是,否认聚众斗殴罪是目的犯或动机犯,并不意味着这些情形就构成了聚众斗殴罪,完全可以通过其他更好的方式(譬如通过否认三阶层犯罪论体系中的有责性的方式)将这些行为予以非罪化。综合上述三点理由,笔者认为成立聚众斗殴罪无须流氓动机。

上文从学理分析了聚众斗殴罪的构成要件,得出了本罪属于行为犯且成立本罪无须特定动机的结论。但是,司法实务未必会和学理分析完全一致。就本案而言,检察机关对行为人适用了酌定不起诉,而酌定不起诉以"犯罪情节轻微"为必要条件。并且,在说明适用酌定不起诉的理由时,检察机关提及了行为人参与斗殴的目的"并非私仇或争霸一方"。这是否意味着,在办理本案的检察机关看来,聚众斗殴罪属于情节犯和动机犯?鉴于本案属于检察机关指导性案例,上述问题就相当于,本案是否意味着最高人民检察院确认了聚众斗殴罪属于情节犯和动机犯?在笔者看来,答案是否定的。当然,要详细回应这一问题,就必须准确理解酌定不起诉制度。为此,下文对酌定不起诉制度作一个理论上的分析。

第三节 酌定不起诉制度:困境与出路

本案除了在刑事实体法上涉及聚众斗殴罪,还在刑事程序法上涉及了不起诉制度。不起诉是指检察机关在对侦查机关移送起诉的案件进行审查后,确认符合法律规定的终止刑事诉讼的条件,不应或者不必对行为人定罪,从而决定不将其交付审判的决定。根据《刑事诉讼法》的规定,我国的不起诉分为法定不起诉、酌定不起诉以及证据不足不起诉三种。酌定不起诉,又被称为相对不起诉,是指对依法构成犯罪而可以不追究刑事责任的不予起诉。2018年《刑事诉讼法》第177条第2款规定:"对于犯罪情节轻微,依照刑法规定不需要判处刑罚或者免除刑罚的,人民检察院可以作出不起诉决定。"酌定不起诉的前身是1979年《刑事诉讼法》规定的免予起诉制度。1979 年《刑事诉讼法》第 101 条规定："依照刑法规定不需要判处刑罚或者免除刑罚的,人民检察院可以免予起诉。"免予起诉制度是我国特有的一种制度,对于体现惩办与宽大相结合的刑事政策和对轻微案件及时结案,发挥了一定的作用。但是,免予起诉制度存在一些问题。一是,不经法院审判程序就确定一个人有罪,不符合法治原则。二是,由于免予起诉缺乏必要的制约,在实践中,对有些本来不构成犯罪的人,给予免予起诉,被免诉人被确定为有罪,但被免诉人又没有上诉权,不利于对公民权利的保护;而对有些依法应判刑的,却给予免予起诉,使罪犯得不到应有惩罚。① 为此,1996 年《刑事诉讼法》废除了免予起诉制度,将原来规定"依照刑法规定不需要判处刑罚或者免除刑罚的,人民检察院可以免予起诉"修改为"对于犯罪情节轻微,依照刑法规定不需要判处刑罚或者免除刑罚的,人民检察院可以作出不起诉决定"。2018 年《刑事诉讼法》沿用了这一规定。作为起诉便宜主义原则的制度载体,酌定不起诉制度在坚持罪刑法定主义的前提下,有助于发挥公诉裁量权的积极意义:首先,它有助于将轻微犯罪非罪化,贯彻宽严相济刑事政策,从而使得行为人早日回归社会;②其次,它有助于推动刑事和解运动的开展,从而有效弥补传统刑事司法体制对于被害人利益保护的缺失,促进刑事司法整体正义的实现;③最后,它具有终止刑事程序的效力,有利于节省司法资源,提高司法效率。④

  在本案中,检察机关对行为人作出了酌定不起诉的决定。但是当我们仔细考察这一决定时,就会发现这一决定的适用存在很多疑点和困惑,而这些疑点和困惑正是酌定不起诉制度所面临的困境的具体体现。下文考察对本案适用酌定不起诉的问题,进而揭示酌定不起诉制度所处的困境,并在此基础上尝试用刑法学相关理论对酌定不起诉制度进行教义学的重构,从而使之摆脱目前的困境,释放制度应有的张力。

---

  ① 参见全国人大常委会法制工作委员会编:《中华人民共和国刑事诉讼法条文说明、立法理由及相关规定》,北京大学出版社 2008 年版,第 340 页。
  ② 参见汪建成、姜远亮:《宽严相济刑事政策与刑事起诉制度》,载《东方法学》2008 年第 6 期。
  ③ 参见孙应征、赵慧:《论刑事和解在我国相对不起诉制度中的构建》,载《法学评论》2007 年第 2 期。
  ④ 参见王新环:《公诉权原论》,中国人民公安大学出版社 2006 年版,第 333 页。

一、酌定不起诉制度的困境

（一）法律性质之困

面对检察机关所作出的酌定不起诉决定,我们要问,被酌定不起诉的行为人是否构成犯罪？尽管在实践上对这一问题的回答可能不会对被酌定不起诉人的命运产生实质性的影响,但是在理论上对这一问题的讨论有着非常重要的意义。尤其是对于本案而言,如何回答这个问题,直接影响聚众斗殴罪的构成要件分析。具言之,如果肯定了被酌定不起诉人构成犯罪,即是说检察机关是在确认了行为人构成犯罪之后,基于行为人"犯罪情节轻微"（其中包括行为人参与斗殴的目的"并非私仇或争霸一方"）而决定对其适用酌定不起诉,这说明,办理本案的检察机关并不认为聚众斗殴罪是情节犯和动机犯。相反,如果认为被酌定不起诉人无罪,而检察机关又是以"犯罪情节轻微"（其中包括行为人参与斗殴的目的"并非私仇或争霸一方"）为由决定对行为人适用酌定不起诉,这就意味着办理本案的检察机关实际上是以情节和动机的理由否认行为人构成犯罪,进而意味着办理本案的检察机关认为聚众斗殴罪属于情节犯和动机犯,并且,最高人民检察院还通过本案认可了这一观点。

那么,被酌定不起诉人究竟是否构成犯罪呢？当我们试图回答这个问题时,就会发现自己陷入了一种左右为难的境地。一方面,《刑事诉讼法》第12条明确规定:"未经人民法院依法判决,对任何人都不得确定有罪。"被酌定不起诉人显然没有进入审判程序,亦即"未经人民法院依法判决",据此,被酌定不起诉人不构成犯罪。此外,上文已述,酌定不起诉制度的前身是免予起诉制度。因为免予起诉制度存在未经审判就给行为人定罪的问题,1996年《刑事诉讼法》用酌定不起诉制度替代了免予起诉制度。从制度更迭的角度来看,酌定不起诉制度也应当意味着被酌定不起诉人无罪,否则用其替代免予起诉制度就没有任何意义。① 另一方面,在本案中,检察机关在决定对行为人适用酌定不起诉之前,认为行为人"涉嫌构成聚众斗殴罪,依法应当追究刑事责任",这一判断说明检察机关认为行为人已经构成犯罪。此外,根据《刑事诉讼法》的规定,我国的不起诉种类包括了法定不起诉,其中一种情形为"情节显著轻微、危害不大,不认为是犯罪的"（以下简称"情节显著轻微不起诉"）。而酌定不起诉的条件

---

① 参见樊崇义、吴宏耀:《酌定不起诉是有罪认定吗？》,载《人民检察》2001年第8期。

之一是"犯罪情节轻微"。鉴于前一条件中的"情节"一词未被"犯罪"修饰而后一条件中的"情节"被"犯罪"修饰,理论上一般认为,被法定不起诉人不构成犯罪,而被酌定不起诉人构成犯罪。如果认为被酌定不起诉人同样不构成犯罪,那么"犯罪情节轻微"中的"犯罪"一词便没有任何意义,如此一来,便无法将酌定不起诉与法定不起诉中的情节显著轻微不起诉区分开来。

或许有人会作如下辩解:对于酌定不起诉而言,虽然检察机关认为行为人构成犯罪,但由于本案未经法院审判,因而行为人在法律上最终属于无罪。但这种辩解并不能自圆其说。如果一方面承认检察机关认为行为人构成犯罪的结论是正确的,另一方面又肯定行为人最终在法律上无罪的结论也是正确的,那么就不得不得出如下结论,即检察机关认定行为人是否构成犯罪的标准不同于法律认定一个人是否犯罪的标准。可是,除了法律本身,检察机关还能以什么作为认定构成犯罪的标准呢?显然,上述辩解是不能被接受的。

通过上述分析,我们发现了酌定不起诉制度的法律性质之困,即它无法对被酌定不起诉人是否构成犯罪这一问题作出合理的回答。

(二)适用条件之困

暂且抛开上述法律性质之困,继续考察本案中检察机关的酌定不起诉决定。我们不禁要问,在本案中,检察机关对行为人适用酌定不起诉的决定是否正确?要回答这个问题,就必须考察酌定不起诉的适用条件。《刑事诉讼法》第177条第2款对酌定不起诉的条件作了如下规定:"对于犯罪情节轻微,依照刑法规定不需要判处刑罚或者免除刑罚的,人民检察院可以作出不起诉决定"。据此,理论上一般认为,适用酌定不起诉需要同时满足"犯罪情节轻微"和"依照刑法规定不需要判处刑罚或者免除刑罚"两个条件。①

先来考察第一个条件。对于何谓"犯罪情节轻微",法律上没有作明确规定,理论上展开了一定的讨论。主要的争议在于,这里的"犯罪"是否限于轻罪?与大多数国家的刑事立法不同,我国刑事立法中没有对重罪

---

① 也有学者结合1997年《刑法》第37条的规定,将《刑事诉讼法》所规定的适用酌定不起诉的条件解读为两种情形:其一是"犯罪情节轻微,依照刑法不需要判处刑罚";其二是"依照刑法免除刑罚"(参见李建玲:《酌定不起诉制度适用考察》,载《国家检察官学院学报》2009年第4期)。但在笔者看来,这种解读是没有道理的。

与轻罪作出明确区分,但司法实践中一般依据刑法规定的法定刑的轻重,将法定最高刑为 3 年以有期徒刑的犯罪理解为轻罪。① 从最高人民检察院颁布的司法解释和规范性文件来看,除了个别情况,这里的"犯罪"并没有受到任何限制。② 尽管如此,在司法实践中,各级检察机关倾向于将这里的"犯罪"理解为轻罪,从而在很大程度上制约了酌定不起诉制度的运用。③ 相反的观点认为,为了放宽酌定不起诉制度的适用范围,应当认为这里的"犯罪"不受任何限制,既包括轻罪,也包括重罪。④ 还有观点试图将"犯罪情节轻微"与"情节显著轻微"作类比,认为二者的构成要素都是"情节",既然理论上普遍认为后者不受罪名或罪质的限制,那么对前者也不应作罪名或罪质上的限制。⑤ 至于"犯罪情节轻微"中的"情节"是指什么情节,"轻微"是指什么程度,理论上缺乏深入的探讨,更遑论达成一致的意见。

本案涉及聚众斗殴罪的基本犯,其法定最高刑是 3 年有期徒刑,属于司法实践意义上的"轻罪"。因此,无论对"犯罪情节轻微"中的"犯罪"作何种理解,都不影响对本案的认定。所以,关键的问题在于,本案的"犯罪情节"是否属于"轻微"? 上文已述,检察机关为其适用酌定不起诉的决定给出了四点理由:第一,施某某等 17 人参与斗殴的目的并非私仇或争霸一方;第二,造成的财产损失及人员伤害均属轻微,并未造成严重后果;第三,两村村委会达成了和解协议;第四,施某某等 17 人出具了承诺书。那么,这些理由是否能说明本案的"犯罪情节"属于"轻微"呢? 应当说,上述理由既说明了客观方面的情况(损失及伤害轻微),又说明了主观方面的情况(并非为了私仇或争霸一方);既说明了行为时的情况,又说明了行为后的情况(两村达成和解协议、行为人出

---

① 参见周振想:《刑法学教程》,中国人民公安大学出版社 1997 年版,第 271 页。
② 最高人民检察院于 1996 年颁布的《关于审查逮捕和公诉工作贯彻刑诉法若干问题的意见》(已失效)中规定,"犯罪情节轻微,主要是指,虽已触犯刑法,但从犯罪动机、手段、危害后果、犯罪后的态度等情节综合分析,依法不需要判处刑罚或免除刑罚的"。这里并没有对"犯罪"本身的范围作任何限制。此外,最高人民检察院于 2001 年公布的《人民检察院办理不起诉案件质量标准(试行)》也仅规定对于危害国家安全犯罪不适用酌定不起诉,除此之外,未对犯罪作任何其他限制。2007 年最高人民检察院对《人民检察院办理不起诉案件质量标准(试行)》进行了修订,但仍然保留了上述内容。
③ 参见李建玲:《酌定不起诉制度适用考察》,载《国家检察官学院学报》2009 年第 4 期。
④ 参见陈光中:《论我国酌定不起诉制度》,载《中国刑事法杂志》2001 年第 1 期。
⑤ 参见莫洪宪、高锋志:《宽严相济刑事政策运用实践考察——以检察机关相对不起诉为切入点》,载《人民检察》2007 年第 4 期。

具承诺书),比较全面地反映了本案的情况。综合考虑上述各方面的具体情况,应当认为本案的"犯罪情节"属于"轻微"。换言之,本案符合酌定不起诉的第一个条件。

再来考察第二个条件。显而易见,"依照刑法规定不需要判处刑罚或者免除刑罚"包括两种情形:其一是"依照刑法规定不需要判处刑罚",其二是"依照刑法规定免除刑罚"。

首先分析"依照刑法规定不需要判处刑罚"的情形。纵观1997年《刑法》全文,只有第37条涉及"不需要判处刑罚"。该条文的内容是:"对于犯罪情节轻微不需要判处刑罚的,可以免予刑事处罚,但是可以根据案件的不同情况,予以训诫或者责令具结悔过、赔礼道歉、赔偿损失,或者由主管部门予以行政处罚或者行政处分。"尽管在这一条文中出现了"不需要判处刑罚"的字眼,但是分析这一条文,不难发现"不需要判处刑罚"是适用这一条文的前提条件,而非适用这一条文的结果。从1997年《刑法》第37条的内容中,无法解读出哪些行为不需要判处刑罚的信息。由此可知,1997年《刑法》根本就没有规定何种情形属于"不需要判处刑罚"的情形。既然如此,所谓"依照刑法规定不需要判处刑罚"的条件根本就无从实现。①

再来分析"依照刑法规定免除刑罚"的情形。所谓"依照刑法规定免除刑罚",是指依照1997年《刑法》总则和1997年《刑法》分则的规定应当或者可以免除刑法的情形。其中,依照1997年《刑法》总则规定应当或者可以免除刑罚的有以下10种情形:

(1)第10条:"凡在中华人民共和国领域外犯罪,依照本法应当负刑事责任的,虽然经过外国审判,仍然可以依照本法追究,但是在外国已经受过刑罚处罚的,可以免除或者减轻处罚。"

(2)第19条:"又聋又哑的人或者盲人犯罪,可以从轻、减轻或者免除处罚。"

(3)第20条第2款:"正当防卫明显超过必要限度造成重大损害的,应当负刑事责任,但是应当减轻或者免除处罚。"

(4)第21条第2款:"紧急避险超过必要限度造成不应有的损害的,应当负刑事责任,但是应当减轻或者免除处罚。"

---

① 为此,有观点建议将酌定不起诉适用条件中的"依照刑法规定不需要判处刑罚"予以删除。参见杨新京:《论相对不起诉的适用条件》,载《国家检察官学院学报》2005年第6期。

(5)第22条第2款:"对于预备犯,可以比照既遂犯从轻、减轻处罚或者免除处罚。"

(6)第24条第2款:"对于中止犯,没有造成损害的,应当免除处罚;造成损害的,应当减轻处罚。"

(7)第27条第2款:"对于从犯,应当从轻、减轻处罚或者免除处罚。"

(8)第28条:"对于被胁迫参加犯罪的,应当按照他的犯罪情节减轻处罚或者免除处罚。"

(9)第67条第1款:"犯罪以后自动投案,如实供述自己的罪行的,是自首。对于自首的犯罪分子,可以从轻或者减轻处罚。其中,犯罪较轻的,可以免除处罚。"

(10)第68条:"犯罪分子有揭发他人犯罪行为,查证属实的,或者提供重要线索,从而得以侦破其他案件等立功表现的,可以从轻或者减轻处罚;有重大立功表现的,可以减轻或者免除处罚。"

此外,依照1997年《刑法》分则规定应当或者可以免除刑罚的有以下6种情形:①

(1)第164条第4款:"行贿人在被追诉前主动交待行贿行为的,可以减轻处罚或者免除处罚。"

(2)第241条第6款:"收买被拐卖的妇女、儿童,按照被买妇女的意愿,不阻碍其返回原居住地的,对被买儿童没有虐待行为,不阻碍对其进行解救的,可以不追究刑事责任。"②

(3)第351条第3款:"非法种植罂粟或者其他毒品原植物,在收获前自动铲除的,可以免除处罚。"

(4)第383条第1款第3项:"个人贪污数额在五千元以上不满五万元的,处一年以上七年以下有期徒刑;情节严重的,处七年以上十年以下有期徒刑。个人贪污数额在五千元以上不满一万元,犯罪后有悔改表现、积极退赃的,可以减轻处罚或者免予刑事处罚,由其所在单位或者上级主

---

① 需要注意的是,本文在此引述的是《刑法修正案(八)》出台之前的条款内容。《刑法修正案(八)》新增第276条之一免除刑罚的情形,《刑法修正案(九)》已删除第241条第6款不追究刑事责任的情形,《刑法修正案(十一)》新增第272条免除刑罚的情形,故目前《刑法》分则规定中共有七种"应当或者可以免除刑罚"的情形,下文同。

② 需要注意的是,本文在此引述的是《刑法修正案(九)》出台之前的条款内容。《刑法修正案(九)》对该条款的内容作了修改,修改后的内容为:"收买被拐卖的妇女、儿童,对被买儿童没有虐待行为,不阻碍对其进行解救的,可以从轻处罚;按照被买妇女的意愿,不阻碍其返回原居住地的,可以从轻或者减轻处罚。"

管机关给予行政处分。"①

(5)第390条第2款:"行贿人在被追诉前主动交待行贿行为的,可以减轻处罚或者免除处罚。"②

(6)第392条第2款:"介绍贿赂人在被追诉前主动交待介绍贿赂行为的,可以减轻处罚或者免除处罚。"

考察检察机关所列的四个理由③,不难发现,这些理由不符合上述"依照《刑法》规定免除刑罚"16种情形中的任何一种。加之,上文已析,所谓"依照刑法规定不需要判处刑罚"根本无从实现。因此,本案不符合酌定不起诉的第二个条件。

综上,尽管本案符合酌定不起诉的第一个条件,但其不符合酌定不起诉的第二个条件,因而在最终意义上,本案不符合酌定不起诉的条件。换言之,检察机关对本案行为人适用酌定不起诉是没有法律根据的。暂且抛开法律规定,就本案的实际情况而言,在成功化解了双方矛盾的情况下,检察机关对行为人适用酌定不起诉,无疑是最合乎理性的方案。④ 否则,将斗殴双方的行为认定为犯罪,并以刑罚的方式加以处罚,必然加深双方的积怨,甚至使双方走向复仇这一"冤冤相报何时了"的恶性循环。⑤ 因此,从社会学的意义上说,本案的处理结果是值得肯定的。⑥ 既然本案

---

① 需要注意的是,本文在此引述的是《刑法修正案(九)》出台之前的条款内容。《刑法修正案(九)》将其修改为第383条第3款,修改后的内容为:"犯第一款罪,在提起公诉前如实供述自己罪行、真诚悔罪、积极退赃,避免、减少损害结果的发生,有第一项规定情形的,可以从轻、减轻或者免除处罚;有第二项、第三项规定情形的,可以从轻处罚。"

② 需要注意的是,本文在此引述的是《刑法修正案(九)》出台之前的条款内容。《刑法修正案(九)》对该款的内容作了修改,修改后的内容为:"行贿人在被追诉前主动交待行贿行为的,可以从轻或者减轻处罚。其中,犯罪较轻的,对侦破重大案件起关键作用的,或者有重大立功表现的,可以减轻或者免除处罚。"

③ 如前所述,《刑法修正案(八)》新增第276条之一免除刑罚的情形,《刑法修正案(九)》已删除第241条第6款不追究刑事责任的情形,《刑法修正案(十一)》新增第272条免除刑罚的情形,故目前《刑法》规定中共有17种"应当或者可以免除刑罚"的情形,下文同。

④ 据报道,2010年5月,时任最高人民检察院检察长的曹建明同志在福建调研期间特别对本案的执法理念、执法方式、执法效果予以充分肯定。最高人民检察院以《情况反映》专刊将本案作为深入推进三项重点工作的典型呈报中央领导同志。并且,涉案两村旅菲、旅港同乡会代表还专程给石狮市人民检察院送牌匾。这说明本案处理结果得到了社会各界的广泛认同。上述报道请参见胡激洋、吴美满:《从刑法文本到社会学意义的成功实践——石狮市院妥善处理两村村民聚众斗殴的个案价值分析》,载《中国检察官》2011年第3期。

⑤ 关于复仇的制度性分析,请参见苏力:《法律与文学——以中国传统戏剧为材料》,三联书店2006年版,第60页。

⑥ 参见胡激洋、吴美满:《从刑法文本到社会学意义的成功实践——石狮市院妥善处理两村村民聚众斗殴的个案价值分析》,载《中国检察官》2011年第3期。

的处理结果合乎理性,这反过来便说明,法律上对酌定不起诉适用条件的规定或理论上对这一规定的解释可能是有所不妥的。确切地说,就现有的法律规定和理论上对这一规定的解释来看,酌定不起诉的适用范围过于狭窄。事实上,这已经成了学界的一个共识。① 由此,我们发现了酌定不起诉制度的适用范围之困,即酌定不起诉制度的适用范围过于狭窄。

综上,通过分析检察机关对本案行为人适用酌定不起诉的决定,可以发现这一决定存在两个问题:第一,它不能逻辑圆满地回答被酌定不起诉人是否构成犯罪;第二,本案行为人并不符合酌定不起诉的适用条件,检察机关对其适用酌定不起诉违反了法律的规定。实际上,这两个问题恰恰反映出了我国酌定不起诉制度当前面临的两大困境:第一,酌定不起诉的法律性质存疑;其二,酌定不起诉制度的适用范围过于狭窄。

二、酌定不起诉制度的理论解困

针对酌定不起诉制度的上述两大困境,尤其是后一困境,很多学者主张修改法律现有的规定。但正如法国著名法学家勒内·达维提醒我们的那样,立法者要改造法律条文本身很容易,但是法律条文背后的东西却是很难改变的,法律条文背后的东西如果不发生相应的变化,那么,立法者对法律条文的改变就有可能像语言学家动辄改变我们的语言规则那样,注定是劳而无功的。② 在提出法律修改意见之前,我们需要问自己,是否已找到酌定不起诉制度背后的东西? 如果答案是否定的,我们又如何确保提出的法律修改意见是合理有效的,而不是"头痛医头、脚痛医脚"呢?事实上,目前学界对于酌定不起诉制度的法律修改意见都存在这样或那样的问题。针对酌定不起诉制度的法律性质之困,有学者主张取消检察机关适用酌定不起诉的职权,将认定行为人的行为构成犯罪的职权完整地赋予法院。③ 但这种做法无异于将孩子与洗澡水一起倒掉。针对酌定不起诉制度的适用范围之困,尽管学界普遍赞同通过修改法律放宽酌定

---

① 参见陈光中:《论我国酌定不起诉制度》,载《中国刑事法杂志》2001 年第 1 期。
② 转引自陈瑞华:《论法学研究方法》,北京大学出版社 2009 年版,第 97 页。
③ 参见朱建华:《有罪还是无罪?——相对不起诉的法律悖论与实践缺陷》,载《河北法学》2008 年第 5 期。

不起诉的适用条件,①但截至目前,鲜见具有可操作性的方案。

笔者认为,酌定不起诉制度之所以陷入上述困境,固然有法律规定方面的缘故,但更为重要的原因是,学界对酌定不起诉制度的理论研究不足。整体上看,目前学界对酌定不起诉制度的研究基本停留在对相关法律规定的文义解释上。这种研究固然必要,但不能给予酌定不起诉制度以必要的理论支撑,致使酌定不起诉制度几乎成了一个"裸"的制度。因此,当下最为迫切的是对酌定不起诉制度进行理论上的深入研究,通过理论解释的方法使看似不合理的法律规定合理化。只有在理论上作出了最大程度的努力仍不能解决问题时,方才考虑对法律进行修改。有鉴于此,下文试图通过理论解释的方法化解酌定不起诉制度的两大困境。

(一)克服法律性质之困:三阶层犯罪论体系的引入

酌定不起诉制度的第一个困境是被酌定不起诉的法律性质存疑。这个困境的产生,似乎与酌定不起诉制度的相邻制度——免予起诉制度和法定不起诉中的情节显著轻微不起诉相关。具言之,为了将酌定不起诉与免予起诉区分开来,必须认为被酌定不起诉人不构成犯罪;但是,为了将酌定不起诉与情节显著轻微不起诉区分开来,又必须认为被酌定不起诉人构成犯罪。但是,在笔者看来,问题的症结不在于与酌定不起诉制度相邻的制度,而在于这里使用的犯罪概念的一元性。在一元的犯罪概念体系中,一个行为要么构成犯罪,要么不构成犯罪,绝无其他可能。正是这种一元的犯罪概念,使得酌定不起诉的法律性质陷入了自相矛盾之中。而为什么我们在这里会使用一元的犯罪概念呢?原因可以追溯到我国传统刑法理论中的四要件犯罪构成理论。

在我国传统刑法理论中,认定行为人是否构成犯罪时适用的标准是犯罪构成。所谓犯罪构成,就是我国《刑法》所规定的,决定某一具体行为的社会危害性及其程度而为该行为构成犯罪所必需的一切客观和主观要件的总和。一般认为,犯罪构成应当包括以下四个方面的要件:(1)犯罪客体,即我国刑法所保护而为犯罪行为所侵犯的社会主义社会关系;(2)犯罪客观方面,即行为人所实施的危害社会的行为、结果以及行为的时

---

① 参见宋英辉:《酌定不起诉适用中面临的问题与对策》,载《现代法学》2007年第1期;莫洪宪、高锋志:《宽严相济刑事政策运用实践考察——以检察机关相对不起诉为切入点》,载《人民检察》2007年第4期;李建玲:《酌定不起诉制度适用考察》,载《国家检察官学院学报》2009年第4期。

间、地点和方法;(3)犯罪主体,即达到刑事责任年龄、具有刑事责任能力实施危害社会行为的人;(4)犯罪主观方面,即行为人主观上具有的罪过(即犯罪故意、犯罪过失)以及特定犯罪目的。① 因此,我国的犯罪构成理论又被称为四要件犯罪构成理论。显而易见,在四要件犯罪构成体系中,四个要件同处于一个平面。这意味着,四个要件只有同时耦合在一起,才能发挥其作用,即宣告犯罪成立,而单独具备某个要件并没有任何意义。由此可知,在四要件犯罪构成体系中,犯罪的概念是一元的。运用这种一元的犯罪概念评价一个行为,在逻辑上只能得出罪或非罪两种结论。

在德日刑法学中,尽管关于犯罪论体系存在很多不同的具体方案,但在理论与实务上仍然存在一个受到广泛赞同的"标准体系"。② 这个"标准体系"将犯罪成立的条件分为构成要件该当性、违法性和有责性三个阶层,因此被称为三阶层犯罪论体系。其中,构成要件该当性是指行为与刑法为某个罪名所规定的具体的构成要件相符合;违法性是指行为在整体上是真正有害于社会的行为;有责性是指行为人具有相应的资格,满足相应的条件,从而应当且可以为自己的违法行为承担刑事责任。③ 上文已述,在四要件犯罪构成中,四个要件同处一个平面,只有四个要件同时耦合才构成犯罪,单独具备某个要件没有任何意义。与之不同的是,在三阶层犯罪论体系中,构成要件该当性、违法性和有责性三个条件分别处于三个不同的阶层,每一个阶层在法律上都有其独立的意义。首先,构成要件该当性的功能在于通过事先告知哪些行为具有刑法上的可罚性,起到一般预防的作用,并且保障了国民的行动自由。其次,违法性的机能在于对法益的保护。为了更好地保护法益,即便某个行为该当了构成要件,仍有必要判断该行为是否真正属于有害于社会的行为。最后,有责性的机能在于对责任主义的追求。在责任主义原则的要求下,在确认了行为人的行为属于违法行为后,还必须判断能否就该违法行为对行为人进行谴责。④ 运用三阶层犯罪论体系判断评价一个行为人的行为,其可能的结果

---

① 参见高铭暄、马克昌主编:《刑法学》(第十版),北京大学出版社、高等教育出版社2021年版,第47—48页。
② 参见[德]埃里克·希尔根多夫:《德国刑法学:从传统到现代》,江溯、黄笑岩等译,北京大学出版社2015年版,第182页。
③ 参见[日]大塚仁:《刑法概说(总论)(第三版)》,冯军译,中国人民大学出版社2003年版,第102页。
④ 参见[日]西田典之:《日本刑法总论》,刘明祥、王昭武译,中国人民大学出版社2007年版,第44—45页。

有四种形态:第一,行为不能该当构成要件;其二,行为该当构成要件但不具有违法性;第三,行为该当构成要件且违法,但行为人欠缺有责性;第四,行为该当构成要件且违法,并且行为人有责。尽管上述四种情形中,只有第四种才构成最终意义上的犯罪,但其他类型的结果(尤其是第二种和第三种)在法律上都有其独立的意义,会引发不同的法律后果。例如,对于上述第三种情形,即行为该当构成要件且违法但行为人不具有有责性,尽管行为人不构成犯罪因而不能对其处以刑罚,但可以对其适用保安处分。[①] 鉴于除了上述第四种情形,第二种情形和第三种情形同样会引起一定的法律后果,可以将它们视为不同程度的犯罪。因此,三阶层犯罪论体系可以接纳多元的犯罪概念。

上文已述,酌定不起诉的法律性质之所以难以确定,根源在于我国传统四要件犯罪构成体系只能对应一元的犯罪概念。为了使酌定不起诉制度摆脱这一困境,有必要借鉴德日的三阶层犯罪论体系,并用这一体系对酌定不起诉制度进行重新解读。笔者认为,在三阶层犯罪论体系下,酌定不起诉适用条件之一"犯罪情节轻微"中的"犯罪"指的是"行为该当了构成要件"。换言之,检察机关对行为人适用酌定不起诉,意味着在检察机关看来,行为人的行为该当了构成要件但欠缺了违法性,抑或行为该当了构成要件且违法,但行为人欠缺有责性。相应地,在三阶层犯罪论体系中,法定不起诉中的"情节显著轻微"不起诉是指,在检察机关看来,行为人的行为没有该当构成要件;而免予起诉是指,在检察机关看来,行为人的行为该当构成要件且违法,并且行为人具备有责性。如此一来,便可将酌定不起诉、免予起诉以及法定不起诉中的情节显著轻微不起诉三种不起诉的法律性质进行明确区分。

需要说明的是,运用三阶层犯罪论体系对酌定不起诉进行解读,其意义不仅在于为酌定不起诉制度进行理论上的解困,使之从被酌定不起诉人是否构成犯罪这一纠结的问题中解脱出来,更在于,通过对酌定不起诉进行重新定位,释放出这一制度应有的价值和意义。笔者认为,在三阶层犯罪论体系下,酌定不起诉制度的意义在于:一方面,它在节约司法资源、提高司法效率、保持司法谦抑的同时,符合了未经法院审判不得定罪的原则,从而有效地规避了免予起诉制度的缺陷;另一方面,它在确认行为人不构成犯罪的同时,宣告行为人的行为该当构成要件,有助于进一步明确

---

① 当然,对于区分第一种情形和第二种情形是否有意义,德日刑法学界内部还存在争议。

刑法对构成要件的规定,对全体国民具有一般预防的意义。

（二）化解适用条件之困：功能性责任论的引入

根据《刑事诉讼法》的规定,适用酌定不起诉有两个必要条件:其一是"犯罪情节轻微",其二是"依照刑法规定不需要判处刑罚或者免除刑罚的"。上文已析,酌定不起诉制度的适用范围之所以过于狭窄,主要原因在于"依照刑法规定不需要判处刑罚或者免除刑罚的"规定过于狭窄。具体而言,由于1997年《刑法》并没有规定哪些情形不需要判处刑罚,所以"依照刑法规定不需要判处刑罚"是一纸具文,无从适用;1997年《刑法》规定了16种免除刑罚的情形,但这些情形过于具体,在司法实践中被适用的机会很少。现在理论上可以做的,就是总结归纳这16种情形的法理依据,找出其背后的基本原理,在此基础上利用理论研究对《刑法》规定进行重新塑造。

在1997年《刑法》规定的16种免除刑罚的情形背后,是否存在一种共通的法理？应当说,我国传统刑法理论对此也作了一定的研究。其中,除了对于第10条(对外国刑事判决的消极承认)和第19条(又聋又哑的人或者盲人犯罪)所规定的刑罚免除作了不同的解释,对于其他的刑罚免除事由,都是以主客观相统一的社会危害性较低为由进行了解释。① 之所以使用社会危害性来解释这些刑罚免除事由,是因为社会危害性理论之于我国传统刑法学的重要地位。我国传统刑法学认为,犯罪的本质是主客观相统一的社会危害性,而四要件犯罪构成体系即是用来说明社会危害性的理论体系。正是因此,社会危害性被认为是我国传统刑法学的核心基石。然而,用社会危害性理论解释刑罚免除事由存在以下两个问题:第一,如果说犯罪的基本形态的成立需要主客观相统一,那么犯罪的不成立或犯罪的特殊形态并不需要主客观相统一。例如,作为犯罪特殊形态的犯罪未遂便不符合主客观相统一。刑罚免除事由中,或是因为客观方面的要素有所欠缺,或是因为主观方面的要素有所欠缺,若以主客观相统一的社会危害性概念解释这些刑罚免除事由,难以揭示刑罚免除的真正原因。第二,社会危害性是一个没有规范性的判断标准的实质概念,它天然有一种突破法律形式规定的冲动。以社会危害性判断一个行为是否构

---

① 传统理论将第10条所规定的对外国刑事判决的消极承认解释为"原则性和灵活性的统一",而将第19条所规定的又聋又哑的人或者盲人犯罪减免刑罚解释为刑事责任能力的减轻,除此之外,理论将其他刑罚免除事由一律解释为社会危害性较低,参见高铭暄、马克昌主编:《刑法学》(第十版),北京大学出版社、高等教育出版社2021年版,第33、83、135页。

成犯罪,会导致犯罪构成体系被虚置。① 若得出入罪的结论,固然有侵犯公民自由与人权之虞,若得出出罪的结论,也有使得刑罚随意化的危险。有鉴于此,尽管传统理论以社会危害性理论解释《刑法》明文规定的刑罚免除事由,但理论上并没有提出以社会危害性理论塑造刑罚免除事由的主张。

上文已述,在德日刑法学理论中,判断一个行为是否构成犯罪的理论工具是三阶层犯罪论体系。而由于这个体系具有阶层性,且每个阶层都具有独立的意义,因而三阶层犯罪论体系不仅可以清晰地说明某个行为为什么会构成犯罪,还可以清晰地阐释某个行为为什么不构成犯罪。由于犯罪论是刑罚论的前提和依据,因而三阶层犯罪论体系不仅指导定罪,而且对量刑也有重要的作用。用三阶层犯罪论体系解释刑罚免除事由,就可以清晰地看出这些事由中刑罚得以减免的根本原因。在三阶层犯罪论体系语境下,刑罚免除的事由无外乎三种:客观的不法得以降低、主观的责任得以降低、客观不法与主观责任都得以降低。下面对 1997 年《刑法》所规定的免除刑罚的 16 种情形进行逐个分析。(1)1997 年《刑法》第 10 条表明,我国一方面拒绝承认国外刑事判决的效力,另一方面又在事实上考虑犯罪人在国外所受的刑罚,从而对国内判处的刑罚作相应的减免,这是在坚持国家主权原则的同时,贯彻了责任主义原则(即一个人不应承受超出其责任的刑罚)。据此,这种情形应属于责任降低。(2)1997 年《刑法》第 19 条规定的又聋又哑的人或盲人犯罪减免刑罚,是因为又聋又哑的人或盲人的刑事责任能力较弱。因此,这种情形属于责任降低。(3)1997 年《刑法》第 20 条第 2 款规定的防卫过当和第 21 条第 2 款规定的避险过当,之所以刑罚得以减免,一方面是因为它们造成的损害中,有相当一部分属于正当防卫或合法避险的范畴,只有超出合法范围的部分才构成不法,因此防卫过当与避险过当较之于一般的犯罪,不法程度较低;另一方面是因为行为人处于防卫或避险的紧急状况之中,精神上高度紧张,难以精确控制自己的行为,因而主观上的可谴责性也得以降低。因此,防卫过当和避险过当属于不法和责任都降低的情形。② 与之类似的,

---

① 参见陈兴良:《刑法的知识转型(方法论)》,中国人民大学出版社 2012 年版,第 223—224 页。

② 关于防卫过当和避险过当减免刑罚的根据,在德日刑法学上存在违法减少说、责任减少说以及违法与责任减少说三种观点的争论,参见[日]西田典之:《日本刑法总论》,刘明祥、王昭武译,中国人民大学出版社 2007 年版,第 133 页。我国学者张明楷教授主张违法与责任减少说。参见张明楷:《刑法学(上)》(第六版),法律出版社 2021 年版,第 282 页。笔者也赞同这一观点。

还有1997年《刑法》第24条第2款规定的中止犯。(4)1997年《刑法》第27条第2款规定的从犯减免刑罚,主要是因为从犯在共同犯罪过程中起到次要或辅助的作用,其对不法的贡献较低。因此,这种情形属于不法降低。(5)1997年《刑法》第28条规定的胁从犯之所以得以减免刑罚,主要是因为胁从犯的主观意志受到了一定的压制,因而其主观上的可谴责性得以降低。因此,这种情况属于责任降低。

然而,当我们用这个框架去分析自首、立功以及1997年《刑法》分则规定的6种刑罚免除事由时,就会发现上述理论似乎行不通。例如,1997年《刑法》第67条第1款规定:"……对于自首的犯罪分子,可以从轻或者减轻处罚。其中,犯罪较轻的,可以免除处罚。"自首发生于犯罪既遂之后,因而自首既不能减少行为的不法程度,而且不能降低行为人在犯罪时的主观责任。既然如此,为何可以对自首犯减免刑罚呢?笔者认为,自首之所以得以减免刑罚,其根据仍在于行为人责任的降低。为了说明这一点,需要对"责任"这一充满歧义的概念进行一定的说明。

我国传统刑法理论中虽然也有刑事责任论这一概念,但由于四要件犯罪构成体系是认定责任的唯一根据,因而在四要件犯罪构成体系之外,刑事责任论没有任何规范性的实体内容。而在四要件犯罪构成体系中,犯罪主体与主观方面虽然涉及责任的要素,但它只是事实性要素的堆砌,而没有对这些事实要素的评价。也正因此,四要件犯罪构成体系被认为是没有归责的犯罪构成。①

与之不同的是,在德日三阶层体系中,责任(有责性)是体系第三个阶层,在判断行为人是否构成犯罪中发挥着不可替代的作用。当然,随着犯罪论体系的演进,责任阶层的理论及要素构造也发生着变化。经过古典犯罪论体系、新古典犯罪论体系以及目的论犯罪论体系的次第更迭,责任论领域中,规范责任论早已取代了心理责任论而成为通说。规范责任论认为,有责性的本质是行为人的可谴责性,有责性的内容主要包括责任能力和违法性认识,至于行为人的主观心理状态(故意和过失),则被认为是主观归责评价的对象,因而被置于构成要件阶层而成为主观构成要件。②

---

① 参见陈兴良:《刑法的知识转型(学术史)》,中国人民大学出版社2012年版,第106—108页。

② 参见冯军:《刑法中的责任原则——兼与张明楷教授商榷》,载《中外法学》2012年第1期。

然而,近年来,规范责任论的通说地位受到了功能性责任论的挑战。① 通过对《德国刑法典》的解读,罗克辛认为,罪责(有责性)与刑罚并不总是同时存在的,有时候行为人尽管存在罪责,但刑法并不将其评价为犯罪。为了解决这一问题,罗克辛对有责性阶层进行了改造,在维持传统有责性的内容(但也作了不同的规范解释)的同时,在责任阶层中加入了预防必要性阶层,从而将有责性阶层扩张成为责任阶层。在责任阶层的判断中,首先判断行为人是否具有罪责,如果没有,直接排除答责性,如果有,则进入对预防必要性的判断,如果没有预防必要性则排除答责;如果同时具备罪责和预防必要性,则行为人便具有责任,构成犯罪。② 尤其值得注意的是,在罗克辛的责任体系中,预防必要性不仅包含着法定的责任排除事由(如《德国刑法典》第 35 条第 1 款的规定),也包括超法规的责任排除事由。当然,超法规的答责排除事由只允许在极端的情况下存在。③

借鉴德日三阶层体系,并且在责任阶层采用罗克辛的功能责任论,就可以我国《刑法》规定的自首、立功以及 1997 年《刑法》分则规定的 6 种刑罚免除情形进行说明。具言之,这些情形中的行为人可以减免刑罚,是因为其预防必要性降低。当然,这种预防必要性的降低,并不是说行为人本身的再犯可能性降低了,而是说通过对自首、立功给予刑罚免除的奖励,可以借助行为人的合作,最大程度地破获违法犯罪案件,从而更实现更好的司法效果。由此可以清晰看出,这里的预防必要性具有浓厚的功利主义色彩。

综上,用三阶层犯罪论体系对我国 1997 年《刑法》规定的 16 种刑罚免除事由进行解读,就可以清晰看出其根据要么在于违法性的降低、要么在于责任(包括传统罪责和预防必要性)的降低、要么在于违法性和责任的双重降低。既然如此,我们不应把这 16 种刑罚免除情形视为全部的情形,而应该是将其视为法定的刑罚免除情形,而在此之外,还应该存在同样符合违法性降低或责任降低的超法定的刑罚免除事由。只要对刑罚免除事由作这种理解,就自然可以将适用酌定不起诉的情形扩充到这 16 种情形之外。

---

① 一般认为,功能性责任论的代表人物为罗克辛和雅各布斯。尽管二者同属于功能性责任论的大阵营之中,但二者在具体主张上存在很多不同。本文主要介绍罗克辛的观点。
② Vgl. Claus Roxin/Luís Greco, Strafrecht AT, Band. I, 5. Aufl., 2020, §19 Rn. 3ff.
③ 参见[德]克劳斯·罗克辛:《构建刑法体系的思考》,蔡桂生译,载《中外法学》2010年第 1 期。

结合本案具体情况,尤其是检察机关所列出的四个理由,应当认为,本案行为人缺乏预防必要性,因而也就缺乏责任。尽管本案并不属于1997年《刑法》所列的16种刑罚免除事由中的任何一种,但就本案的具体情况而言,应当认为本案属于超法规的刑罚免除事由。由此,检察机关对本案适用酌定不起诉,便是名正言顺、合情合理。

综上,笔者认为,借鉴德日刑法学中的三阶层犯罪论体系,尤其是以罗克辛的功能责任论理解责任阶层,即可化解酌定不起诉在法律性质和适用范围上的双重困境。

第四节 刑事政策与刑法体系:分离抑或融合

司法机关在办理案件时不仅要遵守既有的法律规定,而且还要遵循一定的刑事司法政策。当二者的规定相互啮合时,司法机关当然可以"两全其美",但是倘若法律规定与刑事司法政策相冲突,司法机关该如何选择?是适用法律,还是直接适用政策?这是司法机关在司法实践中必须回答的问题。实际上,上文已析,在本案中,检察机关在对行为人适用酌定不起诉时,便面临着刑事政策与法律规定相冲突的问题。下面首先对刑事政策与刑法体系的关系模式进行一个概括梳理,然后对本案所体现的刑事政策与刑法体系的关系进行评析。

一、刑事政策与刑法体系的关系模式

自从李斯特提出"刑法是刑事政策不可逾越的屏障"[①]的命题后,刑法与刑事政策的关系便成为研究刑法的学者无法回避的问题。从整体上,刑法与刑事政策的关系表现为三种形态:一是刑法体系主导下的分离模式;二是刑事政策主导下的分离模式;三是刑事政策与刑法体系的融合模式。

(一)刑法体系主导下的分离模式

一般认为,将刑事政策与刑法教义学的研究相分离的做法始于李斯特。李斯特认为,刑法学要以对犯罪成立要件进行体系化、概念化整理为

[①] 参见[德]李斯特:《刑法学论文和讲演(第二卷)》,1905年版,第80页,转引自[德]克劳斯·罗克辛:《刑事政策与刑法体系》,蔡桂生译,载陈兴良主编:《刑事法评论》(第26卷),北京大学出版社2010年版,第244页。

己任,而刑事政策则是根据经验科学研究如何有效地防止犯罪行为以及如何对待犯罪人的合目的性支配的东西。① 刑法与刑事政策的对立,一方面体现在二者的结构特征不同。为了避免刑法的适用流于偶然和专断,刑法学必须成为一种真正的体系性科学,因此,刑法学需要将犯罪与刑罚理解成为可普遍化的概念,将法律的个别规定提升成为最后的基本概念和基本原则,乃至发展成封闭的体系。② 而刑事政策作为国家或社会据以组织对犯罪现象的反应的方法或措施的总和,具有开放性与灵活性。③ 刑法与刑事政策的对立,更重要的方面体现在二者价值目标的迥异。刑法应当维护其法治国—自由机能,追求法律的平等适用,并保障个体自由免受"利维坦"的干涉。刑事政策则应是体现整体社会意义之目的、与犯罪作斗争的方法,追求社会福利正义的国家秩序。④ 据此,李斯特主张以刑法学限制过分重视刑事政策可能带来的人权侵害,从而使得刑法成为"犯罪人的大宪章"⑤。换言之,在严格区分刑法与刑事政策的前提下,李斯特认为应该严格按照刑法体系来处理具体案件,避免个案的公正受到刑事政策的不当干涉。因此,可以认为对于刑法与刑事政策的关系,李斯特所创立的是刑法体系主导下的分离模式。

在李斯特观念的深远影响下,刑法与刑事政策虽都被纳入整体刑法学的范畴,但二者就像是同一块磁铁上的南极与北极,相互独立而绝缘。在这种背景下,德国传统刑法学界致力于运用精致的概念精心构造刑法教义学,并以体系化的思考处理具体的案件,这在使案件的处理避免了偶然与专断的同时,也产生了很明显的弊端。过度体系化所带来的弊端包括忽略具体案件的正义性、减少解决问题的可能性、不能受到刑事政策上的合目的性引导以及对抽象概念的使用会忽视和歪曲法律材料的不同结构。⑥

以现在的视点看来,李斯特将刑法与刑事政策完全对立的观点是有

---

① 参见[日]前田雅英:《刑法学和刑事政策》,黎宏译,载谢望远、张小虎主编:《中国刑事政策报告》(第一辑),中国法制出版社 2007 年版,第 528 页。
② 参见[德]克劳斯·罗克辛:《刑事政策与刑法体系》,蔡桂生译,载陈兴良主编:《刑事法评论》(第 26 卷),北京大学出版社 2010 年版,第 246 页。
③ 参见许福生:《刑事政策学》,中国民主法制出版社 2006 年版,第 17 页。
④ 参见[德]克劳斯·罗克辛:《刑事政策与刑法体系》,蔡桂生译,载陈兴良主编:《刑事法评论》(第 26 卷),北京大学出版社 2010 年版,第 245 页。
⑤ [日]前田雅英:《刑法学和刑事政策》,黎宏译,载谢望远、张小虎主编:《中国刑事政策报告》(第一辑),中国法制出版社 2007 版,第 528 页。
⑥ Vgl. Claus Roxin/Luís Greco, Strafrecht AT, Band. I, 5. Aufl., 2020, § 7 Rn. 43ff.

欠妥当的,但据此指责李斯特则是有欠公允的。首先,19世纪以后,实证主义思潮在法律理论中占据着支配性的地位。实证主义强调规范体系本身构成逻辑自洽的系统,拒绝考虑任何外在的社会或政治的因素。这为刑法的体系性发展路径提供了哲学依据,当然也排除了刑法学依其他路径发展的可能。其次,虽然自贝卡利亚、费尔巴哈以来,现代刑法产生并迅速发展,但直至贝林-李斯特犯罪论体系的提出,体系性的刑法理论才得以初步确立。对于尚处于发展初期的刑法学而言,体系化无疑是其学科发展最重要的任务。最后,随着欧洲启蒙运动的兴起,人权保障理念得以提倡并深入人心。面对刑事政策侵犯人权的威胁,以体系化的刑法限制刑事政策,便成为在刑法领域保障人权的必由之举。因此,作为探索刑法与刑事政策关系的先驱,李斯特在当时的时代背景下,强调二者的对立并主张以刑法限制刑事政策有着某种必然性。

当然,随着社会时代背景的转换,将刑法与刑事政策对立起来并以刑法限制刑事政策的观点逐渐失去了正当性,刑法体系主导下的分离模式受到了挑战。

(二)刑事政策主导下的分离模式

对于刑法与刑事政策的关系,另一观点则否认刑法体系的必要性,主张根据刑事政策的目的性导向来追求个案的公正,本文将其称为刑事政策主导下的分离模式。与李斯特同处一个时代的学者,不少主张目的性思想方案,其做法是不考虑古典犯罪学家所设定的形式上的种种束缚,而针对个体作出裁决,并希望这些裁决有助于社会整体。① 这种观点遭到了李斯特的强烈批评,也为德国刑法理论界所抛弃。可以认为,在李斯特之后,主张从根本上放弃刑法体系的观点在德国理论界销声匿迹了。然而,这一模式的另一种表现形式,即强调刑事政策的重要性并将刑法体系相对化的观点却一直不乏支持者,尤其是在刑法过分体系化的弊端日益显现之时,这种观点有着广阔的市场。例如,耶赛克在其刑法学教科书中说道:"然而,人们也不能忽视按照抽象规则建立起来的刑法教义学所带来的危险,这种危险存在于:法官机械地依赖于理论上的概念,从而忽视了具体个案的特殊性。这时,决定性的首要任务总是解决案件问题,而对体

---

① 参见[德]克劳斯·罗克辛:《刑事政策与刑法体系》,蔡桂生译,载陈兴良主编:《刑事法评论》(第26卷),北京大学出版社2010年版,第245页。

系的需要则必须退居第二位。"① 这一观点得出的必然推论便是用刑事政策对刑法教义学上概念性方案进行修正。然而,刑事政策在刑法体系之外对其进行控制,必然导致刑法体系的功能受到限制甚至是从根本上被瓦解,这与修正刑法体系的初衷也相去甚远。

无独有偶,对于奉行实用主义的英美刑法而言,体系性的刑法学也是不必要的。一方面,在《刑法》以日常语言作了明文规定的情况下,根据《刑法》的规定便可处理案件;另一方面,在《刑法》未作明文规定的情况下,在《刑法》赋予法官裁量空间的前提下,刑事政策所设定的目标引导着法官的裁判行为。② 这种主张以刑事政策指导法官自由裁量的观点从根本上否认刑法体系的必要性,是刑事政策主导下的分离模式的另一种表现形式。然而,上述对法官裁量过程的简化描述是不完整的。若法官通过采取某一个刑事政策方案即可得出正确的结论,在同时存在多个刑事政策方案的场合,必须要有一个控制及批判工具以检验这些个别决定逻辑上是否相容,而这种工具只能是以逻辑方式进行建构的普遍化的刑法体系。

就某个特定案件的处理结果而言,在刑事政策的目标指导下的法官自由裁量无疑是自由而又便捷的,在一定条件下也可能是公正的。但这一结果的公正性过度依赖法官内心的裁量,因而不具有可预测性,使得对法律案件的决定成为"摇奖的机会",这显然与现代刑法理念严重相悖。相应地,刑法体系的优点在限制刑事政策所带来的随意性、专横性及非理性上展现得淋漓尽致。罗克辛指出,犯罪阶层体系性思考具有以下四个优点:第一,它有助于检验个案,依照犯罪构成该当性、违法性和有责性三个阶层检验犯罪,可以节省斟酌的精力,避免遗漏应该检验的要件以及避免错误的判决。第二,以区分阻却违法事由和阻却罪责事由为例,它可以避免对各种不同的紧急情况,用过多的条文去涵盖,而可以使相同的情况获得相同的处理,不同的情况获得不同的处理。第三,对于学生或法官而言,它因有规则可循而使得适用法律更为简便。第四,它还能促进法律规范的形成。③ 因此,为了个案公正而否认刑法体系的重要性的观点是不能

---

① 参见[德]克劳斯·罗克辛:《刑事政策与刑法体系》,蔡桂生译,载陈兴良主编:《刑事法评论》(第26卷),北京大学出版社2010年版,第245页。

② 参见[德]许迺曼:《刑法体系与刑事政策》,王效文译,载许玉秀、陈志辉合编:《不移不惑献身法与正义——许迺曼教授刑事法论文选辑》,新学林出版股份有限公司2006年版,第38页。

③ 参见许玉秀:《当代刑法思潮》,中国民主法制出版社2005年版,第58页。

成立的。即便是对于奉行实用主义的英美刑法而言,近年来的发展趋势表明,体系性的刑法学得到逐步承认。①

(三)刑法体系与刑事政策融合的模式

过度体系化的诸多弊端以及放弃刑法体系所带来的灾难性后果促使学者在刑法体系与刑事政策的关系问题上寻求突破。罗克辛在 1970 年发表《刑事政策与刑法体系》,率先提出以刑事政策为基础构建犯罪论体系,开始了跨越"李斯特鸿沟"的努力。罗克辛主张允许刑事政策的价值选择进入刑法体系中,从而结合法律上的限制和合乎刑事政策的目的,调和法治国的自由保证和社会福利国的国家秩序。② 因此,构成要件该当性、违法性与有责性这些犯罪行为范畴自始便应该依照刑事政策功能的观点来观察、发展与体系化。具体来说,法律明确性的基本思维归于构成要件,社会冲突解决的领域则归类为违法性,而依据预防的观点所导出的应受刑罚性则归类为罪责。③ 这一构想对刑法理论的发展产生了深远的影响。罗克辛的主张很快就得到了其他学者的回应。雅各布斯也在此基础上提出了他的规范论,并主张以法忠诚训练为核心的积极的一般预防。在罗克辛、雅各布斯等学者的影响下,德国刑法学理的主导性见解,不再以存在事实作为刑法体系的向导,而是以刑法的任务和目标为刑法体系的指导。④ 日本刑法理论也在德国刑法学和美国犯罪学的双重影响下呈现出刑法学向刑事政策靠拢、犯罪论实质化的发展趋势。⑤ 因此,可以说将刑法体系与刑事政策进行融合,以刑事政策为基础建构刑法体系,是刑法与刑事政策关系上的全新模式,而这一模式代表着刑法学的发展方向。

---

① 参见[德]许迺曼:《刑法体系与刑事政策》,王效文译,载许玉秀、陈志辉合编:《不移不惑献身法与正义——许迺曼教授刑事法论文选辑》,新学林出版股份有限公司 2006 年版,第 39 页。
② 参见[德]克劳斯·罗克辛:《刑事政策与刑法体系》,蔡桂生译,载陈兴良主编:《刑事法评论》(第 26 卷),北京大学出版社 2010 年版,第 252 页。
③ 参见[德]许迺曼:《刑法体系与刑事政策》,王效文译,载许玉秀、陈志辉合编:《不移不惑献身法与正义——许迺曼教授刑事法论文选辑》,新学林出版股份有限公司 2006 年版,第 47 页。
④ 参见[德]克劳斯·罗克辛:《构建刑法体系的思考》,蔡桂生译,载《中外法学》2010 年第 1 期。
⑤ 参见[日]前田雅英:《刑法学和刑事政策》,黎宏译,载谢望远、张小虎主编:《中国刑事政策报告》(第一辑),中国法制出版社 2007 年版,第 528 页。

二、刑事政策与刑法体系：从分离走向融合

长期以来，我国刑事司法实践与理论研究相脱节的情况非常严重，实践与理论"两张皮"已成为我国司法的一个基本现状。在上述三种刑事政策与刑法体系的关系模式中，我国司法实践事实上遵循的无疑是以刑事政策为主导的分离模式。正如李斯特所批评的，这种模式过于依赖司法者内心的裁量，不具有可预测性，与现代刑法理念严重相悖。

上文已析，检察机关在处理本案时，面临着这样的难题：一方面，对本案适用酌定不起诉，符合宽严相济的刑事政策，具有良好的社会效果；但是，另一方面，本案并不符合法律规定的适用酌定不起诉的条件。对此，检察机关选择了适用刑事政策。尽管就最终结论而言，笔者认为检察机关的处理是正确的，但就过程而言，检察机关在未对法律规定作任何理论解释的情况下直接违反法律的规定而适用酌定不起诉的做法，显然是欠妥的。当然，由于本案的说理不够充分，我们无从得知检察机关是在意识到上述冲突之后有意为之，还是根本就没有意识到上述冲突的存在。考虑本案是最高人民检察院公布的第一个指导性案例，这不仅意味着承办的检察机关有意或无意地用刑事政策代替《刑法》规定，而且最高人民检察院还有意或无意地认可了这种做法。这足以引起上至最高司法机关下至地方基层司法机关的反思。

当然，只把板子打在司法机关身上，也是不公允的。一般而言，司法机关是奉行实用主义哲学的。司法机关之所以选择刑事政策而不选择刑法理论，恰恰是因为学界没有为司法机关正在处理的问题提供一种合目的的、具有充足解释力的方案。这需要引起学界的反思。笔者认为，我国刑法学界之所以难以为司法实践提出具有解释力的方案，主要原因有两个：其一，以四要件犯罪构成理论为核心的我国传统刑法理论与德日刑法学理论相比，属于一种陈旧的理论，存在解释力不足的问题。其二，在研究方法上，很多学者将某个既有理论作为标准去衡量司法实践，如果发现二者不符，就站在维护理论的纯粹性的角度批评实践。显然，这种研究方法既无益于对实践的指导，也无益于理论本身的发展。为此，学界应当一方面积极借鉴德日刑法学知识，尤其是其中的阶层犯罪论体系知识，努力实现我国刑法学知识的转型；另一方面要转变研究思路，结合中国实践，从司法实践中找到问题、研究问题，从而不断发展出新的理论，完善刑法学体系，更好地指导司法实践。

附录　网络时代的热点案件与刑法研究[①]

各位老师,各位同学,各位通过线上直播通道观看讲座的朋友,大家下午好! 非常荣幸有机会在这里向大家汇报我对网络时代热点案件与刑法研究的一些粗浅看法。首先要感谢主持人隗佳老师和三位与谈人——马寅翔老师、王俊老师、姚培培老师——对本次讲座的大力支持。四位老师都是非常优秀的青年刑法学者。本来我对做好这场讲座没什么底气,现在有了四位老师的压阵,我稍微有了一点信心。我今天的报告没有很强的理论性和体系性,主要是向大家汇报我最近几年对刑法热点案件研究的一些观察和思考。我主要讲三部分:第一部分是案例,第二部分是热点案件研究,第三部分是网络时代的热点案件研究。这三个部分不是并列的关系,而是由大到小、层层递进的关系。

首先回答一个问题,什么叫"案例"? 要理解"案例",关键在于理解其中的"例"。按照我的理解,案例中的"例",主要有两种意思:一是举例示意。例如,"教学案例"中的"例"就是举例示意的意思。二是范例。例如,"指导性案例"中的"例"就是范例的意思。当我们说某个案件是一个范例,显然不是说这个案件的案情可以成为范例,而是说司法机关对这个案件的处理可以成为范例。第一种意义上的案例未必进入了司法流程,但第二种意义上的案例一定进入了司法流程。在此基础上,我想区分"案例"与"案件"这两个相似但又不完全相同的概念。案件一定是真实发生了的(以此区别于第一种意义上的案例),但未必进入了司法流程(以此区别于第二种意义上的案例)。

目前,"热点案例"和"热点案件"这两种表述同时存在,但我更愿意使用"热点案件"这一表述。原因在于,热点案件的外延比热点案例更广。

[①] 2022年8月27日,笔者在南开大学法学院第七届刑法公益暑期研讨班上作了题为"网络时代的热点案件与刑法研究"的主题讲座,本文系在这次讲座录音稿的基础上修改而成。笔者的学生左智鸣、钱日彤、马凯迪、崔傲松、徐嘉鹏等同学承担了录音稿的整理工作,在此向他们表示感谢!

有些案件一经发生立即引起了社会关注,但没有进入司法流程。例如,2018年10月28日,在重庆发生了一起公交车坠江事件,我们也可以将其称为一个案件。在这辆公交车行驶之际,乘客刘某和公交车司机冉某因琐事发生口角,随后二人互殴,导致车辆失控坠入江中,车内15人全部遇难。这个案件发生后,立即在社会上引起了强烈关注。这个案件对我们的刑法研究和刑事立法也产生了深远的影响。我国《刑法》后来增设妨害安全驾驶罪,与这个案件有密切关系。但是,由于刘某和冉某都在事故中丧生,这个案件没有进入司法流程。所以本案无法被称为热点案例,但它毫无疑问属于热点案件。可见,热点案件的外延比热点案例更广。因而我更愿意使用"热点案件"这一说法。

一、案例(案件)

从大的方向上看,案例(案件)可以分为两类:一是教学案例,二是真实案件。

(一)教学案例

第一类案例(案件)是教学案例。教学案例是根据事先设置好的理论点编写出来的案例,它可能有事实原型,也可能没有。在德国刑法学上,有一个非常经典的教学案例:张三想杀死李四,就在打雷下雨天劝李四去森林里散步,希望李四在散步的过程中被雷劈死。李四听从了张三的建议,并且果然在散步的过程中被雷劈死。张三的行为是否构成故意杀人罪?这就是著名的"雷劈案"。德国教科书在讨论主观归责与客观归责问题时,绕不开这个案例。① 这个案例的结论大家也很熟悉,即张三不构成犯罪。以前的观点是否认张三有杀人的故意,现在的主流观点认为,张三的行为客观上并没有创设法所不允许的风险,因而直接否定了客观构成要件的该当性。

"雷劈案"源自德国,但我们也有自己原创的教学案例。青年男女在谈恋爱时,女青年经常会问自己的男朋友这样一个问题:"如果我和你母亲同时掉入河中,你只能救一个人,你会救谁?"2015年,张明楷老师把它编入了司法考试题目之中。② 这个案例考查的是不作为犯罪和义务冲突问题。毫无疑问,男青年对其母亲有救助义务。至于男青年对自己的女

---

① Vgl. Claus Roxin/Luís Greco, Strafrecht AT, Band.I 5. Aufl., 2020, § 11 Rn. 44.
② 这道题为2015年司法考试试卷二第52题,是一道多项选择题。其具体内容为:"关于不作为犯罪,下列哪些选项是正确的? A. 儿童在公共游泳池溺水时,(转下页)

朋友有无救助义务,要看二人是否已经形成了稳定的生活共同体。如果二人只是普通的恋人关系,还没有形成稳定的生活共同体,比如说尚未订婚,那么男青年对自己的女朋友没有救助义务。此时男青年只能救他的母亲。如果二人已经订了婚,那么男青年对自己的女朋友有救助义务。与此同时,他对自己的母亲也有救助义务。此时就涉及义务冲突的问题,要看哪一个救助义务是更为强势的义务。一般认为,救女朋友的义务不会比救助母亲的义务更强势。所以,男青年如果选择救自己的母亲,不会有任何法律责任。这是法律意义上的正确答案。不过,如果男青年直接以这个答案作答,可能很难得到他女朋友的认可。这便是情与法的矛盾之处。

通常情况下,一个教学案例所涉及的知识点比较少,可能只有一两个。但也有例外情况。比如,《车浩的刑法题》中的案例便同时涉及很多个知识点。① 大家对《车浩的刑法题》的第一印象是,里面的案情非常丰富,很有趣。但实际上,设置丰富案情的目的,不是为了有趣,而是为了把多个知识点巧妙地串在一起。这会在很大程度上增加答题的难度。因为,有待考查的知识点被隐藏在案情中,像埋了很多"雷",需要同学们一个一个去挖。

教学案例通常被用于教学和测试。前面我们讲的张明楷老师出的司法考试题,就是一个用于测试的教学案例。那么,教学案例能不能在理论研究中发挥作用呢?其实也是可以的,只不过这种情况比较少。我印象比较深刻的是,刑法学者在研究刑法因果关系问题时,经常会设想出一些教学案例。例如,张三把李四打成重伤后扬长而去,李四在被路人送往医院的途中遭遇车祸当场死亡。这个案例就是学者们设想出来的。这种情形会不会在现实生活中发生呢?应该说,完全有可能。我们觉得只要有这种可能性就行,并不是只有等这个案件真实发生了才能对它进行研究。

(接上页)其父甲、救生员乙均故意不救助。甲、乙均成立不作为犯罪。B. 在离婚诉讼期间,丈夫误认为自己无义务救助落水的妻子,致妻子溺水身亡的,成立过失的不作为犯罪。C. 甲在火灾之际,能救出母亲,但为救出女友而未救出母亲。如无排除犯罪的事由,甲构成不作为犯罪。D. 甲向乙的咖啡投毒,看到乙喝了几口后将咖啡递给丙,因担心罪行败露,甲未阻止丙喝咖啡,导致乙、丙均死亡。甲对乙是作为犯罪,对丙是不作为犯罪。"其中第三个选项涉及女友和母亲只能救一人时如何选择的问题。司法部公布的答案为 ACD。

① 参见车浩:《车浩的刑法题》(第 2 版),北京大学出版社 2021 年版。

(二)真实案件

第二类案例(案件)是真实案件。与教学案例相比,真实案件更为真实,也更为复杂。真实案件可以分为个案和类案,个案又可以进一步分为指导案例、热点案件和普通案件。我在这里说的"指导案例"是广义的指导案例,包括但不限于"两高"正式发布的指导性案例。2010年,"两高"先后颁布了《关于案例指导工作的规定》,宣告了案例指导制度在我国正式确立。截至今天,也就是2022年8月27日,最高人民法院累计发布了32批共计185个指导案例,最高人民检察院累计发布了38批共计157个指导性案例。① 除了这些正式的指导性案例,有关部门还遴选、发布了大量的有一定权威性和参考价值的指导案例。这些指导案例主要刊载于《刑事审判参考》《人民法院案例选》《中国审判案例要览:刑事卷》《最高人民法院公报》《最高人民检察院公报》五个刊物上。按理说,"两高"公报比前三个刊物更具权威性。但实际上,"两高"公报刊载的指导案例反而不如前三个刊物刊载的指导案例有影响力。原因在于,"两高"公报刊载的指导案例数量较少,并且"两高"公报仅仅刊载指导案例本身,没有编写案例要旨,因而这些案例的参考价值到底体现在哪里不是非常明确。

那么,指导案例在司法实践中到底发挥了多大的作用?它能不能取代司法解释?我认为,指导案例虽然有一定的作用,但是无法取代司法解释。坦白地说,指导案例没有达到当初制度设计者所预想的那种效果。原因在于,基层法官的司法责任限制了其创制规则的动力。在司法实践中,那些所谓判得比较好的案件,其实都是比较好地遵守了司法解释。把这些案件遴选出来作为指导性案例,其所生成的裁判要旨,无外乎是对相应的司法解释内容的重复确认,而没有办法创制新的规则。当然,这也不是绝对的。还是有少数指导案例创制了新的规则,但大部分指导案例没有创制新的规则,因而其实际效果远不如预期。

一直以来,我国刑法学界对指导案例是比较重视的,围绕着指导案例发表了很多学术论文。例如,最高人民法院指导案例27号"臧进泉盗窃、诈骗案"涉及财产犯罪中的一个非常重要的问题——如何区分诈骗罪与盗窃罪。很多学者对这个指导案例作了研究并发表了相关的学

---

① 截至2023年11月22日,最高人民法院累计发布了38批共计216个指导案例,最高人民检察院累计发布了49批共计199个指导性案例。

术论文。① 我本人也参与了对这个指导案例的研究。② 除了学术论文,还有一些学术著作对指导案例作了专门的研究。根据我的观察,我国刑法学界第一部专门研究指导案例的学术著作,应是陈兴良老师独著的两卷本《判例刑法学》。③ 它还有一个简化的教学版。④ 这本专著开风气之先,既带动了国内刑法学界对指导案例的研究,也促进了国内法学院校的案例教学。

除了指导案例,还有一类案件也很受关注,那就是热点案件。后面我会专门讲热点案件。有一些案件既不是指导案例,也不是热点案件,我把它们称为普通案件。以往普通案件不太受关注。但是,随着中国裁判文书网、北大法宝、威科先行等案例数据库的开发和应用,我们可以很便捷地从这些数据库中找到想要的案件。如此一来,这些普通案件也可以被用于研究之中,作为研究的一个支撑。不过,在理论研究中,普通案件一般只能起到辅助支撑的作用,很难成为研究的重心。

与个案相对的是类案。类案的研究又可以分为实证研究和规范研究。在刑法学领域,对类案做实证研究,主要就是对某一类案件的法律文书(主要指判决书)做实证研究,以分析某个要素或者某些要素在定罪量刑中发挥了何种作用。在这方面,最具影响力的学者无疑是北大法学院的白建军教授。白老师的研究不仅在很多具体的问题上深化了学界的认识,而且在研究范式上有很强的示范意义,引领带动了一批做实证研究的学者。另外,对类案也可以做规范研究。可能很多人会认为类案研究就是实证研究,这种理解是不准确的。对类案也可以做规范研究。对类案做规范研究,一般是比较类案的异同,在此基础上作类型化的规范分析。比如说,在很多侵犯财产的案件中,行为人的手段既有窃取的成分,也有骗取的成分。那么行为人的行为到底是构成盗窃罪还是诈骗罪呢?要回答这个问题,我们需要对这类案件作规范分析。这种研究属于类案的规范研究。

---

① 参见王安异、许姣姣:《诈骗罪中利用信息网络的财产交付——基于最高人民法院指导案例 27 号的分析》,载《法学》2015 年第 2 期;王钢:《盗窃与诈骗的区分——围绕最高人民法院第 27 号指导案例的展开》,载《政治与法律》2015 年第 4 期;蔡桂生:《新型支付方式下诈骗与盗窃的界限》,载《法学》2018 年第 1 期;张亚平:《认定诈骗罪不需要处分意识》,载《法律科学》2020 年第 3 期;袁国何:《诈骗罪中的处分意识:必要性及判别》,载《法学研究》2021 年第 3 期。
② 参见本书第八章。
③ 参见陈兴良:《判例刑法学(上下卷)》(第二版),中国人民大学出版社 2017 年版。该书的第一版出版于 2009 年。
④ 参见陈兴良:《判例刑法学(教学版)》(第 2 版),中国人民大学出版社 2018 年版。

二、热点案件研究

接下来我重点讲一下热点案件。我先讲热点案件的分类,然后讲热点案件的研究。

(一)热点案件的分类

要深入了解热点案件,需要对热点案件作一个分类。我认为,至少可以从以下三个角度对热点案件进行分类。

1.被哪个群体热议

第一分类角度是,热点案件被哪个群体热议。这里主要区分两个群体:一是普通百姓;二是法律界人士,包括法律学者、法律实务工作者。按照这个分类角度,我们可以把热点案件分为三类:一是仅被普通百姓热议的热点案件;二是仅被法律界热议的热点案件;三是同时被普通百姓和法律界热议的热点案件。

第一类,仅被普通百姓热议的案件。这类案件包括杭州保姆纵火案、白银连环杀人案,等等。杭州保姆纵火案发生在2017年6月,纵火者莫焕晶已经于2018年9月被执行死刑。这个案件之所以受到关注,主要是因为它的案情。在这个案件中,被害人一家五口人除了男主人因当时不在家而幸免于难,其余四人(女主人和三个孩子)都被烧死了。这个结果可以说是非常惨痛的。另外,纵火者莫焕晶与被害人是保姆与雇主的关系,而且据报道,平日里雇主对莫焕晶非常好。因而这个案件被很多人称为现代版的农夫与蛇的故事。这个案件虽然引起了很多普通百姓的关注,但是在法律界并没有引起太多的讨论。因为,这个案件无论是在事实认定上还是在法律定性上都没有太大的争议。白银连环杀人案也属于这类热点案件。这个案件前后持续了很多年。在没有破案时,它就引起了很多人的关注。因为,与普通杀人案相比,连环杀人案更让人感到不安。多年后,白银连环杀人案终于破案了,凶手最终伏法,结果大快人心,很多媒体对这个案件作了详细报道。但这个案件也没有在法律界引起太多讨论。

第二类,仅被法律界热议的热点案件。这类案件包括辽宁鞍山奸淫幼女案、余金平案,等等。很多年前,在辽宁鞍山发生了一起奸淫幼女案。这个案件的被害人是一个12岁的女孩。她比同龄人发育要早一些,身高1.68米,体重100多斤。她平时喜欢在网上聊天,QQ网名叫"疯女人"。她在网上认识了7名男青年,并先后与这7名男青年发生了性关系。我们知道,男子与不满14周岁的幼女发生性关系,涉嫌构成奸淫幼女型的强奸罪。所以,这个案件被检察机关起诉到鞍山市中级人民法院。但是这个案件有一个问题:7名男青年都表示自己不知道这个网名为"疯女人"的女孩是不满14周岁的幼女。也就是说,他们没有奸淫幼女的故意。鞍山市中院拿不准该如何处理这个案件,便把这个案件请示到辽宁省高院。辽宁省高院也拿不准,最后请示到最高人民法院。最高人民法院没法继续向上请示,只能自己拿主意,便出台了一个批复,批复的内容是:"行为人确实不知对方是不满十四周岁的幼女,双方自愿发生性关系,未造成严重后果,情节显著轻微的,不认为是犯罪"。从法教义学的基本逻辑来看,只要查明涉案男子确实不知道对方是幼女,就可以肯定他们缺乏奸淫幼女的故意。不管情节和后果如何,他们都不会构成强奸罪。这样看来,最高人民法院出台的这个司法解释在措辞上是非常保守的。不过,刑法学界整体上还是认可了最高人民法院的这个司法解释。然而,这个司法解释引起了法理专业的苏力老师的强烈反对。苏力老师认为,这个司法解释对幼女身心健康的保护严重不利。为此,他专门写了一篇论文来批评这个司法解释。[1] 与之针锋相对,陈兴良老师也专门写了一篇论文替这个司法解释辩护。[2] 除了陈兴良老师,还有很多刑法学者也站出来发声,以致这场争论最后演变成苏力老师单挑整个刑法学界。这个案件当年在法律界热度很高,但是它并没有引起普通百姓的关注。

余金平案也属于仅被法律界热议的热点案件。这个案件原本只是一个普通的交通肇事案件。可是,在这个案件中,法院和检察院相互较劲,"打"得不可开交。一审检察院基于余金平有自首、积极赔偿并获得被害人家属谅解以及认罪认罚的情节,建议一审法院判处余金平有期徒刑三年,缓刑四年。通常情况下,在审理那些适用认罪认罚制度的刑事案件时,法院会对检察院提出的量刑建议照单全收。然而,在余金平案中,一审法院没有采纳检察院的量刑建议,而是对余金平判处了一个比检察院的量刑建议要重的刑期——有期徒刑两年。这就提出了一个非常重要的问题——那些适用了认罪认罚制度的刑事案件的量刑权到底在谁的手里?是在法院手里,还是在检察院手里?法院和检察院都认为量刑权在

---

[1] 参见苏力:《司法解释、公共政策和最高法院——从最高法院有关"奸淫幼女"的司法解释切入》,载《法学》2003年第8期。
[2] 参见陈兴良:《奸淫幼女构成犯罪应以明知为前提——为一个司法解释辩护》,载《法律科学》2003年第6期。

自己的手里。所以,一审判决后,余金平上诉,一审检察院也提起抗诉。需要注意的是,通常情况下检察院的抗诉都是求重判,而本案中一审检察院抗诉却是求轻判。也就是说,余金平的上诉和一审检察院的抗诉在诉求内容上是完全一致的。令人惊讶的是,二审法院一点都不保守,没有按套路出牌,既没有维持原判,也没有采纳一审检察机关的量刑建议,而是进一步加重量刑,改判余金平有期徒刑三年六个月。余金平案的二审改判又带来了新的争议点——它是否违反了上诉不加刑的原则?除了这些程序法上的问题,在实体法上,余金平案也涉及如何理解自首、如何理解交通肇事后逃逸等问题。因此,余金平案引起了法律界尤其是刑事法律界的激烈争论。后来,北京市高院撤销余金平案的原生效判决,发回一审法院重审。一审公诉机关建议判处余金平有期徒刑两年,一审法院判处余金平有期徒刑两年。不难发现,最后的判决结果是法院系统和检察系统相互妥协的结果,双方各让了一步。在我看来,余金平案是一个足以载入中国司法史的重要案件。不过,普通百姓不知道也不关心这个案件。

  第三类,同时被普通百姓和法律界热议的热点案件。这类案件包括于欢案、赵春华案、江歌案、丰县铁链女子案,等等。丰县铁链女子案曝光于2022年春节期间。这个案件刚曝光时,大家感到很震惊,一开始有点不敢相信。在法治国家、民主社会,光天化日、朗朗乾坤,竟然会出现用铁链锁人的现象,令人难以置信。对于这个案件的发生,大家都感到非常痛心和愤慨。2022年春节期间,很多人都过得不开心,有两个原因。这个案件是其中一个原因,另一个原因是中国男足竟然踢不过越南。丰县铁链女子案引发了全社会的关注,不仅普通百姓非常关注这个案件,法律界人士也非常关注这个案件。学者们以这个案件为切入点,反思我国长期存在的拐卖妇女、儿童的犯罪现象。很多人心中都有这样一个疑问:我国《刑法》明明规定了相关的罪名——拐卖妇女、儿童罪、收买被拐卖的妇女、儿童罪,等等,为什么这些罪名无法有效规制拐卖妇女、儿童的犯罪现象?到底是刑事立法出了问题,还是刑事司法出了问题,抑或二者兼而有之?丰县铁链女子案促使很多学者对上述问题展开深入研究。①

---

① 参见车浩:《收买被拐妇女罪的刑罚需要提高吗?》,载微信公众号"中国法律评论",发布日期:2022年2月7日;罗翔:《我什么还是主张提高收买妇女儿童罪的刑罚?》,载微信公众号"罗翔说刑法",发布日期:2022年2月7日;桑本谦:《为什么要立法严惩收买被拐妇女罪?》,载微信公众号"中国法律评论",发布日期:2022年2月8日;柏浪涛:《收买罪是否需要提高法定刑?》,载微信公众号"雅理读书",发布日期:2022年2月9日;(转下页)

虽然大家的观点存在分歧,意见未臻一致,但这些研究毫无疑问会深化学界乃至全社会对相关问题的认识,最终促进我国刑事立法和刑事司法不断完善。

2. 被热议的原因

第二个分类角度是,热点案件被热议的原因。按照这个分类角度,我们可以把热点案件分为三类:第一类是因案情吸引眼球而成为热点案件;第二类是因判决结果令人不满或出人意料而成为热点案件;第三类是同时因案情和判决结果而成为热点案件。

第一类,因案情吸引眼球而成为热点案件。这类案件包括药家鑫案、林森浩案、阿里女员工被性侵案,等等。阿里女员工被性侵案为什么会吸引眼球呢?我认为主要有两个原因:一是这个案件涉及性侵。经验表明,与性侵有关的案件很容易成为社会关注的案件。这或许是因为,在我们社会中,性是一个较为敏感的话题。二是这个案件涉及"大厂"和普通员工之间的关系,也就是劳资关系。前些年,劳资关系还是比较和谐的。那个时候以马云为代表的资本家的形象还是非常正面的,有很多网友亲切地将马云称为"马爸爸"。但是,这几年劳资关系开始变得复杂微妙起来。马云的一些言论,例如"996是福报",在网上遭到了群嘲。在阿里女员工被性侵案中,实际上有两个犯罪嫌疑人,一是华联超市工作人员张某,二是女员工周某的上司王某文。很显然,相对于张某的性侵行为,大家对王某文的性侵行为更加关注。这在很大程度上是因为,王某文与周某有上下级关系。另外,在这个案件曝光后,很多媒体对阿里等"大厂"的破冰文化进行了报道,这些报道的内容非常吸引眼球,反过来又吸引了更多的人去关注阿里女员工被性侵案。

第二类,因判决结果令人不满或者出人意料而成为热点案件。这类案件包括李昌奎案、赵春华案、余金平案,等等。李昌奎案是2009年发生在云南省的一起强奸杀人案。李昌奎是云南省巧家县的一个农民,平日在四川省打工。有一天,他听说自己的哥哥李昌国和同村一个叫陈礼金

(接上页)罗翔:《论买卖人口犯罪的立法修正》,载《政法论坛》2022年第3期;陈兴良:《关涉他罪之对合犯的刑罚比较:以买卖妇女、儿童犯罪为例》,载《国家检察官学院学报》2022年第4期;梁根林:《买卖人口犯罪的教义分析:以保护法益与同意效力为视角》,载《国家检察官学院学报》2022年第4期;劳东燕:《买卖人口犯罪的保护法益与不法本质——基于对收买被拐卖妇女罪的立法论审视》,载《国家检察官学院学报》2022年第4期;姜涛:《收买被拐卖妇女罪的刑法教义学拓展》,载《苏州大学学报(法学版)》2022年第4期。

的妇女因琐事发生纠纷，便从四川省赶回云南省老家。陈礼金有一个女儿叫王家飞，时年19岁。李昌奎以前向王家飞提过亲，但是被拒绝了。李昌奎回到村里，在路过王家飞的伯父王廷金家门口时，遇到了王家飞和她3岁的弟弟王家红。李昌奎与王家飞发生了争吵，继而相互殴打起来。随后，李昌奎在王廷金家院子内将王家飞掐晕，并对她实施了强奸。在王家飞醒后跑开时，李昌奎用锄头猛击她的头部致其倒地。紧接着，李昌奎提起王家红的手脚将其头部猛撞门方，并用绳子勒住两个被害人的颈部，后逃离现场。经法医鉴定，王家飞、王家红均系颅脑损伤伴机械性窒息死亡。一审法院判处李昌奎死刑立即执行。李昌奎提起上诉。二审法院改判李昌奎死缓。对于二审改判的结果，被害人家属无法理解，不能接受。他们向云南省高院、云南省高检、云南省政法委申诉，继而向中央政法委、最高法、最高检提交了申请材料，请求启动对本案的再审，但没有得到任何回应。随后，王家飞的哥哥王家崇在腾讯网开通微博，传播案情，后又在各大论坛发帖，最终引发了轰动全国的舆论风暴。在这场舆论风暴中，网民一边倒地支持对李昌奎判处死刑立即执行，并对云南省高院的二审改判大加挞伐，认为云南省高院的改判是"悍然向中国法律挑衅"，怀疑云南省高院存在徇私舞弊。李昌奎案之所以成为一个热点案件，主要是因为二审的判决结果令人不满。如果二审法院没有改判李昌奎死缓而是维持原判，被害人家属不会去各个论坛传播案情。即便被害人家属这么做了，也不会引起这么多的舆论关注。

赵春华案是2016年发生在天津市的一起非法持有枪支案。2016年8月至10月，一个叫赵春华的妇女在天津之眼摩天轮附近的一条街道上摆放气球射击摊。一天晚上，警察没收了她的摊子，并将射击摊上的枪形物拿去作鉴定。鉴定结果表明，9支枪形物中有6支达到了枪支认定标准。为此，赵春华被检察机关以非法持有枪支罪提起公诉。一审法院判决赵春华构成非法持有枪支罪，判处有期徒刑三年六个月。赵春华案的一审判决被媒体曝光后，引起舆论一片哗然。摆放气球射击摊怎么会构成犯罪呢？大家都觉得不可思议。实际上，从全国范围来看，在赵春华案之前，已经有一些人因为摆放气球射击摊而被法院判决构成非法持有枪支罪。也就是说，赵春华案并不是第一起因摆放气球射击摊而被定罪的案件。那为何此前的有罪判决没有引起太多的关注呢？这是因为，此前的有罪判决基本上都判处了缓刑，被告人实际上不用坐牢。但是，赵春华案的一审没有判处缓刑，而是判了实刑。这个判决结果引起了社会的广泛关注和强烈批评。大家都觉得,一个妇女摆放气球射击摊能有什么社会危害性？而且,摆放气球射击摊是日常生活中极为常见的行为。如果对每个气球射击摊都认真查一遍,很多枪形物都达到了枪支的认定标准,因而很多摆放气球射击摊的人都会构成非法持有枪支罪。但实际上,像赵春华那样被追究刑事责任的只是极个别人。这种选择性执法的公正性也令人质疑。另外,赵春华所持有的枪形物之所以被鉴定为枪支,是因为公安部的枪支认定标准门槛很低。为此,很多人对公安部的枪支认定标准提出了批评。在强大的舆论压力下,二审法院对赵春华案进行了改判,改判为三年有期徒刑,缓期三年执行。这样一来,赵春华就不用坐牢了。从专业的角度看,这个判决结果很难说是一个令人满意的结果。因为,赵春华实际上没有非法持有枪支罪的故意。[①] 不过,从普通百姓的角度看,毕竟赵春华不用坐牢了,所以大家对二审改判的结果还是比较满意的。

前面讲到的余金平案,也属于因判决结果而成为热点案件。不过,与李昌奎案的二审判决、赵春华案的一审判决引起普遍的批评不同,余金平案的一审判决和二审判决并没有引起普遍的批评,而只是令检察机关和余金平不满。余金平案的判决结果与其说是令人不满,不如说是出人意料。

第三类,同时因案情和判决结果而成为热点案件。这类案件包括于欢案、江歌案,等等。于欢案是2016年发生在山东的一起故意伤害案件,最早被媒体称为"辱母案"。本案之所以被冠以这个名称,是因为在于欢实施防卫行为前,被害人杜志浩对于欢的母亲实施了侮辱行为。辱母情节的存在,使得于欢案有别于一般的正当防卫案件,受到了很多人的关注。另外,于欢案的一审判决结果也令人不满。一审法院彻底否定了于欢行为的防卫性质,判处于欢无期徒刑。实际上,这个判决结果是以往司法逻辑的正常体现。在以往的司法实践中,很多案件都是这么判的。很多原本属于正当防卫的案件,基本都被法院否定了防卫性质,即便侥幸被法院认可了具有防卫性质,也很容易被法院认为构成防卫过当。为此,陈兴良老师将我国《刑法》第20条称为"僵尸条款"。[②] 这个评价非常形象,也非常准确。所以,对于刑法专业人士来说,于欢案的一审判决结果完全在意料之中,尽管这个判决结果从专业角度来看肯定是有问题的。而普

---

① 参见本书第五章。
② 参见陈兴良:《正当防卫如何才能避免沦为僵尸条款——以于欢故意伤害案一审判决为例的刑法教义学分析》,载《法学家》2017年第5期。

通百姓完全不接受这个判决结果。很多人把自己代入于欢的位置上,发出质问,如果我们不能保护自己的母亲,又怎么能指望我们去保护祖国母亲?这个质问非常有力度,振聋发聩。与此同时,刑法学者们也对于欢案的一审判决结果提出了批评。在强大的舆论压力下,最高人民检察院派员到山东指导案件的办理,最终二审法院改判于欢的行为属于防卫过当,判处有期徒刑五年。实际上,于欢的行为到底是正当防卫还是防卫过当,理论上还有比较大的争议。很多学者认为,于欢的行为属于正当防卫,并没有过当。我也持这种观点。如果采用这种观点,就会认为二审法院的判决结果仍然不能令人完全满意。但二审法院毕竟承认了于欢的行为具有防卫性质,比一审判决有进步,这是值得肯定的。在于欢案发生后的几年里,我国连续发生了多起引起社会广泛关注的正当防卫案件,例如河北涞源反杀案、昆山龙哥被反杀案、赵宇见义勇为案,等等。这些案件的发生使正当防卫制度在那几年始终是全体国民非常关心的话题,也使得正当防卫在那几年成为刑法学界最热门的研究主题。学界的研究深化了对正当防卫的理解,取得了很多共识。在吸收这些研究成果的基础上,2020年8月底,最高人民法院、最高人民检察院、公安部联合发布了《关于依法适用正当防卫制度的指导意见》,对正当防卫的司法认定作了非常具体的规定。从这个意义上说,于欢案迸发出了非常大的能量,撬动了整个正当防卫制度。

  江歌案也是同时因案情和判决结果而成为热点案件。江歌案的案情之所以吸引眼球,是因为被害人江歌"好人没好报"。江歌与刘暖曦是好友关系。在刘暖曦与男友陈世峰分手因而居无住所之际,江歌向刘暖曦提供帮助,让刘暖曦住进自己租住的公寓中,并且帮刘暖曦摆脱陈世峰的纠缠。然而,在陈世峰酒后携刀堵在江、刘二人所住的公寓过道时,刘暖曦冲进公寓房间内并立即把门关上,让身后的江歌无法进入房间。陈世峰也被堵在门外,无法进入,便转移了侵害对象,用刀连续多次捅刺江歌,致其死亡。在这个案件中,直接杀人者是陈世峰,而非刘暖曦。但是,受到社会谴责最多的不是陈世峰,而是刘暖曦。这是因为,刘暖曦是向江歌求助的人,最后却置江歌的安危于不顾,让江歌毙命于陈世峰之手,令人寒心。不过,在民事一审判决结果出来之前,这个案件在学界并没有受到太多的关注。一审判决结果出来后,很多学者对这个案件作了研究。这主要是因为,一审法院的判决将道德的因素融合了进去,颇有新意。

3.被热议的起始时点

第三个分类的角度是,被热议的起始时点。主要有两种情况:第一种情况是,案件一发生便引起了广泛关注。这类案件包括药家鑫案、林森浩案、阿里女员工被性侵案,等等。这些案件后来都进入了司法流程。其中,药家鑫、林森浩都被法院判处了死刑立即执行。在阿里女员工被性侵案中,周某的上司王某文受到了行政处罚但没有受到刑事处罚,而张某则被法院判决构成强制猥亵罪,判处有期徒刑一年六个月。第二种情况是,案件发生时并没有引起太多的关注,直到在法院判决结果出来后,才引起广泛的关注。这类案件包括李昌奎案、余金平案、于欢案、赵春华案,等等。这类案件在判决结果出来后引起广泛关注,往往源于判决结果令人不满。但其中有些案件在案情上也有吸引眼球之处,例如于欢案。只不过,在判决结果出来之前,这些案件没有被媒体曝光,因而不为人所知。之所以要对热点案件被热议的起始时点作一个区分,是因为前一类案件的判决结果自始受到了舆论的影响,而后一类案件曝光的判决结果并没有受到舆论的影响。在我国当前的司法环境下,不可否认,舆论会在一定程度上影响案件的判决结果。尤其是在审理命案时,舆论会直接影响是否判处死刑立即执行。不难料想,假如李昌奎案在案发之初就引起了社会关注,那么二审法院不可能改判李昌奎死缓;反之,假如林森浩案在判决结果出来之前没有引起社会关注,那么法院很有可能不会判处林森浩死刑立即执行。

以上就是我对热点案件的三种分类。这三种分类之间实际上有一些内在的关联。例如,一个热点案件被普通百姓热议,既有可能是案情的原因,也有可能是判决结果的原因;但一个热点案件被法律界人士热议,往往与判决结果有关。又如,判决结果出来后引起关注的热点案件,既有可能是因为判决结果而成为热点案件,也有可能是因为案情而成为热点案件;但一发生便引起关注的热点案件,只可能是因为案情而成为热点案件。这三种分类可能并不全面,可能还能找到新的分类角度,但我目前能想到的就是这三种。

(二)热点案件的研究

接下来我来讲一下热点案件的研究。我主要谈两个问题:一是热点案件的研究视角,二是热点案件的研究价值。

1.研究视角

从大的方向来看,热点案件的研究主要有两个角度:一是社科法学角度的研究，二是法教义学角度的研究。近些年，社科法学与法教义学进行了较为激烈的争论。在这场争论中，社科法学者主"攻"，法教义学者主"守"。社科法学者的"攻"主要体现在两个方面：一是从方法论的角度批评法教义学；二是用社科法学的方法对热点案件展开研究，以证明在解决疑难案件时，社科法学比法教义学更具优势。由此可以看出，热点案件研究是社科法学与法教义学之争的重要战场。时至今日，理论上普遍承认，法教义学是法学研究的基本范式和主流形态。在热点案件研究中，法教义学同样要发挥主导性的作用。那么，如何看待社科法学在热点案件研究中的作用呢？我认为，这个问题不能一概而论，需要结合不同的研究层面来加以分析。

社科法学的研究可以分为两个层面：一是从实然层面对某个热点案件的司法过程进行观察描述，并在这个基础上作因果分析，主要解决"是什么"和"为什么"的问题；二是从应然层面对某个热点案件应该怎样处理进行分析，主要解决"怎么办"的问题。可以肯定，实然层面的社科法学研究是非常必要的。而且，这种视角的研究与法教义学的研究互为补充，不会构成竞争关系。实际上，部门法学者也可以用社科法学的方法从实然层面研究热点案件。我在研究李昌奎案时就做过这种尝试。通过分析李昌奎案二审改判死缓和再审判回死刑立即执行的原因，我发现，法院在决定是否判处被告人死刑立即执行时，实际上有两套不同的标准。适用不同的标准，得出的结论很有可能截然不同。而到底适用哪一套标准，又与案件是否曝光、是否引起舆论关注有关。[①] 我认为，这个研究能够加深我们对死刑适用标准的理解，有一定的价值。

关键的问题在于，在应然层面的研究中，如何看待社科法学与法教义学的关系？需要明确指出，社科法学与法教义学的关系并不是实然研究与应然研究的关系。法教义学确实只做应然研究，但是社科法学并没有将自己局限于实然研究层面。正是因此，社科法学与法教义学才会形成竞争关系。换言之，社科法学与法教义学之争是在应然层面的研究中展开的。应然层面的研究又可以进一步分为立法论的研究和解释论的研究。社科法学不同于法教义学的一个重要特征是，它不受规范的羁绊，或者说它不仅会考虑规范内的因素，而且会考虑规范外的因素。基于这一点，有学者会认为，社科法学只适合做立法论的研究，而法教义学只适合

---

① 参见本书第六章。

做解释论的研究。① 我认为,这种看法也是不准确的。实际上,在做解释论研究时,社科法学同样有其发挥作用的空间。例如,在刑法条文和刑法理论中,有不少概念在理解时存在多种不同的观点,而社科法学有时可以为这些观点之争提供新颖的论证角度。不过,社科法学若要在解释论研究中发挥作用,就必须依托规范、遵守规范,而不能抛开规范、违反规范。我认为,社科法学有知识、方法、立场三个不同的维度。在解释论的研究中,社科法学的知识和方法有发挥作用的余地,但是社科法学的立场——将实证法规范视为评价的对象而非遵守的对象——则应当予以摒弃。运用社科法学从应然层面研究热点案件,同样如此。

例如,苏力老师对药家鑫案的研究,是运用社科法学从应然层面研究热点案件的一个典型例子。药家鑫案是 2010 年发生在陕西省的一起故意杀人案。药家鑫是西安音乐学院的学生。2010 年 10 月 20 日晚,药家鑫驾驶一辆小轿车将前方在非机动车道上骑电动车同方向行驶的张妙撞倒。药家鑫下车查看,见张妙倒地呻吟,因担心张妙看到其车牌号后找麻烦,便拿出其背包中的一把尖刀,向张妙胸、腹、背等处捅刺数刀,致张妙主动脉、上腔静脉破裂大出血当场死亡。随后药家鑫驾车逃离,在路上又撞伤两个行人。药家鑫案发生后立即引起了社会的广泛关注。这既与药家鑫的杀人手段残忍、杀人动机令人费解有关,也与药家鑫的大学生身份有关。但这个案件在刑法学界并没有引起太多讨论。因为,这是一个典型的故意杀人案,没有太多可以讨论的问题。唯一值得讨论的问题是,是否要判处药家鑫死刑立即执行。从法教义学的角度思考这个问题,会紧扣《刑法》第 48 条对死刑适用条件的规定,探讨该如何理解这个条文的内容以及本案是否符合这个条文的规定。而苏力老师另辟蹊径,以药家鑫是家中独子为由反对对药家鑫判处死刑立即执行。他指出,如果判处药家鑫死刑,那意味着药家鑫的父母"断子绝孙",这对他们来说是极为残酷的。② 从个案的角度来说,苏力老师的观点并非毫无道理。但问题是,我国《刑法》已经明确规定了死刑适用的积极条件和消极条件,这些条件并不包含被告人是否为独生子的因素。如果在决定是否判被告人处死刑立即执行时,在既有的法律规定之外还额外考虑被告人是否为独生子的问

---

① 参见李波:《社科法学与法教义学共生论——兼论刑事政策与刑法教义学之关系》,载陈兴良主编:《刑事法评论》(第 36 卷),北京大学出版社 2015 年版,第 21 页。
② 参见苏力:《是非与曲直——个案中的法理》,北京大学出版社 2019 年版,第 103 页。

题,会引起一系列的后果。从报应的角度看,作为独生子的杀人者不能适用死刑立即执行,而作为非独生子的杀人者可以适用死刑立即执行,显然有违刑法的平等和公正。而从预防的角度看,这种做法不利于预防独生子去杀人。所以,在决定是否判处被告人死刑立即执行时,不应当考虑其是否为独生子的问题。从方法论的角度看,苏力老师的上述研究结论之所以不能成立,是因为他试图用社科法学的立场去解决解释论的问题。

在近二十年的热点案件研究中,社科法学与法教义学经历了此消彼长的过程。十几年前,对热点案件的研究主要是由社科法学者完成的。虽然法教义学者也研究热点案件,但无论是在研究成果的数量上,还是在影响力上,都不如社科法学者。但是,这种局面在近些年已经扭转过来了。最近这些年,社科法学者研究热点案件越来越少了,热点案件研究的任务主要由法教义学者来完成。我认为,这主要是因为,随着法教义学不断发展,热点案件研究对专业知识的门槛要求越来越高。以往社科法学者在研究热点案件时,往往是凭借着朴素的法感情,用价值判断和一般性的法理去处理部门法中的专业问题。随着法教义学不断发展,各个部门法的专业槽不断加深,这种做法已经行不通了。以后,社科法学者如果没有深入掌握相关的部门法知识,恐怕很难对热点案件做出有深度的研究。

2. 研究价值

我认为,热点案件研究的价值主要体现为以下四点:第一是促进法学教育。案例教学是法学教育中的一个重要内容。一般来说,案例教学主要是讲解教学案例。教学案例是我们老师自己编写的,一般来说涉及的知识点会比较少,案情也会相对枯燥一些。而热点案件是真实发生的案件,要么案情吸引人,要么判决结果令人不满或有新意,比教学案例更能引起学生的兴趣。所以,在课堂上讲解热点案件,会比讲解教学案例效果更好。我自己有这个体会。我在给学生上课时,会结合课程内容对近期发生的热点案件进行讨论和讲解。这些讨论和讲解受到学生的欢迎,而且也能够进一步启发我的思考,从而达到教学相长的效果。

第二是促进理论研究。热点案件,尤其是受到学界关注的热点案件,都有值得认真研究的问题点。比如,唐山烧烤店打人案发生后,大家都很关心对打人者该如何定罪量刑。按照一般的理解,故意伤害致人轻伤最高只能判处三年有期徒刑。如果定寻衅滋事罪,最高也只能判五年有期徒刑。可是,大家都认为,对于本案中的打人者尤其是其中的首要分子来说,五年有期徒刑太轻了,难以罚当其罪。那么,怎样通过解释论的方法获得一个相对妥当的量刑呢？这就是唐山烧烤店打人案向我们提出的问题。这个问题涉及如何处理故意重伤的未遂，以及如何理解聚众斗殴罪的问题。其实这些问题并不是全新的问题，学界以往也讨论这些问题。只不过，在唐山烧烤店打人案发生后，这些问题的实践价值进一步凸显出来，引起了学界的更多关注。再比如，于欢案涉及正当防卫的认定问题，具体又可以分为两个问题：一是如何判断一个行为有没有防卫性质，二是如何判断一个防卫行为是否过当。这两个问题也不是新问题，但是长期以来没有被解决好。于欢案引起社会广泛的关注后，学界投入了大量的精力去研究这两个问题，产出了很多高质量的研究成果。可以说，在于欢案之后，整个刑法学界对正当防卫制度的研究较之前明显上了好几个台阶，有质的变化。

除了进一步凸显传统问题的价值，热点案件还有可能提出全新的问题。例如，江歌案向我们提出了一个全新的问题。本案的直接杀人凶手是陈世峰，他在日本被判了20年监禁。根据我国《刑法》第7条和第10条的规定，中国人在外国犯罪，即便在外国已经被追究刑事责任，待其回国后，我们仍然可以继续追究其刑事责任。所以，陈世峰回国以后，我们可以继续追究他的刑事责任。但问题是，故意杀人罪的追诉期限是20年，而陈世峰在日本被监禁的时间恰好就是20年。这意味着，如果他没有被提前释放，等他在日本服刑完毕然后被遣送回中国，这个案件的追诉期限就已经过了。虽然我国《刑法》第88条规定了不受追诉期限限制的两种情形，但本案并不符合这两种情形。因此，本案的追诉期限确实是一个较为棘手的问题。① 当然，根据我国《刑法》第87条第4项的兜底性规定，本案可以通过报请最高人民检察院核准的方式解决追诉期限的问题。但是需要注意，我国《刑法》第87条第4项的兜底性规定实际是针对特殊的个案，是一种例外。而在追诉期限的问题上，本案并不是孤立的个案，而是代表一类案件，即行为人在外国服刑的刑期等于或超过我国《刑法》规定的追诉期限的案件。我认为，为了从根本上解决这类案件的追诉期限问题，最好还是通过立法的方法，在《刑法》第88条中增设一种不受追诉期限限制的情形。在江歌案发生前，这个问题从来没有被人注意到。提出了这个问题，是江歌案对刑法理论研究的一个贡献。

---

① 对这个问题的研究，参见钱日彤：《江歌案的遗留问题：国外已决犯的刑事责任及其追究》，载微信公众号"法学学术前沿"，发布日期：2022年4月7日。

第三是增进学科交流。从刑法专业的角度看,热点案件研究首先有助于促进刑法学内部不同研究范式之间的交流。阿里女员工被性侵案发生后,我写了一篇文章分析这个案件。① 我的同事、南开大学法学院刑法教研室主任张心向老师看了这篇文章后很兴奋,她认为我的分析思路是典型的法教义学分析思路,和她倡导的刑法社会学的分析思路有很大的差异。张心向老师提出,以这个案件为契机召开一次学术对话,以促进刑法教义学与刑法社会学的沟通理解,我们俩一拍即合。为此,我们邀请了一些学者和法律实务工作者,召开了一场题为"刑法教义学与刑法社会学的对话——阿里女员工被性侵案九人谈"的学术对话活动。今天讲座的与谈人之一马寅翔老师也参加了这场活动。这场活动举办得比较成功,取得了预期的效果。其次,热点案件研究也有助于促进各个部门法之间的交流。江歌案的民事一审判决出来以后,多位知名的民法学者对这个案件作了评论,但刑法学界对这个案件关注得比较少。这是因为,在很多人看来,刘暖曦侵犯江歌的生命权案是一个纯粹的侵权法案件。但是我认为,这个案件既属于侵权法案件,也属于刑法案件。所以,这个案件可以为民法学界和刑法学界的对话交流提供一个非常好的契机。为此,我写了一篇分析江歌案的评论文章,尝试从刑事责任和侵权责任两个角度分析刘暖曦的法律责任。② 这篇文章对民法学者的观点作了评述,而这篇文章后来又被民法学者引用评述了。③ 这种跨部门法的交流对话是非常有益的。最后,热点案件研究有助于促进法学与其他社会科学的交流。丰县铁链女子案发生后,不仅刑法学者、宪法行政法学者等法律学者对这个案件非常关注,其他学科的学者例如社会学的学者也对这个案件非常关注。学者们从各自专业的角度对这个案件展开评论分析,自发地促成了一次非常好的跨学科交流。正是因为有了丰县铁链女子案,不同学科的学者有了共同的话题和目标,这种跨学科的交流才得以形成。如果没有热点案件引出共同的话题和目标,跨学科的交流不但不可能自发地形成,就算是有意识地加以组织,实际操作起来也会非常困难。

第四是推动法治国家建设。这一点看起来很大、很空洞,实则不然。热点案件研究推动法治国家建设,主要体现在两个方面:一方面,促进法

---

① 参见本书第三章。
② 参见本书第一章。
③ 参见金可可、谈天:《从"江歌案"看〈民法典〉的司法适用及其争议——兼与本案相关论点商榷》,载《探索与争鸣》2022年第4期。

学界和法律实务界的良性互动。长期以来,我国法学界与法律实务界处于"两张皮"的状态。很多人呼吁构建法律人共同体。但就目前的情况而言,建构法律人共同体这一目标还比较遥远。导致这种局面的原因有很多,其中之一是,学者和法律实务人员的关注点不一样。让法律实务人员去看两三万字一篇的论文,他们没有时间、精力,也没有兴趣。他们关心的是司法实务中的具体问题。而司法实务中的具体问题一般会比较琐碎,研究这种问题难以写成有理论深度的论文,因而不能引起学者的兴趣。热点案件的优势在于,它既在学者的关注范围之内,也在法律实务人员的关注范围之内。热点案件发生后,学者会研究热点案件,发表评论意见,法律实务人员会关注学者的评论意见,有些还会发表自己的观点。因此,在热点案件上,学界和司法实务界会形成比较好的互动。我认为,热点案件研究或许可以给法律人共同体的建构提供一个很好的切入点。

另一方面,促进法律界和普通国民的良性互动。热点案件可以起到很好的普法作用。我们经常会搞一些普法宣传活动。如果普法宣传的内容是直接介绍某些法律法规是如何规定的,效果不会很好。因为,就算普通百姓能熟练地背诵某些法条,他们也很难明白这些法条的真正含义。借助热点案件进行普法,则会取得比较好的效果。热点案件会引起普通百姓的关注,而热点案件的判决结果和学者们对热点案件的评析能够帮助大家理解相关法律法规的真正含义。例如,在阿里女员工被性侵案中,检察机关认为王某文的行为属于强制猥亵,但不构成强制猥亵罪,最终只对他进行了治安处罚。可是,检察机关没有解释,为什么王某文的强制猥亵行为不构成强制猥亵罪。这个处理结果让很多人感到疑惑。这个时候,法律界人士有义务对这个问题进行释疑解惑。正是在这个背景下,我写了一篇文章分析为什么王某文的强制猥亵行为不构成犯罪。我的结论是,周某当时已处于因醉酒而神志不清的状态,因而她的同意没有效力,王某文的行为在客观上属于强制猥亵行为;但是,王某文误以为自己的猥亵行为得到了对方的同意,因而欠缺强制猥亵罪的犯罪故意,所以他不构成强制猥亵罪。[①] 我不敢说我的结论一定是正确的,但我的分析至少可以让读者对这个案件和强制猥亵罪有更加全面的理解。另外需要指出的是,鉴于热点案件在普法宣传中有特殊作用,司法机关对待热点案件应当有别于一般的案件。司法机关在处理一般的案件时,往往只追求结论的

---

① 参见本书第三章。

妥当性，不会全面详细地阐释其结论是怎样得出来的。这一点无可厚非。但是，司法机关在处理热点案件时，除了要追求结论的妥当性，还应当详细阐释这个结论是怎样得出来的，只有这样才能承担起借助热点案件进行普法释法的职责。

三、网络时代的热点案件研究

最后讲一下网络时代的热点案件研究。虽然对于到底什么是"网络时代"，不同的人可能有不同的理解，但没有疑问的是，我们已进入了网络时代。网络时代既会影响热点案件的生成，也会影响热点案件的研究。

（一）网络时代的热点案件生成

网络时代热点案件的生成主要有两个特点：第一个特点是数量多。任何时代都会有热点案件。例如清末有四大奇案，包括"张汶祥刺马案""杨乃武与小白菜案"，等等。民国时期有"施剑翘复仇案"①。这些案件在当时都属于全国轰动的热点案件。不过，在进入网络时代之前，每个时代的热点案件的数量都相对有限。而进入网络时代后，热点案件层出不穷，数量远远超过以往任何时代。我国现在每年甚至每月都会有热点案件发生，这是以往很难想象的。第二个特点是比热容低。比热容是物理学上的一个概念。比热容低，意味着升温快，降温也快。网络时代的热点案件就属于这种情况。降温的方法有两种，一是随着时间的流逝慢慢淡忘，二是出现另外一个热点案件，转移大家的注意力。例如，2021年年底，很多人非常关注江歌案。可是，2022年春节期间，媒体曝光了丰县铁链女子案，大家便把注意力转移到丰县铁链女子案上，也就不那么关注江歌案了。

为什么网络时代热点案件的生成会呈现出以上两个特点？我认为有以下三个原因。其一，资讯传播快。进入网络时代之前，我们是通过报纸、电视、广播等传统媒体来接受信息，资讯传播的速度相对慢，舆论热点的发酵需要一个较长的周期。进入网络时代后，每个人不仅是资讯的接受者，而且是资讯的传播者，还有可能是资讯的生产者。我们接受资讯和传播资讯的方式更加多元，资讯传播的速度更加迅捷，因而在热点案件曝光后，很快就能形成舆论热点。其二，视频传播较之于其他传播形式更具

---

① 对这个案件的深入分析，参见[美]林郁沁：《施剑翘复仇案：民国时期公众同情的兴起与影响》，陈湘静译，江苏人民出版社2011年版。

有感染力和冲击性。在网络时代,视频是资讯传播最重要的形式之一。这种传播形式较之于文字或图片会有更强的感染力和冲击性。例如,唐山烧烤店打人案之所以引起这么大的关注,与拍录了这个案件完整经过的监控视频被传到网上有关。通过这个监控视频,我们能清晰地听到被害人被击打的声音和被害人的哀嚎声。这会给人一种强烈的代入感,仿佛我们也在案发现场,从而给我们带来强烈的冲击感。试想一下,如果没有这个视频,我们只能看到目击者对这个案件发生过程的描述,或者只能看到公安机关发布的对这个案件的案情通报,看完后我们还会那么愤怒吗?恐怕是不会的。这就是视频带来的冲击力。其三,热点案件往往会滋生很多谣言。而谣言往往会比案件真相更夸张,更刺激国民的神经,所以也更能吸引眼球。热点案件所滋生的谣言会进一步吸引大家关注这个热点案件。

(二)网络时代的热点案件研究

网络时代给热点案件研究带来的最大变化体现在成果形式上。在进入网络时代之前,热点案件研究的成果形式主要是期刊论文、学术著作、报纸评论,等等。在进入网络时代后,热点案件研究的成果形式更加多元,除了上述传统的形式,还有一种新型的成果形式横空出世,那就是在微信公众号上以原创文章的形式进行网络发表。这种新型的成果形式给当下的热点案件研究带来了深远的影响。

在我国刑法学界乃至整个法学界,以公众号原创文章的形式发表热点案件研究成果,最有影响力的学者无疑是车浩老师。车浩老师在"中国法律评论"公众号上累计发表了 20 余篇评析热点案件的文章,其中多篇文章的阅读量达到了"10 万+"。这些文章在学界和社会层面产生了广泛的影响力。车浩老师的热点案件评析文章,用生动有趣的语言揭示深刻的道理,既有开阔的理论视野,又有对生活事实的敏锐洞察力,令人恍然大悟、拍案叫绝。这些文章不仅适合法律专业人士读,也适用对法律感兴趣但没有任何基础的人读。在车浩老师的带动下,现在有很多学者在公众号上发表热点案件评析文章。我本人也在这个方面做了一点工作。我相信,未来会有越来越多的学者参与这个工作。

相对于在期刊报纸上发表研究热点案件的文章,在公众号上发表研究热点案件的文章有很多优势,主要表现为以下五点:第一,推送快,发表周期短。向公众号投稿研究热点案件的文章,可能一两天就能发出来。而如果是在自己的公众号上发表文章,更是随时都可以。这一点使得针对同一个热点案件的不同观点能够迅速形成交锋。例如,在丰县铁链女子案曝光后,围绕我国《刑法》第241条规定的收买被拐卖的妇女、儿童罪是否需要修改,车浩老师和罗翔老师之间有一场争论。这场争论就是以公众号原创文章的形式展开的。两位老师都在公众号上发表了原创文章。① 两篇文章针锋相对,引人瞩目,阅读量都达到了"10万+"。正是因为借助了公众号原创文章的形式,车浩老师和罗翔老师很快就形成了令刑法学界乃至整个社会非常瞩目的观点交锋。在进入网络时代之前,学界有时也会围绕同一个热点案件展开争论,但是由于传统形式的发表速度比较慢,需要一个较长的周期才能形成观点交锋。第二,阅读量大,社会影响力大。在期刊、报纸上发表的热点案件评析文章,读者主要限于法律专业人士。与之相比,公众号上的热点案件评析文章有更加广泛的读者群,不仅包括法律专业人士,也包括普通国民。因此,与期刊、报纸上的文章相比,公众号上的原创文章有更大社会影响力。第三,表达更加自由。在期刊、报纸上发表文章,文字表述会比较严肃,有很多条条框框需要遵守。相对而言,公众号原创文章的表达更加自由与包容,允许乃至鼓励个性化地表达。第四,对作者身份没有严格限制。在期刊、报纸上发表的热点案件评析文章,对作者的身份有一定的要求,作者主要是学者,也包括一部分法律实务人士。学生想要在期刊、报纸上发表热点案件评析文章,难度很大。而在公众号上发表的热点案件评析文章,对作者的身份没有限制。哪怕是本科生写的热点案件评析文章,只要写得足够好,就有机会在公众号上发表。所以,相对于传统的期刊、报纸,公众号能够给更多的人提供宝贵的发表机会。这有助于鼓励更多的人参与热点案件的研究。第五,评论区的留言能够给作者反馈。公众号文章下方有一个评论区,读者可以在评论区自由发表自己对文章的评论意见。热点案件评析文章下面的评论区,往往会非常热闹。因为,对于同一个热点案件,不同的人可能会有截然不同的看法。有时候在一篇热点案件评析文章的评论区中,我们既能读到对这篇文章予以肯定的留言,也能读到对这篇文章提出批评或质疑的留言,这都是非常正常的。通过这些留言,作者可以了解读者对这篇文章的真实评价。

发表在公众号上的热点案件评析文章,对于写作有一些不同于期刊、报

---

① 参见车浩:《收买被拐妇女罪的刑罚需要提高吗?》,载微信公众号"中国法律评论",发布日期:2022年2月7日;罗翔:《我什么还是主张提高收买妇女儿童罪的刑罚?》,载微信公众号"罗翔说刑法",发布日期:2022年2月7日。

纸文章的特殊要求。通过观察学习其他学者撰写的精彩的热点案件评析文章,结合我自己写热点案件评析文章的一些粗浅体会,我认为,要写好在公众号上发表的热点案件评析文章,可能需要注意以下四点:第一,表达上要通俗易懂。前面讲到,在公众号上发表的热点案件评析文章,有广泛的读者群,既有内行读者,也有外行读者。为了照顾外行读者的阅读需求,公众号上的热点案件评析文章要写得通俗易懂,尽量少用专业术语。即便要用专业术语,也要解释清楚这些专业术语是什么意思,努力降低阅读门槛。第二,内容上要有一定的深度。正所谓"外行看热闹,内行看门道",要写好在公众号上发表的热点案件评析文章,最大的困难是要兼顾内行读者和外行读者的需求。我个人比较认同的一种做法是,在表达上就低不就高,以外行读者的需求为准;在内容上就高不就低,以内行读者的需求为准。公众号上的热点案件评析文章,在内容上一定要有"门道"可看。例如,在评析一个热点案件时,我们需要介绍相关的法律法规是如何规定的。但如果整篇文章只是介绍相关的法律法规是如何规定的,那么不仅对内行读者没有什么吸引力,对外行读者也不会有太大的吸引力。所以,在介绍相关法律法规的内容的基础上,还要作一定的理论分析,努力使自己的文章有独到的见解。第三,写作速度要快。因为如果写慢了,热点就过去了,关注度也会下降很多。第四,篇幅不宜过长。字数最好不要超过 10000 字,因为读者阅读公众号文章的耐心有限。

不过,在公众号上发表热点案件评析文章,也面临着一些质疑。其中有一些质疑是由热点案件研究引起的,与在哪里发表没有直接关系,还有一些质疑则是由在公众号上发表这一成果形式引起的。第一个可能的质疑是,仓促写就的热点案件评析文章建立在案件事实不确定的基础上。这的确是一个比较棘手的问题。前面讲到,公众号上的热点案件评析文章,要求快速写作。可是,很多热点案件刚曝光时,案件事实还没有完全查清楚,很容易出现案情反转的情况。此时如果仓促写作,一旦案情出现了反转,那整篇文章就失去了意义,甚至还会有一定的误导性。如何克服这个难题呢?我认为,虽然公众号文章的写作求快,但还是要等到主要的案件事实基本确定以后才能动笔写。进入网络时代后,每当有热点案件发生,公安机关一般都会主动对热点案件的案情进行通报。热点案件评析文章的写作,可以以这个案情通报的内容为准。当然,不能说公安机关的通报内容一定完全符合案件事实,但我们的分析只能建立在假设该通报内容完全符合案件事实的基础上。如果后面发现了新的案件事实,还可以作补充分析。当然,如果在公安机关通报案情之前,我们已经通过某种可靠的途径了解了案件发生的完整过程,就不必等到案情通报出来之后才开始写作。例如,在唐山烧烤店打人案发生后,我们可以通过观看监控视频了解案件发生的完整过程,此时就可以开始写作,不必等到案情通报出来之后再动笔。另外,如果某些关键性的案件事实虽然没有完全确定,但是无外乎是几种情况,那么可以对这几种不同的情况分别加以讨论。还是以唐山烧烤店打人案为例,这个案件发生后,大家都关心打人者将承担怎样的刑事责任。而这个问题与被打者的受伤程度密切相关。可是,在这个案件刚发生时,被打者的受伤程度还没有做鉴定。如果要写文章分析打人者的刑事责任,是否需要等到被打者的伤情鉴定结果出来呢?我认为不需要,因为被打者的伤情无外乎是轻微伤、轻伤、重伤三种情形。在伤情鉴定结果出来之前,我们可以对这几种不同的情况分别加以讨论。

第二个可能的质疑是,热点案件评析文章会干扰司法机关对热点案件的审理。需要承认,热点案件评析文章确实有可能会影响司法机关对案件的审理。因为,热点案件评析文章所表达的观点,属于舆论的一部分。而在我国司法实践中,舆论的确会在一定程度上影响司法机关对热点案件的审理。不仅终审判决前的热点案件的审理有可能会受到舆论的影响,即便是终审判决后的热点案件,也有可能因舆论而进行再审改判。前者例如许霆案、于欢案、赵春华案,后者例如李昌奎案、余金平案、王力军非法收购玉米案。现在的问题是,热点案件评析文章对案件审理的影响是否属于负面的干扰?我认为不是。撰写热点案件评析文章,归根到底是在结合案件作法律解释。这种解释充其量只是学者的学理解释,它属于无权解释。无权解释要发挥作用,只能以理服人。如果某篇热点案件评析文章中的内容说服了承办案件的司法者,后者按照这篇文章中的观点进行处理,那么对于司法者而言,这篇文章是在提供帮助而不是干扰;如果某篇热点案件评析文章中的内容没有说服承办案件的司法者,后者完全可以对这篇文章置之不理。对于同一个热点案件,往往会有多名学者发表评析文章。如果不同学者的观点各不相同,这些评析文章便会相互消解对方原本可能会给司法机关带来的压力,承办案件的司法者可以在没有压力的环境下从多种不同的观点中选择采用自己认可的观点。如果不同学者的观点趋于一致,尤其是当学者们一致批评某个判决结果时,这些热点案件评析文章的确会给司法机关带来一定的压力。这个时候,司法机关不应固执己见,而应认真听取学者们的批评意见,纠正此前不当的做法。要言之,热点案件评析文章有时的确会给司法机关带来一定的压力,但这种压力是正面的而非负面的,它有助于引导司法机关正确处理热点案件。

第三个可能的质疑是,热点案件评析文章可能会给案件当事人带来不利的影响。热点案件评析文章对案件当事人产生影响,主要有两种途径:第一种途径是通过影响司法机关对热点案件的处理来影响案件当事人;第二种途径是成为舆论的一部分,甚至引导舆论的走向,从而影响案件当事人。第一种途径对案件当事人的影响,本来就是其应当承担的法律后果或应当受到的法律保护。所以,这种途径对案件当事人产生的影响,无论是有利的还是不利的,都不会有任何问题。问题在于第二种途径对案件当事人的影响。这种影响的大小与热点案件评析文章本身的影响力有关。热点案件评析文章的阅读量越高,影响力越大,它就越有可能成为舆论中的重要声音,直至引导舆论的走向。而舆论不仅会给承办案件的司法机关带来一定的压力,也会给案件当事人带来一定的压力。但是需要注意,严格来说,施加给司法机关的舆论压力和施加给案件当事人的舆论压力,有各自不同的问题源头。舆论给司法机关带来压力,主要是因为司法机关对法律问题的处理令人不满;而舆论给案件当事人带来压力,则主要是缘于案件事实本身。表面上看,热点案件评析文章主要旨在解决法律问题,因而它不太可能引导施加给案件当事人的舆论。但实际上,在分析热点案件中的法律问题之前,我们往往需要对案件事实进行一定的解读。这种解读包含了作者的主观理解,未必符合案件事实本身。如果某篇热点案件分析文章对案件事实作了不准确的解读,而这个解读结果被普通百姓普遍接受,那么它会误导舆论,给案件当事人带来不利的影响。所以,案件评析文章在对案件事实进行解读时,一定要特别谨慎,有一分把握说一分话,不能盲目自信,更不能异想天开。

以上就是我报告的全部内容,主要谈了我对刑法热点案件研究的一些观察和思考,既没有理论深度,也缺乏体系性,甚至还有一些自吹自擂的成分。不对的地方,请各位老师、各位同学,尤其是三位与谈老师批评指正。我的汇报就到这里,谢谢大家!

参考文献

一、著作

1. 蔡桂生:《构成要件论》,中国人民大学出版社 2015 年版。
2. 蔡仙:《过失犯中的结果避免可能性研究》,法律出版社 2020 年版。
3. 车浩:《阶层犯罪论的构造》,法律出版社 2017 年版。
4. 车浩:《刑法教义的本土形塑》,法律出版社 2017 年版。
5. 车浩:《车浩的刑法题》(第 2 版),北京大学出版社 2021 年版。
6. 陈洪兵:《财产犯罪之间的界限与竞合研究》,中国政法大学出版社 2014 年版。
7. 陈瑞华:《论法学研究方法》,北京大学出版社 2009 年版。
8. 陈兴良:《规范刑法学(上、下)》(第五版),中国人民大学出版社 2023 年版。
9. 陈兴良:《教义刑法学》(第三版),中国人民大学出版社 2017 年版。
10. 陈兴良:《口授刑法学》(第二版),中国人民大学出版社 2017 年版。
11. 陈兴良:《判例刑法学(上、下)》(第二版),中国人民大学出版社 2017 年版。
12. 陈兴良:《刑法的知识转型(学术史)》(第二版),中国人民大学出版社 2017 年版。
13. 陈兴良:《刑法的知识转型(方法论)》(第二版),中国人民大学出版社 2017 年版。
14. 陈兴良:《正当防卫论》(第三版),中国人民大学出版社 2017 年版。
15. 陈兴良主编:《刑法总论精释(上、下)》(第三版),人民法院出版社 2016 年版。
16. 陈兴良主编:《刑法各论精释(上、下)》,人民法院出版社 2015 年版。
17. 陈兴良、张军、胡云腾主编:《人民法院刑事指导案例裁判要旨通纂(上卷、下卷)》(第二版),北京大学出版社 2018 年版。

18. 陈璇:《正当防卫:理念、学说与制度适用》,中国检察出版社 2020 年版。
19. 陈璇:《紧急权:体系建构与基本原理》,北京大学出版社 2021 年版。
20. 程啸:《侵权责任法》(第三版),法律出版社 2021 年版。
21. 邓子滨:《中国实质刑法观批判》(第二版),法律出版社 2017 年版。
22. 杜宇:《类型思维与刑法方法》,北京大学出版社 2021 年版。
23. 付立庆:《刑法总论》,法律出版社 2020 年版。
24. 高铭暄、马克昌主编:《刑法学》(第十版),北京大学出版社、高等教育出版社 2022 年版。
25. 高铭暄、马克昌主编:《中国刑法解释》(上卷、下卷),中国社会科学出版社 2005 年版。
26. 高铭暄、赵秉志编:《新中国刑法立法文献资料总览》(第二版),中国人民公安大学出版社 2015 年版。
27. 郭泽强:《正当防卫制度研究的新视界》,中国社会科学出版社 2010 年版。
28. 侯国云、白岫云:《新刑法疑难问题解析与适用》,中国检察出版社 1998 年版。
29. 黄薇主编:《中华人民共和国民法典释义(上、中、下)》,法律出版社 2020 年版。
30. 江溯主编:《德国判例刑法(总则)》,北京大学出版社 2021 年版。
31. 江溯主编:《网络刑法原理》,北京大学出版社 2022 年版。
32. 黎宏:《刑法学总论》(第二版),法律出版社 2016 年版。
33. 黎宏:《刑法学各论》(第二版),法律出版社 2016 年版。
34. 李波:《过失犯中的规范保护目的理论研究》,法律出版社 2018 年版。
35. 李金明:《不真正不作为犯研究》,中国人民公安大学出版社 2008 年版。
36. 梁根林:《刑法总论问题论要》,北京大学出版社 2018 年版。
37. 梁根林、[德]埃里克·希尔根多夫主编:《中德刑法学者的对话:罪刑法定与刑法解释》,北京大学出版社 2013 年版。
38. 林东茂:《刑法综览》(修订 5 版),中国人民大学出版社 2009 年版。
39. 刘仁文:《立体刑法学》,中国社会科学出版社 2018 年版。
40. 刘仁文主编:《贪污贿赂犯罪的刑法规制》,社会科学文献出版社

2015年版。

41. 刘士心:《不纯正不作为犯研究》,人民出版社2008年版。

42. 刘士心:《美国刑法中的犯罪论原理》,人民出版社2010年版。

43. 刘士心:《刑法中的行为理论研究》,人民出版社2012年版。

44. 刘士心:《美国刑法各论原理》,人民出版社2015年版。

45. 刘树德:《空白罪状——界定·追问·解读》,人民法院出版社2002年版。

46. 马克昌主编:《犯罪通论》,武汉大学出版社1999年版。

47. 孟庆华:《贪污贿赂罪重点疑点难点问题判解研究》,人民法院出版社2005年版。

48. 彭文华:《〈刑法〉第13条但书与刑事制裁的界限》,中国人民大学出版社2019年版。

49. 全国人大常委会法制工作委员会编:《中华人民共和国刑事诉讼法条文说明、立法理由及相关规定》,北京大学出版社2008年版。

50. 全国人大常委会法制工作委员会刑法室编:《中华人民共和国刑法修正案(八)条文说明、立法理由及相关规定》,北京大学出版社2011年版。

51. 苏力:《法律与文学——以中国传统戏剧为材料》,生活·读书·新知三联书店2006年版。

52. 苏力:《是非与曲直——个案中的法理》,北京大学出版社2019年版。

53. 田宏杰:《刑法中的正当化行为》,中国检察出版社2004年版。

54. 王爱立主编:《中华人民共和国刑法条文说明、立法理由及相关规定》,北京大学出版社2021年版。

55. 王钢:《德国判例刑法(分则)》,北京大学出版社2016年版。

56. 王利明:《侵权责任法》(第二版),中国人民大学出版社2021年版。

57. 王新环:《公诉权原论》,中国人民公安大学出版社2006年版。

58. 王莹:《中国刑法教义学的面向:经验、反思与建构》,北京大学出版社2022年版。

59. 王泽鉴:《民法物权》(第二版),北京大学出版社2010年版。

60. 王泽鉴:《侵权行为论》(第三版),北京大学出版社2016年版。

61. 王政勋:《正当行为论》,法律出版社2000年版。

62. 王作富、刘树德:《刑法分则专题研究》,中国人民大学出版社2013年版。

63. 王作富主编:《刑法分则实务(上、中、下)》(第五版),中国方正出版社 2013 年版。

64. 魏东:《案例刑法学》(第二版),中国人民大学出版社 2023 年版。

65. 鲜铁可:《新刑法中的危险犯》,中国检察出版社 1998 年版。

66. 谢望原、付立庆主编:《许霆案深层解读——无情的法律与理性的诠释》,中国人民公安大学出版社 2008 年版。

67. 徐凌波:《存款占有的解构与重建:以传统侵犯财产犯罪的解释为中心》,中国法制出版社 2018 年版。

68. 许成磊:《不纯正不作为犯理论》,人民出版社 2009 年版。

69. 许福生:《刑事政策学》,中国民主法制出版社 2006 年版。

70. 许玉秀、陈志辉合编:《不移不惑献身法与正义——许迺曼教授刑事法论文选辑》,新学林出版股份有限公司 2006 年版。

71. 许玉秀:《当代刑法思潮》,中国民主法制出版社 2005 年版。

72. 杨剑波:《刑法明确性原则研究》,中国人民公安大学出版社 2010 年版。

73. 杨立新:《侵权责任法》(第四版),法律出版社 2021 年版。

74. 喻海松编著:《实务刑法评注》,北京大学出版社 2022 年版。

75. 张明:《量刑基准的适用》,法律出版社 2008 年版。

76. 张明楷:《刑法分则的解释原理(上、下)》(第二版),中国人民大学出版社 2011 年版。

77. 张明楷:《刑法学(上、下)》(第六版),法律出版社 2021 年版。

78. 张明楷:《诈骗犯罪论》,法律出版社 2021 年版。

79. 张心向:《在规范与事实之间——社会学视域下的刑法运作实践研究》,法律出版社 2008 年版。

80. 张心向:《在遵从与超越之间——社会学视域下刑法裁判规范实践建构研究》,法律出版社 2012 年版。

81. 赵秉志主编:《刑法新教程》(第四版),中国人民大学出版社 2012 年版。

82. 赵秉志主编:《刑法学总论研究述评(1978—2008)》,北京师范大学出版社 2009 年版。

83. 赵秉志主编:《刑法学各论研究述评(1978—2008)》,北京师范大学出版社 2009 年版。

84. 郑泽善:《刑法总论争议问题研究》,北京大学出版社 2013 年版。

85. 郑泽善:《刑法分论争议问题研究》,中国人民大学出版社 2015 年。
86. 周光权:《刑法总论》(第四版),中国人民大学出版社 2021 年版。
87. 周光权:《刑法各论》(第四版),中国人民大学出版社 2021 年版。
88. 最高人民法院民法典贯彻实施工作领导小组主编:《中华人民共和国民法典侵权责任编理解与适用》,人民法院出版社 2020 年版。
89. [德]埃里克·希尔根多夫:《德国刑法学:从传统到现代》,江溯、黄笑岩等译,北京大学出版社 2015 年版。
90. [德]迪克·克斯勒:《马克斯·韦伯的生平、著述及影响》,郭锋译,法律出版社 2004 年版。
91. [德]汉斯·海因里希·耶赛克、托马斯·魏根特:《德国刑法教科书(上、下)》,徐久生译,中国法制出版社 2017 年版。
92. [德]卡尔·拉伦茨:《法学方法论》,陈爱娥译,商务印书馆 2003 年版。
93. [美]克里斯托弗·沃尔夫:《司法能动主义》,黄金荣译,中国政法大学出版社 2004 年版。
94. [美]理查德·A.波斯纳:《法理学问题》,苏力译,中国政法大学出版社 2002 年版。
95. [美]林郁沁:《施剑翘复仇案:民国时期公众同情的兴起与影响》,陈湘静译,江苏人民出版社 2011 年版。
96. [美]乔治·弗莱彻:《反思刑法》,邓子滨译,华夏出版社 2008 年版。
97. [日]大谷实:《刑法讲义总论(新版第 2 版)》,黎宏译,中国人民大学出版社 2008 年版。
98. [日]大谷实:《刑法讲义各论(新版第 2 版)》,黎宏译,中国人民大学出版社 2008 年版。
99. [日]大木雅夫:《比较法(修订译本)》,范愉译,法律出版社 2006 年版。
100. [日]大塚仁:《刑法概说(总论)(第三版)》,冯军译,中国人民大学出版社 2003 年版。
101. [日]大塚仁:《刑法概说(各论)(第三版)》,冯军译,中国人民大学出版社 2009 年版。
102. [日]前田雅英:《刑法总论讲义(第六版)》,曾文科译,北京大学出版社 2017 年版。
103. [日]前田雅英:《日本刑法各论》,董璠舆译,台湾地区五南图书出版公司 2000 年版。

104. [日]山口厚:《刑法总论(第二版)》,付立庆译,中国人民大学出版社 2011 年版。

105. [日]山口厚:《刑法各论(第二版)》,王昭武译,中国人民大学出版社 2011 年版。

106. [日]松宫孝明:《刑法总论讲义(第四版补正版)》,钱叶六译,中国人民大学出版社 2013 年版。

107. [日]松宫孝明:《刑法各论讲义(第四版)》,王昭武、张小宁译,中国人民大学出版社 2018 年版。

108. [日]松原芳博:《刑法总论重要问题》,王昭武译,中国政法大学出版社 2014 年版。

109. [日]西田典之:《日本刑法总论(第二版)》,王昭武、刘明祥译,中国人民大学出版社 2013 年版。

110. [日]西田典之:《日本刑法各论(第七版)》,[日]桥爪隆补订,王昭武、刘明祥译,法律出版社 2020 年版。

111. [苏联]A·H·特拉伊宁:《犯罪构成的一般学说》,王作富等译,中国人民大学出版社 1958 年版。

112. [英]A. W. 布莱恩·辛普森:《同类相食与普通法——"木犀草号"悲剧性的最后一次航程及其所引发的奇特法律程序》,韩阳译,商务印书馆 2012 年版。

113. [英]罗素:《西方哲学史(上卷)》,何兆武、李约瑟译,商务印书馆 1963 年版。

114. [英]洛克:《政府论(下篇)》,叶启芳等译,商务印书馆 1964 年版。

115. Claus Roxin, Strafrecht AT, Band. II, 4. Aufl., 2003.

116. Claus Roxin, Strafrecht AT, Band. I, 4. Aufl., 2006.

117. Claus Roxin/Luís Greco, Strafrecht AT, Band. I, 5. Aufl., 2020.

118. Günter Stratenwerth/Lothar Kuhlen, Strafrecht AT I, Die Straftat, 5. Aufl. 2004.

119. Kühl, Strafrecht AT, 7. Aufl., 2012.

120. Urs Kindhäuser, Strafrecht AT, 6. Aufl. 2015.

121. Wessels/Beulke/Satzger, Strafrecht AT, 43. Aufl., 2013.

二、论文

1. 柏浪涛:《论诈骗罪中的"处分意识"》,载《东方法学》2017年第2期。
2. 柏浪涛:《收买罪是否需要提高法定刑?》,载微信公众号"雅理读书",2022年2月9日。
3. 蔡桂生:《新型支付方式下诈骗与盗窃的界限》,载《法学》2018年第1期。
4. 车浩:《假定因果关系、结果避免可能性与客观归责》,载《法学研究》2009年第5期。
5. 车浩:《从李昌奎案看"邻里纠纷"和"手段残忍"的涵义》,载《法学》2011年第8期。
6. 车浩:《盗窃罪中的被害人同意》,载《法学研究》2012年第2期。
7. 车浩:《占有概念的二重性:事实与规范》,载《中外法学》2014年第5期。
8. 车浩:《非法持有枪支罪的构成要件》,载《华东政法大学学报》2017年第6期。
9. 车浩:《理解当代中国刑法教义学》,载《中外法学》2017年第6期。
10. 车浩:《抢劫罪与敲诈勒索罪之界分:基于被害人的处分自由》,载《中国法学》2017年第6期。
11. 车浩:《基本犯自首、认罪认罚的合指控性与抗诉求刑轻重不明》,载微信公众号"中国法律评论",2020年4月21日。
12. 车浩:《重伤以下没有防卫过当,是理论偏差也是政策误区》,载微信公众号"中国法律评论",2020年7月27日。
13. 车浩:《收买被拐妇女罪的刑罚需要提高吗?》,载微信公众号"中国法律评论",2022年2月7日。
14. 陈光中:《论我国酌定不起诉制度》,载《中国刑事法杂志》2001年第1期。
15. 陈光中、葛琳:《刑事和解初探》,载《中国法学》2006年第5期。
16. 陈洪兵:《盗窃罪与诈骗罪的关系》,载《湖南大学学报(社会科学版)》2013年第6期。
17. 陈洪兵:《体系性诠释"利用职务上的便利"》,载《法治研究》2015年第4期。
18. 陈瑞华:《刑事诉讼的私力合作模式——刑事和解在中国的兴起》,

载《中国法学》2006 年第 5 期。

19. 陈兴良:《奸淫幼女构成犯罪应以明知为前提——为一个司法解释辩护》,载《法律科学》2003 年第 6 期。

20. 陈兴良:《刑法教义学方法论》,载《法学研究》2005 年第 2 期。

21. 陈兴良:《敲诈勒索罪与抢劫罪之界分——兼对"两个当场"观点的质疑》,载《法学》2011 年第 2 期。

22. 陈兴良:《我国案例指导制度功能之考察》,载《法商研究》2012 年第 2 期。

23. 陈兴良:《正当防卫如何才能避免沦为僵尸条款——以于欢故意伤害案一审判决为例的刑法教义学分析》,载《法学家》2017 年第 5 期。

24. 陈兴良:《刑法教义学的逻辑方法:形式逻辑与实体逻辑》,载《政法论坛》2017 年第 5 期。

25. 陈兴良:《赵春华非法持有枪支案的教义学分析》,载《华东政法大学学报》2017 年第 6 期。

26. 陈兴良:《刑法指导案例裁判要点功能研究》,载《环球法律评论》2018 年第 3 期。

27. 陈兴良:《关涉他罪之对合犯的刑罚比较:以买卖妇女、儿童犯罪为例》,载《国家检察官学院学报》2022 年第 4 期。

28. 陈璇:《正当防卫中风险分担原则之提倡》,载《法学评论》2009 年第 1 期。

29. 陈璇:《论过失犯的注意义务违反与结果之间的规范关联》,载《中外法学》2012 年第 4 期。

30. 陈璇:《侵害人视角下的正当防卫论》,载《法学研究》2015 年第 3 期。

31. 陈志军:《枪支认定标准剧变的刑法分析》,载《国家检察官学院学报》2013 年第 5 期。

32. 储槐植:《建议修改故意犯罪定义》,载《法制日报》1991 年 1 月 24 日。

33. 储槐植:《死刑的司法控制:完整解读刑法第四十八条》,载《中国检察官》2013 年第 3 期。

34. 储槐植、杨书文:《复合罪过形式探析——刑法理论对现行刑法内含的新法律现象之解读》,载《法学研究》1999 年第 1 期。

35. 樊崇义、吴宏耀:《酌定不起诉是有罪认定吗?》,载《人民检察》2001

年第 8 期。

36. 冯军:《刑法中的责任原则——兼与张明楷教授商榷》,载《中外法学》2012 年第 1 期。

37. 付立庆:《应否允许抽象危险犯反证问题研究》,载《法商研究》2013 年第 6 期。

38. 付立庆:《被害人因受骗而同意的法律效果》,载《法学研究》2016 年第 2 期。

39. 公丕祥:《坚持司法能动依法服务大局》,载《法律适用》2009 年第 11 期。

40. 顾培东:《能动司法若干问题研究》,载《中国法学》2010 年第 4 期。

41. 郭泽强:《关于职务侵占罪主体问题的思考——以对"利用职务上的便利"之理解为基点》,载《法学评论》2008 年第 6 期。

42. 郝力挥、刘杰:《贪污罪主体的特征》,载《政治与法律》1985 年第 5 期。

43. 何秀娟:《认定贪污罪应当注意的几个问题》,载《河北法学》1988 年第 3 期。

44. 贺剑:《忘恩负义,不应只是道德评价》,载微信公众号"中国法律评论",2022 年 1 月 16 日。

45. 贺卫方:《司法独立审判需要广泛的公众认知》,载《南方周末》2011 年 12 月 8 日,第 E31 版。

46. 侯国云:《交通肇事罪司法解释缺陷分析》,载《法学》2002 年第 7 期。

47. 侯欣一:《建议提高枪支认定标准,对枪支进行分类分级管理》,载《民主与法制时报》2017 年 3 月 16 日,第 7 版。

48. 胡激洋、吴美满:《从刑法文本到社会学意义的成功实践——石狮市院妥善处理两村村民聚众斗殴的个案价值分析》,载《中国检察官》2011 年第 3 期。

49. 黄伯青:《是否具备紧迫性是构成正当防卫的关键》,载《人民法院报》2009 年 11 月 11 日,第 006 版。

50. 冀洋:《"存疑有利于被告人"的刑法解释规则之提倡》,载《法制与社会发展》2018 年第 4 期。

51. 贾宇:《舆论监督司法应回归理性》,载《法制日报》2011 年 8 月 24 日,第 011 版。

52. 江溯:《规范性构成要件要素的故意及错误——以赵春华非法持有枪支案为例》,载《华东政法大学学报》2017 年第 6 期。

53. 姜涛:《从李昌奎案看检讨数罪并罚时死缓的适用》,载《法学》2011 年第 8 期。

54. 姜涛:《收买被拐卖妇女罪的刑法教义学拓展》,载《苏州大学学报(法学版)》2022 年第 4 期。

55. 金可可、谈天:《从"江歌案"看〈民法典〉的司法适用及其争议——兼与本案相关论点商榷》,载《探索与争鸣》2022 年第 4 期。

56. 金可可:《江秋莲诉刘暖曦生命权侵害纠纷案若干法律问题简析》,载微信公众号"华政民商",2022 年 1 月 13 日。

57. 康均心:《还有多少李昌奎被翻案》,载《青少年犯罪问题》2011 年第 6 期。

58. 劳东燕:《正当防卫制度的背后》,载《清华法学》2006 年第 1 期。

59. 劳东燕:《交通肇事逃逸的相关问题研究》,载《法学》2013 年第 6 期。

60. 劳东燕:《结果无价值逻辑的实务透视:以防卫过当为视角的展开》,载《政治与法律》2015 年第 1 期。

61. 劳东燕:《防卫过当的认定与结果无价值论的不足》,载《中外法学》2015 年第 5 期。

62. 劳东燕:《法条主义与刑法解释中的实质判断——以赵春华持枪案为例的分析》,载《华东政法大学学报》2017 年第 6 期。

63. 劳东燕:《买卖人口犯罪的保护法益与不法本质——基于对收买被拐卖妇女罪的立法论审视》,载《国家检察官学院学报》2022 年第 4 期。

64. 黎宏:《论交通肇事罪的若干问题——以最高人民法院有关司法解释为中心》,载《法律科学》2003 年第 4 期。

65. 黎宏:《论抽象危险犯危险判断的经验法则之构建与适用——以抽象危险犯立法模式与传统法益侵害说的平衡和协调为目标》,载《政治与法律》2013 年第 8 期。

66. 黎宏:《论盗窃财产性利益》,载《清华法学》2013 年第 6 期。

67. 李波:《社科法学与法教义学共生论——兼论刑事政策与刑法教义学之关系》,载陈兴良主编:《刑事法评论》(第 36 卷),北京大学出版社 2015 年版。

68. 李建玲:《酌定不起诉制度适用考察》,载《国家检察官学院学报》

2009 年第 4 期。

69. 李立众:《暴行入罪论》,载《政法论丛》2020 年第 6 期。

70. 李世阳:《刑法中有瑕疵的同意之效力认定——以"法益关系错误说"的批判性考察为中心》,载《法律科学》2017 年第 1 期。

71. 李翔:《立场、目标与方法的选择——以赵春华案为素材刑法解释论的展开》,载《东方法学》2017 年第 3 期。

72. 李勇:《余金平交通肇事中五个问题剖析》,载微信公众号"刑事法评论",2020 年 4 月 18 日。

73. 梁根林:《死刑案件被刑事和解的十大证伪》,载《法学》2010 年第 4 期。

74. 梁根林:《〈刑法〉对 133 条之一第 2 款的法教义学分析——兼与张明楷教授、冯军教授商榷》,载《法学》2015 年第 3 期。

75. 梁根林:《买卖人口犯罪的教义分析:以保护法益与同意效力为视角》,载《国家检察官学院学报》2022 年第 4 期。

76. 林维:《交通肇事逃逸行为研究》,载陈兴良主编:《刑事法判解》(第 1 卷),法律出版社 1999 年版。

77. 林亚刚:《论"交通运输肇事后逃逸"和"因逃逸致人死亡"——兼评〈关于审理交通肇事刑事案件具体应用法律若干问题的解释〉的若干规定》,载《法学家》2001 年第 3 期。

78. 刘流:《论贪污罪中"利用职务上的便利"》,载《法律适用(国家法官学院学报)》2001 年第 6 期。

79. 刘明祥:《论诈骗罪中的交付财产行为》,载《法学评论》2001 年第 2 期。

80. 刘伟琦:《"利用职务上的便利"的司法误区与规范性解读——基于职务侵占罪双重法益的立场》,载《政治与法律》2015 年第 1 期。

81. 刘宪权:《"疑罪从轻"是产生冤案的祸根》,载《法学》2010 年第 6 期。

82. 刘宪权:《于欢行为属于防卫过当 应当予以减轻处罚》,载《人民法院报》2017 年 6 月 25 日,第 02 版。

83. 刘艳红:《"司法无良知"抑或"刑法无底线"?——以"摆摊打气球案"入刑为视角的分析》,载《东南大学学报(哲学社会科学版)》2017 年第 1 期。

84. 罗翔:《我什么还是主张提高收买妇女儿童罪的刑罚?》,载微信公众号"罗翔说刑法",2022年2月7日。

85. 罗翔:《论买卖人口犯罪的立法修正》,载《政法论坛》2022年第3期。

86. 马卫军:《论诈骗罪中的被害人错误认识》,载《当代法学》2016年第6期。

87. 马寅翔:《占有概念的规范本质及其展开》,载《中外法学》2015年第3期。

88. 马寅翔:《限缩与扩张:财产性利益盗窃与诈骗的界分之道》,载《法学》2018年第3期。

89. 孟庆华:《李昌奎案件的几个刑法适用问题评析》,载《学习论坛》2012年第3期。

90. 莫洪宪、高锋志:《宽严相济刑事政策运用实践考察——以检察机关相对不起诉为切入点》,载《人民检察》2007年第4期。

91. 彭文华:《论正当防卫限度的重大损害标准》,载《江汉论坛》2015年第7期。

92. 齐文远:《中国刑法学该转向教义主义还是实践主义》,载《法学研究》2011年第6期。

93. 钱日彤:《江歌案的遗留问题:国外已决犯的刑事责任及其追究》,载微信公众号"法学学术前沿",2022年4月7日。

94. 秦新承:《认定诈骗罪无需"处分意识"——以利用新型支付方式实施的诈骗案为例》,载《法学》2012年第3期。

95. 桑本谦:《法律上的冗余:也谈江歌索赔案》,载微信公众号"雅理读书",2022年1月14日。

96. 桑本谦:《为什么要立法严惩收买被拐妇女罪?》,载微信公众号"中国法律评论",2022年2月8日。

97. 宋晓:《裁判摘要的性质追问》,载《法学》2010年第2期。

98. 宋英辉:《酌定不起诉适用中面临的问题与对策——基于未成年人案件的实证研究》,载《现代法学》2007年第1期。

99. 苏彩霞:《刑法解释方法的位阶与运用》,载《中国法学》2008年第5期。

100. 苏力:《司法解释、公共政策和最高法院——从最高法院有关"奸淫幼女"的司法解释切入》,载《法学》2003年第8期。

101. 苏力:《法条主义、民意与难办案件》,载《中外法学》2009年第1期。

102. 苏力:《关于能动司法与大调解》,载《中国法学》2010 年第 1 期。

103. 孙国祥:《民意必须得到尊重》,载《检察日报》2011 年 8 月 24 日,第 05 版。

104. 孙谦、陈凤超:《论贪污罪》,载《中国刑事法杂志》1998 年第 3 期。

105. 孙宪忠:《对江歌案的评析》,载微信公众号"法学学术前沿",2022 年 1 月 12 日。

106. 孙应征、赵慧:《论刑事和解在我国相对不起诉制度中的构建》,载《法学评论》2007 年第 2 期。

107. 孙运梁:《我国刑法中应当设立"暴行罪"——以虐待儿童的刑法规制为中心》,载《法律科学》2013 年第 3 期。

108. 汪建成、姜远亮:《宽严相济刑事政策与刑事起诉制度》,载《东方法学》2008 年第 6 期。

109. 王安异、许姣姣:《诈骗罪中利用信息网络的财产交付——基于最高人民法院指导案例 27 号的分析》,载《法学》2015 年第 2 期。

110. 王钢:《盗窃与诈骗的区分——围绕最高人民法院第 27 号指导案例的展开》,载《政治与法律》2015 年第 4 期。

111. 王钢:《非法持有枪支罪的司法认定》,载《中国法学》2017 年第 4 期。

112. 王启梁:《法律世界观紊乱时代的司法、民意和政治——以李昌奎案为中心》,载《法学家》2012 年第 3 期。

113. 王昭武:《犯罪的本质特征与但书的机能及其适用》,载《法学家》2014 年第 4 期。

114. 王作富:《贪污受贿利用职务之便有何不同》,载《检察日报》2003 年 5 月 8 日。

115. 肖中华:《也论贪污罪的"利用职务上的便利"》,载《法学》2006 年第 7 期。

116. 谢望远、张小虎主编:《中国刑事政策报告》(第 1 辑),中国法制出版社 2007 年版。

117. 徐凌波:《置换二维码行为与财产犯罪的成立》,载《国家检察官学院学报》2018 年第 2 期。

118. 徐万龙:《"重伤以下无过当规则"的反思与纠偏》,载《浙江大学学报(人文社会科学版)》2022 年第 3 期。

119. 刘明祥:《论窃取财产性利益》,载《政治与法律》2019 年第 8 期。

120. 杨建军:《法律的系统性危机与司法难题的化解——从赵春华案谈起》,载《东方法学》2017年第3期。

121. 杨立新:《江歌索赔案的侵权法规则适用》,载微信公众号"中国法律评论",2022年1月12日。

122. 杨立新:《江歌案的定性、请求权基础和法律适用》,载微信公众号"教授加",2022年1月14日。

123. 杨立新:《如何确定江歌案不同侵权人的损害赔偿责任》,载微信公众号"教授加",2022年1月17日。

124. 杨新京:《论相对不起诉的适用条件》,载《国家检察官学院学报》2005年第6期。

125. 杨兴培:《刺杀辱母者案的刑法理论分析与技术操作》,载《东方法学》2017年第3期。

126. 杨兴培:《李昌奎案:本不应轻启刑事再审程序》,载《东方法学》2011年第5期。

127. 姚诗:《交通肇事"逃逸"的规范目的与内涵》,载《中国法学》2010年第3期。

128. 姚万勤、陈鹤:《盗窃财产性利益之否定——兼与黎宏教授商榷》,载《法学》2015年第1期。

129. 袁国何:《论刑法中"应当知道"的教义学意涵》,载《北方法学》2015年第3期。

130. 袁国何:《刑法解释中有利于被告人原则之证否》,载《政治与法律》2017年第6期。

131. 袁国何:《诈骗罪中的处分意识:必要性及判别》,载《法学研究》2021年第3期。

132. 张传军:《窃取欠条收取欠款的行为该定何罪》,载《中国审判》2008年第10期。

133. 张明楷:《"存疑时有利于被告"原则的适用界限》,载《吉林大学社会科学学报》2002年第1期。

134. 张明楷:《不作为犯中的先前行为》,载《法学研究》2011年第6期。

135. 张明楷:《危险驾驶罪的基本问题——与冯军教授商榷》,载《政法论坛》2012年第6期。

136. 张明楷:《故意伤害罪司法现状的刑法学分析》,载《清华法学》2013年第1期。

137. 张明楷:《论盗窃财产性利益》,载《中外法学》2016 年第 6 期。

138. 张明楷:《正当防卫的原理及其运用——对二元论的批判性考察》,载《环球法律评论》2018 年第 2 期。

139. 张心向:《赵春华案二审法院为何这样判?》,载《人民法院报》2017 年 1 月 27 日,第 03 版。

140. 张心向:《刑法教义学与刑法社会学的冲突与融合》,载《政治与法律》2022 年第 8 期。

141. 张亚平:《认定诈骗罪不需要处分意识》,载《法律科学》2020 年第 3 期。

142. 张忆然:《诈骗罪的"处分意思不要说"之提倡——"处分意思"与"直接性要件"的功能厘定》,载《中国刑警学院学报》2019 年第 3 期。

143. 赵秉志:《关于中国现阶段慎用死刑的思考》,载《中国法学》2011 年第 6 期。

144. 赵秉志:《于欢案防卫过当法理问题简析》,载《人民法院报》2017 年 6 月 24 日,第 02 版。

145. 赵秉志、肖中华:《贪污罪中"从事公务"的含义(中)》,载《检察日报》2002 年 3 月 29 日。

146. 赵秉志、彭新林:《我国死刑适用若干重大现实问题研讨——以李昌奎案及其争议为主要视角》,载《当代法学》2012 年第 3 期。

147. 郑泽善:《诈骗罪中的处分行为》,载《时代法学》2011 年第 4 期。

148. 周光权:《结果假定发生与过失犯——履行注意义务损害仍可能发生时的归责》,载《法学研究》2005 年第 2 期。

149. 周光权:《论刑事和解制度的价值》,载《华东政法学院学报》2006 年第 5 期。

150. 周光权:《正当防卫成立条件的"情境"判断》,载《法学》2006 年第 12 期。

151. 周光权:《论持续侵害与正当防卫的关系》,载《法学》2017 年第 4 期。

152. 周光权:《正当防卫的司法异化与纠偏思路》,载《法学评论》2017 年第 5 期。

153. 周慧:《全面深化改革背景下的枪支分类研究》,载《山东警察学院学报》2017 年第 1 期。

154. 周详:《罪刑法定主义视角下"赛家鑫"案再审问题之剖析》,载《法学》2011 年第 8 期。

155. 朱建华:《有罪还是无罪——相对不起诉的法律悖论与实践缺陷》,载《河北法学》2008 年第 5 期。

156. 邹兵建:《"明知"未必是"故犯"——论刑法"明知"的罪过形式》,载《中外法学》2015 年第 5 期。

157. 邹兵建:《中国刑法教义学的当代图景》,载《法律科学》2015 年第 6 期。

158. 邹兵建:《条件说的厘清与辩驳》,载《法学家》2017 年第 1 期。

159. 邹兵建:《非法持有枪支罪的司法偏差与立法缺陷——以赵春华案及 22 个类似案件为样本的分析》,载《政治与法律》2017 年第 8 期。

160. 邹兵建:《互殴概念的反思与重构》,载《法学评论》2018 年第 3 期。

161. 邹兵建:《正当防卫中"明显超过必要限度"的法教义学研究》,载《法学》2018 年第 11 期。

162. 邹兵建:《论我国刑法第 20 条的条款关系》,载《苏州大学学报(法学版)》2018 年第 4 期。

163. 邹兵建:《法教义学释疑——以刑法教义学为重点》,载《刑事法评论》2019 年第 1 期。

164. 邹兵建:《过失犯中结果回避可能性的混淆与辨异》,载《中外法学》2021 年第 4 期。

165. [德]克劳斯·罗克辛:《构建刑法体系的思考》,蔡桂生译,载《中外法学》2010 年第 1 期。

166. [德]约翰内斯·卡斯帕:《德国正当防卫权的"法维护"原则》,陈璇译,载《人民检察》2016 年第 10 期。

三、判决书

1. 北京市门头沟区人民法院一审刑事判决书(2019)京 0109 刑初 138 号。

2. 北京市第一中级人民法院二审刑事判决书(2019)京 01 刑终 628 号。

3. 北京市门头沟区人民法院一审刑事判决书(2021)京 0109 刑初 244 号。

4. 北京市通州区人民法院一审刑事判决书(2019)京 0112 刑初 1212 号。

5. 广东省江门市蓬江区人民法院一审刑事判决书(2019)粤 0703 刑初

45 号。

6. 海南省东方市人民法院一审刑事判决书(2019)琼 9007 刑初 200 号。
7. 河北省玉田县人民法院一审刑事判决书(2019)冀 0229 刑初 61 号。
8. 河南省安阳市龙安区人民法院一审刑事判决书(2019)豫 0506 刑初 180 号。
9. 河南省孟州市人民法院一审刑事判决书(2018)豫 0883 刑初 306 号。
10. 湖南省靖州苗族侗族自治县人民法院一审刑事判决书(2020)湘 1229 刑初 124 号。
11. 湖南省澧县人民法院一审刑事判决书(2019)湘 0723 刑初 105 号。
12. 湖南省湘潭市雨湖区人民法院一审刑事判决书(2019)湘 0302 刑初 322 号。
13. 江苏省泰州市高港区人民法院一审刑事判决书(2019)苏 1203 刑初 57 号。
14. 江西省乐平市人民法院一审刑事判决书(2018)赣 0281 刑初 501 号。
15. 江西省南城县人民法院一审刑事判决书(2020)赣 1021 刑初 189 号。
16. 江西省遂川县人民法院一审刑事判决书(2019)赣 0827 刑初 189 号。
17. 辽宁省灯塔市人民法院一审刑事判决书(2019)辽 1081 刑初 11 号。
18. 辽宁省喀喇沁左翼蒙古族自治县人民法院一审刑事判决书(2019)辽 1324 刑初 119 号。
19. 辽宁省铁岭市银州区人民法院一审刑事判决书(2019)辽 1202 刑初 147 号。
20. 辽宁省瓦房店市人民法院一审刑事判决书(2019)辽 0281 刑初 309 号。
21. 山东省德州经济开发区人民法院一审刑事判决书(2019)鲁 1491 刑初 204 号。
22. 山东省聊城市中级人民法院一审刑事附带民事判决书(2016)鲁 15 刑初 33 号。
23. 山东省青岛市城阳区人民法院一审民事判决书(2019)鲁 0214 民初 9592 号。
24. 山东省青岛市中级人民法院二审民事判决书(2022)鲁 02 民终

1497号。

25. 上海市第二中级人民法院一审刑事判决书(2013)沪二中刑初字第110号。

26. 上海市高级人民法院二审刑事判决书(2014)沪高刑终字第31号。

27. 上海市黄浦区人民法院一审刑事判决书（2021）沪0101刑初277号。

28. 四川省乐山市市中区人民法院一审刑事判决书(2019)川1102刑初546号。

29. 四川省南充市顺庆区人民法院一审刑事判决书(2019)川1302刑初376号。

30. 四川省威远县人民法院一审刑事判决书（2019）川1024刑初230号。

31. 天津市第一中级人民法院二审刑事判决书(2017)津01刑终41号。

32. 天津市河北区人民法院一审刑事判决书（2016）津0105刑初442号。

33. 天津市河北区人民法院一审刑事判决书（2019）津0105刑初184号。

34. 新疆维吾尔自治区奇台县人民法院一审刑事判决书(2019)新2325刑初257号。

35. 云南省澄江县人民法院一审刑事判决书(2015)澄刑初字第15号。

36. 云南省澄江县人民法院一审刑事判决书(2015)澄刑初字第16号。

37. 云南省高级人民法院二审刑事判决书（2010）云高法终字第1314号。

38. 云南省墨江哈尼族自治县人民法院一审刑事判决书(2019)云0822刑初42号。

39. 云南省南华县人民法院一审刑事判决书（2019）云2324刑初129号。

40. 云南省昭通市中级人民法院一审刑事附带民事判决书(2010)昭中刑一初字第52号。

41. 浙江省丽水市莲都区人民法院一审刑事判决书(2019)浙1102刑初561号。

42. 浙江省临海市人民法院一审刑事判决书（2019）浙1082刑初704号。

43. 浙江省宁海县人民法院一审刑事判决书（2019）浙 0226 刑初 227 号。

44. 浙江省三门县人民法院一审刑事判决书（2018）浙 1022 刑初 352 号。

45. 浙江省永康市人民法院一审刑事判决书（2019）浙 0784 刑初 1215 号。

后　记

　　本书是我的第一部学术著作。它肯定有很多不足，但敝帚自珍。这种心情恰如，我深情地凝望着一岁零两个月大、正在牙牙学语、蹒跚学步的儿子邹漱岩（小名"煎饼"），觉得他聪明伶俐又可爱——尽管间歇性恢复的理智一再提醒我，这很有可能只是亲爸滤镜下的错觉。很多学者的第一部学术著作是他们的博士学位论文，而本书并非我的博士学位论文。倒不是我想标新立异，而是我博士学位论文的修改迟迟没有达到令我完全满意的程度，便让本书抢了先。本书中的大部分章节是近几年完成的，但也有两章的初稿可以追溯到十年前我刚读博士时。请别误会，我并非想用"十年磨一剑"来标榜本书的写作过程——这不符合实际情况，毕竟在这十年间，我还写了不少其他的文章。我只是想说，本书不是在充满时间压力的环境下仓促写就的，也不是刻意规划出来的，而是随性写作、顺其自然的产物。另外，我对写作的态度始终是认真的，有时甚至有近乎强迫症的表现。这或许与我的上升星座是处女座有一定的关联。排除了时间与态度这两个因素后，对于本书中存在的不足和错误，只有一个可能的解释——那就是我的水平有限。然，冰冻三尺，非一日之寒。眼下我只能先坦然接受自己现在的水平，并希望以后能有所进步。

　　由书名可知，本书有两个关键词，即"刑法教义学"与"案例"。作为陈兴良先生的门下弟子，对刑法教义学感兴趣，自是顺理成章的事情。早在2005年，先生便在《法学研究》上发文倡导刑法教义学的研究方法，这使得先生成为国内法学界最早倡导法教义学的部门法学者。但我的刑法教义学启蒙并不算早。直到2010年9月，我才第一次从先生那里听到"刑法教义学"这个词。那是一次令我难忘又难以启齿的经历。彼时的我刚结束在校外混迹一年的生活，通过考研重新回到北大就读，并幸运地拜在先生门下。开学不久，我拿着一份材料到先生的办公室找先生签字。先生签完字，便询问起我的学习情况。我很快就汇报完了——因为确实乏善可陈，随后便陷入了令人尴尬的沉默。为了打破沉默，我主动问起先生，最近在研究什么主题？先生颇为兴奋地回答道，最近在做刑法教义学的研究。由于此前从未听说过"刑法教义学"一词，我误以为先生说的是"刑法教育学"。为此我感到很疑惑，心里嘀咕，难道先生打算从法学家转型成教育学家？但我还是很好地控制了面部表情，没有让先生看出我的不解。几天后，读到先生的新著《教义刑法学》，终于明白是怎么一回事。那一刻，恨不得找一个地缝钻进去。十几年过去了，"刑法教义学"早已由一个相对生僻的词汇变成法科学生耳熟能详的高频词汇。而当年对刑法教义学一无所知的我，也在先生的悉心指导下得以初窥刑法教义学的门径，甚至胆敢将"刑法教义学"作为拙著书名的一部分。这让我有一种恍若隔世之感。

如果说我对刑法教义学的兴趣主要源自先生的言传身教，那么我对案例的兴趣可能主要缘于我对理论研究意义的追寻。在我读博期间，先生主持立项了题为"中国案例指导制度研究"的国家社科重大项目。我也有幸参与了这个项目的研究，承担了其中有关检察机关案例指导制度的写作任务，并对最高检第一批指导性案例的检例第1号作了一个分析（即本书第十章的前身）。还有一次，艾佳慧老师想组织几个人写文章分析刚被某个媒体评选出来的年度十大热点案件，其中一个热点案件是李昌奎案，需要找刑法专业的人来写。艾佳慧老师找到车浩老师，车老师向她推荐了我。我便按照要求写了一篇对李昌奎案的分析（即本书第六章的前身）。这些写作经历对我帮助很大，但坦白地说，当时的我痴迷于较为抽象的刑法教义学理论研究，对案例研究没有太大的兴趣。参加工作后，周围环境有了很大的变化，开始接触一些法律实务工作者，并与其中一些人成为很好的朋友。他们不时向我请教在实际工作中遇到的刑法问题。这时我才发现，他们提出的很多问题，是我之前没有关注过的。而我研究的抽象理论，也解决不了他们的问题。这让我开始对抽象理论研究的意义产生怀疑，逐渐陷入一种虚无主义的迷茫之中。虽然我当时的论文发表还算顺利，但这一点不足以让我心安。如果做理论研究只是为了发文章，发文章只是为了评职称，除此之外没有别的意义，那么做理论研究岂不是自娱自乐，与小孩子玩过家家游戏无异？迷茫了一阵子后，有一天，耳旁突然响起梁根林老师在我读博期间对博士生的反复叮嘱，"作研究要接地气"。当时不理解这句话的深意，这时想起，如同当头棒喝。为了作接地气的研究，我开始关注司法实践中的热点案件。正好那几年，我国发生了多起引起社会广泛关注的热点案件。我对发生在天津市的赵春华案作了一个研究（即本书第五章的前身），研究成果顺利发表出来，并得到了一些实务界朋友的认可。这提升了我的学术信心，也让我从一场意义危机中走了出来。

不过,我现在对抽象理论研究意义的理解,又不同于几年前。虽然刑法学是一门经世致用的学问,但不能以能否直接解决司法实践中的具体问题,作为评判一篇刑法学文章有无价值的唯一标准。一方面,学术发表是个体化的,但学术进步有赖于群体的合力。一篇文章乃至一位学者穷其一生的研究成果,都只是浩瀚长河中的一滴水。单独取出一滴水,当然没有实际用处。但正是靠着一滴水又一滴水的慢慢汇集,才会有滔滔江河奔涌向前。面对一望无际的浩荡,大概没有人会质疑大江大河的意义,最多只会发出"逝者如斯夫"的感慨。另一方面,学术研究尤其是抽象理论研究,要有引领时代乃至超越时代的前瞻性。这一特点使得理论研究多少有些理想化的色彩,很多学术观点在当下可能不太实用。但是,社会发展日新月异,司法实践的需求也在不断变化,加之很多学术观点会在学者们的后续研究中逐渐走向成熟,现在不太实用的学术观点,或许在十几年或几十年之后就有了实用性。须知,火车在刚被发明出来时,因稳定性不如马车而遭到很多人的嘲笑。二百年过去了,火车早已进化成了高铁,在广袤的大地上呼啸而去;而那些嘲笑火车的人与他们所笃信的马车一道,被远远地抛在了时代的后面。不过,尽管现在对抽象理论研究意义的看法与几年前有所不同,我并没有因此产生"觉今是而昨非"的悔恨之感。相反,我很感激几年前的那场意义危机,以及为克服这场危机而开始的对热点案件的关注。它们是我的学术历程中不可或缺的一部分。没有昨日的否定,就不会有今日的否定之否定。因此,我不会轻易放弃对热点案件的研究,它依然是我未来的主要研究方向之一。

参加工作以来,承蒙大家厚爱,收到过很多师友惠赠的新著。每次拜读这些在扉页上亲笔签写了作者大名的著作,内心都感到非常温暖与亲切。除了被动"受书",印象中,还有过两次冒昧向前辈学者主动"索书"的经历,而且两次都得以既遂。此事说来话长,以后择机再叙。接受赠与总是令人快乐的,更何况是收到本来就喜爱的学术著作。但时间一长,由于未能向师友们回赠自己的著作,渐渐地,我也有了一些压力。来而不往,总归有些失礼。有些师友在闲聊时问我:"你打算什么时候出书?"这种情境,与几年前很多亲友问我什么时候要孩子似曾相识。我当然知道这些师友是在关心我,但偶尔也会多想。在某个夜深人静、辗转反侧的瞬间,一个奇怪的念头突然闪过脑海——这些师友不会是担心我不能向他们回赠著作了吧?不管怎样,这本书出来后,总算是能给师友们一个基本的交代了。

按照惯例，在博士学位论文后记中，作者需要向在求学与工作的道路上帮助过自己的师友亲朋表示感谢。虽然本文不是我的博士学位论文，但考虑到我的博士学位论文修改进度较慢，出版遥遥无期，只好暂且借本书的后记，先行表达我的诚挚谢意。

感谢我的恩师陈兴良先生。先生不仅是我硕士和博士阶段的导师，也是我本科毕业论文的指导老师。换言之，先生是我唯一的导师。先生于我，是经师，是人师，亦是慈父。有幸师从先生，是我在学术道路上的最大幸运。这份幸运让我感激涕零，也让我时常有惶恐之感，唯恐自己的表现辜负先生的期望、辱没先生的盛名。感谢视我为忘年之交的张文教授。他对刑法学几十年如一日的研究热情，他悲天悯人的情怀、平等包容的精神，坚韧不拔的毅力，以及他对我和我家人的关心爱护，让我钦佩、感动又汗颜。感谢梁根林教授。他在学问上给予我指导和滋养，在学术发表上给予我提携和鼓励，在工作生活上给予我关心和帮助。感谢车浩教授。他是我学术道路上的引路人，对我的帮助难以细数。几年前的一次聊天，他鼓励我在微信公众号上发表热点案件评析文章，以承担法律学者应尽的社会责任。彼时的我虽然对热点案件研究感兴趣，但是对在微信公众号上发表热点案件评析文章颇感犹豫，毕竟这种文章不会被统计为正式的科研成果。但后来，我还是听进去了，试着写了几篇，积少成多，便有了这本书。如果没有车浩老师的鼓励，我大概没有勇气做这种尝试。感谢江溯教授。他纵横驰骋的治学风格与达观向上的生活态度，激励着我，感染着我。此外，储槐植教授、刘守芬教授、王世洲教授、白建军教授、郭自力教授、赵国玲教授、王新教授对我的殷殷教诲，我同样铭记于心，受益终身。

感谢我的领导与同事宋华琳教授、付士成教授、刘士心教授、张心向教授、郑泽善教授、王强军教授、隗佳博士。尤其是张心向教授，在我调入南开大学后，给予我无微不至的关怀。我经常向她请教学术问题，并从中获益甚多。本书的第一章内容，就是在她的"教唆"下动笔写就的。感谢北大出版社副总编蒋浩老师对拙著出版的鼎力支持，感谢策划编辑杨玉洁老师，责任编辑孙辉老师、方尔埼老师对拙著的精心编校，感谢南开大学中外文明交叉科学中心对拙著出版的慷慨资助。此外，还有很多前辈师长、同道好友、博士同窗、师兄师姐、师弟师妹以各种形式提携和帮助过我，在这里一并向他（她）们表示感谢。我曾考虑过完整罗列这些师友的大名，思索再三，还是作罢。不仅是因为有限罗列难免挂一漏万，更是因为我现在还没有取得任何拿得出手的成绩。毕竟这只是一篇学术著作的后记，而不是什么获奖感言。

最后要感谢我的家人。感谢我的爷爷邹庚火、奶奶丁大香。在我上小学时，爸妈在外打工，我跟随爷爷奶奶一起生活。我现在依然清楚地记得，他们白天在田地里劳作，晚上在昏暗的灯光下教我读书写字，教我为人处世的道理。二十年前的秋天，爷爷因病离世。他在弥留之际说出的一个遗愿，是希望我考上北京大学。彼时的我刚经历第一次高考"落榜"，虽然考了全县第一名，但离北大的投档线还差十几分。在爷爷遗愿的激励下，经过两次复读，我终于在2005年以全市第一名、全省第四名的成绩考上北大，并随后在那里度过了十年潜心求学的时光。奶奶现已年近九十，身体健朗，乐观豁达，在这里祝老人家福寿绵长，意顺安康。感谢我的爸爸邹细华、妈妈鲁青娥。他们将三个子女视为自己的全部。为了养育好我们姐弟三人，他们日夜辛劳，付出了太多。可直到今日，我依然没有能力在物质上给予他们实质性的回报，这一点让我深感惭愧。感谢我的岳父肖凤金、岳母何冬青。他们二人的婚姻，是我在现实世界中见过的最美好的婚姻。为了帮助我的小家庭，他们倾其所有，无论是在物质上，还是在情感上。尤其值得一提的是，"煎饼"出生后，孩子的姥姥和奶奶克服重重困难，轮流从千里之外的老家来天津带娃。如果没有她们帮忙，我肯定没有时间完成本书。感谢我的姐姐邹燕琴、弟弟邹小建。他们让我从小就感受到多子女家庭的温暖。小时候与他们的嬉闹，是我童年最美好的回忆。感谢我的爱人肖融。十年前的平安夜，我与她初次相逢。四年后，我们领证结婚。再四年后，我们有了"煎饼"。无论是对于爱情、婚姻还是家庭，她都付出得比我多。除了妻子、母亲这两个常规角色，她还担任了我们家的"青年教师鼓励师"，在我迷茫的时候指引我，在我沮丧的时候鼓励我。对于本书中的大部分章节，她都是第一个读者，尽管作为读者，她缺乏耐心，也不够友好。感谢我的儿子"煎饼"。他的出生让我体会到初为人父的幸福，也让我对人生有了更深的理解与感悟。

不觉已至深夜，窗外一片静谧。白日所见的萧瑟破败，悄然隐匿在苍茫的夜色里。不远处的海河，早已冰厚如壁。期盼中的大雪，却未如期而至。深冬的肃杀冷清，不免使人沉抑。而几日后的旧历新年，又让一场热闹触手可及。就此停笔睡去，或许明早醒来，便能看见预兆丰年的漫天飞絮。

邹兵建
于海河之畔五福里寓所
2023年1月12日晚